Wolfgang Nethöfel, Klaus-Dieter Grunwald (Hrsg.)

Kirchenreform jetzt!

Projekte • Analysen • Perspektiven

EBVERLAG

Bibliografische Information
Der Deutschen Bibliothek

Die Deutsche Bibliothek verzeichnet diese Publikation in der Deutschen Nationalbibliografie; detaillierte bibliografische Daten sind im Internet über

http://dnb.ddb.de abrufbar.

Umschlagbild:	Institut für Wirtschafts- und Sozialethik, Marburg.
Satz/Layout:	Rainer Kuhl
Umschlaggestaltung:	Rainer Kuhl
Copyright ©:	EB-Verlag, Dr. Brandt e.K.
	Schenefeld 2005
E-Mail:	post@ebverlag.de
Internet:	www.ebverlag.de
ISBN:	3-936912-31-9
Druck und Bindung:	buch bücher dd ag, Birkach
	Printed in Germany

Inhaltsverzeichnis

Vorwort
Bischof Dr. Ulrich Fischer (Evangelische Landeskirche in Baden) 7

I. Einleitung
Wolfgang Nethöfel und Klaus-Dieter Grunwald
Aggiornamento im Reformbetrieb 9

II. Theorie
Peter Scherle
Nachhaltige Kirchenentwicklung 39

III. Gemeinde im Wandel
Frieder Dehlinger
Der Prozess »Notwendiger Wandel« in der evangelischen
Landeskirche in Württemberg 1993-2004 61

Klaus-Dieter Grunwald
Re-Visionen von Gemeinde im Pluralismus:
theologische, rechtliche und strukturelle Herausforderungen 83

Klaus Neumeier
Entwicklung und Aufbau der
Ev. Christuskirchengemeinde in Bad Vilbel 105

Volker Roschke
Gemeinde pflanzen: Zehn Modellgemeinden gesucht 128

Friedrich Weber
Das Braunschweiger Modell »Kirche im Quartier« im Kontext der
Reformbemühungen kirchlicher Arbeit in der Stadt 151

IV. Übergemeindliche und regionale Projekte

Ingrid Girschner-Woldt
„Es geht um die Substanz – was ist denn die Substanz?" 173

Herbert Asselmeyer
»Die Region – ist das (k)eine Perspektive für eine
gemeinde-orientierte Kirche!?« 199

Eberhard Hauschildt
Eine Angebotslandkarte für das Ev. Wiesbaden, Milieutheorie und die
Projekt-Kooperation mit der praktisch-theologischen Wissenschaft 223

Annegret Reitz-Dinse
Modernisierungschancen für die Parochie 245

Friedhelm Schneider
Das Modellprojekt »Kirchliches Immobilienmanagement –
Analyse des Gebäudebestandes« 261

Alfred Weigle
Eine Tankstelle für die Seele 281

V. Die landeskirchliche Ebene

Peter Burkowski, Matthias Dargel
»Kirche mit Zukunft« – der landeskirchenweite
Reformprozess der Evangelischen Kirche von Westfalen 289

Axel Noack
Mitten im Aufbruch 310

Karl Heinrich Schäfer
Ehrenamtsgesetz und Ehrenamtsakademie 320

Martin Schindehütte
Theologische Überlegungen zum Thema Personalentwicklung 334

Jörg Seiter, Herbert Lindner
Nach vorne schauen 349

Autorinnen und Autoren / Literaturverzeichnis 374

Vorwort von Landesbischof Dr. Ulrich Fischer

»Und wieder wird das Rad neu erfunden!« Wie oft haben wir diesen Klageruf schon gehört oder selbst ausgesprochen – ganz besonders wenn es gilt, Reformprozesse in der Kirche anzustoßen. Die Struktur des protestantischen Kirchentums in Deutschland verführt zu einer gefährlichen und wenig effizienten parochialen und landeskirchlichen Nabelschau. Reformen werden an vielen Orten gewagt, Aufbrüche zu neuen Ufern gibt es allerorten – aber oft wissen die Verantwortlichen nicht voneinander und meinen, jeden Reformprozess selbst von Anfang an konzipieren zu müssen.

Dabei könnten wir so viel voneinander lernen, uns in der Kirche geistlich bereichern, wenn nur die Vernetzung besser klappen und Ideen besser miteinander kommuniziert würden! Wir müssen uns in der Kirche viel häufiger und regelmäßiger stellvertretendes Handeln leisten, das anderen zugute kommt! So haben wir in der Union Evangelischer Kirchen in der EKD damit begonnen, uns gegenseitig über landeskirchliche Vorhaben in Kenntnis zu setzen, um auf diese Weise unnötige Doppelarbeit zu vermeiden. Im Kirchenamt der EKD wurde ein Pfarrer einer EKD-Gliedkirche angestellt, um stellvertretend für alle Landeskirchen Materialien zur kirchlichen Begleitung der Fußball-Weltmeisterschaft 2006 in unserem Land zu erarbeiten. Die Hannoversche Landeskirche hat die Kampagne »Advent ist im Dezember« initiiert, die inzwischen in fast allen Gliedkirchen der EKD und in einigen Diözesen mit den hannoverschen Materialien durchgeführt wird. Die badische Landeskirche hat in Zusammenarbeit mit dem Sozialwissenschaftlichen Instituts der EKD eine wissenschaftliche Studie über Motive des Kircheneintritts erstellen lassen, die nun allen Gliedkirchen zur Verfügung gestellt wird, um daraus Konsequenzen für die Gestaltung kirchlicher Arbeit zu ziehen. Kirchen bauen Internet-Plattformen zur Qualitätssicherung im Bereich »Gottesdienst« auf, die es ermöglichen, aus den Erfahrungen anderer zu lernen...

Ulrich Fischer

Stellvertretend für andere handeln, voneinander lernen, statt immer neu das Rad von vorn zu erfinden – das sollte für Kirchen eigentlich eine Selbstverständlichkeit sein, ruht doch auf dem stellvertretenden Tun ihres Herrn ihre Existenz und ist diese doch nicht anders zu gestalten als im lebendigen Miteinander der vielen Glieder am selben Leib. Stellvertretend für andere handeln, voneinander lernen – das ist angesagt angesichts der Reformnotwendigkeiten für die evangelischen Kirchen in unserem Land. Wir brauchen dringend eine Befreiung von parochialer oder landeskirchlicher Nabelschau. Solche Befreiung werden überkommene gliedkirchliche Zusammenschlüsse allein nicht leisten können. Neue, die kirchlichen Strukturen überlagernde und überwindende Netzwerke sind gefragt, um Ideen zu kreieren und zu verbreiten. Der vorliegende Band ist ein gelungenes Beispiel dafür, wie wir in der Kirche durch die Bildung neuer Netzwerke über landeskirchliche Grenzen hinweg einander bereichern und entlasten können, indem wir gelungene Beispiele reformorientierten Handelns bekannt machen und einander zur Verfügung stellen.

Best-practice-Beispiele können entlasten. Sie können anregen. Sie können motivieren. Doch auch hier gilt: Nicht kopieren, sondern kapieren! Die besten Beispiele entbinden nicht von der Pflicht zu kritischer Auseinandersetzung und von der Notwendigkeit der hermeneutischen Leistung einer Übersetzung des Dargestellten auf die jeweils eigene Situation. In diesem Sinn wünsche ich allen, die diesen Sammelband »Kirchenreform jetzt! Projekte, Analysen, Perspektiven« zur Hand nehmen, eine entlastende und anregende Lektüre. Auf dass der protestantische Grundsatz von der ecclesia semper reformanda eine vielfältige Umsetzung in kirchlicher Praxis finden möge.

II. Einleitung

Wolfgang Nethöfel, Klaus-Dieter Grunwald

Aggiornamento im Reformbetrieb

1. Statt einer Kairologie: Bemerkungen zur Lage

Kirchenreform jetzt? Ein erster Blick auf die Tagesordnungen von Kreis- und Landessynoden, aber auch von Kirchenvorstands- und kirchlichen Gremiensitzungen zeigt, dass überall Strukturreformen die Agenda bestimmen. Nach den zunächst von der Basis laut geforderten, schließlich mit beträchtlichem finanziellen Aufwand in Angriff genommenen großen Reformprojekten scheinen jetzt sogar in beiden großen Volkskirchen Veränderungsprozesse in Gang zu kommen, die auf allen Ebenen gleichzeitig stattfinden und dabei selbst die Zögerlichen und Skeptischen zum Umdenken zwingen. Endlich bewegt sich auch dort etwas, wo man es nicht mehr erwartet hätte. Ist es da nicht eher schädlich, im Gestus der Aufgeregtheit noch mehr zu fordern, subito? Und fördert man so etwas ausgerechnet durch einen Sammelband mit ganz verschiedenen Beiträgen zum allgemeinen Thema Reform? Weder ein Mitglied im Kirchenvorstand noch ein Hauptamtlicher in den Gemeinden, geschweige denn ein sorgenbeladener Finanzreferent oder ein von schlechten Nachrichten geplagter Synodaler wird so etwas lesen, sagten wir uns selbst, als der Wunsch laut wurde, die Reformbeispiele zusammenzustellen, von denen wir immer wieder hier und da hörten, wenn wir in Sachen Kirchenreform unterwegs waren oder wenn wir uns in unserem Reformnetzwerk trafen.

Wir haben uns überzeugen lassen. Es ist wichtig, sich über die neue Lage zu verständigen. Die Reformprojekte der 70er Jahre sind nach den großen Aufbrüchen regelmäßig stecken geblieben. In den meisten Fällen blieb es bei verspätet einsetzenden Prozessen nachholender Modernisierung, die zu einer Stärkung und Professionalisierung der mittleren Verwaltungsebenen führten. Aber die Klagen, dass dies nicht immer und überall auch die Gemeinden stärke, ja sie oft nicht einmal wirklich von überflüssigen Arbeiten entlaste, werden genau jetzt lauter – wo diese Gemeinden selbst – weniger aus Interesse an Veränderung, sondern eher unter dem Druck durchgreifender Kürzungen – gezwungen werden, die gewohnten Verhaltensweisen zu ändern und über Schwerpunkte und Kernziele ihrer Arbeit nachzudenken.

Längst organisieren modernisierte Firmen und zunehmend auch umorganisierte Verwaltungen nach einer zweiten, womöglich tiefer greifenden Reformwelle ihre funktionalisierten, schematisierten und zentral koordinierten Warenangebote und Dienstleistungen mit Hilfe einer leistungsfähigen Informations- und Kommunikationstechnik wieder auf die Bedürfnisse Einzelner hin. Im Idealfall unterstützt nun die gesamte Leistungskraft einer großen Organisation jenen entscheidenden Kundenkontakt, dessen personale Unmittelbarkeit durch die kalte Rationalisierung moderner Reformmaßnahmen beeinträchtigt, nicht selten sogar nachhaltig unterbrochen wurde. Nun repräsentiert ein hochinformierter Profi eine im Wettbewerb überlebensfähige »postmoderne« Organisation, die sich scheinbar in Echtzeit vom Kunden her und auf den Kunden hin organisiert: die nicht für sich selbst da ist, sondern für diejenigen, die gerade etwas brauchen. Wir setzen gleich hinzu, dass das auch schon in der Diakonie und auf Wohlfahrtsmärkten Maßstäbe setzt, um deutlich zu machen, dass hierin die erste aktuelle strategische Reformherausforderung für die Kirche liegt. Kann sie modernisierte Organisationen überholen, ohne diese einzuholen?

Die zweite Reformherausforderung klingt unter dem Wettbewerbsaspekt schon an. Sie lässt sich unter dem Stichwort »Globalisierung« zusammenfassen. Diese wurde bis vor kurzem verleugnet, jetzt wird sie dämonisiert. Nun berufen sich beide Seiten auf sie, um in Verteilungskämpfen ihre Positionen zu begründen. Es werden immer radikalere Patentrezepte angeboten, um die Ursachen oder doch die Auswirkungen eines globalen wirtschaftlichen Wirtschaftszusammenhangs zu bekämpfen. Die Kirche muss hier nicht neutral bleiben, im Gegenteil. Aber gerade weil sie in weltweiter Solidarität den Globalisierungsopfern verpflichtet ist, kann sie den Umbau und die Neuausrichtung ihrer eigenen Organisationen nicht durch Globalisierungsstatements ersetzen, seien diese nun richtig oder falsch. Unter faktisch globalisierten Marktrückwirkungen sind kirchliche Tarifverträge wirklich eine Berufseintrittsbarriere, und sie mindern wirklich den Outcome für diejenigen, die lokal auf kirchliche Dienstleistungen angewiesen sind – solange nicht Dritte Lösungen gefunden werden. Immigrantengemeinden brauchen unsere kirchlichen Räume wirklich dringender als wir. Und das Angebot der Kerngemeinde bleibt ja nicht nur ihnen verschlossen, sondern es lässt auch einheimische Milieus und ganze Jahrgänge Heranwachsender dauerhaft ohne Orientierung in einem global wirksamen Desorientierungsangebot. Überregional sind die Kirchen zwar in den Medien präsent. Aber weder haben sie im deutschen Globalisierungskontext orientierende Reformimpulse setzen können, als die Politik diese verweigerte, noch – das lässt sich voraussagen – wird das Papstamt selbst die Weltgesellschaft christlich orientieren können; sie lässt sich allenfalls beeindrucken. In beiden Fällen beeinträchtigt die Reformunfähigkeit der Organisation die Glaubwürdigkeit der Botschaft. Vor dem Hintergrund faktischen Organisationsversagens wird kirchlicher Provinzialismus zur eigentlichen Herausforderung. Hinter einer hartnäckigen Reformverweigerung tritt der Egoismus kirchlicher Institutionen allerdings besonders deutlich hervor. In der Unbeirrbarkeit, mit der Positionen verteidigt werden, weil es Lehramtspositionen sind, oder in der Art und Weise, wie manche Kerngemeinden in die Rücklage greifen und andere in Haftungszusammenhänge verstricken, ohne dies auch nur wahrzunehmen, offenbart sich sogar ein kirchlicher Organisationsautismus ohne weltliches Pendant.

Gibt es spezifisch deutsche Reformherausforderungen, die nur unsere großen Volkskirchen betreffen? Sicherlich eignen sich wie beim Staat die gewachsenen kirchlichen Strukturen und Mentalitäten hierzulande mittlerweile besonders schlecht dazu, auf globale Herausforderungen zu reagieren, die sich lokal konzentrieren. Die Auswirkungen langfristiger demographischer Verschiebungen schwächen die Ressourcen, während die diakonischen und karitativen Anforderungen wachsen. Die tief greifenden gesellschaftlichen und kulturellen Umbrüche stellen Organisationen vor epochale Orientierungsaufgaben, die selbst nicht wissen, wie sie ihre Modernisierungsaufgaben bewältigen sollen.

In allen großen Organisationen gibt es Reformgewinner und Reformverlierer. Die Blockierungsaktivitäten der letzteren können zuverlässig erwartet werden, und wenn man besser ist, kann man ihre Beharrungsroutinen mit Reformroutinen leer laufen lassen. Dies lässt sich sportlich sehen, solange man »draußen« nicht wirklich gebraucht wird. Aber die Mikropolitik des Machterhalts kann sich in unseren Volkskirchen bei anstehenden Sparmaßnahmen ebenso wie bei drohenden Organisationsveränderungen bislang noch quer zu eher episkopalen oder eher synodalen Verfassungsstrukturen auf eine besonders fokussierte Verweigerungsmehrheit stützen. Sie lässt sich von den Vertretern unterschiedlicher Interessen immer noch zuverlässig mobilisieren, sobald in der Öffentlichkeit, vor Synoden oder in Beschlussgremien mit Laienvertretern die Interessen der Kerngemeinde an der Aufrechterhaltung des Status quo artikuliert werden. Der gewohnte Gottesdienst, zuverlässige Amtshandlungen, intensive Seelsorge und die Aufrechterhaltung eines hochschwelligen Clubangebots scheinen den Erhalt jeden einzelnen kirchlichen Gebäudes und aller Plan- und Kostenstellen zu erzwingen, obwohl die Zielgruppen immer älter und immer kleiner werden. Da darf es nicht verwundern, wenn kirchliche Verwaltungen, die sich hinter dieser mit allen Mitteln gehaltenen Frontlinie des kirchlichen Angebots eingegraben haben, wie Deutschlands letzte Behörden erscheinen. Sie können, so scheint es, Effizienz- und Effektivitätsansprüche ebenso wie die Einklagung von Mindeststandards im Kundenkontakt aus prinzipiellen Erwägungen von sich weisen.

Spätestens heute sagt man das staatlichen Verwaltungen zu Unrecht nach. Und staatsanaloge Verhaltensweisen verdecken in kirchlichen Organisationen wohl nur einen ekklesiologischen Fehlschluss, der – in diesem Falle leider – in ökumenischen Varianten existiert: Ich darf mein Organisationshandeln nicht verändern, weil sich durch mich die Kirche organisiert. Schaut man etwas genauer hin, kann man wieder über Konfessionsgrenzen hinweg einerseits theologische, anderseits spirituelle Reformhindernisse unterscheiden. Reformmaßnahmen müssen vielleicht schon deshalb theologisch begründet werden, weil die Reformverweigerung sich in spezifischer Weise theologisch begründet. Aber die theologische Diskussion verweist dann je länger, je deutlicher weniger auf eine theologisch verbrämte Reformunwilligkeit als auf eine tiefer verankerte theologische Unfähigkeit zur Reform. Ein entscheidender Grund, warum kirchliche Reformprozesse nicht tief greifen und nicht nachhaltig wirken, ist eine Theologie, die sich von der Empirie abgekoppelt hat und die prinzipiell nicht auf psychische, organisatorische und soziale Prozesse reagieren oder einwirken kann.

Wenn man hier auf eine funktionale Konvergenz existenz- und dialektisch-theologischer Traditionen verweist, auf zusammenwirkende hermeneutische, subjektivitäts- oder transzendentaltheologische Ansätze, so scheint damit zwar wieder eine spezifisch deutsch-protestantische Konstellation angesprochen. Aber diese hat ja nicht nur hierzulande, sondern mit weltweiter Reichweite ein katholisches Pendant, bei dem mit demselben Instrumentarium ein ebenfalls empirieresistenter neoaristotelischer Diskurs relativ oberflächennah modernisiert wird. Typisch protestantisch ist, dass jeder Reformer seinen Ansatz selbst senkrecht von oben begründet. Ökumeneweit unterentwickelt ist die Kultur des theologischen Diskurses. Es gibt weder eine Weiterentwicklung der Ekklesiologie durch die Verarbeitung praktischer Erfahrungen noch eine konsequente theoretische Verarbeitung kirchlicher Reformen, an denen sich die Praktiker orientieren könnten – von einer Kultur gemeinsamen Lernens ganz abgesehen.

International verhindert dies die kooperative Erforschung weltweiter religiöser Wachstumsphänomene, besonders bei den Pfingstgemeinden in Lateinamerika, Asien und Afrika. Theologische Abschottung erschwert die kritische Analyse von Lösungsansätzen, wie sie die erfolgreichen Zielgruppengottesdienste nach dem Willow-creek-Vorbild anbieten könnten, lässt das gelegentliche Zusammenwirken bei der Lobbyarbeit in internationalen Organisationen ohne gemeinsame Basis und blockiert die strategische Planung großer Events oder den gemeinsamen Einsatz von elektronischen Medien für christliche Campagnen. In Deutschland unterbleibt die nahe liegende gemeinsame Analyse von Partizipationsproblemen, die die Volkskirchen mit Parteien und Gewerkschaften teilen, oder der regionalen Auswirkung globaler oder doch europaweiter Trends: bei Phänomenen neuer Religiosität, bei demographischen Verschiebungen, in schrumpfenden Städten. Theologisch begründete statt institutionell eher erzwungene Kooperation gelingt weder bei den gemeinsamen Herausforderungen, wie sie von den modernen Naturwissenschaften, der Technik oder den Lebenswissenschaften ausgehen, noch bei den gelungenen Reformerfahrungen etwa in der Diakonie und in der Caritas, von denen Kirchen weltweit etwas für ihr Kerngeschäft lernen könnten: Stünden allgemein akzeptierte theologische Lernverfahren zur Verfügung, gäbe es Benchmarkingkriterien, die bewährte Erfahrungen theologisch legitimiert in konsistente Reformaktivitäten überführen könnten.

Reformrelevant sind stattdessen theologische Abwehrreflexe. Wir Protestanten haben Glück, wenn Forderungen nach Effizienz und Effektivität kirchlicher Strukturen nicht als »gesetzlich« denunziert werden. In wiederum ökumenischen Spielarten begegnet der Verdacht, man wolle die Kirche an die Wirtschaft verkaufen, wenn man Reformforderungen konkretisiert durch den Hinweis auf Managementtechniken, im Rekurs auf professionelle Organisations- und Personalentwicklung – und dies wird dann gerne durch eine Ekklesiologie begründet, die selbst von krassem organisatorischem Versagen merkwürdigerweise gar nicht berührt wird.

Dies hat in beiden Volkskirchen Auswirkungen auf die Ausbildung der Geistlichen, auf die Auswahl des Führungsnachwuchses und den kirchlichen Führungsstil, der dann wieder zurückwirkt auf die Attraktivität des Pfarrberufs.[1] Das Ergebnis ist auch hier theologisch eher irritierend. Wir finden quer über die Konfessionsgrenzen hinweg auf denselben Führungs-

---

[1] In Varianten, die im wesentlichen auf den zölibatären Priestermangel zurückzuführen sind, wirken im Hintergrund Verschiebungen in den hierfür in Frage kommenden Bildungsmilieus und in der staatlichen Organisation der theologischen Ausbildung zusammen; vgl. Veronika Drews, Steffen Griesel, Wolfgang Nethöfel (IWS), »Weichgespült« oder »Stonewashed«? Stand und Funktion kirchlicher Mitarbeiterbefragungen in den Landeskirchen, Deutsches Pfarrerblatt 9/2004, S. 473-474, 479f.

positionen nebeneinander die theologisch begründete Leugnung jeden Reformbedarfs neben der theologisch deduzierten Herleitung detaillierter Reformprogramme – ausgelöst beide von nahezu identisch en Sparzwängen. Aber von wenigen Ausnahmen abgesehen überwiegt ein Unvermögen, konkrete Reformziele perspektivisch zu erkennen, sie präzise zu benennen, plausibel zu beschreiben, dies religiös zu kommunizieren und dann theologisch begründet und reflektiert einzuspeisen in den Organisationsdiskurs, etwa im Rahmen eines Leitbildprozesses. Nun ist dies aber vermutlich gar nicht das Hauptthemmnis. Wenn es um die Umsetzung eines controllingfähiges Organisationsprogramms in konsequentes Organisationshandeln geht, zeigt sich, dass die vom theologischen Über-Ich beherrschten Auswahlverfahren handwerkliche und Eignungsdefizite haben, die tiefer, eigentlich: flacher sind. Unabhängig von der rechtlichen Ausgestaltung ihrer Führungsrolle fehlt es den meisten leitenden Geistlichen erkennbar an »leadership«: am Willen, strategische Ziele kirchlichen Reformhandelns verbindlich zu setzen und sich für diese Ziele unter persönlichem Risiko einzusetzen beziehungsweise diese im Team konsequent anzustreben.

Während also auch aus Gründen, die die Theologen unter uns sich selbst zuschreiben müssen, Reformen ausbleiben, schwinden nicht nur finanzielle, sondern auch personelle strategische Reserven, mit denen man Strukturveränderungen durchführen und neue Schwerpunkte hätte setzen können. Es ist eine Illusion, dass keine Fehler macht, wer nicht handelt. Es geht nicht um Reform um der Reform willen! Giovanni di Lampedusa, der adelige Autor des »Leoparden«, wusste noch, dass alles sich ändern muss, damit es dasselbe bleiben kann. Bei sich ändernden Umfeldbedingungen verändert am Schluss derjenige die Organisation am wirksamsten, der nur verwaltet. Und auch in der Kirche wirken vermutlich inzwischen die durch keine Reformimpulse gehemmten Verschleißerscheinungen, die dann unausweichlich sich einstellen, stärker verändernd als die von Konservativen oft beschworene Anpassung an Moden und Trends. Burnout-Phänomene und Mobbing-Fälle markieren nur die Spitze eines Eisbergs und sind als Einzelerscheinungen keineswegs kirchentypisch. Aber Kirchenmitglieder und Öffentlichkeit beklagen aus der Kundenperspektive, was Mitarbeiterinnen und

Mitarbeiter nicht leugnen. Wir wollen auch dieser Katze die Schelle umhängen, wohl wissend, dass hierfür kein Dank erwartet werden darf:

Signifikant häufiger als in Firmen, häufiger als in staatlichen Verwaltungen, werden etwa im Raumangebot kirchlicher Organisationen, beim Mobiliar, bei der Verwendung von Geräten technische und ästhetische Mindest-, Vergleichs- und Sicherheitsstandards nicht eingehalten. Häufiger als nach dem Kontakt mit anderen Organisationen beklagen sich unsere Mitglieder, Klienten und Gäste über fehlende Sekundärtugenden wie Sauberkeit und Pünktlichkeit der Haupt- und Ehrenamtlichen, vermissen sie die gewohnten professionellen Mindeststandards bei Dienstleistungen, beklagen Unzuverlässigkeiten bei Verabredungen und beim Halten üblicher oder vereinbarter Fristen, fehlende Disziplin beim Einhalten von Verträgen, Ordnungen und Beschlüssen, thematisieren Stilfragen im Schriftverkehr ebenso wie im persönlichen Umgang, sei es im kleineren Kreis oder bei offiziellen Veranstaltungen.

Hierzu wäre dies und das zu sagen, wäre zu relativieren oder zu präzisieren, um nicht gerade die Falschen unter Generalverdacht zu stellen. Aber in der eigenen wie in der Fremdwahrnehmung hat die Kritik ein Gefälle, rollt von verschiedenen Ausgangspunkten immer wieder auf ein Zentrum zu. Unsere reformträgen Organisationen können schlecht feiern und ehren; sie haben keine Kultur der Wertschätzung von haupt- und ehrenamtlichen Mitarbeitern ausgebildet – wie wollen sie einladend auf Bedürftige und Fremde, Außenstehende und junge Menschen zugehen? Wenn in unserem eigenen ehrlichen Urteil etwas mit der Kritik übereinstimmt, die von außen kommt, dann doch dies: In aller Regel fehlt es ausgerechnet in unseren kirchlichen Organisationen an Herzlichkeit, Freundlichkeit, Großzügigkeit, an Gastfreundschaft und Freude – an den im Neuen Testament verheißenen und beschriebenen Gaben des Geistes.

Morose Stimmung und Mentalität, zunehmend auch eine Reformfrustration, die sich festgefressen hat, reichen im kirchlichen Bereich tiefer als die auch schon fast sprichwörtliche deutsche Misere. Wenn Laien ihre Mitarbeit wieder einstellen, weil sie den Arbeitsstil in Kirchenvorständen und Pfarrgemeinderäten als – verglichen mit der oft verteufelten Wirtschaft! – besonders anstrengend und als verletzend empfinden, dann muss uns spätestens das alarmieren. Es ist vielleicht das deutlichste Signal für einen kirchlichen Reformstau, den wir in der Tat – jetzt! durch eigene Aktivität – überwinden müssen, dass sich in beiden Kirchen Organisationssymptome eines speziell spirituellen Versagens häufen; der Markenkern scheint gefährdet. Auch mit den Gaben des Geistes kann eine Organisation offensichtlich mal besser, mal schlechter umgehen.

Wir spüren keinen Reformimpuls, der uns einfach mitreißen würde: weder von oben noch von unten. Es gibt keine kirchliche Reformbewegung, der wir uns anschließen könnten. »Kein Aufbruch droht«, fasst Paul Zulehner jene Stimmung zusammen. Sie ist zutiefst unevangelisch. Ecclesia semper reformanda! – das soll uns doch Mut machen![2] Und noch unsere harte kirchliche Selbstkritik steht ja unter einer urevangelischen Gewissheit und Verheißung: »Wir vermögen nichts wider die Wahrheit, aber mit der Wahrheit« (2. Korinther 13,8). Müssen wir auf ein »Aggiornamento« warten, wie Johannes XXIII es vor dem Konzil angesprochen hat? Tatsächlich geht es zunächst um einen Perspektivwechsel. Alle Beteiligten an den real existierenden Reformprojekten, von denen im Folgenden die Rede sein wird, haben zunächst den Blick vom eigenen Bauchnabel gelöst und sich umgeschaut, was es schon gibt.

»Aggiornamento« bedeutet »auf Tagesstand bringen«, aktualisieren – eine Brücke zu schlagen von der Vergangenheit in die Zukunft. Der Geist gab hier als Erstes Mut, kritisch zu überprüfen, was da ist, was verbesserungswürdig ist und was radikal aufgegeben werden muss. Zum Aggiornamento gehört allerdings ebenso die Frage: Was wagen wir neu? Zu den inhaltlichen Leitfragen eines Aggiornamento in der christlichen Traditionsgemeinschaft gehören unter anderem, gelebte Religion und gelehrte Theologie zusammenzubringen sowie die staatsanaloge Struktur aufzugeben. Einer passiven

---

[2] Vgl. dazu Theodor Mahlmann, »Ecclesia semper reformanda«. Eine historische Aufklärung, in: Theologie und Kirchenleitung (FS Steinacker), hrsg. von Hermann Deuser/ Gesche Linde/ Sigurd Rink, Marburg 2003, S. 57-77.

Empfängermentalität auf der einen und einem wie immer eingefärbten pfarrherrlichen Denken auf der anderen Seite ist wirksam und nachhaltig entgegenzuwirken – damit sie sich nicht länger gegenseitig stabilisieren und die Organisationen lähmen können. Schließlich: Ein in Wahrheit strukturkonservatives Kürzungsprogramm mit großem Medieneinsatz und Eventspektakel zu überdecken, ist eigentlich in keiner der beiden Volkskirchen erstrebenswert. Neoliberale Ideologie bedroht Solidaritätsvorstellungen, die wir teilen und die wir weder draußen dulden, noch drinnen exekutieren können, ohne unseren »Markenkern« zu bedrohen: Glaubwürdigkeit.

Um die Gaben des Geistes können wir nur beten, aber so: »Herr erneure deine Kirche – und fange bei mir an!« Es gibt auch bei Strukturreformen keine »billige Gnade«! Aber vielleicht geht der Heilige Geist in Organisationen einen besonderen Weg: den des self fulfilling prayer. Wenn wir unsere berechtigte Klage vor Gott bringen und uns anschließend orientierend umschauen, nehmen wir ja sehr wohl an vielen Orten Reformbewegungen wahr. Und jene »Vergegenwärtigung« des Evangeliums gelingt hier und da sogar exemplarisch. Ganze Landessynoden setzen jenem verbreiteten Einverständnis mit dem organisatorischen Dahinmickern der Kirche das Motto »Wachsende Kirche« entgegen. Downsizing? Allenfalls nach einem Wort von Bischof Axel Noack: »Fröhlich kleiner werden und dennoch wachsen!«

Wer sich selbst in kirchlichen Reformprojekten engagiert, stellt immer wieder fest, dass er nicht allein ist. Allerdings verdichtet sich dieser Erfahrungszusammenhang bisher nicht. Auch hier geschieht der erste Schritt wie von selbst.

2. Statt einer Kriteriologie: Reform-Beiträge im Überblick

Die Herausgeber haben im kleinen Kreis ebenso wie auf Tagungen immer wieder dazu ermutigt, einander von Reformprojekten zu erzählen. Jetzt haben wir uns davon überzeugen lassen, dass man solche Erzählungen einfach sammeln und verbreiten sollte, damit wir uns zugleich wechselseitig Mut machen und intensiver voneinander lernen. Um die Ergebnisse besser auswerten zu können, baten wir die Autorinnen und Autoren, sich möglichst an einer Projektmatrix zu orientieren:

WER	WAS	FÜR WEN	WARUM	WOMIT	MIT WEM	WO	WANN

und die Projekt-Leitfragen:

Wer handelt wie mit wem? Was wird warum für wen angestrebt? möglichst nach folgendem Schema zu beantworten:

I. AUSGANGSLAGE:

LEITFRAGEN

WER handelt	*Initiatoren (Personen, Gruppen etc.)*
WIE	*(knappe) Ressourcen, Rahmenbedingungen, Gegner, hindernde Ereignisse (Wer, was behindert das Reformprojekt?)*
Mit **WEM**?	*(hilfreiche) Ressourcen, Verbündete, Experten von außen, (Wer, was fördert das Reformprojekt?)*
WAS wird	*Projekt- (Ziel-) beschreibung*
WARUM	*Motivation, Begründung der Initiatoren*
FÜR WEN angestrebt?	*Zielgruppe*
II. ZIELE	*Wurden Ziele formuliert? Welche? Waren sie evaluierbar? Gab es Kennzahlen? Wurde die Zielerreichung kontrolliert und reflektiert?*
III. REFORMEPISODE	*Schilderung mindestens einer Reformepisode (Beantwortung der Leitfragen).*
IV. REFORMABSCHLUSS	*Situation danach: Gab es einen Abschluss? Wurden die Ziele erreicht? Anschlussmöglichkeit für weitere Reformprojekte? (Beantwortung der Leitfragen)*

Wir teilten die eingehenden Beiträge vorläufig drei Bereichen zu:

Gemeinde im Wandel

Der Prozess »Notwendiger Wandel« in der evangelischen Landeskirche in Württemberg 1993-2004 (Frieder Dehlinger)

In zwölf Jahren hat der Prozess »Notwendiger Wandel« in der Württembergischen Landeskirche vier sich überschneidende Phasen durchlaufen. Die fünfte Phase (ab 2003) bündelt und reflektiert die Prozesse. »An brisanten Themen dranbleiben«: So formuliert der langjährige Koordinator des »Notwendigen Wandels«, Pfarrer Frieder Dehlinger, die weitere Perspektive. Das paulinische Bild der »Gemeinde als Leib Christi« und die drei Leitimpulse »Konzentration, Kooperation, Delegation/Koordination« bilden den inhaltlichen Rahmen des Prozesses. Kennzeichnend für die Leitimpulse wie für den gesamten Prozess ist die enge Verbundenheit zwischen theologischer Reflexion und der praktisch-organisatorischen Gestaltung von Kirchengemeinde und Kirchenbezirk. Theologische Fragen spielen die entscheidende Rolle: Wer sind wir als Gemeinde Jesu Christi? Was sind unsere Gaben? Wie verstehen wir hier und heute unseren Auftrag? Wie setzen wir ihn konkret mit unseren Gaben und Mitteln um? Welche Schwerpunktsetzung bedeutet dies? Wie werden wir öffentlich erkennbar? Fünf (Leit-) »Fäden« hielten sich durch:

1. Ehrenamt fördern – Zusammenarbeit zwischen Ehrenamtlichen und Hauptamtlichen gestalten!
2. Berufsprofile klären – Zuständigkeiten ordnen.
3. In Kirchengemeinden und -bezirken Identität stärken und Profil entwickeln.
4. Zusammenarbeit zwischen Gemeinden verbindlich gestalten.
5. Gemeinsam leiten – Entwicklung verantworten.

Re-Visionen von Gemeinde im Pluralismus: theologische, rechtliche und strukturelle Herausforderungen (Klaus-Dieter Grunwald)

Die strategischen Neuansätze sieht der Autor nicht nur in einer Vernetzung von Theologie, Recht und soziologischen Aspekten, die bisher in der Regel unverbunden nebeneinander standen, sondern auch in einer stärkeren

Adressatenorientierung der Theologie sowie in einer wirklichkeitsnahen Auseinandersetzung mit den Auswirkungen der demografischen und finanziellen Entwicklungen in den Landeskirchen. Beispielsweise müsste das Zuweisungssystem unter Einbeziehung qualitativer Faktoren (Gemeinde ist nicht gleich Gemeinde!) reformiert werden. Er spricht sich für einen erweiterten Gemeindebegriff aus, der nicht länger Gemeinde und Kirchengemeinde gleichsetzt, sondern drei Dimensionen unterscheidet: Gemeinde als geistlich-kommunikatives Geschehen, Gemeinde als Institution und Gemeinde als Organisation. Im Rahmen der theologischen Kriterien sollen dabei unterschiedliche Gemeindeformen rechtlich ermöglicht werden. Dies ist nicht primär eine Frage der normativen Anordnung, sondern vielmehr der kreativen Erprobung und Weiterentwicklung bereits bestehender neuer Gemeindeformen (z. B. Netzwerkgemeinden).

Entwicklung und Aufbau der Evangelischen Christuskirchengemeinde in Bad Vilbel (Klaus Neumeier)

Der illustrative Bericht von Pfarrer Dr. Klaus Neumeier stellt die erfolgreiche 15-jährige Gemeindeaufbauarbeit seiner Gemeinde in Bad Vilbel dar, die zum Ziel hat, den Menschen nahe zu sein. In der ersten Phase wurden die strategischen Weichen gestellt: Herstellung authentischer Beziehungen, Teamorientierung und ehrenamtliches Engagement sowie Aufbau neuer Kommunikationsstrukturen und neuer Arbeitsformen (z. B. zwölf unterschiedliche Gottesdienstangebote!). Die zweite Phase erprobt neue Konzepte: insbesondere das Modell einer missionarischen, mitgliederorientierten Kirche, die offen und einladend ist sowie das konstruktive Miteinander aller haupt- und ehrenamtlich Mitarbeitenden fördert. Die dritte Phase (ab 2000) konzentriert sich auf den Ausbau bewährter Strukturen bei zurückgehenden Gemeindegliederzahlen und schrumpfenden finanziellen Ressourcen. Die Entwicklung eines adäquaten Leitbildes steht dabei im Vordergrund.

Gemeinde pflanzen: Zehn Modellgemeinden gesucht (Volker Roschke)

80% ihrer Ressourcen verbraucht eine durchschnittliche Kirchengemeinde, um Betreuungsbedürfnisse der Kerngemeinde zu befriedigen – und schrumpft, statt »Kirche für Andere« zu sein. Umgekehrt gehen von der anglikanischen »Church planting«-Bewegung Wachstumsimpulse aus, die auch nach innen wirken. Seit langem versucht die »Arbeitsgemeinschaft Missionarische Dienste« diese Erfahrungen nach Deutschland zu übertragen. Volker Roschke berichtet von einem neuen Versuch, der von konkreten Problemlagen der Kerngemeindesituation ausgeht: von dörflichen Großlagen, von Neubaugebieten und von nicht erreichten Zielgruppen. Mit der Übertragung des »Betriebssystems« jener Bewegung auf Modellgemeinden verbindet sich die Hoffnung auf einen »Dritten Weg« zwischen Parochie und Regionalisierung.

Das Braunschweiger Modell »Kirche im Quartier« im Kontext der Reformbemühungen kirchlicher Arbeit in der Stadt (Friedrich Weber)

»Kirche in der Stadt will Kirche für die Stadt sein«: Dies ist das Leitmotiv, das Landesbischof Dr. Friedrich Weber (Braunschweig) im Hinblick auf die Reformansätze der Evangelisch-lutherischen Landeskirche Braunschweig im Großstadtbereich entfaltet. Das Braunschweiger Modell als Beispiel der »flexiblen Kirche« wird erprobt und weiter entwickelt unter den Stichworten »Repräsentation, Inkarnation und Animation«. Zentrales Ziel ist, neue Kooperationsformen in der Großstadt zu entwickeln. Weber beschreibt dabei das Braunschweiger »Quartier« als Beispiel eines »erweiterten Gemeindebegriffs«. Benachbarte Kirchengemeinden können aufgrund vertraglicher Vereinbarung in einem Quartier kooperieren; ein Quartiersvertrag regelt die Einzelheiten. Das Beschlussorgan ist die aus den Kirchenvorständen des Quartiers zusammengesetzte Quartiersversammlung. Die Perspektive ist, dass über die drei Grundfunktionen kirchlichen Handels (Zeugnis, Gemeinschaft und Dienst) die Gemeinden und kirchlichen Einrichtungen im Nachbarschaftsverhältnis gemeinsam gestaltet werden.

Übergemeindliche und regionale Projekte

»Es geht um die Substanz – was ist denn die Substanz?« (Ingrid Girschner-Woldt)

Die Fragen bleiben am Ende dieses Berichts über den schwierigen Reformprozess des ehemaligen Kirchenkreises Uslar. Eine Initiativgruppe aus Haupt- und Ehrenamtlichen um den Superintendenten herum erarbeitet in einem moderierten Planungsprozess ein Organisationsentwicklungskonzept, das den Bereich kerngemeindlicher Arbeit erweitern und stärker integrieren sollte. Das Konzept entsteht gegen den Widerstand Einzelner, bedroht von knappen Ressourcen und Desinteresse der Kerngemeinde und entfaltet seine partiellen Wirkungen – bis die von Kürzungen ausgelösten Reformimpulse von einer Kirchenkreisfusion überlagert werden.

»Die Region – ist das (k)eine Perspektive für eine gemeinde-orientierte Kirche!? (Herbert Asselmeyer)

In gewisser Hinsicht setzt dieser Bericht den von Dr. Girschner-Woldt fort. Nicht nur, weil die Frage sich konkretisiert. Ihr Ort ist vielmehr der fusionierte Kirchenkreis Leine-Solling, in dem der Kirchenkreis Uslar aufgegangen ist. Der Beitrag zeigt vor dem Hintergrund verschiedener Regionalisierungsprojekte in mehreren Kirchenkreisen der Hannoverschen Landeskirche, dass nachbarschaftliches Denken und Handeln im Wortsinne hervorragend als »regionales Lernen von Kirchengemeinden« funktioniert, wenn bestimmte Rahmenbedingungen erfüllt sind. Dazu gehört, dass die betroffenen Gemeinden und die Menschen, die in ihnen leben und sich religiös orientieren, ernst genommen werden und das auch wahrnehmen. Dagegen provozieren Regionalisierungsunternehmungen Widerstände und scheitern letztendlich, wenn sie als »nur von oben« gewollt und als Mehrarbeit erlebt werden, wenn unter dem fadenscheinigen Mantel der Innovation der nackte Sparzwang durchscheint. Herbert Asselmeyer verdeutlicht das an einem sehr konkreten Beispiel: an Gemeinden, die sich selbst über ihre Wünsche und Nöte, über ihre Stärken und Schwächen klar werden wollen (»unsere Daten woll'n wir nicht raten!«), um auf festem Boden Neues wagen zu können – Aggiornamento im besten Sinne!

Eine Angebotslandkarte für das Evangelische Wiesbaden, Milieutheorie und die Projekt-Kooperation mit der praktisch-theologischen Wissenschaft (Eberhardt Hauschildt)

Professor Dr. Hauschildt (Universität Bonn) stellt die Angebotslandkarte, die im Rahmen des Modellversuchs der Evangelischen Kirche in Hessen und Nassau im Dekanat Wiesbaden erstellt worden ist, dar. Diese Angebotslandkarte ist ein Reformprojekt, das die notwendigen Informationen sammelt, um herauszufinden, wo innerhalb des Dekanats Wiesbaden Ähnliches oder Vergleichbares gemacht wird. Als Nutzer kommen insbesondere zwei Gruppen in Betracht: zum einen die Angebotsplaner (Kirchenvorsteher, Hauptamtliche, Leitung des Dekanats), zum anderen die Angebotsnutzer. Menschen haben Interesse an einem kirchlichen Angebot und wollen wissen: Wann und Wo findet Was statt?

Theoretisch angereichert wird die Angebotslandkarte durch die so genannte Milieutheorie. »Milieus« nennt die neuere Soziologie soziale Großgruppen, denen sich Menschen durch ihren Lebensstil zuordnen. Dies wird als freie Wahl erlebt, tatsächlich aber spielen Lebensalter und Bildung eine wichtige Rolle dabei, in welchem Milieu man sich zu Hause fühlt. Der Autor unterscheidet zwischen Niveau-, Harmonie-, Integrations-, Selbstverwirklichungs- und Unterhaltungsmilieu. Die Auswertung der Ergebnisse hat ergeben, dass bei über 50% der Angebote die Milieuatmosphäre eine Rolle für die Gestaltung der Angebote spielt. Ferner wurde festgestellt, dass die meisten dieser Angebote für Erwachsene auf die gebildeten Milieus ausgerichtet waren. Im Laufe des Projekts wurde für drei Zugänge zur Kirche, nämlich Milieu, Lebenslage und Raumbezug, die bisher nicht miteinander verbunden waren, eine praktisch – theologische Konzeption entwickelt.

Modernisierungschancen für die Parochie (Annegret Reitz-Dinse)

Die Autorin reflektiert als wissenschaftliche Geschäftsführerin der Arbeitsstelle Kirche und Stadt Ergebnisse kirchenkreis-bezogener Reformprojekte in Hamburg. Die enge Kooperation zwischen Theologie und Stadtplanung lässt aus der Verhältnisbestimmung von räumlicher Präsenz und personaler

Zuständigkeit eine kirchentheoretische Anfrage werden. Die kriteriologische Besinnung erlaubt zumindest Standards, genauer »Schutzfunktionen« zu formulieren, die das Verhältnis von Volkskirche und Parochie normieren sollten. Sie konkretisieren sich im notwendigen Eingehen auf je individuelle Konstellationen von Personen, Strukturen, Gebäuden und Lebenslagen, die nicht vorschnell dem (sei es: modernisierenden) Zeitgeist ausgeliefert werden dürfen.

Das Modellprojekt »Kirchliches Immobilienmanagement – Analyse des Gebäudebestandes« (Friedhelm Schneider)

Der Autor, Theologe und Immobilienfachwirt, schildert sein Konzept eines ganzheitlichen, an den gemeindlichen Zielen, der Wirtschaftlichkeit und den von Immobilien ausgehenden Wirkungen auf Gemeinde und Öffentlichkeit orientierten »Integrierten Immobilienmanagements«. Diesen neuartigen Umgang mit den kirchlichen Gebäuden, die im Bewusstsein der Gemeinden oft »ohnehin da« sind, setzt Friedhelm Schneider inzwischen vielfach als Berater von Kirchengemeinden in die Praxis um. Der Beitrag entwickelt diesen Ansatz anhand des konkreten Beratungsprozesses dreier Kirchengemeinden in Darmstadt, die eine verstärkte Zusammenarbeit beabsichtigten und in entsprechende Gespräche und Verhandlungen eintraten. Vor diesem Hintergrund »entdeckten« sie auch ihre Gebäude und suchten nach neuen Wegen, mit ihnen umzugehen, ohne das »Tafelsilber zu verscherbeln«.

»Eine Tankstelle für die Seele«. Die Autobahnkirche Medenbach. Gedanken des Stifters über Entstehung und Erfahrungen (Alfred Weigle)

Erzählend ordnet der Autor sein Reformprojekt: die Stiftung einer Autobahnkirche, in den Kontext seiner Biographie ein. Der erfolgreiche Unternehmer hatte seine eigenen Fragen an Gott, an die Kirche. Die Fragen bleiben, auch wenn er jetzt in »seiner« Kirche sitzt. Aber er hat ihnen einen Ort gegeben, der »Sinn macht«: für ihn und für bislang ca. 100.000 andere.

Wolfgang Nethöfel, Klaus-Dieter Grunwald

DIE LANDESKIRCHLICHE EBENE

»Kirche mit Zukunft« – der landeskirchenweite Reformprozess der Evangelischen Kirche von Westfalen (Peter Burkowski/ Matthias Dargel)

Superintendent Peter Burkowski, Vorsitzender des Lenkungsausschusses, und Matthias Dargel, damals Mitarbeiter einer Unternehmensberatung, beschreiben einen Reformprozess der Evangelischen Kirche in Westfalen. Im Rahmen einer landeskirchlichen Gesamtkonzeption zur Neuausrichtung kirchlichen Handelns in Westfalen wurden die 33 Kirchenkreise einander verbindlich zugeordnet in elf »Gestaltungsräumen«. In diesen Gestaltungsräumen sollen übergemeindliche Aufgaben wie z.B. Diakonie, Verwaltung oder synodale Dienste gemeinsam wahrgenommen werden bis hin zur Fusion von Einrichtungen oder den Kirchenkreisen insgesamt. Das Grundprinzip der verbindlichen Nachbarschaft ist im Verlauf des Reformprozesses von zahlreichen Kirchenkreisen auch auf die Gemeindeebene übertragen worden (Regionenbildung, Nachbarschaften, Kooperationsräume). Diese regionale Neuordnung wurde durch zahlreiche inhaltliche (z.B. Kirchen- oder Pfarrbild) und strukturelle Vorlagen und Beschlüsse (z.B. regelmäßiges Mitarbeitendengespräch oder Verkleinerung von Kreissynoden) unterstützt und begleitet.

Mitten im Aufbruch. Das Projekt einer Förderation evangelischer Kirchen in Mitteldeutschland (Axel Noack)

Konsultation – Kooperation – Föderation sind die aktuellen und künftigen Etappen des Zusammengehens der Evangelischen Kirche der Kirchenprovinz Sachsen und der Evangelisch-Lutherischen Landeskirche in Thüringen, die Bischof Noack aus seiner Sicht beschreibt. Erster wichtiger Schritt: Die beiden größten Einrichtungen der beiden Landeskirchen, nämlich das Evangelische Konsistorium in Magdeburg und das Lutherische Landeskirchenamt in Eisenach sind bereits seit dem 1. Oktober 2004 fusioniert. Dieses gemeinsame Kirchenamt ist bereits heute Motor für alle weiteren Fusionen von Werken und Einrichtungen. Auch die Diakonischen Werke beider Landeskirchen (unter Beteiligung der Anhaltischen Landeskirche) haben sich bereits vereinigt. Synergieeffekte und auch innere Stabilität wirken sich positiv aus. Gibt es ein »Patentrezept« für Fusionen? Bischof Noack deutet es nur an: Frage nicht die »Frösche«, wenn du den Teich trocken legen willst – und auch nicht die »Störche«.

Ehrenamtsgesetz und Ehrenamtsakademie. Neue Wege des Ehrenamts in der Evangelischen Kirche in Hessen und Nassau (Karl Heinrich Schäfer)

Karl Heinrich Schäfer, Präses der EKHN-Synode, beschreibt in seinem Artikel über »Ehrenamtsgesetz und Ehrenamtsakademie in der Evangelischen Kirche in Hessen und Nassau« den Weg einer Gesetzesvorlage, der von einer Arbeitsgruppe aus Kirchenverwaltung und Synode angestoßen und erfolgreich in der Kirchensynode umgesetzt wurde. Durch das Ehrenamtsgesetz werden neue Standards für die Qualifizierung und Unterstützung Ehrenamtlicher gesetzt, um vor allem die Gremienarbeit nachhaltig zu verbessern. Die bisher in Deutschland einmalige Ehrenamtsakademie ist ein wesentlicher Beitrag zur neuen Kultur des »Ehrenamtes in der EKHN«, in der sich Haupt- und Ehrenamtliche wechselseitig unterstützen und fördern – in Anerkennung und Wertschätzung der unterschiedlichen Charismen, Qualifikationen und Begabungen.

Theologische Überlegungen zum Thema Personalentwicklung (Martin Schindehütte)

In einem Loccumer Vortrag hat Martin Schindehütte, Geistlicher Vizepräsident des Landeskirchenamts der Hannoverschen Landeskirche, ausdrücklich die Notwendigkeit hervorgehoben, den Reformbeitrag einer kirchlichen Personalentwicklung kirchlich zu begründen – er hebt aber auch die Reformverantwortung hervor, die sich aus diesem Begründungszusammenhang ergibt. Er kann zum Zusammenhang neuer Entdeckungen bei der Bestandsaufnahme der veränderten Rahmenbedingungen und Aufgabenprofile aller Mitarbeitenden werden, er erschließt neue Dimensionen des Leitens und Führens und er eröffnet einen neuen Blick auf die zur Verfügung stehenden Instrumente wie Visitation einerseits, Jahresgespräche anderseits.

»Nach vorne schauen«. Die Visitationsordnung der Evangelischen Landeskirche in Baden (Jörg Seiter/ Herbert Lindner)
Ein Perspektivwechsel kennzeichnet die novellierte Visitationsordnung in der Evangelischen Landeskirche in Baden. Jörg Seiter und Herbert Linder beschreiben eine »Reform kirchlicher Praxis durch die Reform eines gängigen Instruments«. Das neue Verfahren verschiebt von der vorbereitenden Datenerhebung bis zu den abschließenden Vereinbarungen den Schwerpunkt jenes traditionellen Präsentations- und Kontrollinstruments vom Rückblick auf die Zukunft der Gemeinde, von der beschreibenden Bestandsaufnahme auf eine strukturierte Bedarfserhebung, von der Kerngemeinde auf die Einbeziehung möglichst vieler Gemeindeglieder und von der Aufgaben- auf eine Zielorientierung. Die Vorbereitungsmaterialien etablieren ein Controlling. Das Ziel dabei ist, Sichtweisen und Haltungen von Leitungsverantwortlichen zu verändern, die im geschwisterlichen Miteinander der alten Ordnung einander verbunden bleiben.

Die Zuordnung der einzelnen Projekte zu den Ebenen ist nicht eindeutig; alternative Schwerpunktsetzungen sind möglich. So wie am Ende der landeskirchliche Impuls auf die Gemeindearbeit zielt, so erfassen am Anfang beim Württembergischen Reformprojekt Prozesse, die überwiegend von einzelnen Gemeinden ausgehen, die ganze Landeskirche. Die Projektstelle für den Prozess wurde nach Durchführung eines erfolgreichen Großkongresses zwar im Oktober 2003 aufgelöst, die Arbeitsformen des »Notwendigen Wandels«, insbesondere die Erprobung und der auf ihnen aufbauende Erfahrungsaustausch (Kongress, Praxisimpulse, Internet), haben sich als Katalysatoren der Entwicklung bewährt. Acht Kirchenbezirke in Württemberg haben eigene Innovationsfonds aufgebaut oder andere Anreize für Erprobung und Innovation geschaffen. Immer öfter nutzen Kirchenbezirke ihre Synoden zum Austausch über Innovation. Die Landessynode hat im Sommer 2004 ein Anschlussprojekt gestartet: »Wachsende Kirche«, das darauf abzielt, Kirchengemeinden zu bestärken, aktiv und neu zum Glauben einzuladen. Alle Landeskirchen sind eingeladen, von diesem landeskirchenweiten Innovationsprozess zu lernen und die Impulse innovativ weiter zu entwickeln! Und es gibt keinen Grund, hieran nicht einen Prozess ökumenischen Lernens anzuschließen. Aber nach welchen Kriterien – wie lernt man aus den hier zusammengestellten und aus künftigen Erfahrungen?

3. Ansätze einer kirchlichen Praxeologie

Reformansätze gibt es also auf allen Ebenen, in allen Bereichen. Wir laden unsere Leser und Leserinnen ein, sich selbst das zugrunde liegende Schema zu Nutze zu machen und sich durch Zusammenstellungen und Vergleiche, schließlich nach einem Überblick über möglichst viele dieser und anderer Reformerzählungen folgende Fragen zu beantworten:

Wer sind denn eigentlich überall und immer wieder die Initiatoren von Reformenprojekten? Was wollen, was erreichen sie typischerweise. Das ist die Frage nach dem Subjekt und nach dem *Objekt* kirchlicher Reformprojekte.

Wenn man fragt, wie und mit wem die Projekte durchgeführt werden, von denen in diesem Buch erzählt wird, erhält man einen ersten Überblick, über einerseits reformfördernde, hilfreiche, andererseits reformhindernde Kräfte: *Adjuvanten* und *Opponenten*.

Sodann: Für wen werden die Reformen eigentlich in Angriff genommen? Wir nähern uns einer Antwort, wenn wir uns einen Überblick über die genannten Zielgruppen verschaffen. Wer sind die *Adressaten* und wie wird ihre gegenwärtige Situation beschrieben?

Schließlich: Warum geschieht das? Wie und womit begründen die Initiatoren ihre Projekte, welche Person oder welche Überzeugung würden sie als ihren Auftraggeber: als *Adressanten benennen*?

Wenn wir so fragen, wenn wir so die verschiedenen Spalten betrachten, ihnen eine möglichst plakative Überschrift geben, dann haben wir eine induktive Erkenntnis gewonnen. Aus den Akteuren ist ein Paradigma von Aktanten geworden, und wenn wir die in einem Schema »notwendiger Beziehungen« zwischen Subjekt und Objekt auf der Mittelachse, Adressat und

Adressant auf der oberen, Opponent und Adjuvant auf der unteren Achse anordnen, ergibt sich sogar so etwas wie ein Modell möglicher Reformerzählungen als Ansatz zu einer induktiven Theorie kirchlicher Reformen.[3]

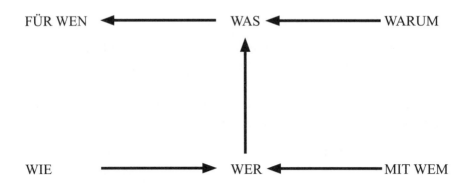

Man kann diese Analyse erweitern und vertiefen, zunächst indem man sich das Episodenschema zunutze macht, dem die Autorinnen und Autoren mehr oder minder ausdrücklich gefolgt sind. Wie sind die Initiatoren vorbereitet? Gehen sie bewusst mit Zielformulierungen um, etablieren sie Etappen und Controllingmaßnahmen? Wie ist die Konstellation der Aktanten zu Beginn, in einer charakteristischen Episode unterwegs und am Schluss? Welche Transformationen vollziehen sich typischerweise während eines Reformprozesses? Die Erzählungen ersetzen einen Ausgangsgegensatz zwischen den Initiatoren und ihrer Zielgruppe durch einen abgeleiteten Gegensatz, in dem die gemeinsame Mangelsituation von Adressant und Subjekt in ein Verhältnis zu den »ganz anderen Möglichkeiten« des Subjekts gesetzt wird, mit denen sich der Adressant im Adjuvanten zu erkennen gibt. – Auch solche Analysen wollen wir dem Leser, der Leserin überlassen.

Man sieht: Eine Praxeologie ist möglich. Doch es geht hier gar nicht um ein bestimmtes Paradigma, sondern um ein praktisches Ordnungs- und Ver-

---

[3] Zu dem nachstehenden Aktantenmodell und seinen weiter führenden Möglichkeiten siehe Wolfgang Nethöfel, Theologische Hermeneutik. Vom Mythos zu den Medien, Neukirchen-Vluyn 1992.

ständigungsschema, aus dem jede und jeder zunächst für sich und dann in Gesprächen weiter führende Fragen ableiten lassen – so lange dies die gemeinsame Arbeit voran bringt. Für andere mag eine eher intuitive Zusammenschau hilfreicher sein. Es scheinen sich thematische und strukturelle Reformschwerpunkte abzuzeichnen, Erfahrungen könnten sich tatsächlich verdichten.

Es gibt vielfältige Reformaktivitäten von Kirchenleitungen. Mal stehen sie im Vordergrund, mal im Hintergrund der Erzählungen. Typischerweise katholisch steht im Hintergrund der reformbereite Patriarch. Aber auch bei proaktiven Gruppen, bei kollektiven Akteuren in dieser Position reicht das Spektrum von finten- und listenreichen Abkoppelungsmanövern bis zu vereinzelten weit vorgreifenden Veränderungen gesetzlicher Regelungen, die erst später von einem erstaunten Publikum bemerkt und genutzt werden. Kirchenreformerisches Handeln ist hier zugleich stellvertretendes und ermöglichendes Handeln. Lässt sich das verallgemeinern? Können alle hiervon lernen?

Der negative Hintergrund, vor denen sich solche markanten Reformmaßnahmen abzeichnen, sind bei Kirchenleitungen deren Ziellosigkeit oder Inkonsequenz, auf der Mittleren Ebene Ineffizienz oder Interesselosigkeit, bei den Ortsgemeinden das Parochialprinzip bzw. die Milieuverengung bei den Kernaktivitäten. Natürlich sind diese Thematisierungen jeweils wahrnehmungsbedingt. Aber deutlich ist auch: Nicht reformbereite Ortsgemeinden einerseits, reformbereite Kirchenleitungen bzw. eine reformbereite Mittlere Ebene entfernen sich immer weiter voneinander. Reformimpulse auf der Gemeindeebene kommen vom Rand der Kerngemeinde. Sie relativieren und sie thematisieren die stets betonten Stadt-Land-Unterschiede bei Ortsgemeinden unter jeweils neuen Gesichtspunkten. Lassen sich solche »segregativen« Tendenzen verallgemeinern, sind solche Abkoppelungen nur Risiko oder auch Chance?

Das Kernproblem scheint nicht die vielfach als Reformhindernis thematisierte Orts- als konservative und milieuverengte Kerngemeinde zu sein, sondern genauer deren spezifische parochiale Organisationsform. Es geht allerdings offensichtlich auch nicht um die Regionalisierung, die als Funktionalisierung und Rationalisierung von personalen Dienstleistungen der Kerngemeinde Mittel entzieht. Die Erzählungen wissen vielmehr einerseits, dass Kerngemeinden ihre Lähmung überwinden, wenn sie »glokale« Probleme mutig ins Auge fassen, also sich mit lokalen Erscheinungen globaler Zusammenhänge mutig auseinandersetzen. Anderseits ist die Regionalisierung kein Spezialproblem zwischen Ortsgemeinde und Mittlerer Ebene. Diese kommt vielmehr nach wie vor von zwei Seiten unter Druck: Sie muss weiterhin zugleich zusammenfassen und dezentralisieren, effizient und effektiv sein, um zu leisten, was sowohl die Kirchenleitung als auch die Basis von ihr erwarten, statt folgenlos Strukturen zu verdoppeln. Aber – das zeigt sich quer durch alle Erzählungen: Erfolgreiche Reformprojekte verknüpfen immer zwei Ebenen neu und mit besonderen Schnittstellen; sie finden, was außerhalb von Reformprojekten gesucht wird.

Nicht überraschend ist, dass alle Erzählungen – gleichgültig auf welcher Ebene sie zu lokalisieren sind – von Mut, Freundlichkeit und Fröhlichkeit berichten, dass sie aber ebenfalls alle, wenn auch eher indirekt Konsequenz, Hartnäckigkeit, ja auch: Leadership als reformerische Sekundärtugenden bezeugen. Irritierend wirkte auf uns (die wir, zugegeben, Methodenfreaks sind), dass es offenkundig gleichgültig ist, welche Ziele formuliert werden, ob sie am Anfang formuliert werden oder auch erst am Ende. Es hat uns natürlich auch irritiert, mit welch weitem Spektrum theologischer Zielvorstellungen auch erfolgreiche Reformprojekte verbunden sein können. Allerdings: Es gibt keine erfolgreichen Reformprojekte ohne sowohl ziel- als theologisch orientiertes Arbeiten. Lassen sich daraus nur praktische Konsequenzen ziehen, kann man nur methodische Schlüsse ziehen oder lassen sich bereits Hypothesen ableiten, Axiome aufstellen? Wir stellen hier bewusst kein Gegenprogramm auf, präsentieren keine Reißverschlusstheorie, entwerfen keine starke Innovationstheorie, skizzieren keine Methodik Dritter Größen.[4] Wir empfehlen allenfalls theologisches Patchwork. Nach dem

---

[4] Vgl. Wolfgang Nethöfel, Theologische Orientierung in einer vernetzten Welt, Neukirchen-Vluyn 2001; Kirchenreform in der Epochenwende. Strategische Notizen, in: Theologie und Kirchenleitung, zit. Anm. 1, S. 433-445.

Vorbild von Joseph H. Oldham und William Temple, im lockeren Anschluss an Theorieimpulse von Robert K. Merton[5], John Rawls[6], Clifford Geertz[7] und Anthony Giddens[8] ermutigen wir zu einer kirchlichen Praxeologie, die sich auszeichnen sollte durch Faktenfreudigkeit und Fehlerfreundlichkeit, praktische und theoretische Anschlussfähigkeit, Überlegungsgleichgewicht, dichte Beschreibung, begrenzte Reichweite und mittlere Axiome.[9]

Nachhaltige Kirchenentwicklung (Peter Scherle)

Peter Scherle erweitert in seinem einleitenden Beitrag unseren Einblick in die Reformwerkstatt durch die Auswertung von über 150 Ausbildungsprojekten von Vikarinnen und Vikaren. Er arbeitet vier Faktoren heraus, die offenbar entscheidend sind für die Kirchenentwicklung: Orte, Personen, Situationen und Inhalte. Sie sind in den vorliegenden kirchlichen Reformtheorien auch berücksichtigt. Allerdings haben diese »modernen« Theorien zwei entscheidende Schwächen. Sie erfassen jeweils den für die kirchliche Praxis entscheidenden Strukturierungs- und Differenzierungsaspekt nur unzureichend. Und sie sind gänzlich außerstande, den durch christliche Traditionsmuster aktualisierten Zusammenhang jener Aspekte zu erfassen: jenen Rhythmus des Lebens, der dadurch gestaltet wird – oder gestaltet werden könnte. Seine theoretischen Überlegungen konkretisieren sich ebenso wie die praktischen Erfahrungen der Herausgeber im Bild vom Netzwerk Kirche.

---

[5] »Middle-range«-Theorien empfiehlt Merton in Soziologische Theorie und soziale Struktur, Berlin/New York 1995 [1949/1963]. Merton wusste, dass wir Zwerge sind – »Auf den Schultern von Riesen« (Ein Leitfaden durch das Labyrinth der Gelehrsamkeit, Frankfurt a.M., 2. Aufl. 2004 [1965]). Manche Zwerge sehen allerdings nichts, weil Riesen auf ihren Schultern stehen, andere, weil sie gar nicht erst hinaufsteigen.

[6] ... das »wide reflective equilibrium«, das sich ja über den Gebrauch in »Eine Theorie der Gerechtigkeit« hinaus empfiehlt (Frankfurt a. M. 2000 [1971]).

[7] Geertz, Clifford: Dichte Beschreibung. Beiträge zum Verstehen kultureller Systeme, Frankfurt a. M. 1997.

[8] Giddens entfaltet seine Strukturationstheorie vor allem in: Die Konstitution der Gesellschaft. Grundzüge einer Theorie der Strukturierung, Frankfurt am Main 1992 [1984] – und pflastert mit den so konstruierten Größen dann einen entsprechenden Pfad in die Zukunft: Der dritte Weg. Die Erneuerung der sozialen Demokratie, Frankfurt a. M. 1999 [1998].

[9] Francis Bacon behauptete immerhin, von solchen »true and solid and living axioms ... depend the affairs and fortunes of men" (First Book of Aphorisms, CIV), und der Ökumenische Rat der Kirchen entwickelte von einer daran ausgerichteten Sozialethik aus seine Leitbilder einer »responsible« bzw. einer »just, sustainable and participatory society«.

4. Die Konsequenz: Netzwerk Kirche

Kein Aufruf zum Paradigmenwechsel also, sondern eine Einladung zum Lernen in vorwegnehmender kirchlicher Gemeinschaft. Wir stellen unser eigenes Aggiornamento in ein Reformnetzwerk auf Dauer, das mit dem Fokus »Gemeinde und funktionale Dienste« gestartet ist. In einem Orientierungspapier heißt es zu den »Zielsetzungen, Arbeitsstrukturen und Aktivitäten«:

Das Netzwerk »Gemeinde und funktionale Dienste« besteht seit September 2001 und wurde in Darmstadt gegründet. In ihm arbeiten insbesondere Theologen/innen (leitende Mitarbeiter/innen der Landeskirchenämter und Wissenschaftler/innen), Soziologen/innen und Juristen/innen aus den Evangelischen Landeskirchen und aus dem Universitätsbereich zusammen.

Fokus des Netzwerkes ist über den Arbeitstitel »Gemeinde und funktionale Dienste« hinaus insbesondere die kirchliche und religiöse Situation der Großstädte in Deutschland. Dabei werden theologische, soziologische und juristische und weitere relevante Aspekte berücksichtigt.

Das Netzwerk versteht sich in dem Sinne, dass Lebendigkeit, Kreativität und Mut zu neuen Wegen in den Sitzungen zum Ausdruck gebracht werden und dabei auch unterschiedliche Auffassungen artikuliert und entwickelt werden können. Dies erfordert von den Teilnehmer/innen eine hohe kommunikative Kompetenz und die Freude an Diskussion und kritischem Diskurs. Das Netzwerk ist auch als ein »ungeschützter Diskussionsraum« zu sehen, den die Mitglieder nutzen können, um Impulse und Anstöße zu geben, noch Unfertiges vorzutragen und konstruktive Kritik zu üben. Deshalb ist im Hinblick auf die Zusammensetzung kein institutioneller Ansatz gewählt worden, sondern ein »ad personam-Bezug«.

Das Netzwerk verfolgt folgende Zielsetzungen:

1. Interdisziplinarität und Wissenschaftlichkeit

    Das Netzwerk hat ca. 40 Mitglieder, wobei ca. 30 Mitglieder Theologen/innen sind. Ferner sind 5 Soziologen/innen und 4 Juristen/innen vertreten. Die Fragestellungen sollen interdisziplinär behandelt werden, wobei in den ersten beiden Jahren theologische und auch soziologische Aspekte im Vordergrund standen.

2. Praxisbezug

    Es sollen nicht nur theoretische Entwürfe und Fragen diskutiert werden, sondern vor allem auch praktische Fragen und Probleme in Verbindung mit Theorie vorgetragen werden. Nach Auffassung der Teilnehmer/innen ist nichts so praktisch wie »gute Theorie«. Beide Aspekte – Praxis und Theorie – werden in der einmal jährlich stattfindenden Wissenschaftlichen Tagung miteinander verbunden. Die Ergebnisse dieser Tagung werden einer breiteren Öffentlichkeit, in Form von Aufsätzen oder Tagungsberichten, zugänglich gemacht.

3. Kollegialer Austausch

    Dieser Aspekt behandelt insbesondere die Tatsache, dass Wissenschaftler/innen und Praktiker/innen, Theologen/innen, Soziologen/innen und Juristen/innen zusammenarbeiten wollen. Ein derartiges Forum gibt es in Deutschland nicht. Das Netzwerk ist selbstverständlich fachlich offen und wird auch andere Disziplinen (z.B. Sozialwissenschaften, Ökonomie, Urbanistik) zu gegebener Zeit mit einbeziehen.

4. Ökumenischer Bezug

    Es ist angestrebt, das Netzwerk nicht nur evangelischen Praktiker/innen und Wissenschaftler/innen zugänglich zu machen, sondern auch für Kollegen/innen aus dem katholischen Bereich zu öffnen. Diese »Öffnung« ist bereits in erfreulichem Maße gelungen und wird aktiv fortgesetzt.

5. Bundesweite Ausdehnung des Netzwerkes

Diese Zielsetzung ist im Wesentlichen erreicht. Allerdings ist kritisch anzumerken, dass Mitglieder aus den östlichen Gliedkirchen noch schwach vertreten sind. Der Ost-West-Bezug wird insbesondere deshalb als wichtig angesehen, da das Voneinanderlernen, insbesondere auch des Westens vom Osten, stärker im kirchlichen Bereich akzentuiert werden müsste.

6. Lernsituationen schaffen, konkrete Informationen sammeln und zugänglich machen

Dieser Punkt wird in den Wissenschaftlichen Tagungen und auch in den Sitzungen angestrebt. Die Lernsituationen beziehen sich allerdings mehr auf die Teilnehmer/innen. Ob auch ein Feedback in die jeweiligen Institutionen gelingt, ist noch nicht im Einzelnen geprüft worden. Auf jeden Fall ist jedoch festzustellen, dass sich die Netzwerkidee und -umsetzung bereits »herumgesprochen« hat. Angestrebt wird auch, eine Art »Börse und Forum« für Informationen, Projekte, weiterführende Ideen zu sein.

ARBEITSSTRUKTUREN

Die Mitgliedschaft im Netzwerk, die aktive Mitarbeit voraussetzt (mindestens Teilnahme an einer Veranstaltung pro Jahr wird erwartet), wird ergänzt durch eine Interessentenliste, in denen u.a. Bischöfe, leitende Juristen, u. a. aufgeführt werden. Sie bekommen Informationen, sofern sie sie haben wollen. Die Sprecher des Netzwerkes versuchen im Rahmen des Möglichen Kontakte zu diesen Interessenten zu halten.

Das Netzwerk verfügt über einen Sprecherrat, der zur Zeit aus Professor Dr. Nethöfel (Universität Marburg), dem Professoren- und Soziologenehepaar Professor Dr. Girschner und Dr. Girschner-Woldt (Universität Göttingen), Professor Dr. Hauschildt (Universität Bonn) und Seminardirektor Pfarrer Rammler (Braunschweigische Landeskirche) besteht.

Es findet einmal pro Jahr eine Netzwerksitzung statt, die nur den Mitgliedern und eingeladenen Gästen zugänglich ist. Der kollegiale Austausch und auch der gesellige Charakter des Netzwerkes werden dabei gepflegt.

Der »zweite Tagungstyp« ist die wissenschaftliche Tagung, die erstmals im Februar 2003, unter der Schirmherrschaft von Landesbischof Dr. Friedrich Weber, in Braunschweig zum Thema: »Kirche und Bürgergesellschaft« durchgeführt wurde.[10]

Die 2. Wissenschaftliche Tagung des Netzwerkes fand im Februar 2004 im Augustinerkloster in Erfurt zum Thema »Mission im Osten Deutschlands« statt. Sie stand unter der Schirmherrschaft von Bischof Noack (Magdeburg). Diese Tagung fand erstmals unter namhafter katholischer Beteiligung, insbesonders Bischof Dr. Wanke (Erfurt), statt.[11]

Auf dem Kirchentag 2005 in Hannover haben wir Formen gefunden, in denen wir uns gern einer größeren Öffentlichkeit präsentieren. Wir sind auf dem »Markt der Möglichkeiten« durch einen Stand vertreten, auf dem wir uns – und unsere Mitglieder einzelne Reformprojekte vorstellen. Wir haben am Gesamtprogramm der »Werkstatt Gemeinde« mitgewirkt und veranstalten im »Wal«, wo diese Werkstatt ihren Ort gefunden hat, eine Podiumsdiskussion zum Thema »Welche Zukunft hat Gemeinde?«, die von Wolf von Lojewski moderiert wird und an der Kirchenpräsident Peter Steinacker, das EKD-Ratsmitglied Marlehn Thieme, McKinsey-Direktor Dr. Peter Barrenstein und die Netzwerk-Sprecher Eberhard Hauschildt und Wolfgang Nethöfel teilnehmen. Dort im Wal und auf unserem Kirchentagsstand erläutern wir die Funktionen unserer Kirchenreform-Datenbank, die unter unserer Website www.kirchenreform.de ins Netz gehen wird – und wir werden dort dieses Buch vorstellen.

Wir werden all das mit dem Aufruf verbinden, immer weiter und immer wieder von Reformprojekten zu erzählen. Aber wir hoffen nun, Lernprozesse neuer Qualität in Gang setzen zu können. Die Datenbank, deren Maske unser Kategorienschema spiegelt, wird auch der technischen Vernetzung dienen, sie soll Besuchsprogramme und Benchmarking-Prozesse ermögli-

---

[10] Der Hauptvortrag von Landesbischof Dr. Weber »Kirche und Bürgergesellschaft« ist im Deutschen Pfarrerblatt erschienen (Heft 10/2003, S. 526-529).
[11] Die Vorträge sind in der epd – Dokumentation 19/2004 vom 04. Mai 2004 veröffentlicht worden.

chen. Wir beabsichtigen für das Jahr 2007 einen Sammelband »Kirchenreform ökumenisch!« herauszugeben, wenn möglich in Kooperation mit beiden großen Kirchen. Anschließend wollen wir »Kirchenreform europäisch«, aber auch große Reformbereiche und Querschnittsthemen wie Diakonie und Caritas ins Auge fassen.

Wir wünschen den Leserinnen und Lesern dieses Sammelbandes viel Freude und auch neue Erkenntnisse bei dem Studium der dargestellten Projekte und Analysen. Sprechen Sie mit Interessierten über die Texte der Autorinnen und Autoren und tragen Sie so zur Vernetzung und zum Dialog bei! Damit wäre unserem Anliegen am meisten geholfen. Für Kritik, Anregungen und Vorschläge sind wir selbstverständlich dankbar. Bitte berücksichtigen Sie dabei, dass die Autoren ebenso wie die Herausgeber jeweils nur für sich sprechen. Wir streben mit unserer Vernetzung keine institutionelle Position an – eben das ist unser Programm.

Den Lesern wird der besondere Beitrag Alfred Weigles auffallen. Hier berichtet jemand – wie wir meinen: beispielhaft eindrücklich – von seinem kirchlichen Reform-Engagement. Ohne sein Vertrauen in unser Buchprojekt, das sich auch in einem namhaften Druckkostenzuschuss äußerte und ohne die Vermittlung von Rechtsanwalt und Notar Wilhelm Dammeier hätten wir außerdem dieses Projekt nicht abschließen können. Ohne die unermüdliche und präzise Hintergrundarbeit von Manuel Kronast (IWS Marburg) wären wir vermutlich unterwegs gescheitert. Wir danken den Autorinnen und den Autoren für ihre Beiträge, die unter knappen Zeitvorgaben fertig werden mussten, und wir danken schließlich dem EB-Verlag (Dr. Hans-Jürgen Brandt und Rainer Kuhl) für die erst geduldige und dann zügige Förderung des Projekts. Wir gehen mutiger und fröhlicher zur nächsten Reformbaustelle und sind sicher, dass wir dort nicht allein bleiben.

II. Theorie

Peter Scherle

Nachhaltige Kirchenentwicklung

Dieser Beitrag nimmt seinen Ausgangspunkt bei einer Vielzahl von konkreten Projekten in Kirchengemeinden der Evangelischen Kirche in Hessen und Nassau (EKHN). Die Arbeit als Professor für ›Kirchentheorie und Kybernetik‹ am Theologischen Seminar Herborn beinhaltet die Begutachtung von Projekten, die Vikarinnen und Vikare im Rahmen ihrer Ausbildung entwickeln. Etwa 150 solcher Projekte, die jeweils Analysen der Kirchengemeinden und ihrer Kontexte sowie kirchentheoretische Reflexionen enthalten, bilden zwar die Grundlage der folgenden Erörterung.[1] Es handelt sich aber an dieser Stelle nicht um eine empirische Untersuchung der Projekte, sondern um Schlussfolgerungen im Sinne der ›Axiome mittlerer Reichweite‹, die dieser Band entwickeln will.

Folgende Schritte werden dabei gegangen. Zu Beginn werden Faktoren identifiziert, die für heutige Bemühungen um Kirchenreform fruchtbar gemacht werden können. Zweitens soll erörtert werden, auf welchen gesellschaftstheoretischen Annahmen Projekte beruhen bzw. worauf sie sich überhaupt in der gegenwärtigen Diskussion beziehen können. Drittens soll der Frage nachgegangen werden, welche missionarische Leistung kirchenreformerische Projekte erbringen. In einem vierten Schritt werden die zugrunde liegende Verständnisse von Kirche untersucht. Der abschließende Teil wird ein Schlaglicht auf die theologischen Konsequenzen werfen.

---

[1] Aus Platzgründen sind hier nur summarische und interpretierende Bezüge zu den Projektberichten möglich.

Vier Faktoren von Kirchenentwicklung

Als Ausgangspunkt soll die Beobachtung genommen werden, worauf sich die Projekte konzentrieren, woran sie anknüpfen, um die vielfältigen Zielsetzungen (z.B. Lücken im kirchengemeindlichen oder regionalen ›Angebot‹ schließen, besondere Zielgruppen ›ansprechen‹, neue ›Formen‹ erproben)[2] zu erreichen. Die große Mehrzahl, etwa 80%, lässt sich in vier Gruppen zusammenfassen. Dabei sind Häufungen genauso relevant wie die Tatsache, dass besonders ›spannende‹ Projekte in den folgenden Feldern liegen:

- Projekte, die bewusst mit den Räumen der Kirche arbeiten (dabei geht es meist um Kirchenraumpädagogik[3], um Kirchenöffnungen[4] in der Woche und um Veranstaltungen, die bewusst die religiöse Struktur des Kirchenraums nutzen wollen[5]), bzw. Kirche an besonderen Orten[6] zur Geltung bringen wollen.[7]
- Projekte, die ein besonderes Angebot für bestimmte Situationen machen (meist bezogen auf den individuellen Lebensrhythmus[8], gesellschaftliche Ereignisse[9] und das Kirchenjahr[10]).
- Projekte, die ein bestimmtes inhaltliches Anliegen stark machen wollen (meist Glaubenskurse[11], die Begegnung mit anderen Konfessionen oder

---

[2] Trotz der vielfältigen Zielsetzungen ist dabei eine vorherrschende Richtung erkennbar: die Identifikation der ›distanzierten‹ Mitglieder mit der Kirchengemeinde zu erhöhen und das kerngemeindliche Leben zu stabilisieren. Eine gewisse Rolle spielt auch das Anliegen, dabei gesellschaftliche Defizite zu kompensieren.

[3] Beispiel: Kirche erleben – Ein Projekttag mit Kindern in der Kirche.

[4] Beispiel: Tägliche Öffnung einer Dorfkirche auf einem touristischen Wanderweg (»Offene und einladende Kirche«).

[5] Beispiele: Schule in der Kirche; Ausstellung und Vernissage in der Kirche, verbunden mit einem Gottesdienst zur Ausstellung; Einladung an Jugendliche, »Heiligabend im Alten Pfarrhaus« zu verbringen.

[6] Einige dieser Orte seinen hier genannt: Neubaugebiet (Ökumenischer Gottesdienst zur Begrüßung der Neuzugezogenen im Neubaugebiet), Reisebus (Kirche unterwegs auf dem Gemeindeausflug), Schule (Kirchlicher Projekttag).

[7] Unabhängig davon wird die Raum-Metapher sehr häufig verwendet (z.B. »Gemeinsam leben in Gottes Haus), um das eigene Kirchenverständnis zu beschreiben.

[8] Beispiele sind Projekte mit KonfirmandInnen.

[9] Beispiel: Ausstellung von Jugendlichen über jüdisches Leben in einem Kirchspiel anlässlich eines Erinnerungstages.

[10] Beispiele: Fastenkurs in der Passionszeit; Nachtcafé für Jugendliche an Weihnachten.

[11] Beispiele: Taufkurs für Russlanddeutsche; Abende zur religiösen Kindererziehung für Eltern.

Religionsgemeinschaften[12], Fragen der Gerechtigkeit[13], das Thema Tod und Trauer[14]).
- Projekte, die die Prozesse und Strukturen der Arbeit überdenken[15] oder die Arbeit der Gemeinde insgesamt besser öffentlich kommunizieren[16] wollen.

Im Querschnitt der Projekte fallen zwei weitere Tendenzen besonders auf.
- Fast die Hälfte der Projekte versucht dies – entweder nur oder als wichtiges Element – mittels gottesdienstlicher Formen und zwar für höchst unterschiedliche Zielgruppen (Jugendliche, Eltern mit Kleinkindern, Suchende und ›Distanzierte‹, Ruheständler, ...).[17]
- Fast durchgängig ringen die Vikarinnen und Vikare mit der Bedeutung von Personen, insbesondere von Geistlichen, aber auch von Kirchenvorsteherinnen oder Gemeindepädagogen, für die kirchliche Arbeit. Das ist sicher nicht überraschend, geht es doch um die Ausbildung von Geistlichen. Bemerkenswert ist eher der Versuch, diese Bedeutung zu negieren und dies entweder mit Hilfe einer Lesart des Allgemeinen Priestertums, die das »Mittel« des »Predigtamtes« (CA V) übergeht, oder aber mit dem Bild vom (bemerkenswerterweise immer: männlichen) ›Spieler-Trainer‹ zu begründen.

Im Blick auf die gegenwärtige Praxis und Theorie der Kirchenreform sollen noch zwei weitere Beobachtungen genannt werden, die weiter zu bedenken sind.

---

[12] Beispiele: Ökumenische Gesprächsabende zu ›Dominus Iesus‹; Interreligiöse Gesprächs- und Begegnungsabende zwischen MuslimInnen und ChristInnen.
[13] Hier geht es in erster Linie um Geschlechtergerechtigkeit (Beispiel: Mädchenprojekt »Modelust und Modefrust – Meine Klamottenkiste und Ich«). Daneben sind (jugendliche) Aussiedler im Blick.
[14] Beispiele sind Gesprächsabende oder -kreise: Im Angesicht des Todes Leben; Tod und Trauer.
[15] Hier geht es in der Regel um Formen der Leitbildentwicklung mit Kirchenvorständen oder um Teamentwicklung (z.B. Einführung eines Mitarbeiterkreises).
[16] Dabei geht es am häufigsten um die Internet-Präsenz (Homepage einer Kirchengemeinde), einige Male auch um einen neuen Gemeindebrief, einmal auch um die Schaukästen.
[17] In den Formen wird auf bekannte Modelle zurückgegriffen: Thomas-Messe, Willow-Creek-Gottesdienst (Go-Special), Taizé-Gottesdienst usw.

- Es gibt keine einfache Stadt-Land-Differenz in diesen Projekten, weder hinsichtlich der geschilderten Lebensverhältnisse noch hinsichtlich der Versuche, in der kirchengemeindlichen Arbeit darauf zu reagieren (z.B. durch so genannte ›zweite Programme‹ im Bereich Gottesdienst). Sehr wohl gibt es aber lokale und regionale Unterschiede, die entweder durch geographische Bedingungen oder durch historisch weit reichende Prägungen begründet sind. Diese sind – wie sich in den Analysen der örtlichen Verhältnisse zeigt – zwar inzwischen erfasst und überlagert von gesamtgesellschaftlichen Veränderungsprozessen (z.B. Mobilität, Migration, Demographie). Aber auch wenn solche gesamtgesellschaftlichen Veränderungsprozesse tief in das Leben eingreifen, ist vor Ort dennoch kein Projekt wie das andere.
- Sehr deutlich ist in den Projekten, dass kirchliches Leben in den Gewinner- und Verliererregionen des Kirchengebiets sich unterschiedlich entwickelt. Wirtschaftlich induzierte Wanderungsbewegungen spielen dabei offensichtlich eine entscheidende Rolle. Die Entvölkerung in Nordhessen, der Zuzug junger Familien in den suburbanen Speckgürtel um das Rhein-Main-Gebiet, wie die Entmischung der Bevölkerung in großstädtischen Gebieten haben, – zumal sich damit Mitgliederzahlen und Wohlstand verbinden – entscheidende Auswirkungen auf die Entwicklung der Kirche vor Ort. Es wäre eine eigene Untersuchung wert, inwiefern ›Wachstum‹ oder vermeintliche ›best practices‹ in Kirchengemeinden mit gesellschaftlichen Gewinnen oder Verlusten verbunden sind.

Die vier Faktoren von Kirchenentwicklung: Orte, Personen, Situationen und Inhalte

Es gibt, so lässt sich an den Projekten beobachten, vier zentrale Faktoren der Kirchenentwicklung. Faktoren werden sie hier genannt, weil durch sie Menschen ›erreicht‹ werden, weil sie zentral sind, um Zugänge zum christlichen Glauben, zur Identifikation mit Kirche und zur Teilhabe am kirchlichen Leben und Handeln zu eröffnen oder zumindest nicht zu verstellen. Eine nachhaltige Entwicklung der Kirche, so darf vermutet werden, besteht darin, diese Faktoren im Alltag der Kirche durch Strukturen und Prozesse zu pflegen und zu stärken. Es handelt sich um:

- Orte (zentral sind Kirchen, wichtig sind aber auch Diakoniestationen, Beratungsstellen, Kirchenläden, Gemeinde- oder Pfarrhäuser ...)
- Personen (zentral sind PfarrerInnen und die ›Familie‹, wichtig sind aber auch GemeindepädagogInnen, ErzieherInnen, GemeindesekretärInnen oder KirchenvorsteherInnen ...)
- Situationen (Gottesdienste im Rhythmus des Jahres und des Lebenslaufes, Begleitung in ›Krisen‹, Hilfe für akut Notleidende ...)
- Inhalte (Beziehung zu anderen Konfessionen und Religionen, Fragen der Gerechtigkeit, Orientierung durch Bildung, Kirchenmusik ...)

An diese Faktoren wurde auch in der Praxis und Theorie der Kirchenreform seit den 1960er Jahren immer wieder angeknüpft, aber sie scheinen in der ›jetzt‹, seit den 1990er Jahren, wahrgenommenen Krise (vor allem: nicht umkehrbarer Rückgang der Mitgliedszahlen durch demographische Veränderungen, durch die Wohlstandsentwicklung bedingter Rückgang finanzieller Einkünfte) besonders deutlich hervorzutreten.

Zur Bedeutung der vier Faktoren

Erkennen lässt sich in den Reflexionen der Projekte allerdings, dass es kaum (noch) ein ausgeprägtes Bewusstsein gibt, in einer kontinuierlichen Reformbemühung zu stehen. Ein solcher, durch die genutzte Literatur manchmal verstärkter, Traditionsabbruch in Sachen Kirchenreform wäre deshalb besonders schade, weil es ausgearbeitete Reflexionen gibt, die um die genannten vier Faktoren kreisen und die sich praktisch fruchtbar machen lassen.

- Für den Raumbezug religiösen Lebens[18], die Bedeutung von Kirchräumen[19] und kirchlichen Orten[20] liegen neuere Überlegungen vor. Die Kir-

---

[18] Failing (1998). Ausführlichere Literaturangaben siehe hier und am Ende des Bandes.
[19] Huber (1998), 289ff.
[20] Pohl-Patalong (2003a).

che wird auch, um nur zwei Beispiele von raumbezogenen Bildern zu nennen, als Herberge[21] entworfen oder als Netz von ›Inseln‹, in denen sich christliches Leben verdichtet[22]. Wenig aufgenommen wurden allerdings die Konzepte zur »Kirche in der Region«[23], die sich den intensiven theologischen und sozialwissenschaftlichen Überlegungen zum Charakter der ›local church‹[24] verdanken, die sich im Sinne einer konziliaren Gemeinschaft versteht. Daraus hätte sich z.B. lernen lassen, dass der Begriff der ›Region‹ nicht geeignet ist, um eine kirchliche Struktur mittlerer Ebene zu definieren, die einen Lebensraum umfasst.

- Für den Situationsbezug haben sich weder die Theorie funktionalen Handelns (Dahm) noch die Vorschläge zu einer ›integralen Amtshandlungs- und Festzeitenpraxis‹[25] (Cornehl, Matthes), an die etwa Lindner heute anknüpft, als überholt erwiesen. Auch durch die Mitgliedschaftsstudien der EKD, die seit über 30 Jahren auf die eher noch wachsende Bedeutung der Kasualien hinweisen[26], wird eine Praxis fundiert, die sich vielfach vorfinden lässt. Es gibt z.B. Kirchengemeinden, die ihre Entwicklung etwa ganz von der Taufe her konzipieren und vielfältige Situationen identifizieren, an denen Tauferinnerung möglich ist. In einer Vielzahl von Gemeinden hat sich außerdem die Palette der Kasualgottesdienste stark erweitert. Schulanfangsgottesdienste, silberne oder goldene Konfirmationen haben sich inzwischen fest etabliert. Eine Herausforderung stellt allerdings die Bestattungspraxis dar. Gesamtgesellschaftlich wächst zum einen die Tendenz, ganz auf Bestattungen zu

---

[21] Hendriks (2001).
[22] Gundlach (2004).
[23] Daiber / Simpfendörfer (1970), der vierte Band einer fünfbändigen Reihe unter dem Titel »Sammlung Kirchenreform«.
[24] Vgl. Newbigin (1977) und Thung (1976), die z.B. Vorschläge für die Errichtung von »Zentren« auf regionaler Ebene machte, und dabei die drei Aspekte, Glauben, Ethik und Aktion im Blick hatte (350). Vgl. dazu Scherle (1998), 35f.
[25] Lindner (2000), 176ff., bes. 190 bezieht sich auf Cornehl (1981) und Matthes (1975).
[26] Kirche - Horizont und Lebensrahmen (2003), 22. Die Bedeutung wächst in zweierlei Hinsicht. Zum einen zeigt sich z.B. eine auf hohem Niveau wachsende Taufbereitschaft (von 82 auf 95 % in den Jahren 1972 bis 2002). Die Tatsache, dass dennoch viele Kinder nicht getauft werden, weist zum anderen auf Entwicklungspotential hin. Vgl. auch die Untersuchungen 1972 »Wie stabil ist die Kirche?«; 1982 »Was wird aus der Kirche?«; 1992 »Fremde Heimat Kirche«.

verzichten. Zum anderen scheint die kirchliche Bestattungskultur immer weniger von den Kirchen mitgeprägt.
- Die Bedeutung von Personen im kirchlichen Handeln zeigt sich zunächst in der schon erwähnten Tendenz in den vorliegenden Projektberichten, diese zu bestreiten. Erkennbar ist darin der Einfluss eines Konzepts, das – durch die US-amerikanische Gemeindewachstumsbewegung geprägt[27] – eine behauptete prinzipielle Gleichheit der Gaben mit faktischer charismatischer Führerschaft Einzelner verbindet. So wird indirekt bestätigt, was vor allem Überlegungen zum »Pfarrberuf als Profession« (Isolde Karle) deutlich machen: Religion wird zentral über Menschen kommuniziert und dabei haben Geistliche eine Schlüsselrolle.
- Die Bedeutung bestimmter Inhalte zeigt sich in Projekten, die solche Inhalte stark machen wollen. Eine besondere Rolle spielen dabei so genannte ›Glaubenskurse‹, die auf eine (evangelisierende) Sprachfähigkeit der Teilnehmenden zielen. Es gibt aber auch ethisch profilierte Projekte, die sich auf drei Bereiche konzentrieren: Das Zusammenleben von Menschen unterschiedlichen Glaubens, Fragen der Gerechtigkeit (z.B. Eine-Welt-Handel) und des Lebensendes (z.B. Trauerkreis). Beide Akzente, Glauben und Ethik, finden sich ebenfalls schon lange in Überlegungen zur Kirchenentwicklung: der erste in den Vorschlägen zum ›(missionarischen) Gemeindeaufbau‹, der zweite in Versuchen, die Kirche als ›gesellschaftliche Avantgarde‹ zu profilieren. Im weitesten Sinn lassen sich die kirchentheoretischen Überlegungen von Hans-Richard Reuter darauf beziehen.[28] Demnach ist der Zusammenhang zwischen expliziten Kennzeichen der Kirche (Verkündigung, Taufe, Abendmahl) und impliziten Kennzeichen (Bildungshandeln, Gerechtigkeitshandeln, solidarisches Hilfehandeln) notwendig für die Kirche.[29] Darin findet die große Bedeutung gottesdienstlicher Formen – nicht aber die These vom Gottesdienst als Zentrum der Gemeinde – eine kirchentheoretische Begründung.

---

[27] Vgl. Blömer (1998), 169ff.
[28] Vgl. Reuter (1997a).
[29] Auf anderem Wege begründet auch Hermelink (2000), bes. 347ff. die zentrale Bedeutung gottesdienstlicher Formen.

Die gesellschaftstheoretische Begründung

In der Auseinandersetzung mit dieser Praxis und Theorie der Kirchenentwicklung lässt sich erkennen, dass die gesellschaftstheoretische Fundierung der genannten vier Faktoren bisher unzulänglich ist.

Funktionale Differenzierung

Seit längerem hat im Raum der evangelischen Kirchen bei der Begründung kirchenreformerischer Bemühungen die These von der funktionalen Differenzierung der Gesellschaft die zentrale Rolle gespielt.[30] Als Stärke dieses Ansatzes hat sich insbesondere erwiesen, den gesellschaftlichen Ort der Kirche und das Phänomen der Säkularisierung genauer in den Blick zu nehmen. Die Chancen und Risiken einer individuell gestaltbaren Biographie, die Bedeutung von Organisationen für die Integration einer verflüssigten Gesellschaft ohne Steuerungszentrum und die Funktion der Kirchen als Leistungserbringerin im Funktionsbereich Religion wurden so deutlich.

Dennoch hat diese Perspektive auch blinde Flecken. Die Frage nach traditionellen und neuen Gemeinschaftsformen wird durch die Beschreibung des Phänomens der Individualisierung nicht beantwortet. Das Gewicht von Tradition – in Gestalt unterschiedlicher Modernisierungspfade und der Überlagerung unterschiedlich ›modernisierter‹ gesellschaftlicher Formationen – wird durch unterschiedliche Theorien der Moderne (Postmoderne, Spätmoderne, Zweite Moderne) unterschätzt. Auch der alle Lebensbereiche umfassende – gewissermaßen ›utopische‹ – Anspruch christlicher Kirche wird durch die Beschreibung der gesellschaftlichen Funktion der Transzendenzsicherung abgeblendet.

Soziale Differenzierung und Formen der Vergemeinschaftung

Seit einigen Jahren schon hat neben der funktionalen die soziale Gliederung erhöhte Aufmerksamkeit gefunden. Vor allem in der Gestalt von Milieuthe-

---

[30] Vgl z.B. Daiber (1995), 9ff. und Huber (1998), 41ff.

orien werden Muster heutiger Vergemeinschaftung untersucht.[31] Die Stärke dieser Perspektive, die auch Eingang in die jüngste Mitgliedschaftsstudie der EKD gefunden hat, besteht zunächst darin, die These von der Individualisierung zu korrigieren. Auch in enttraditionalisierten Gesellschaften, die nicht mehr durch ›gottgegebene‹ Ordnungen (Stände) oder ›objektive‹ soziale Lagen (Klassen, Schichten) zu beschreiben sind, bilden sich – neben traditionellen auch neue – Formen von Zugehörigkeit und Gemeinschaft. Diese sind zwar nicht so umfassend prägend wie etwa das zerfallende ›Arbeitermilieu‹, aber es lassen sich dennoch Milieuzugehörigkeiten beschreiben. Das geschieht entweder über alltagsästhetische Lebensstil-Merkmale (Stichwort: Erlebnis)[32] oder aber über körperlich eingeschriebene Mentalitäten (Stichwort: Habitus)[33].

Erhellend auch für die Praxis der Kirchenreform sind diese Analysen dadurch, dass sie zeigen, dass Kirche milieuübergreifend ist, wenn die unterschiedlichen Formen selbst bestimmter Kirchlichkeit als gleichberechtigt erkannt werden.[34] Wohl aber gibt es in der kirchlichen Praxis milieuverengende Tendenzen, etwa wenn kerngemeindliches Leben zur Norm gemacht wird und andere Formen der Partizipation (z.B. Kirchenmusik) abgewertet werden.

Eine weitere Stärke der Milieutheorien im Anschluss an Pierre Bourdieu wird in der Kirche eher zurückhaltend oder gar nicht aufgenommen. Bourdieu konnte zeigen, dass soziale Unterschiede in der modernisierten Gesellschaft durch die ›feinen Unterschiede‹ im Habitus erhalten bleiben[35], für die

---

[31] Sehr anschaulich bei Hauschild (2005), der auch (4) auf Praxisbezüge verweist: Kirche bei den Menschen – Netzwerk Evangelisches Dekanat Wiesbaden (www.netzknuepfen.de) und Projekt lebensraumorientierte Seelsorge in Mainz (www.los-mainz.de).
[32] So Schulze (2000).
[33] So – im Anschluss an Pierre Bourdieu – Vögele / Bremer / Vester (2002), 69ff.
[34] Vgl. Kretzschmar (2003). Wenn allerdings ein Kirchenbild vorherrscht, das ›Distanziertheit‹ als mangelhafte Teilnahme am kerngemeindlichen Leben versteht oder das eine bestimmte Norm christlichen Glaubenslebens voraussetzt, dann ergeben sich ganz andere Schlussfolgerungen. Deshalb werden wir auf das Kirchenbild zurückkommen müssen.
[35] Vgl. Bourdieu (1982). Untersuchungen zeigen, dass Führungspositionen in zentralen gesellschaftlichen Bereichen wie der Wirtschaft eben nicht durch ›Leistung‹ erreicht werden, sondern über die ›feinen Unterschiede‹ der sozialen Zugehörigkeit zur Oberschicht. – Man(n) (er)kennt sich eben.

unteren Schichten oder Milieus aber nicht mehr identitätsstiftend wirken. Es gibt zwar gesellschaftlich Deklassierte, aber kaum noch ein Klassenbewusstsein.[36] Bemerkenswert für unseren Zusammenhang der Kirchenreform ist, dass die Erkenntnis von Milieustudien, wonach die »Profile kirchlicher Zielgruppen« den Bereich der »unterprivilegierten Volksmilieus« vollständig preisgeben[37], keine Rolle zu spielen scheint. Kann sich Kirche damit abfinden, dass sie den gesellschaftlichen Ausschluss einfach mit vollzieht? Was ist mit dem Anspruch der gesellschaftlichen Utopie einer gerechten Gesellschaft und einer Kultur des Erbarmens?

Räumliche und zeitliche Strukturierung des Lebens

Erst in jüngster Zeit – allerdings vornehmlich im englischen Sprachraum – haben die räumliche und zeitliche Gliederung in der Gesellschaftstheorie an Bedeutung gewonnen.[38] Dabei sind es gerade Beobachtungen zur vermeintlichen Einebnung von Raum und Zeit durch neue Technologien in Kommunikation und Verkehr (Stichwort: virtuelle Realität), die das Gewicht der räumlichen und zeitlichen Strukturierungen des Lebens erkennen lassen.

Die Stärke dieser Überlegungen liegt darin, dass sie einerseits die Bedeutung sozialer Konstruktionen für das Leben in Raum und Zeit deutlich machen. Lebensrhythmen und Zugehörigkeit werden sowohl über kalendarische wie über territoriale Übereinkünfte bestimmt. Weder die christliche Zeitrechnung oder eine einheitliche Zeit in der Bundesrepublik noch das Selbstverständnis Deutscher zu sein verstehen sich von selbst. Andererseits – und für unseren Zusammenhang wichtiger – wird erkennbar, dass leibliches Leben in Raum und Zeit eine Gegebenheit von eigenem Gewicht ist. Räumliche Lebensbedingungen wie Flüsse, Bergzüge, Kontinente und zeitliche Gegebenheiten wie der Rhythmus von Tag und Nacht oder die Jahreszeiten prägen das Leben nachhaltig. Gerade deshalb lagern sich re-

---

[36] Ebenso deutet sich an, dass auch Reichtum ohne soziale Verantwortung häufiger wird. Aktuelle Reichtums- und Armutsberichte lassen vermuten, dass an den oberen und unteren Rändern eine gesellschaftliche Abkoppelung von je 5-10 % der Bevölkerung stattfindet.
[37] Vgl. dazu das Schaubild in Vögele / Bremer / Vester (2002), 110.
[38] Vgl. dazu exemplarisch Urry (2000). Siehe dazu auch: Krämer-Badoni / Kuhm (2003).

ligiöse Deutungen (heilige Orte und Zeiten, Theologien der Entsagung ...) und soziale Muster (Arbeit-Freizeit, Nationalität; ...) daran an.[39]

Gerade weil dies nach Binsenweisheit klingt, wird die Erkenntnis unterschätzt. Deshalb sei dies an einem besonders relevanten Beispiel verdeutlicht. Die Siedlungssoziologie hat seit langem die Entwicklung von urbanen, suburbanen und ländlichen Räumen untersucht.[40] Dabei zeigt sich etwa, dass es in Europa eine »Verstädterungs-, Industrie- und Wachstumszone« gibt, die sich – geographisch keineswegs zufällig, weil über Flüsse, Häfen und Handelswege ausgeprägt – von Südostengland und London über die Niederlande, das Ruhrgebiet, die Rhein-Main und Rhein-Neckar Region bis nach Mailand und in die Lombardei zieht. Dieses »goldene Band«, die so genannte »blaue Banane«,[41] beschreibt einen Raum großer Wirtschaftskraft, in dem es zwei Migrationsbewegungen gibt: einen Zuzug aus den ärmeren (ländlichen) Regionen und eine Wegzug aus den urbanen Zentren in die suburbanen Regionen. Dabei findet zugleich eine soziale Differenzierung nach »der sozialen Schichtzugehörigkeit (Einkommen, Bildung, Prestige, Macht), der Stellung im Familienzyklus (Alter, Zivilstand, Kinderzahl, Haushaltsgröße) und der ethnisch-kulturellen Zugehörigkeit (Rasse, Nationalität, Religion, Sprache)«[42] statt, die auch kirchliches Leben nachhaltig beeinflusst. Ländliche Regionen wie in Nordhessen entvölkern sich, zurück bleiben alte und immobile Menschen. Junge Familien siedeln sich in den suburbanen Regionen des Rhein-Main-Neckar Raums an. In den Stadtzentren von Frankfurt oder Offenbach überwiegen Alte, einkommensschwache Familien ausländischer Herkunft (womit eine dritte Migrationsbewegung benannt ist, die Arbeits-Migration) und allein stehende junge Erwachsene. Lokale Abweichungen widerlegen nicht die allgemeine Beobachtung, sind aber vor Ort dennoch entscheidend.

---

[39] Vermutlich lassen sich regionale Ausprägungen von Christentum und Kirchlichkeit auch zu geographischen Lagen und Lebensverhältnissen in Beziehung setzen.
[40] Vgl. dazu Hamm / Neumann (1996).
[41] Hamm / Neumann (1996), 86. Diese Zone »wird ergänzt durch den ›Sonnengürtel‹, der sich zwischen Valencia und Rom am Mittelmeer bildet – neben dem weiterhin forcierten Massentourismus zunehmend Wohnort wohlhabender RenterInnen« (87).
[42] Hamm / Neumann (1996), 205f. »Ganz allgemein kann man sagen, dass die räumliche Segregation desto ausgeprägter ist, je größer die soziale Distanz zwischen zwei Gruppen ist.« (206)

Dazu kommt noch, dass das Leben in diesen Räumen individuell sehr verschieden sein kann, weil die Zeitrhythmen und -erfahrungen sich unterscheiden. Menschen können in einer Stadt zum selben Zeitpunkt wohnen und trotzdem in verschiedenen Zeiten bzw. Welten leben, die durch Arbeit/ Arbeitslosigkeit, Alter, Geschlecht, soziale Rolle oder Religion bestimmt werden. Dies lässt sich etwa durch so genannte kognitive oder subjektive Landkarten darstellen. Dabei wird festgehalten, wer was mit wem zu bestimmten Zeiten und an bestimmten Orten tut. Es lässt sich eine in unterschiedlichen Zeitmustern begründete Differenz der Lebensstile erkennen, die milieutheoretisch noch nicht wirklich erfasst ist. Im kirchlichen Alltag können die Folgen jedoch deutlich wahrgenommen werden. Kirchengemeindliche Arbeit ist zeitgebunden. Sie ›erreicht‹ Menschen nicht immer, sondern jeweils an bestimmten Zeitpunkten, zu bestimmten Gelegenheiten. Es ist also kein Zufall, dass die so genannten ›zweiten Programme‹ im Gottesdienst-Angebot fast durchgängig Sonntags um 17 oder 18 Uhr (und im Sommer nicht) stattfinden. Es wird angenommen, damit dem Lebensrhythmus vor allem junger Familien und Alleinstehender gerechter zu werden.

Kirche als Netz(werk) – Ein Gedankenexperiment

Werden die Erkenntnisse zur funktionalen und sozialen, zur räumlichen und zeitlichen Gliederung zusammengeführt, dann wird deutlich, warum Orte (von sinnlich-sinnhaftem Gewicht) und Situationen (als gefüllte Zeiten und Rhythmisierungen), warum Personen (durch ihre Stellung im sozialen Feld und die Muster ihrer Vergemeinschaftung) und Inhalte (in denen eine von funktionalen Differenzierungen bestimmte und von einem umfassenden Anspruch geleitete Auseinandersetzung mit Gegenwartsfragen stattfindet) so bedeutsame Faktoren für die Entwicklung der Kirche sind. Es lassen sich aber daraus auch wichtige Orientierungsfragen gewinnen.

Stellen wir uns als Gedankenexperiment Kirche als ein Netz(werk) vor, in dem sich in und um markante Kirchengebäude als Knotenpunkte in bestimmten Rhythmen verdichtetes christliches Leben abspielt – und das schließt kommunitäre Lebensformen ebenso wie besondere Formen sozialdiakonischen Handelns und liturgischer Praxis ein. Das, was für Kirchenmitglieder und andere die Kirche kennzeichnet, wird verdichtet und verstärkt. Christ werden und bleiben Menschen durch vielfältige Formen der ›Begehung‹ religiös strukturierter Räume, der ›Inanspruchnahme‹ der PfarrerInnen und anderer ›geistlicher Ämter‹, durch ›Beteiligung‹ an vielfältigen liturgischen Praktiken (jahreszyklische, lebensgeschichtliche, lokale u.a. Gottesdienste), sowie durch ›Wahrnehmung‹ kirchlicher Dienstleistungen.

Diese Sichtweise hat produktive Folgen. Zum einen wird erkennbar, dass die gegenwärtige kirchliche Praxis keineswegs so falsch orientiert und so erfolglos ist, wie heute gern behauptet wird. Werden die genannten Aspekte als Gestaltung der Kirchenzugehörigkeit und Entfaltung des christlichen Lebens gesehen[43] – und nicht am Kirchgang agrarisch geprägter Lebenszusammenhänge früherer Jahrhunderte, an der Beteiligung am Vereinsleben im ›Gemeinde‹-Haus oder an anderen Kontexten wie den USA gemessen, dann ›erreicht‹ die Kirche in bestimmten Situationen, an bestimmten Orten, durch bestimmte Personen und mit bestimmten Inhalten jedenfalls im Westen Deutschlands sogar den größten Teil der Bevölkerung.

Allerdings, und das ist das Zweite, kann das Bild vom Netz auch den nicht zu leugnenden Veränderungen Rechnung tragen. Nachdem die Kirchen seit den 1960er Jahren das Netz sehr viel enger geknüpft hatten (ständig wachsende Einnahmen wurden in eine enorme Ausweitung des Gebäudebestandes und des Personals umgesetzt), sind sie jetzt bei rückläufigen Einnahmen, einem kontinuierlichen Mitgliederschwund und den demographischen Veränderungen gezwungen, das Netz neu zu knüpfen.

Angesichts der oben skizzierten Überlegungen spräche m.E. wenig für eine gleichmäßige Dehnung des Netzes. Viel versprechender, weil missionarische Kraft stärkend, scheint eine neue Netz-Struktur, die sich um wirkmächtige sakrale Räume und Orte verdichteten christlichen Lebens als Knotenpunkte bildet. Das muss keineswegs eine weit reichende pastorale Versorgung der Kirchenmitglieder ausschließen, wohl aber kann es zur

---

[43] Vgl. dazu Kretzschmar (2001).

Aufgabe von ›Gemeinde‹-Häusern zugunsten von selbst organisierte Formen christlichen Lebens oder einer Konzentration kirchlicher Verwaltungsarbeit führen[44]. Das Netz-Bild lädt ein zu einer Re-Vision der kirchlichen Topographie. Welche Rolle können und sollen Pfarrhäuser, ›Gemeinde‹-Häuser und ›Gemeinde‹-Büros vor Ort spielen, und wie verhalten sich dazu diakonische Orte, Akademien, Arbeitszentren, Kirchenläden oder Kirchenverwaltungen? Sind (landeskirchliche oder politische) territoriale Grenzen hilfreich oder hinderliche Risse im Netz? Das Netz-Bild lädt auch ein zu einer Re-Vision der kirchlichen Tempographie. Welche Rhythmen sollen das kirchliche Leben bestimmen? Sind der christliche Wochen- und Jahresrhythmus so konzentriert und gefüllt, dass sie der expansiven linearen Zeitstruktur der Ökonomie etwas entgegensetzen können? Wie kann die Spannung von Ewigkeitshoffnung und Zeitökonomie in der Kirche gestaltet werden?

Die missionarische Aufgabe – Was soll Kirchenentwicklung leisten?

In einem dritten Schritt soll jetzt der Frage nach der missionarischen Leistung kirchenreformerischer Projekte nachgegangen werden. Was sich als praktisches Ringen um zwei Pole wahrnehmen lässt – die Frage, wie das Evangelium für die jeweiligen Adressaten ›Sinn‹ macht, und die Suche nach Wegen, wie das Evangelium im alltäglichen Leben ›ankommen‹ kann – soll in ein theoretisches Modell gefasst werden, das diese Praxis befruchten kann.

Dafür nutze ich Theo Sundermeiers Unterscheidung zwischen primärer und sekundärer Religion oder Religiosität als Ausgangspunkt.[45] Bei primärer Religiosität geht es um das »Heil-Sein in Gemeinschaft«. In den engen Grenzen einer Abstammungsgemeinschaft erfolgt die Vergewisserung im

---

[44] Vgl. dazu Roosen 1997, 598ff. und die Aufnahme dieser Überlegungen in Verbindung mit der Differenzierung kirchlicher Orte bei Pohl-Patalong (2003a) 228ff. und mit entsprechenden amtstheologischen Überlegungen bei Scherle (2004b), 42ff.

[45] Vgl. dazu: Sundermeier (1996) bes. 34ff.

Lebens- und Jahreszyklus durch Symbole und Rituale. Entscheidend ist das gute, das für die Gemeinschaft richtige Handeln. Ausgelöst durch gesellschaftliche Umwälzungen und Differenzierungsprozesse, die die engen Grenzen einer Abstammungsgemeinschaft sprengen, entwickelt sich eine sekundäre Religiosität. Religion wird mit einer Wahrheit identifizieren, die sich in Sätzen sagen und tradieren läst, mit deren Hilfe einzelne Fremde für die »vera religio« gewonnen werden sollen. Die Lebendigkeit von großen Religionen, so die These Sundermeiers, hängt davon ab, dass beide Dimensionen miteinander eine fruchtbare Dynamik entfalten.

Die Stärke des Modells von Sundermeier liegt unter anderem darin, dass deutlich wird, wie Inkulturation und Synkretismus zwei Seiten desselben Vorgangs sind. Der sekundären Religiosität – die einzelne Menschen zum richtigen, als wahr erkannten Glauben hinzugewinnen will – muss es gelingen, Wurzeln im Leben der Menschen schlagen. Die primäre Religiosität – der es um das für die Gemeinschaft richtige, als gut erkannte Leben geht – muss sich auf den größeren Zusammenhang beziehen, um dauerhaft tragfähig zu sein. In Anlehnung an die Schleiermachersche Vorstellung von der ›Zirkulation des Gottesbewusstseins‹ könnte – über Sundermeier hinausgehend – gesagt werden, die Lebendigkeit von Religion hängt daran, ob eine solche Zirkulation zwischen sekundärer und primärer Religiosität stattfindet.[46] Das vielleicht markanteste Beispiel für diesen Vorgang ist im Christentum das Weihnachtsfest.

---

[46] Sundermeier (1996), 37: »Die primäre Religionserfahrung ist der Grund, der von der sekundären überlagert wird. Diese löst die primäre nicht einfach ab, auch wenn das nach ihrem missionarischen Selbstverständnis intendiert sein mag, sondern integriert sie. Wenn ihr diese Integration nicht gelingt, bleibt sie ein Fremdkörper in der vorgegebenen Kultur und Gesellschaft, die weiterhin in ihrem Denken, ihrer Ästhetik und Moralität von der primären Religion bestimmt werden. Durch eine gelingende ›Inkulturation‹, wie man in missionswissenschaftlicher Terminologie sagen würde, wird die primäre Religion nicht einfach zerstört, aber auch die sekundäre Religion bleibt nicht unverändert. Ein Neues entsteht. Dieses Neue, Dritte, ist weder mit einer der beiden Religionserfahrungen identisch, noch kann man eine einfache Synthese konstatieren. Die durch Stifterfiguren, Charismatiker, Propheten oder Reformer vermittelte neue Religionserfahrung setzt jeweils den Maßstab, nach welchem die primäre Religion absorbiert, abgestoßen oder integriert wird. ... Der Prozeß als solcher ist nicht vermeidbar, denn die sekundären Religionen, die prophetischen Religionen zumal, haben die Tendenz zu absoluter Geltung, wollen

Damit lässt sich aber auch sehr gut beschreiben, welche Leistung Pfarrerinnen und Pfarrer in ihrer professionellen religiösen Kommunikation erbringen. Nehmen wir Bestattungen als Beispiel. Sie müssen die vorfindliche Religiosität einer Familie aufnehmen, in der die kleine Tochter mit der Aussage getröstet wird, die verstorbene Oma sei jetzt ein Stern am Himmel, also – so lässt sich die Aussage auch deuten – über den Tod hinaus noch in der ›Gemeinschaft‹ präsent. Und als Repräsentanten der ›vera religio‹ müssen Geistliche die christliche Auferstehungshoffnung laut werden lassen. Diese Leistung ist ungeheuer anstrengend und erfordert eigene Stärke und Stärkung. Denn in dieser Situation gibt es keine Sicherheit. Die religiöse Kommunikation hängt ganz davon ab, ob es gelingt, beides aufeinander zu beziehen.

Dafür hat die christliche Kirche von Anbeginn an Bezugspunkte für die religiöse Kommunikation entwickelt. Diese Bezugspunkte sind die Bibel (als Richtschnur, als Kanon), das Glaubensbekenntnis (als Glaubensregel, regula fidei), die liturgische Ordnung des Gottesdienstes und das Kirchenjahr (als gemeinschaftliche Vergewisserung), die Sakramente und Segenshandlungen (als individuelle Stärkung). Diese vier Elemente sind formale Bezugspunkte, sind Mittel, die jene Zirkulation des Evangeliums in Gang bringen sollen, so dass die Prozesse der Einwurzelung des Evangeliums (Inkulturation) ebenso gelingen wie neue religiöse Synthesen (Synkretismus). Das Pulsieren des Gottes-Geistes zwischen Lobpreis und heilsamer Achtsamkeit eröffnet im geschichtlichen Prozess eine Kultur des Erbarmens.

Darin – und darauf müsste in Projekten und Programmen der Kirchenreform geachtet werden – besteht der eigentliche missionarische Prozess, eine Leistung, die erbracht werden muss und deren Wirkung doch nicht herstellbar ist. Kirchliches Handeln wird immer dann zu besonderen evangelistischen Anstrengungen verdichtet (z.B. zu Glaubenskursen oder Got-

---

also die primäre Religionserfahrung mit ihrem ganzheitlichen Anspruch auf neuer Ebene restituieren. Der Anspruch gelingt um so besser, je angemessener und überzeugender die jeweiligen lokalen Traditionen der primären Religion in das Neue integriert werden (wie z.B. die germanische Sonnwendfeier und das Julfest in das Weihnachtsfest). Jede so entstehende, das begrenzte Territorium der traditionellen Religion übergreifende Religion, jede ›Volksreligion‹ ist also per definitionem ›synkretistisch‹.«

tesdiensten für Suchende und Zweifelnde wie die Thomas-Messe), wenn diese Leistung fraglich wird. Entscheidend ist aber, ob sie im Alltag gelingt, ob sie durch bestimmte Personen (zentral sind dabei Geistliche), an bestimmten Orten (zentral sind dabei Kirchen), in bestimmten Situationen (zentral sind dabei Gottesdienste) und verknüpft mit bestimmten Inhalten dauerhaft erbracht wird.

Die kirchliche Organisation soll diese Leistung ermöglichen. Die Herausbildung von Strukturen und Ämtern ist deshalb notwendig und – auch in der ›ecclesia semper reformanda‹ – in der Form niemals beliebig (vgl. Barmen III). Das ist zwischen den Kirchen und Konfessionen unstrittig. Strittig ist allerdings die Frage, ob bestimmte Strukturen und Ämter als göttlich gestiftet und deshalb menschlich nicht gestaltbar verstanden werden.

Kirchenverständnis und -entwicklung

Die Frage nach Strukturen und Ämtern verbindet die Aufgabe der missionarischen Leistung mit der Kirche. In den Projekten und Programmen zur Kirchenentwicklung lassen sich typologisch drei Modelle des Verständnisses von Kirche erkennen lassen, die jeweils Stärken und Schwächen haben.

Die jüngste Modell ist die von Ernst Troeltsch (im Anschluss an Max Weber) festgestellte Pluralität der Sozialgestalten von Kirche – in der Typologie: Kirche (als Anstalt, Institution), Sekte (Assoziation, Verein), Mystik (individuelle Frömmigkeit, Religiosität). Die Stärke dieser Sichtweise ist es zum einen, die neuzeitlichen Gestalten des Christentums zu analysieren, ohne etwa das Phänomen individueller Religiosität zu denunzieren.[47] Zum anderen konnten damit Phänomene der De-Institutionalisierung erfasst werden, in deren Folge der Begriff der Institution langsam durch den Begriff der Organisation ersetzt wurde. Die Gewinne dieses Wandels sind deutlich: der soziologische Organisations-Begriff erfasst Strukturen genauer, lässt die (freiwillige) Mitgliedschaft hervortreten und die Notwendigkeit (selbst gewählter) Programmatik erkennen. Allerdings gibt es auch entscheidende

---

[47] Vgl. dazu Fechtner (1995).

Verluste. Im Begriff der Institution waren die beiden Dimensionen der göttlichen Stiftung und der menschlichen Gestaltung zusammengehalten, konnte auch die traditionelle Vorfindlichkeit von Religion und die Vorgängigkeit von Ritualen deutlich gesehen werden. Daraus lässt sich lernen, dass Kirche heute zwar als Organisation zu beschreiben ist, dass dies aber um jene Dimensionen erweitert werden muss, die etwa in den Begriffen ›Gemeinschaft der Heiligen‹ oder ›creatura verbi‹ aufbewahrt sind.

Das zweite Modell steht in der mittelalterlichen Tradition, Kirche im Anschluss an die drei Ämter Christi (Prophet, Priester, König-Hirte) über konstitutive Handlungsvollzüge (z.B. die Trias: martyria, leiturgia, diakonia) zu beschreiben. In der Apostolatstheologie des 19. und 20 Jahrhunderts wurde eine veränderte Trias eingeführt (kerygma, koinonia, diakonia), die sich etwa in den Kirchentagen der 1970er Jahre in dem Programmsatz »Gruppe – Dienst – Feier« spiegelte. Inzwischen finden sich vor allem in ökumenischen Kontexten auch viergliedrige Mischungen (martyria, leiturgia, diakonia, koinonia) der beiden Traditionen. Die ältere wird heute vor allem in Programmen der Kirchenreform weitergeführt, die Kirche über »konstitutive Handlungsfelder« zu beschreiben versuchen.[48] Die Stärke dieser Vorgehensweise ist sicher, dass sich dadurch die Felder kirchlichen Handelns ordnen und auf einen geistlichen Grund beziehen lassen. Allerdings bleibt die Frage dieser Beziehung meist ungeklärt. Hans-Richard Reuter hat zwar versucht, explizite Kennzeichen von Kirche (Verkündigung, Taufe, Abendmahl) auf implizite Kennzeichen (Bildungshandeln, Gerechtigkeitshandeln, solidarisches Hilfehandeln) zu beziehen. Die jeweilige Zuordnung ist aber nicht zwingend.[49]

Ungebrochen ist auch ein drittes Modell, die altkirchliche – und in der Westkirche nachhaltig von Augustin geprägte – Tradition der Civitas-Theologie, die mit dualen Unterscheidungen (z.B. verborgen – sichtbar, Ereignis – Institution) arbeitet. Die Stärke dieses weit verbreiteten Modells ist es, den notwendigen Zusammenhang der beiden Pole festzuhalten und eine

---

[48] Vgl. etwa Person und Institution (1992), 49ff. und Kirche mit Zukunft (2000), 11ff. und die sich darauf beziehenden Reformprozesse und Strukturveränderungen.
[49] Vgl. dazu Scherle (1998), 312ff.

Dynamik in den Kirchenbegriff einzubauen. Das eigentliche Problem aber ist, dass der Zusammenhang theologisch ungeklärt ist. In den Arbeiten der FESt in Heidelberg sind allerdings Versuche entstanden, die sich an Karl Barths Begriff des »liturgischen Kirchenrechts« angeschlossen haben.[50] Später wurden Einzelstudien zur Institution als Implikat gottesdienstlicher Grundhandlungen begonnen aber inzwischen nicht mehr weitergeführt.[51]

In Auseinandersetzung mit den Stärken und Schwächen dieser drei Konzeptionen für die praktische Aufgabe der Kirchenentwicklung lässt sich ein weiteres Modell bilden. Eine Theorie der Kirche, die diesen praktischen Fragen und der besonderen Bedeutung von Orten, Personen, Situationen und Inhalten gerecht werden will, benötigt m.E. einen dreistufigen Kirchenbegriff, in dem Kirche als Gemeinschaft der Heiligen, Versammlung der Gläubigen und als rechtlich verfasste Organisation beschrieben wird.[52]

- Aus der Perspektive des Glaubens – und im sprachlichen Modus des Bekennens – ist sie die ›eine, heilige, katholische und apostolische Kirche‹ (Nicänum), ist sie – aus Gottes Perspektive, also im Sinn von Attributen – ›Gemeinschaft der Heiligen‹ (communio sanctorum).
- Sie ist, auf einer zweiten analytischen Ebene, zugleich ›Versammlung der Gläubigen‹ (congregatio fidelium), die sich in der Kommunikation des Evangeliums in Wort und Sakrament bildet (CA VII). Auf dieser Ebene dieses ›liturgischen‹ (kommunikativen) Handelns – um den Horizont über die in der CA anvisierten Handlungen der Predigt, der Taufe und des Abendmahls zu weiten – sprechen wir von expliziten Kennzeichen der Kirche. Was die Kirche kennzeichnet, sind eben ihre Kirchräume (»Ich suche die Kirche«), ihre liturgischen Praktiken (»Ich war in der Kirche«) und ihre ›Geistlichen‹ (die »Kirche halten« und sie

---

[50] Besonders wichtig sind die rechstheologischen Arbeiten von Dombois (1961-83), dessen dynamisches Modell der vier Sozialgestalten (die sekundären Sozialgestalten der Kirchen und Orden haben Dienstfunktion gegenüber den primären Sozialgestalten der Universalkirche, der ekklesia aller Orte und Zeiten, und der Ortskirche, der ekklesia an einem bestimmten Ort zu einer bestimmten Zeit) etwas entschärft von Huber (1988), 44ff. und Duchrow (1980), 296ff. aufgenommen wurde. Eine kritische Weiterentwicklung der Rechtstheologie bietet Reuter (1997b).
[51] Vgl. Lienemann-Perrin (1983).
[52] Vgl. Scherle (2002) und etwas anders Reuter (1997a).

repräsentieren). Die impliziten Kennzeichen, die Teilnahme am gesellschaftlichen Handeln (z.B. in Gestalt von Bildungs-, Gerechtigkeits- und solidarischem Hilfehandeln) und die Öffnung für und durch die Geist-Kraft Gottes sind Ausdrucksformen der »therapeutischen« und »doxologischen« Haltung[53], die sich aus der gottesdienstlichen Feier speisen.

- Auf einer dritten Ebene sprechen wir von Kirche als Organisation (ecclesia particularis), nehmen also die (Rechts- und) Sozialgestalt der Kirche in den Blick, die keine an sich zu betrachtende und selbständige Größe ist, sondern in ihrer Bezogenheit auf die beiden anderen Ebenen Zeugnischarakter hat (Barmen III).

Eine Folge dieser Ebenendifferenzierung ist, dass Orte, Personen und Gottesdienste (in bestimmten Situationen: an lebensgeschichtlich und gesellschaftlich markanten Punkten, im Jahres- und Wochenrhythmus) für die Theorie der Kirche – und damit auch für die Praxis der Kirchenentwicklung – ein eigenes Gewicht erhalten. Das, was für Kirchenmitglieder und andere die Kirche kennzeichnet, sind christlich strukturierte Räume, christliche liturgische Praktiken und die dafür beauftragten und Kirche repräsentierenden Geistlichen. Christ werden und bleiben Menschen durch vielfältige Formen der ›Begehung‹ religiös strukturierter Räume, der ›Inanspruchnahme‹ der PfarrerInnen und anderer ›geistlicher Ämter‹, durch ›Beteiligung‹ an vielfältigen liturgischen Praktiken (jahreszyklische, lebensgeschichtliche, lokale u.a. Gottesdienste), durch ›Wahrnehmung‹ kirchlicher Dienstleistungen usw.

Um es am Beispiel des Kirchraums zu verdeutlichen. In Kirchen versammeln sich Menschen, die sich – eben auch durch den Raum vermittelt (die abgetretenen Stufen zum Altar hinauf, die ›gottoffene‹ Atmosphäre usw.) – in der Gemeinschaft der Heiligen, also auch ihrer Toten und der noch nicht Geborenen erfahren. Kirchengebäude als Kennzeichen der Kirche verdienen deshalb ein besonderes Augenmerk in der kirchlichen Organisationsentwicklung. Die große Anteilnahme am Wiederaufbau der Dresdner

---

[53] Zur Begrifflichkeit vgl. Ritschl (1988), 317, der von der therapeutischen und der doxologischen Grundhaltung spricht, wobei die erste »die Einstellung der Gläubigen gegenüber allen Menschen, Tieren und Pflanzen, ja, allen Dingen in der Welt« charakterisiert und die zweite die »Grundhaltung gegenüber Gott«.

Frauenkirche und der unglaubliche Einsatz ganzer ›säkularer‹ Dörfer in der Kirchenprovinz Sachsen für den Erhalt ›ihrer‹ Kirchen sollten nachdenklich machen. Bräuchte es für eine missionarisch ausstrahlende Kirche nicht sogar den Mut, mit den besten Architektinnen und Architekten einige markante neue Kirchen (›Kathedralen‹) zu bauen, um unserer Hoffnung einen zeitgemäßen Ausdruck zu verleihen?

Geistliche und theologische Erneuerung

Eine Konsequenz dieser Projekte soll am Schluss stehen, die weder in den kirchenreformerischen Bemühungen genügend beachtet, noch in der deutschsprachigen Theologie genügend Anhalt gefunden hat. In der Praxis vor Ort zeigt sich, dass die Frage, wie das Evangelium in den heutigen Lebensverhältnissen ›Sinn‹ macht, auf eine ständige Neu(er)findung der Theologie hindrängt. Es geht im Zusammenhang der Ekklesiogenese daher auch um die Entwicklung lokaler Theologien[54], die in der wissenschaftlichen Theologie universitärer Prägung dann weiter bearbeitet werden. Kirchenreform ohne eine geistliche und theologische Erneuerung, ohne eine Kommunikation des Evangeliums durch konkrete Menschen, die an konkreten Orten, in konkreten Situationen und durch bestimmte Inhalte ›Sinn‹ macht, wird keine Nachhaltigkeit entfalten. Welches die ›best practices‹ waren, lässt sich also wohl erst auf Grund solch nachhaltiger Wirkung sagen lassen.

Das verweist auf eine systematisch-theologische Problematik und wirft die Frage nach dem Zusammenhang der theologischen Disziplinen auf. Die hier anvisierte Theorie der Kirche und des christlichen Lebens ist nämlich keineswegs durch den dogmatischen Topos der Ekklesiologie eingeholt und sieht Kirchentheorie auch nicht an der Schnittstelle zwischen systematischer Theologie und praktisch-theologischer Kybernetik mit den praktisch-theologischen Handlungsfeldern.[55] Stattdessen bezeichnet die gelebte Religion den Zusammenhang, auf den sich systematische Reflexion bezieht. Am ehesten ließe sich von einer fundamentaltheologischen Refle-

---

[54] Schreiter (1992). Der englische Titel war: »Constructing local theologies«.
[55] Wie dies z.B. bei Preul (1997) der Fall ist.

xion oder einer der Systematischen Theologie vorangehenden Praktischen Theologie sprechen. Beides lässt sich aber gegenwärtig nicht problemlos konzipieren, da es an die Grenzen der theologischen Enzyklopädie stößt. Wenn Theologie sich insgesamt aber auf gelebte Religion bezieht, wenn also z.B. die interreligiöse und interkulturelle Prägung christlichen Lebens oder die Theologie-generierende Kraft kirchlicher Praxis wahrgenommen wird, könnte vermutlich auch Neues gedacht werden.

Für einen Punkt, der für den Umgang mit kirchlichen Räumen besonders wichtig ist, soll das wenigstens angedeutet werden. Es gibt in der (systematischen) Theologie eine bemerkenswerte Dominanz zeitlicher gegenüber räumlicher Kategorien. Die christliche Hoffnungslehre wird – zumindest in der abendländischen Theologie – vorwiegend als Eschatologie konzipiert. Dafür mag es nachvollziehbare Gründe geben, wie z.B. den aus Gewalterfahrungen gespeisten Verdacht gegenüber real existierenden Utopien (z.B. Täuferreich) oder eine kulturelle Präferenz für zeitliche Kategorien. Dennoch führt das zu einem Verlust biblisch-theologischer Horizonte der Hoffnung. Die räumlichen Hoffnungsbilder des himmlischen Jerusalem, des Paradiesgartens und des hochzeitlichen Mahls, die in der abendländischen Geschichte auch ihre utopische Kraft entfaltet haben[56], wäre also heute aus den weiter oben skizzierten Gründen wieder neu zu betonen. Vielleicht aber muss eine heutige »theologische Utopie«[57] dann aber mit der Gotteslehre an das Ende der Dogmatik rücken. Denn es lässt sich vermutlich utopisch Neues von Gott sagen, wenn er in den kleinen Hetero-Topien verdichteten christlichen Lebens aufgesucht wird. Vielleicht ändert das auch die Form theologischer Reflexion und es treten neben notwendige dogmatische Gesamtentwürfe verstärkt theologische Miniaturen: als »kleine theologische Untersuchungen« (Karl Rahner) im Sinne einer »Theopragmatik« (Clemens Sedmak), als »Theologie in Heften« (Robert McAfee Brown), als »lokale Theologien« (Robert Schreiter) oder als »evangelische Halacha« (Friedrich-Wilhelm Marquardt).[58]

---

[56] Sehr anregend dazu Badde (1999) und zur kulturgeschichtlichen Einordnung Sennett (1995).
[57] Vgl. Marquardt (1997).
[58] Lesenswert zu diesem Aspekt ist Sedmak (2003).

III. Gemeinde im Wandel

Frieder Dehlinger

Der Prozess »Notwendiger Wandel« in der evangelischen Landeskirche in Württemberg 1993-2004

1. Ausgangssituation und Ziele

Die Landessynode hat am 19. Juni 1993 mit folgendem Beschluss den Prozess »Notwendiger Wandel« eingeleitet:

> *»Der OKR wird gebeten, eine Kommission einzuberufen, die Vorschläge für eine Konzentration des Gemeindepfarrdienstes erarbeitet und Konzeptionen für neue Strukturen des Gemeindepfarrdienstes im mittel- und großstädtischen Bereich und im ländlichen Raum entwickelt.«*

Den Mitgliedern der Landessynode war deutlich geworden, dass durch Traditionsabbruch und einen zu erwartenden deutlichen Rückgang der Kirchensteuereinnahmen bisherige Konzeptionen aus den Wachstumsjahren vor der Wende für den Pfarrdienst nicht weitertragen werden. Eine erste zentral geregelte Pfarrstellenkürzungsrunde mit »objektiven« generellen Bemessungskriterien hatte viel Unmut geerntet und keine Innovationsimpulse gesetzt. Nun sollte theologisch-praktisch reflektiert eine sorgfältige und in die Zukunft gewandte Standortbestimmung für den Pfarrdienst versucht werden. In der Umsetzung des Synodalauftrages hat sich rasch gezeigt, dass eine Standortbestimmung für den Gemeindepfarrdienst nur im Zusammenhang mit den anderen gemeindebezogenen Ämtern und Diensten und im bipolaren Feld Amt/Ämter und Gemeinde sinnvoll bearbeitet werden kann. *Als Ziel des Prozesses »Notwendiger Wandel« (NW) entpuppte sich immer deutlicher die Weiterentwicklung von Amt und Gemeinde in der württembergischen Landeskirche.*

Im Jahr 2002 – also fast zehn Jahre nach dem auslösenden Synodalantrag – hat die Steuerungsgruppe des Prozesses folgende Zielsätze festgehalten:

Zielsätze für den Prozess »Notwendiger Wandel« in Gemeinde, Pfarramt und den gemeindebezogenen Diensten in der Evang. Landeskirche in Württemberg«

1. *Der Prozess »Notwendiger Wandel« will Visionen für Volkskirche wecken, bestärken, zum Leuchten bringen und kommunizieren.*
2. *Der Prozess »Notwendiger Wandel« will konkrete situationsbezogene Schritte der Umsetzung dieser Vision fördern.*
3. *Der Prozess »Notwendiger Wandel« will eine geistlich verantwortete, partizipative, klare und nüchterne Leitungskultur auf allen Ebenen fördern.*
4. *Der Prozess »Notwendiger Wandel« will die Landeskirche als lernende Organisation stärken.*
5. *Der Prozess »Notwendiger Wandel« will die Leitungsverantwortlichen auf landeskirchlicher Ebene zur Veränderung von Rahmenbedingungen im Sinne des Notwendigen Wandels motivieren.*

Die Ziele für den Prozess haben sich im Prozess verdeutlicht und weiter entwickelt. Es wäre nicht sinnvoll möglich gewesen, schon 1993 zu sagen: Wir wollen bis 2004 soundsoviele Erprobungen machen und dann einen Kongress veranstalten. Viele andere Veränderungsprojekte auch in der württembergischen Landeskirche gehen von klaren Zielen aus. Im Unterschied dazu ist der NW ein relativ offener Prozess: ein sich immer weiter verbreiternder Lernprozess, eine gemeinsame Suchexpedition in der kirchlichen Praxis mit möglichst breiter Beteiligung.

Der Notwendige Wandel setzt darauf, dass in Kirchengemeinden, -bezirken und Einrichtungen eine Fülle an zukunftsweisenden Ideen und Erfahrungen da ist. Diese Schätze will der NW entdecken und fördern – und in einer Weise öffentlich machen, die andere Gemeinden, Bezirke, Einrichtungen für ihren Weg ermutigt und bestärkt. Die Energie für den Wandel ist in den Kirchengemeinden und – bezirken. Die Kirchenleitung gibt einen integrierenden inhaltlichen Rahmen, sie gibt Veränderungsanreize; sie organisiert Lern- und Austauschebenen und moderiert den Lernprozess der Gemeinden.

2. Die fünf Phasen des Prozesses »Notwendiger Wandel«

Rückblickend zeigen sich in den zwölf Jahren des Prozesses fünf sich überschneidende Phasen. Die Phasen 1 bis 4 zeigen eine schrittweise Weitung in immer größere Kreise der Landeskirche hinein. Phase 5 bündelt und reflektiert den Prozess:

1993-1997:	Phase 1:	Erarbeitung der Leitimpulse
1997-2001:	Phase 2:	Breite Diskussion und regionale Konkretion der Leitimpulse (ab 1997)
1999-2003:	Phase 3:	Qualifizierte Veränderung der Praxis im Sinne der Leitimpulse: »Erprobungen im Prozess NW«
2002-2003:	Phase 4:	Breite Veröffentlichung der Praxiserfahrungen: Praxisimpulse, Gemeindeentwicklungskongress
2003:	Phase 5:	Auswertung, Implementierung und Abschluss Projektphase und Projektstelle

Die Federführung für den Prozess liegt im Personaldezernat, seit Sommer 1997 bei OKRin Ilse Junkermann. Der »AK Notwendiger Wandel« erarbeitete die inhaltlichen Grundlagen des Prozesses. Im November 2000 wurde der AK durch die stärker handlungsorientierte viermal jährlich tagende »Steuerungsgruppe Prozess Notwendiger Wandel« abgelöst.

Phase 1: Erarbeitung der praktisch-theologischen Leitimpulse (1993-1995)
In einem ersten Schritt führte der AK NW 1994 eine große Umfrage in allen Kirchengemeinderäten und Mitarbeitervertretungen durch: *»Was sind heute faktische zeitliche Schwerpunkte im Pfarrdienst, und was sollen Ihrer Meinung nach künftig die Schwerpunkte sein?«* Aus der Auswertung dieser Befragung erarbeitete der AK 1995 einen ersten Zwischenbericht an die Landessynode. Dabei formulierte er die *Leitimpulse*, die den inhaltlichen Rahmen für den Prozess »Notwendiger Wandel« bis heute bestimmen:

1. Leitendes Bild für Gemeinde- und Ämterentwicklung:
Gemeinde als Leib Christi

Alle Glieder der Gemeinde Jesu Christi sind begabt. Sie sind berufen, ihre Gaben einzubringen. Die Gaben sind vielfältig und aufeinander bezogen. Wo jedes Glied seinen Teil einbringt, erblüht der Leib der Gemeinde. Der Glaube wird in der Liebe lebendig. – Wie der einzelne Christ Glied ist am Leib der Gemeinde, so sind die einzelnen Ortsgemeinden Glieder am Leib der Kirche.

2. Leitimpuls Konzentration	3. Leitimpuls Kooperation	4. Leitimpuls Koordination/Delegation
Profilierung von Ämtern und Gaben, Schwerpunktbildung, Entlastung, Klärung von Prioritäten	Sinnvolle Zusammenarbeit in und zwischen Kirchengemeinden zur Angebotsverbesserung und Arbeitsentlastung	Verbesserung des Miteinanders von Haupt- und Ehrenamtlichen, Förderung der Gaben und des Miteinanders der verschiedenen Glieder

Nach der Veröffentlichung des 1. Zwischenberichts 1995 gerät der Prozess ins Stocken. Zwar sind die Impulse klar, doch unklar ist, wie diese Impulse jetzt in der Breite der Kirchengemeinden reflektiert und aufgenommen werden können. Angedacht werden Erprobungen in den Kirchenbezirken und Arbeitskreise auf Prälaturebene (»Sprengel-AK«).

Phase 2: Breite Diskussion und regionale Konkretion der Leitimpulse (ab 1997)
Im Herbst 1997 wurde die Projektstelle Notwendiger Wandel eingerichtet. Sie ist vor allem mit der Moderation der Sprengel-AK beauftragt. Da der ursprüngliche Synodalauftrag auf den Pfarrdienst der Zukunft zielte, ist die Projektstelle im Personaldezernat angesiedelt – auch wenn sich die dem theologischen Dezernat zugeordneten Fragen der Gemeindeentwicklung immer stärker in den Vordergrund schieben. OKR Ilse Junkermann leitet den Prozess des Wandels. Sie gibt Impulse, öffnet Türen, moderiert zwischen den verschiedenen landeskirchlichen Ebenen – vor allem mit Präla-

ten und Dekanen – und verknüpft den Wandel mit der Arbeit im Kollegium des OKR und mit den anderen landeskirchlichen Projekten.

Durch die Projektpfarrstelle gewinnt der Prozess jetzt an Dynamik. In den Prälaturen Ludwigsburg, Reutlingen, Stuttgart und Heilbronn erarbeiten Sprengel-AK Konkretionen zu den Leitimpulsen. Die Sprengel-AK werden von den/der jeweiligen Prälaten/in in Zusammenarbeit mit der Projektstelle geleitet. Jeder Kirchenbezirk entsendet ein oder zwei Ehrenamtliche und eine Theologin/einen Theologen in den AK. Ausgelöst durch den »Pfarr-Plan« (Pfarrstellenstrukturplanung) steht in den Sprengel-AK die Frage nach Möglichkeiten sinnvoller Zusammenarbeit benachbarter Kirchengemeinden im Vordergrund (Leitimpuls Kooperation).

Über eine jährliche Multiplikatorentagung (»Jahrestagung NW«) gewinnt der Prozess Mitträger in landeskirchlichen Einrichtungen, Diensten, Werken, Berufsgruppen und Verbänden. Es zeigt sich, dass der Prozess auf der landeskirchlichen Ebene von vielen mitgetragen wird.

Im Oberkirchenrat beginnen die Projektstellen für »Wirtschaftliches Handeln in der Kirche«, »Personalentwicklung und Chancengleichheit« und »Notwendiger Wandel«, ihre Projekte aufeinander zu beziehen. »Leiten mit Zielen« wird als gemeinsamer Kern der Projekte erkennbar. In einem gemeinsamen Internetauftritt www.kirche-gestalten.de stellen sich die Projekte im Zusammenhang vor. – Die AG Projektvernetzung bezieht später auch die »Weiterentwicklung der Visitation« und das die Projekte begleitende Train-the-Trainer-Programm mit ein.

Phase 3: Qualifizierte Veränderung der Praxis im Sinne der Leitimpulse: »Erprobungen im Prozess NW« (ab 1999)
Ab Februar 1999 startet das Teilprojekt »Erprobungen im Prozess Notwendiger Wandel«. Zunächst sind 20 Lokale Erprobungsprojekte (LEP) vorgesehen, doch schon auf die erste von vier halbjährlich versetzten Ausschreibungen gehen in der Projektstelle 24 Bewerbungen ein. – An den insgesamt 90 Bewerbungen sind etwa 140 Kirchengemeinden und drei Kirchenbezirke beteiligt. Die Synode erweitert das Budget für die Erprobun-

gen auf 200 000 € (ohne Personalkosten Projektstelle), so dass letztlich 50 Lokale Erprobungen begleitet werden können. Die Kirchengemeinden und -bezirke, die sich bewerben, werden von Mitgliedern der Steuerungsgruppe besucht und auf ihre Motivation und Eignung als LEP befragt. Auch einigen geeigneten Bewerbungen muss abgesagt werden, weil nicht genügend Gelder und Berater verfügbar sind. Der Großteil der Erprobungsprojekte wird von Teams der »Arbeitsgemeinschaft Gemeindeberatung in Württemberg« begleitet. Die reinen Beratungskosten für ein LEP liegen bei etwa 2 500 €.

Unter den Erprobungen sind Kirchengemeinden aus allen Regionen und aus dem ganzen Frömmigkeitsspektrum der Landeskirche. Ein Teil der LEP starten mit konkreten Zielen:

- Drei separate Pfarrbüros werden zu einem gemeinsamen Gemeindebüro (LEP Bernhausen).
- Eine Minigemeinde mit 300 Gliedern und ohne Pfarramt vor Ort entwickelt ein selbstständiges und profiliertes Gemeindeleben (LEP Ochsenwang).
- Drei Kirchengemeinden im ländlichen Raum finden sinnvolle Möglichkeiten gemeindeverbindender Zusammenarbeit (LEP Kirchberg/Jagst).
- Eine aus einer Fusion entstandene große Kirchengemeinde in der Großstadt erarbeitet Schwerpunkte und Ziele (LEP Stuttgart Nord).

Andere Kirchengemeinden und -bezirke starten offener:

- Sie erarbeiten Leitbilder (LEP Kirchenbezirk Brackenheim, LEP ejw Kirchenbezirk Reutlingen),
- Gemeindekonzeptionen (LEP Öschingen, LEP Notzingen)
- oder Konzeptionen für die Förderung des Ehrenamts (LEP Tübingen-Bonhoeffergemeinde, LEP Stuttgart-Botnang).

Die einzelnen Erprobungen laufen in der Regel über 12 bis 18 Monate. Die Projektpläne, Zwischen- und Schlussberichte aus Gemeinde- und aus Beraterperspektive werden von der Steuerungsgruppe Erprobungen gesichtet und ausgewertet. Es zeigt sich eine Fülle an Erfahrungen, die für andere Gemeinden fruchtbar werden können. Erfahrungen allerdings nicht im

Sinne großer »Modelle zur Nachahmung«, sondern Erfahrungen im Sinne von Weggeschichten und kleiner Schritte des Wandels. Jetzt, wo Erfahrungen mit den Leitimpulsen aus den Gemeinden erkennbar werden, jetzt wird deutlich, um was es in der Suchexpedition NW geht.

Im März 2001 informiert der *2. Zwischenbericht »Neues wächst!«* die kirchliche Öffentlichkeit über den Diskussions- und Arbeitsstand zu den Leitimpulsen und berichtet erste Praxisbeispiele. Als Schlüsselthemen für die Ämter- und Gemeindeentwicklung führt er aus der aktuellen Diskussion die Frage nach dem »Kirchenverständnis« und das Thema »Leitung« ein.

Die Steuerungsgruppe Erprobungen entwickelt aus den Erfahrungsberichten der LEP die *»Fünf Fäden des Wandels«*:

Die fünf Fäden des Notwendigen Wandels:

1. Ehrenamt fördern – Zusammenarbeit zwischen Ehrenamtlichen und Hauptamtlichen gestalten!
2. Berufsprofile klären – Zuständigkeiten ordnen
3. In Kirchengemeinden und – bezirken Identität stärken und Profil entwickeln
4. Zusammenarbeit zwischen Gemeinden verbindlich gestalten
5. Gemeinsam leiten – Entwicklung verantworten

Die »Fünf Fäden« benennen die Entwicklungslinien, an denen in den 50 LEP gearbeitet wird. Sie konkretisieren die Leitimpulse und Schlüsselthemen. Sie laufen quer zu den Arbeitsfeldern der Kirchengemeinden und -bezirke (Jugendarbeit, Kirchenmusik, Diakonie, ...) und benennen die Entwicklungsthemen, die die verschiedenen Arbeitsfelder von Kirche verbinden.

Phase 4: Breite Veröffentlichung der Erprobungserfahrungen:
»Gemeindeentwicklungskongress«, www.notwendiger-wandel.de und
»Praxisimpulse NW« (ab 2001)
Im Frühjahr 2001 beginnt die Vorbereitung für den *Gemeindeentwicklungskongress (GEKo)*. Interessierte Kirchengemeinderäte und Gemeindeglieder sollen direkt die Verantwortlichen der Erprobungsgemeinden nach ihren

Erfahrungen befragen können. – Der Oberkirchenrat setzt einen 20-köpfigen Trägerkreis für den GEKo ein. Die Projektstelle leitet die Kongressvorbereitung. Das Medienhaus wird mit der Organisation und Durchführung beauftragt und erhält dafür einen Zuschuss von 200 000 €.

Die »Fünf Fäden des Wandels« sind die Grundstruktur des Kongresses. Über die LEP hinaus werden weitere Kirchengemeinden, -bezirke, Einrichtungen und Werke eingeladen, Beiträge zum Wandel vorzustellen – soweit sie sich auf konkrete Veränderungen auf Gemeinde- oder Bezirksebene beziehen und an einem der »Fünf Fäden« anknüpfen.

Die Einladung zur Mitwirkung beim GEKo stößt auf ein überwältigendes Echo. Obwohl alle Platzreserven des Böblinger Kongresszentrums ausgereizt werden, können nicht alle Angebote aufgenommen werden. Im Mittelpunkt stehen die Schritte des Wandels aus den Erprobungsgemeinden. 90 Anbieter bringen insgesamt 120 Workshops ein, dazu kommen 83 Marktstände in den fünf Themenparks und 49 Marktstände auf dem Servicemarkt. Foren zu den fünf Fäden des Wandels, Bibelarbeiten, ein Musical und ein Gottesdienst ergänzen den Markt und die Workshops.

Die Einladung zum Besuch des Kongresses richtet sich besonders an die Kirchengemeinderäte und weitere Leiter/innen in den Kirchengemeinden. Sie sollen möglichst als komplette Teams am GEKo teilzunehmen. Für sie werden dreimal im Kongressverlauf moderierte Austauschrunden angeboten, die die Eindrücke aus dem Kongress mit dem eigenen Weg als Gemeinde vor Ort verbinden sollen. Der Kongress selbst findet vom 7. bis 9. Februar 2003 in Böblingen statt. Auch hier übertrifft die Resonanz alle Planungen und Erwartungen. Über 3000 Menschen nehmen teil oder wirken mit, 80% von ihnen sind Ehrenamtliche. Aus etwa 100 Kirchengemeinden nimmt der komplette KGR am GEKo teil. Etwa 1000 Interessierten muss abgesagt werden. Die Atmosphäre auf dem Kongress ist heiter und zuversichtlich und viele Besucher/innen gehen mit der einen oder anderen sehr konkreten Anregung nach Hause. Die *Dokumentation des GEKo* ist bimedial aufgebaut und erschließt über eine Broschüre und eine CD-Rom (s.u. Praxisimpulse NW 3) den Zugang zum Internetauftritt des »Notwendigen

Wandels«. Unter www.notwendiger-wandel.de finden sich seit Sommer 2003 die Erfahrungsberichte und Materialien aus allen LEP und von allen Mitwirkenden beim GEKo samt allen wesentlichen Texten aus dem Prozess des Wandels. Geordnet nach den »Fünf Fäden des Wandels« und erschlossen über Schlagworte bildet www.notwendiger-wandel.de eine reiche Info- und Kontaktbörse für Kirchengemeinden im Wandel.

Schon seit März 2002 gibt die Steuerungsgruppe NW in loser Folge die Reihe »*Praxisimpulse Notwendiger Wandel*« heraus. Die etwa 50-seitigen Broschüren werden kostenlos in je zwei Exemplaren an alle Kirchengemeinden versandt und rege nachbestellt. Entlang der fünf Fäden des Wandels bündeln und veröffentlichen sie die Erfahrungen aus den LEP und erschließen die detaillierten Berichte aus den Erprobungsgemeinden im Internet.

Praxisimpuls 1: Leitfaden verbindliche Zusammenarbeit (Faden 4)

Praxisimpuls 2: Gemeindebüro der Zukunft (Faden 2 und 5)

Praxisimpuls 3: Dokumentation Gemeindeentwicklungskongress Böblingen (alle Fäden)

Praxisimpuls 4: »Mit Leitbildern und Zielen in Veränderungszeiten leiten« (Faden 5 und 3)

Praxisimpuls 5: »Zusammengehen – Praxisimpulse und Reflexionen zur Zusammenarbeit von Kirchengemeinden« (Faden 4)

Praxisimpuls 6: Weiterentwicklung im Diakonat (Faden 2)

Praxisimpuls 7: »Mitarbeiter gewinnen – Zusammenarbeit Ehrenamt und Hauptamt gestalten« (Faden 1)

Praxisimpuls 8: »Gemeinsam Leiten – Entwicklung verantworten« (Faden 5)

Phase 5: Auswertung, Implementierung und Abschluss Projektphase und Projektstelle
Das halbe Jahr zwischen dem GEKo und der Auflösung der Projektstelle im Oktober 2003 dient der Auswertung, der Erarbeitung von Praxisimpulsen und des Schlussberichtes der Projektstelle und der Überleitung der Projekt-

arbeit in die Regelstrukturen vor allem des Evangelischen Gemeindedienstes. Die Landeskirche ist den Zielen des Prozesses näher gekommen – vor allem durch die breite und qualifizierte Beteiligung sehr vieler Menschen.

Über die Projektvernetzung konnten wesentliche Erfahrungen aus dem Prozess NW in die Entwicklung und Einführung der neuen Steuerungsinstrumente »Personalentwicklungsgespräche« und »Wirtschaftliches Handeln« eingebracht werden. Gemeindeberatung – die in Württemberg erst Mitte der 90-er-Jahre entstand –, ist jetzt eine bekannte und geschätzte Dienstleistung in der Landeskirche. Die weiterentwickelte Visitation wird die Impulse des NW als Leitfragen für die Wahrnehmung von Kirchengemeinden aufnehmen. In der neuen Bildungskonzeption der Landeskirche wird das Studienhaus für die gemeindebezogenen Dienste die Ziele und Erfahrungen des NW aufnehmen.

3. Bleibende Fragen – eine knappe inhaltliche Bilanz zu den »Fünf Fäden des Wandels«

3.1. Faden 1: Ehrenamt fördern – Zusammenarbeit zwischen Ehrenamtlichen und Hauptamtlichen gestalten!
Die vom AK Ehrenamt 1995 herausgegebenen »Leitlinien Ehrenamt« sind weiterhin wegweisend. Die Werke (Jugend, Frauen, Senioren) haben die »Leitlinien« deutlich stärker umgesetzt als die Kirchengemeinden. Erprobungen in Tübingen, in Albstadt-Tailfingen und in Botnang haben an Konzeptionen für ehrenamtliche Arbeit in der Kirchengemeinde gearbeitet.

Die Diskussion zum Leitimpuls »Delegation/Koordination« ist aus dem Protest von Ehrenamtlichen gegen ein Pfarramt, das in seiner Praxis Gaben behindert, entstanden. Nun verschiebt sich die Diskussion von der einseitigen Forderung »Ehrenamt fördern!« zu einer Förderung von Ehrenamt *und* Hauptamt in wechselseitiger Bezogenheit und Anerkennung der verschiedenen Rollen. Als Tiefendimension des 1. Fadens und offene zu bearbeitende Frage zeigt sich immer mehr die Zuordnung von Priestertum aller Glaubenden und ordinationsgebundenem Amt.

3.2. Faden 2: Berufsprofile klären – Zuständigkeiten ordnen

Vor allem der Diakonat hat sich stark in den Prozess des Wandels eingebracht. Mit dem GEKo knüpften sich auch Kirchenmusiker/innen und Mesner/innen ein. Im Zusammenhang mit der Vernetzung der Veränderungskräfte haben sich die hauptamtlich-pädagogischen Mitarbeiter/innen der Kreisbildungswerke verstärkt als Dienstleister für Bildung und Entwicklung in den Kirchenbezirken profiliert.

Die konkrete Zusammenarbeit der Haupt- und Nebenamtlichen als Glieder (und als Diener) am einen Leib Christi in unterschiedlichen Rollen und Professionen wurde beim GEKo im »Zentrum kirchlicher Berufe« (Themenpark 2) sichtbar. Das »Pfarramt in der Dienstgemeinschaft der Ämter und Dienste« bleibt weiter auf der Agenda des Wandels.

3.3. Faden 3: In Kirchengemeinden und -bezirken Identität stärken und Profil entwickeln

Der Leitimpuls »Konzentration« erwies sich als das schwierigste der Themen des Wandels. Kaum ein LEP hat diesen Impuls vorrangig bearbeitet. Überlastung wird weiterhin beklagt – bei Ehrenamtlichen wie bei Hauptamtlichen –, doch eine Bereitschaft, Schwerpunkte zu vereinbaren und Arbeitsbereiche aufzugeben, ist bisher kaum erkennbar. Die von Anfang an im Prozess NW angestrebte Entlastung vor allem des Gemeindepfarrdienstes ist bisher nicht erreicht.

Konzentration kann gelingen, wo Kirchengemeinden sich verstärkt an ihren spezifisch evangelischen Auftrag rückbinden. Aus dem Vertrauen auf die Relevanz des Evangeliums für den heutigen Menschen und seine Wirkkraft kann eine Gemeinde inhaltlichen und qualitativen Zielen in der Gemeindearbeit den Vorrang geben und sich entlasten von der Anstrengung, ein möglichst umfassendes Angebot aufrecht zu erhalten.

Beim GEKo haben sich sehr viele Projekte beim Faden 3 eingeordnet und dabei das spezifische (diakonische oder missionarische oder gottesdienstliche) Profil ihrer Gemeinden vorgestellt. Der Prozess »Notwendiger Wandel« ermutigt Kirchengemeinden, sich theologisch reflektiert zu profilieren und zu differenzieren (siehe oben, 2.1). Schwerpunktbildung und Profilierung sollen in einem Geist volkskirchlicher Weite und ökumenischer Verbundenheit geschehen und in vereinbarter geschwisterlicher Arbeitsteilung mit den benachbarten Kirchengemeinden. Die Impulse Konzentration und Kooperation brauchen einander. Schwerpunktbildung und Zusammenarbeit werden möglich, wo Gemeinden sich aus ihrer Verbundenheit im Leib der Kirche und im gemeinsamen Auftrag verstehen. Die Arbeit am Kirchen- und Gemeindeverständnis ist für die Weiterentwicklung dieser Impulse entscheidend.

Schwerpunktbildung und Zielvereinbarung – »*Leiten durch Ziele*« – ist das verbindende Steuerungselement der landeskirchlichen Projekte:

- Die Visitation wird künftig stärker nach Profil und Schwerpunkten fragen.
- Die Projekte »Personalentwicklung und Chancengleichheit« mit den jährlichen Mitarbeiter-Gesprächen und »Wirtschaftliches Handeln« mit dem zielorientierten Haushaltsplan setzen die Vereinbarung von Schwerpunkten und Zielen für den Umgang mit Sachmitteln und personellen Ressourcen in den Kirchengemeinden voraus.
- Das die landeskirchlichen Projekte begleitende Bildungsprogramm Train-the-Trainer (TTT) zielt auf die Schulung von Kirchengemeinderäten für die Arbeit mit Zielen in der Gemeindeleitung. TTT bildet u.a. Moderatorinnen und Moderatoren aus, die Kirchengemeinden in der Klärung ihrer Schwerpunkte und Ziele punktuell unterstützen – auch innerhalb des veränderten Visitationsverfahrens. Ergänzend dazu wird die Gemeindeberatung, die Kirchengemeinden in längeren Klärungsprozessen berät, weiter ausgebaut.

Die Einführung der erneuerten (Visitation) bzw. neuen Steuerungswerkzeuge (PE, WH) kann einen wesentlichen Beitrag zu »Konzentration«, zu Schwerpunktbildung und Profilierung der Gemeindearbeit leisten.

3.4. Faden 4: Zusammenarbeit zwischen Gemeinden verbindlich gestalten
Der Leitimpuls »Kooperation« wurde sowohl von den Sprengel-AK als auch von vielen LEP stark bearbeitet. Hier spielten die anstehenden Streichungen von Pfarrstellen im Zusammenhang mit dem »Pfarr-Plan« eine Rolle.

Wo Stellenstreichungen Erprobungsgemeinden zu verstärkter Zusammenarbeit gedrängt haben, war meist ein hoher Widerstand zu überwinden. Deutlich ist, dass bei aller Bereitschaft zur Zusammenarbeit bestimmte Signale der Selbstständigkeit und der eigenen gemeindlichen Identität geachtet werden müssen. Das zeigte sich z.B. in Auseinandersetzungen um Gemeindenamen und in der Abwehr der Bezeichnung »Gesamtkirchengemeinde«.

In den großstädtischen LEP Stuttgart Nord und Zuffenhausen und im LEP Schwenningen wurden Möglichkeiten der Verbreiterung des Angebots und der Erweiterung des Gemeindelebens durch Kooperation erarbeitet. Hier wurden die Leitimpulse »Konzentration« und »Kooperation« miteinander in Verbindung gebracht.

Die Erfahrungen aus den LEP, die im Zusammenhang mit der Kürzung von Pfarrstellen Strukturen für verbindliche Zusammenarbeit aufbauen wollen, weisen auf einen deutlich wachsenden Bedarf an Rechts- und Strukturberatung für Kirchengemeinden hin. Die Rechtsberatung im OKR muss ausgebaut werden. Die Zusammenarbeit zwischen Gemeindeberatung und Rechtsberatung muss enger werden.

3.5. Faden 5: Gemeinsam leiten – Entwicklung verantworten
Das Thema Leitung hat sich im laufenden Prozess immer mehr in den Vordergrund gedrängt. Leitungsschwäche (zuviel Leitung oder zuwenig Leitung durch Pfarramt oder KGR) ist ein mächtiges Hemmnis für die Gemeindeentwicklung. Eine Vielzahl von Konflikten sind Leitungskonflikte. Das ist kein Wunder, denn in Kirchengemeinden treffen eine Vielzahl unterschiedlicher Leitungsparadigmen aufeinander: Leitungsmodelle aus Verwaltung und Wirtschaft, Konzepte geistlicher Leitung, Ideale einer leitungsfreien geschwisterlichen Gemeinschaft und eine hohe Abwehr gegen

hierarchisch empfundene Leitung durch Pfarramt, Kirchenbezirk/KBA/Dekan oder durch Landeskirche/Landessynode/OKR.

Der wachsende Veränderungsdruck auf Kirche und Gemeinde erfordert mehr Leitungsarbeit. KGR und Pfarrer/innen sind darauf noch nicht genügend vorbereitet. Die Einführung neuer Leitungswerkzeuge (PE-Gespräche und Maßnahmen; Zielorientierter Haushaltsplan) und die Erneuerung der Visitation bedeuten und verlangen einen Qualitätssprung in der Leitungskultur vieler Kirchengemeinden. Soll dieser Sprung gelingen, braucht es ein hohes Maß an Schulung und Unterstützung und einen langen Atem.

Die Herausforderung heißt *gemeinsam* leiten – in einem konziliaren Geist, im Hören und Vertrauen aufs Evangelium, im Respekt vor Begabung, Bedürftigkeit und Rolle des Anderen und in der Verbundenheit des Leibes Christi.

Die Erfahrungen aus dem Prozess NW legen es nahe, dem Thema »Leitung in Kirche und Gemeinde«, der Ausbildung und der Reflektion von Leitungspraxis und der Entwicklung der Leitungsteams in Kirchengemeinden, -bezirken, Werken und Einrichtungen in den nächsten Jahren einen hohen Stellenwert einzuräumen.

4. Steuerungselemente im Prozess »Notwendiger Wandel«

Der »Notwendige Wandel« ist zwar ein offenes, aber kein unstrukturiertes Veränderungsprojekt. Im Rückblick zeigen sich die vier wesentlichen Steuerungselemente des Wandels:

- Leitendes Bild und Leitimpulse – »Fünf Fäden des Wandels« (4.1)
- Aktive Beteiligung und Prozesslernen (4.2)
- Veröffentlichen der Prozesserfahrungen zur selbständigen Aneignung (4.3)
- Prozessorientierte Steuerung (4.4)

Sie finden sich in allen Phasen des Wandels wieder.

4.1 Leitendes Bild und Leitimpulse – »Fünf Fäden des Wandels«
Das *paulinische Bild »Gemeinde als Leib Christi« und die drei Leitimpulse »Konzentration, Kooperation, Delegation/Koordination«* bilden den inhaltlichen Rahmen des Prozesses. Auch wenn sie im zweiten Zwischenbericht »Neues wächst!« um die Schlüsselthemen »Kirchenverständnis« und »Leitung« ergänzt und in der Auswertung der Erprobungen in die weniger abstrakten »Fünf Fäden des Wandels« übersetzt wurden, lebt der Prozess NW vom Dranbleiben an diesen ursprünglichen Impulsen. Durch dieses Dranbleiben an den Ausgangsimpulsen konnte sich der Prozess bis zum GEKo immer weiter öffnen, ohne seine Klarheit und seine Erkennbarkeit zu verlieren.

Kennzeichnend für die Leitimpulse wie für den gesamten Prozess ist die *enge Verbundenheit zwischen theologischer Reflexion und der praktischen und organisatorischen Gestaltung von Kirchengemeinde und Kirchenbezirk.* Theologische Fragen spielen immer eine Rolle: »Wer sind wir als Gemeinde Jesu Christi? Was sind unsere Gaben? Wie verstehen wir hier heute unseren Auftrag? Wie setzen wir ihn konkret mit unseren Gaben und Mitteln um? Welche Schwerpunktsetzung bedeutet dies? Was verbindet uns? Wie werden wir öffentlich erkennbar?« – Der NW mit seinen Leitimpulsen führt hin zu diesen Fragen. Er schlägt eine Brücke zwischen der Lehre und der Ordnung von Kirche und Gemeinde im Sinne der 3. These der Barmer Theologischen Erklärung:

> *Lasst uns aber wahrhaftig sein in der Liebe und wachsen in allen Stücken zu dem hin, der das Haupt ist, Christus, von dem aus der ganze Leib zusammengefügt ist (Eph 4, 15f.) – Die christliche Kirche ist die Gemeinde von Brüdern, in der Jesus Christus in Wort und Sakrament durch den Heiligen Geist als der Herr gegenwärtig handelt. Sie hat mit ihrem Glauben wie mit ihrem Gehorsam, mit ihrer Botschaft wie mit ihrer Ordnung mitten in der Welt der Sünde als die Kirche der begnadigten Sünder zu bezeugen, dass sie allein sein Eigentum ist, allein von seinem Trost und von seiner Weisung und in Erwartung seiner Erscheinung lebt und leben möchte. (...)*

Die Leitimpulse und Fäden des Wandels sind zunächst abstrakt. »Konzentration, Kooperation, Delegation« leuchten nicht spontan ein. In ihrer Abstraktheit aber bündeln die Leitimpulse Entwicklungslinien, die die einzelnen Arbeitsfelder von Gemeinde und Kirche überschreiten und verbinden. Sie liegen hinter den konkreten Zielen (z.B. mehr Gottesdienstbesucher; mehr Mitarbeiter für die Jugendarbeit) auf einer Metaebene gemeindlicher Arbeit. – Die Abstraktheit der Leitimpulse war zunächst eine hohe Schwelle, sich in den Prozess einzuklinken. Sie ermöglichte aber die Nachhaltigkeit und die Integrationskraft des Prozesses auch über die Grenzen der (arbeitsfeldorientierten) Einrichtungen und Werke und über kirchenpolitische Unterscheidungen hinweg.

Auch nach Abschluss der Projektphase ist die Kraft der Leitimpulse des Prozesses nicht erschöpft. Für viele Kirchengemeinden füllen sie sich erst seit dem GEKo und durch die Reihe »Praxisimpulse NW« mit Geist und Leben. Sie sind auch weiter geeignet, Entwicklungen in der Landeskirche zu inspirieren, zu kommunizieren und zu strukturieren. Im komplexen Leib der Landeskirche mit den verschiedenen Ebenen, der Vielzahl an Einrichtungen, Vereinigungen und Gruppen und dem hohen Maß an Autonomie der einzelnen Glieder brauchen Veränderungsimpulse Zeit. Beim GEKo hat sich etwa jede dritte Kirchengemeinde der Landeskirche in den Prozess des Wandels eingeknüpft. Das ist einerseits ein großer Erfolg, zeigt aber auch, wie hoch der weitere Bedarf ist. Im Prozess NW hat sich bewährt, nicht jedes Jahr ein neues Thema durch die Landeskirche zu treiben, sondern über mehr als eine Dekade an den gleichen Leitimpulsen dranzubleiben. Manches spricht dafür, dass es sich bei den Leitimpulsen und Fäden des Wandels um Grundthemen der Gemeindeentwicklung handelt, die sich in der Zeit zurückgehender Ressourcen wieder deutlich herausschälen und wesentliche Inhalte der Leitungsaufgabe in Kirche und Gemeinde benennen.

4.2 Aktive Beteiligung und Prozesslernen
Der »Notwendige Wandel« hat einen offenen Lern- und Kommunikationsprozess organisiert. Im durch die Leitimpulse gesetzten Rahmen fragt er bei den Leitungsverantwortlichen vor Ort nach Konkretion, Korrektur und Dif-

ferenzierung. Das Maß der Beteiligung ist im Lauf des Prozesses qualitativ und quantitativ schrittweise gewachsen:

Phase 1: Breite Erstinformation und Befragung aller KGR und MAV
Phase 2: Sprengel-AK, Jahrestagungen: zusammen ca. 150 qualifizierte Multiplikator/innen
Phase 3: Lokale Erprobungen: exemplarisch an 50 Orten zu allen Themen des Wandels
Phase 4: GEKo, ca. 600 Aktive aus 200 verschiedenen Orten, ca. 2400 Teilnehmende aus 280 weiteren Orten; »Praxisimpulse Notwendiger Wandel« an alle Kirchengemeinden; www.notwendiger-wandel.de als öffentliche Austausch- und Kontaktbörse
Phase 5: Implementierung, Auswertung: überwiegend Hauptamtliche auf kirchenleitender Ebene, Synodale

Die einzelnen Beteiligungsstufen bauen aufeinander auf. Durch den langen Prozess wird die hohe quantitative und qualitative Beteiligung am GEKo möglich und die Mitnahme einzelner Impulse vom GEKo in die ortsgemeindliche Praxis vorbereitet.

Der wachsenden Annahme der Beteiligungsangebote in Kirchengemeinden und -bezirken entspricht die *wachsende Verankerung des Wandels in landeskirchlichen Einrichtungen und Werken.*

- Die Steuerungsgruppe Erprobungen ist quer zur landeskirchlichen Struktur zusammengesetzt. In ihr arbeiten mit je einer Person mit: der Gemeindedienst, das Diakonische Werk, das Evangelische Jugendwerk, die Fortbildungsstätte für Gemeinde und Diakonie Kloster Denkendorf, ein Dekan, die Personaldezernentin des Evang. OKR, Ilse Junkermann, und die Projektstelle.
- Die sechs Jahrestagungen bildeten eine Art erweiterte Steuerungsgruppe mit ca. 60 Delegierten aus Einrichtungen und Werken, Vertreter/innen aus den Sprengel-AK und den LEP und der Gemeindeberatung. Die Jahrestagungen ermöglichten Kommunikation, Erfahrungsaustausch und

konzeptionelle Arbeit quer durch die ganze Landeskirche über Ebenen, Arbeitsfelder und kirchenpolitische Unterschiede hinweg. Diese Querkommunikation hat viel Energie freigesetzt – bei den Tagungen und erst recht dann beim GEKo.
- Im Trägerkreis GEKo arbeiteten ca. 20 verschiedene Einrichtungen und Stellen der Landeskirche zusammen.
- Beim GEKo selbst waren neben der Vielzahl der Gemeindeprojekte auch fast alle landeskirchlichen Dienstleister auf dem Servicemarkt präsent.

Mit den Erprobungen (ab Phase 3) und schließlich mit dem GEKo wurde der Notwendige Wandel in der landeskirchlichen Öffentlichkeit als eine eigene positiv besetzte Größe wahrgenommen. Viele verstanden: hier wird uns nichts übergestülpt. Es geht um die Gemeindethemen und um Lernen auf Augenhöhe: Gemeinden stellen anderen Gemeinden ihre Schritte des Wandels und ihre guten und schlechten Erfahrungen vor. Erprobungen und GEKo ließen es zu, dass viele Menschen in Kirchengemeinden und -bezirken ihre eigenen Veränderungsinitiativen mit dem landeskirchlichen Prozess verknüpften. Dadurch gewann der landeskirchliche Prozess enorm an Kraft, an Verankerung in den Gemeinden, an Vertrauen und an Aufmerksamkeit.

4.3 Veröffentlichung der Prozesserfahrungen zur selbständigen Aneignung
Mit der Reihe »Praxisimpulse Notwendiger Wandel« und der Austauschbörse www.notwendiger-wandel.de haben Projektstelle und Steuerungsgruppen praxiserprobte Materialien zu den Leitimpulsen des Prozesses veröffentlicht. Sie sollen Gemeinden zu eigenen Entwicklungsschritten ermutigen und ein Lernen von Kirchengemeinde zu Kirchengemeinde im Sinne einer differenzierten Aneignung ermöglichen.

Der Erfolg des GEKo zeigt aber auch, dass für eine inspirierende Weitergabe von Erfahrungen eine schriftliche oder internetgestützte Kommunikation nicht ausreicht. Es braucht auch die Gespräche von Angesicht zu Angesicht und den großen »Konvent«, damit der Funke springt; es braucht die Verbindung von vielen kleinen Schritten, damit ein großer Schritt erkennbar wird.

4.4 Prozessorientierte Steuerung

Auch wenn sich im Rückblick Phasen, Steuerungselemente, Fäden und Qualitäten des Prozesses zeigen lassen, folgt der Prozess selbst keinem stringenten Plan. Er gleicht einer Expedition; er entwickelt sich in der Wahrnehmung und Auseinandersetzung mit dem Evangelium und im Mit- und Gegeneinander der in der Landeskirche sich zeigenden Kräften und Strömungen. Er entwickelt sich in der Anwendung von Knowhow der Organisationsentwicklung und in der Auseinandersetzung mit Konzepten wie der »lernenden Organisation« und in der Vernetzung mit den anderen Veränderungsprojekten der Landeskirche.

Kennzeichnend für die prozessorientierte Steuerung des Wandels sind:
- die Verbindung von Theologie und Organisationsentwicklung
- das Dranbleiben am inhaltlichen Rahmen von Leitendem Bild, den drei Leitimpulsen, den fünf Fäden
- der Rhythmus aus Öffnen/Einladen und Bündeln
- die offene und breite Beteiligung aller landeskirchlicher Ebenen
- die Aufmerksamkeit für das Expertenwissen der Kirchengemeinden und -bezirke
- die Ermöglichung von Differenzierung und Regionalität
- die sorgfältige Kommunikation auch der Prozessinformationen
- das Arbeiten mit der Energie vor allem der Kirchengemeinden
- der lange Atem über bald zwölf Jahre.

5. Zum weiteren Prozess »Notwendiger Wandel«

Bei der Auswertungstagung im Juli 2003 in Esslingen wurden die Qualitäten des Prozesses NW so zusammengefasst:

1. *Emotionale Qualität*

Der Prozess »Notwendiger Wandel« lebt von der Energie der Beteiligten. Er weckt und verbindet Visionen, Hoffnung, Kreativität, Funken, Feuer und Lust;
er bringt Menschen in Berührung und in Bewegung.

2. *Theologische Qualität: Theologisch verantwortet Strukturen verändern*
   Die Arbeit an Strukturen und Kommunikation im Prozess »Notwendiger Wandel« speist sich aus theologischer Reflexion besonders im Blick auf den Auftrag von Kirche und Gemeinde, auf die Qualität der Gemeinschaft (vgl. Barmen III, siehe oben Seite 79) und auf das Wirken des Heiligen Geistes in den Entwicklungswegen von Kirche und Gemeinde.
3. *Qualität: Kommunikation und Beteiligung*
   - Kirche im Wandel ist lebendiger Organismus und lernende Organisation.
   - Offene Kommunikation im ganzen Leib, quer zu Regelstrukturen und -grenzen, ermöglicht es, miteinander und voneinander zu lernen.
   - »Kommunikationsfähigkeit« und »Umgang mit Konflikten« werden thematisiert.
   - Lokale Erprobungen sind der Pulsschlag der Entwicklung.
   - Die Steuerung des Wandels geschieht prozessorientiert und transparent.
4. *Qualität: An brisanten Themen dranbleiben*
   - Leitendes Bild (Gemeinde und Kirche als Leib Christi)
   - Leitimpulse (Konzentration, Kooperation, Delegation/Koordination)
   - Fünf Fäden des Wandels
   - Kirchen- und Gemeindeverständnis
   - Klärung der Berufsprofile: Pfarramt in der Gemeinschaft der Ämter und Dienste
   - Leitung als Fokus: auftragsbezogen, funktional, geteilte Verantwortung

Diese Qualitäten machen das Wesen des Notwendigen Wandels in der Landeskirche aus. Sie sollen in der weiteren Entwicklung auf den verschiedenen Ebenen der Landeskirche beachtet und gepflegt werden. Sie sind Qualitätsmaßstäbe für weitere Veränderungsprozesse. Die Arbeit der Projektstelle war von Anfang an als eine befristete Verstärkung des Arbeitsfeldes in einer gewissen Parallelität zum Gemeindedienst und in direkter Anbindung beim OKR aufgebaut. Mit dem Abschluss der Projektstelle und dem Schlussbericht endet diese Projektphase im Prozess NW (1997 –2003), die durch Sprengel-AK, Erprobungen und GEKo geprägt war.

Der Prozess »Notwendiger Wandel« allerdings soll und wird weitergehen:
- Die Ziele des Wandels sind erst zum Teil und an einigen Orten erreicht.
- Die Leitimpulse und die »Fünf Fäden des Wandels« sind weiterhin geeignet, Entwicklungen zu initiieren und zu bündeln.
- Durch den GEKo wurde in vielen Kirchengemeinden der Boden für die Impulse und Erfahrungen des NW bereitet. Viele Kirchengemeinden sind angeregt durch den Kongress, die »Praxisimpulse« und die Materialien unter www.notwendiger-wandel.de jetzt dabei, eigene Schritte des Wandels zu gehen – teils mit, teils ohne Beratungsteam. Die Nachfrage nach Gemeindeberatung für Konzeptionsfragen ist durch die Erprobungsprojekte deutlich gewachsen.
- Die Arbeitsformen des NW – insbesondere die Erprobungen und der auf ihnen aufbauende Erfahrungsaustausch (Kongress, Praxisimpulse, Internet) – haben sich als Katalysatoren von Entwicklung sehr bewährt. Acht Kirchenbezirke haben eigene Innovationsfonds aufgebaut und/oder andere Anreize für Erprobung und Innovation geschaffen. Immer öfter nutzen Kirchenbezirke ihre Synoden zum Austausch über Innovation.
- Unter den Mitarbeiterinnen und Mitarbeitern im Prozess ist weiterhin Energie da, den Wandel weiter zu fördern. Hier gibt es eine hohe Identifikation mit den »Qualitäten des Prozesses Notwendiger Wandel«.

Angeregt von Bischof Wolfgang Hubers »Wachsen wider den Trend« hat die Landessynode im Sommer 2004 ein Anschlussprojekt gestartet: Das *Projekt »Wachsende Kirche«* zielt darauf, Kirchengemeinden zu bestärken, aktiv und neu zum Glauben einzuladen. Neben allen strukturellen Fragen und gegen alle Dominanz der Kürzungsthemen soll »Wachsende Kirche« Energie und Ideen mobilisieren, dass Kirche und Gemeinde aktiv und planvoll nach außen und auf die Menschen zu geht.

»Wachsende Kirche« nimmt die Methodik des »Notwendigen Wandels« auf. Der neue Impuls ergänzt die bisherigen Leitimpulse und Fäden des Wandels.

Die missionarisch nach außen gewandte Dimension von Gemeinde und Amt ist in der Mehrzahl der auf dem GEKo vorgestellten Erprobungsprojekte schon implizit. In den nächsten Jahren soll die missionarische Dimension im Wandel in den Vordergrund treten. Nach einer Auftaktsynode »Wachsende Kirche« im Juli 2004 wird jetzt zu Lokalen Projekten eingeladen, die missionarische Handlungs- und Kommunikationsformen entwickeln und erproben. Die Gemeindeberatung und die Missionarischen Dienste begleiten die Lokalen Erprobungen. Ein Gemeinde-Kongress im Jahr 2007 soll die Erfahrungen der Erprobungen wieder öffentlich machen.

Weiterführende Informationen:
Kommunikationsplattform www.notwendiger-wandel.de

Praxisimpulse
- Veränderungsprojekte aus über 200 Kirchengemeinden und -bezirken der Landeskirche,
- über die »Fünf Fäden« und differenziert gemeindebezogene Schlagworte aufgeschlüsselt;
- pdf-Dateien zu den Heften der Reihe »Praxisimpulse NW«.

Theologie und Konzeption
- Alle Grundtexte aus dem Prozess »Notwendiger Wandel«,
- Praktisch-theologische Reflexionen zur Gemeindeentwicklung: »Gemeindeverständnis im Prozess NW« »Zehn Hinweise für die Entwicklung der Ortsgemeinde« u.v.m.

Service
- Adressen und Kontakte zu allen Projekten beim GEKo und allen Erprobungen,
- Beratung und Unterstützungsangebote der württembergischen Landeskirche,
- Materialien und Literatur zu »Notwendiger Wandel« und Gemeindeentwicklung.

Klaus-Dieter Grunwald

Re-Visionen von Gemeinde im Pluralismus: theologische, rechtliche und strukturelle Herausforderungen

I Structure follows strategy

Die Frage nach der Gemeinde ist eine Kernfrage der gegenwärtigen Reform- und Strukturdebatten in der Evangelischen Kirche. Sie ist maßgebend für die künftige Gestalt und den Charakter der Evangelischen Kirche. Bleibt sie unbeantwortet bzw. einer fast beliebigen Entwicklung überlassen, werden Reformen dadurch deutlich beeinträchtigt. Erkennbar sind in der gegenwärtigen Situation der landeskirchlichen Organisationen vor allem Restriktionen, die durch finanzielle Vorgaben erzwungen werden. Im katholischen Bereich ist dies sehr deutlich erkennbar. Praktische Handlungsvollzüge, wie die Schaffung von pastoralen Räumen, werden in einigen Landeskirchen in Ostdeutschland bereits vollzogen, im Westen Deutschlands aber nur angedacht oder sind dort sogar noch gar nicht bekannt. Religiöse Bedürftigkeiten der Menschen, insbesondere in Großstädten, sind in die Gemeindefrage mit einzubeziehen.[1]

Ich plädiere nachdrücklich dafür, dass die Gemeindefrage nicht isoliert theologisch, rechtlich oder soziologisch allein bearbeitet wird, sondern dass theologische, rechtliche und soziologische Kriterien zusammen gesehen und vor allen Dingen sachbezogen die »inneren Beziehungen« zwischen diesen drei Disziplinen aufgezeigt und praktisch bearbeitet werden. Es muss dabei deutlich werden, was eine christliche Gemeinde theologisch ausmacht, wo ihre zentralen Aufgaben liegen, welche Kriterien sie erfüllen muss. Ferner ist der rechtliche Rahmen zu bestimmen, der aber nicht allein normativ festzulegen ist, sondern auch die soziologischen Entwicklungen berücksichtigen muss.

Die Frage nach den Zielen (im Zusammenspiel von Inhalt, Ausmaß und Zeitbezug) muss dabei leitend sein. Die weitere Frage ist, welche Strategien

---
[1] S. bereits 1994 dazu: Volker Drehsen, Wie religionsfähig ist die Volkskirche, S. 121f.

dienlich sind, diese Ziele zu erreichen. Die Strategien beschreiben dabei die Brücken zwischen »Ist« und »Soll«. Die Strukturen folgen dabei den Strategien und nicht umgekehrt.[2] Das »Wachsen wollen« wird allerdings vorausgesetzt. Eine wesentlich stärkere »Adressatenorientierung« als bisher erscheint erforderlich. Was heißt das? Nicht nur die theologische und spirituelle Richtigkeit bzw. Vertretbarkeit der Lehre ist von maßgebender Bedeutung für die Verkündigung, sondern auch und besonders die Fragen, Wünsche und Bedürfnisse der Adressaten. Selbstverständlich muss jeder Kommunikation eine Selbstvergewisserung vorausgehen, diesem ersten Schritt muss jedoch zwingend und unmittelbar der Bezug auf das kommunikative Gegenüber folgen. Erkennbarkeit, Kommunizierbarkeit und Verständlichkeit sollten wesentliche Bestandteile eines evangelischen Gemeindeprofils werden.[3]

Bei der Frage der Strategie geht es nicht nur um instrumentelle Verwendung der genannten Disziplinen, sondern um die Suche danach, was die Leute »unbedingt angeht«. Innerhalb des Rahmens der theologischen Kriterien sollen unterschiedliche Gemeindeformen ermöglicht werden. Der Gedanke der Ermöglichung, der sowohl rechtlich wie auch theologisch belastbar ist, sollte wichtiger sein als der der Abgrenzung und der Hierarchisierung. Traditionen sind nur soweit zu berücksichtigen, wie sie sich auch als zukunftsfähig erweisen. Es macht wenig Sinn, gleichsam am Schreibtisch neue Handlungsmodelle zu entwickeln, weil diese in der Regel mit der Praxis vor Ort wenig oder gar nicht übereinstimmen. Aufgaben einer praktisch-theologischen Theoriebildung unter Einbeziehung rechtlicher und soziologischer Aspekte ist, Entwicklungen in der Praxis genau zu beobachten, diese nach theologischen, rechtlichen und erfahrenswissenschaftlichen Kriterien zu beurteilen und so durch Fragen, Vorschläge und Erklärungen praxisrelevante Impulse zu geben.[4] Die Evangelischen Landeskirchen müs-

---

[2] Vgl. Michael Herbst, Kirche wie eine Behörde verwalten oder wie ein Unternehmen führen? Zur Theologie des spirituellen Gemeindemanagements, S. 82,84.

[3] Vgl. Joachim Schmidt, Profil. Protestantische Probleme mit einem Lieblingswort, in: Festschrift für Peter Steinacker zum 60. Geburtstag, S. 209,214, Frankfurt 2003.

[4] Vgl. Christian Grethlein, Kommunikation des Evangeliums in der Mediengesellschaft, Leipzig 2003. S. 86; vgl. auch die Beiträge von Peter Scherle und Eberhard Hauschildt in diesem Band.

sen sich auch stärker als bisher mit der demografischen Entwicklung und den finanziellen vorhersehbaren Auswirkungen auseinandersetzen bis hin zur Frage, was geschehen soll, wenn es nicht mehr die Kirchensteuer in der jetzigen Form geben sollte.

Wirft man einen Blick in den Haushaltsplan einer Landeskirche, dann ist unschwer festzustellen, dass ca. 70% der Mittel (so ist es in der Evangelischen Kirche in Hessen und Nassau) in die Gemeinden, einschließlich der Pfarrergehälter, fließen. Das finanzielle Zuweisungssystem geht überwiegend davon aus, dass Gemeinde gleich Gemeinde sei, dass keine qualitativen Unterschiede bestünden. Wer in der Praxis tätig ist, weiß, dass dies Ideologie ist. Es fehlt jedoch weithin an entsprechender Ideologiekritik. In der Bayerischen Landeskirche ist ein differenziertes Zuweisungssystem eingeführt worden, das ermöglicht, Gemeinden stärker nach qualitativen Kriterien zu bemessen. Ein Blick auf die Milieus in den jeweiligen Gemeinden hilft auch bei der Feststellung, wen die Gemeinden mit der jetzigen Struktur und den vorfindlichen Aktivitäten erreichen. Es geht neben der Suche nach sachgerechten Kriterien aber auch um die Kairologie. Es geht um den Kairos, um die rechte Zeit, um die rechte Wahrnehmung der Situation. Wie sieht Gemeinde in unserer Zeit, in unserem Umfeld aus? Welche Menschen werden durch die Gemeinde erreicht? Welche Einflüsse unterstützen den Gemeindeaufbau, welche erschweren ihn?[5]

II Chancen der Pluralisierung

Lebensstile und Lebenseinstellungen der heutigen Menschen haben sich vervielfacht und werden sich weiter vervielfachen.[6] Die Pluralisierung bezieht dabei alle Lebensbereiche, einschließlich des Religiösen, mit ein. Menschen leben, denken, fühlen und glauben heute unterschiedlicher als

---

[5] Vgl. Johannes Zimmermann, Auf dem Wege zur Gemeinde der Zukunft. Gemeindeaufbau vor neuen Herausforderungen, in: Theologische Beiträge 2005, S. 30ff.
[6] Vgl. Kirche, Horizont und Lebensrahmen. Vierte EKD-Erhebung über Kirchenmitgliedschaft, S. 48ff.

früher. Zu berücksichtigen ist aber auch, dass die Pluralität nicht grenzenlos ist, sondern sich Menschen an Milieus orientieren.[7]

Welche Chancen bieten sich für die pluralistische Volkskirche? Die Volkskirche kann ein entscheidender Faktor im Prozess zur pluralistischen Gesellschaft sein, solange sie daran festhält, dass die Botschaft von Christus der Welt zum Guten dient. Die Kirche und ihre Glieder sind herausgefordert, das Leben in der pluralistischen Gesellschaft als Gestaltungsaufgabe kirchlicher Existenz anzunehmen.[8] Eine bewusste Annahme dieser Aufgabe als »intermediäre Institution« wird den Kirchen in der Sphäre der zivilgesellschaftlichen Öffentlichkeit neuen Raum schenken, denn im Kontext zivilgesellschaftlicher Öffentlichkeit können Kirchen als Tradierungs- und Interpretationsgemeinschaften eine vermittelnde Funktion zur Gesellschaft wahrnehmen. Sie sind einerseits der Ort, an dem die religiösen Erfahrungen der Einzelnen aus der Welt des Privaten in den Raum einer Kommunikationsgemeinschaft eintreten können. Andererseits vermitteln sie die Gehalte des christlichen Glaubens an die zivilgesellschaftliche Öffentlichkeit als Raum der Auseinandersetzungen um die Identität und Zukunft der Gesellschaft.[9]

Versteht sich die Kirche in diesem Sinne als Teil der Gesellschaft, die an gesellschaftlichen Entwicklungen teilhat, legen sich andere Organisations- und Arbeitsformen nahe. Kirche begreift sich dann als eine Option, die Menschen wählen können und dann wählen, wenn sie gute Gründe darin erkennen. Hierbei sind insbesondere Milieuforschungen von besonderem Interesse. Nimmt man die Pluralität der Bedürfnisse, Stile und auch Spiritualitäten von Menschen ernst und akzeptiert diese, müssen z. B. unterschiedliche Gottesdienstformen erprobt und weiterentwickelt werden.[10]

---

[7] Vgl. Uta Pohl-Patalong, Gegenwelt oder Teil der Gesellschaft? Zur Orientierung der Kirche in der Gegenwart, in: Lernort Gemeinde 2004, S. 25f.

[8] Vgl. Friedrich Weber, Kirche im Wandel, Theologische Grundbestimmungen, Leitvorstellungen und Aufgaben für die Evangelisch-lutherische Landeskirche in Braunschweig, S. 20f.

[9] Vgl. Karl Gabriel, Zivilgesellschaften, S. 97, in: H. G. Babke, A. Fritzsche (Hrsg.), Gerechtigkeit – ein globaler Wert. Ökumenische Sozialethik, Band 6, München 2003.

[10] Vgl. Uta Pohl-Patalong, Gegenwelt oder Teil der Gesellschaft? Zur Orientierung der Kirche in der Gegenwart, in: Lernort Gemeinde 2004, S. 25,27f.

Auf der 1. Wissenschaftlichen Tagung des Netzwerkes »Gemeinde und funktionale Dienste« in Braunschweig am 14. Februar 2003 hat Landesbischof Dr. Weber in seinem Schlusswort betont, dass die Evangelische Kirche sich stärker darauf besinnen sollte, »ein Brief Christi« (2. Kor 3.3) zu sein. Was uns gegeben, anvertraut und aufgegeben ist, soll nicht für sich bleiben, sondern zugleich eine Adresse sein, die es durch uns erreichen will. Christinnen und Christen sind insoweit engagierte und »verantwortungsbereite Beteiligte am öffentlichen Streit um die Wahrheit« in der Gesellschaft.

Zusammengefasst kann gesagt werden: Die Kirche wird gesellschaftlich umso mehr Akzeptanz finden, je näher sie bei den Interessen und Bedürfnissen der Menschen ist, also sich auch als Teil der Zivilgesellschaft versteht und nicht als unmittelbares Gegenüber zum Staat oder sogar als Teil des Staates.

III Erweiterter Gemeindebegriff

1. Bevor Kriterien für einen erweiterten Gemeindebegriff diskutiert werden, muss zunächst ein Blick auf die gegenwärtige Rechtslage in den evangelischen Landeskirchen im Hinblick auf den Gemeindebegriff geworfen werden. Dabei sind zunächst Unschärfen festzustellen.

In der Kirchenordnung der Evangelischen Kirche in Hessen und Nassau (EKHN) in der Fassung vom 14. September 2002 wird Gemeinde und Kirchengemeinde gleichgesetzt. Unter der Abschnittsüberschrift »Die Kirchengemeinde« und der Unterabschnittsüberschrift »1. Die Gemeinde« wird die Gemeinde in Artikel 1 Abs. 1 wie folgt definiert: »Gemeinde ist die in Christus berufene Versammlung, in der Gottes Wort lauter verkündigt wird und die Sakramente recht verwaltet werden.« In Artikel 2 Abs. 1 wird dann wie folgt fortgefahren: »Als Gemeinde Jesu Christi hat jede Kirchengemeinde den Auftrag, das Evangelium von Jesus Christus zu bezeugen und im Glauben an das Evangelium ihren Gehorsam zu bewähren.« Schließlich wird auch in Artikel 2 Abs. 3 die Dominanz der Parochialgemeinde eindeutig festgeschrieben. Dort heißt es: »Darüber hinaus unterstützt und fördert die Gemeinde die übergemeindlichen Dienste und Einrichtungen, durch die die Gemeindeglieder für ihre Aufgabe an der Welt und ihr Zeugnis in der Gesellschaft zugerüstet werden.«

Dieser Sprachgebrauch, der den Inhalt prägt und zugleich dessen Grenze darstellt, ist aus dem Zeitgeist Ende der 40er Jahre und den Intentionen der Bekennenden Kirche wohl zu erklären, er ist in der heutigen Zeit nicht mehr angemessen und sachgerecht.

Aber auch neugefasste Kirchenordnungen halten im Grundsatz an der Gleichsetzung von Gemeinde und Kirchengemeinde fest. Die Kirchenordnung der Evangelischen Kirche im Rheinland vom 10. Januar 2003 definiert unter der Überschrift »Erster Teil: Die Kirchengemeinde« die Kirchengemeinde wie folgt: »Kirchengemeinde der Evangelischen Kirche im Rheinland ist die Gemeinschaft ihrer Mitglieder in der Regel in einem durch Herkommen und Errichtungsurkunde bestimmten Gebiet.« Zunächst wird hier der zwar gebräuchliche, aber doch theologisch und auch rechtlich problematische Begriff der Kirchengemeinde gebraucht. Nach biblischen Grundsätzen handelte es sich hierbei um eine Tautologie, da die Bibel nur die Kirche kannte.

Im Grundartikel (Abschnitt III) der Rheinischen Kirche wird dann weiter von der Gemeinde gesprochen: »Die Verwaltung der Sakramente geschieht in den Gemeinden gemäß ihrem Bekenntnisstand.« Gemeint sind hier wahrscheinlich die »Kirchengemeinden«. In der Begründung zur Kirchenordnung der Evangelischen Kirche im Rheinland[11] werden folgende Erläuterungen gegeben: »In Artikel 5 Abs. 1 wird die Kirchengemeinde definiert. Sie ist aus zwei Elementen zusammengesetzt, der geografischen Größe und den Mitgliedern. Das erste Element kennzeichnet sie als Gebietskörperschaft. Die Mitglieder werden in Artikel 13 als Gebietskörperschaft definiert ... Die Kirchengemeinde ist Körperschaft des öffentlichen Rechts. Es werden alle Regelungen, die sich auf die Körperschaft beziehen umformuliert und der Begriff »Kirchengemeinde« gebraucht. Bezieht sich eine Regelung ausschließlich auf die Menschen, die zur Kirchengemeinde gehören, wird das Wort »Gemeinde« gebraucht.«

---

[11] Vgl. Vorlage der Kirchenleitung an die Landessynode, LS 2003, Drucksache 4.1, S. 8.

Bei dieser Formulierung wird übersehen, dass es sich bei der Kirchengemeinde überwiegend um ein geistliches Geschehen handelt. Die zugrundegelegten Begriffe konzentrieren sich dagegen auf eine bürokratische Mitgliedserfassung. Der Begriff der Gemeinde wird hier positivistisch unzulässig verkürzt. Von einer Verbindung von Theologie, Recht und Soziologie kann in diesen Fällen überhaupt nicht gesprochen werden.[12]

2. Im Folgenden ist deshalb dem Zusammenspiel dieser Gestaltungselemente nachzugehen.

Was macht Kirche in ihrem Wesen und ihrer Gestalt aus? Wie ist der Begriff der Gemeinde ekklesiologisch zu bestimmen? Diese Überlegungen werden entweder bewusst ausgeklammert, wie dies im Rheinischen Beispiel geschehen ist oder haben wenig Beachtung gefunden.[13]

Die empirische abgesicherte Studie von Frank Löwe formuliert diese ekklesiologische Aufgabe wie folgt:

»Die Ekklesiologie hat einen Gemeindebegriff zu entwickeln, der sich nicht allein an der Parochie orientiert. Er muss offen sein für personale, konfessionelle und funktionale Formen der Gemeindebildung. Gemeinde ist darum mehr punktuell zu begreifen. Sie tritt zu bestimmten Anlässen immer wieder neu zusammen. Ein parochial geprägter staatlicher Gemeindebegriff ist durch ein neues, prozessorientiertes Verstehen von Gemeinde zu ersetzen«[14].

In der Vergangenheit wurden, wie bereits erwähnt, Gemeinde und Parochie meist gleich gesetzt. Dies ist jedoch keineswegs selbstverständlich und theologisch schon gar nicht notwendig. Die faktische Vorrangstellung der territorial abgegrenzten Kirchengemeinde (siehe § 2 Abs. 1 Kirchenordnung der EKHN) entbehrt jeder ekklesiologischer Notwendigkeit. Sie stellt nur eine der möglichen Sozialgestalten von Kirche dar.

---

[12] Vgl. aus juristischer Sicht: Eberhard Sperling, Ist das Parochialprinzip noch zeitgemäß?, Verwaltungsarchiv 1994, S. 380ff.
[13] Vgl. Uta Pohl-Patalong, Regionalisierung – das Modell der Zukunft?, in: PTh 92 (2003), S. 66,71f.
[14] Löwe, Parochie ade? Alternative Gemeindestrukturen in der Großstadt, Deutsches Pfarrerblatt 2002, S. 172,174.

Bereits Luther hat es abgelehnt, eine bestimmte Organisationsform als theologisch notwendig darzustellen. Die territoriale Gliederung des Parochialsystems ist aus dem Kirchenbegriff der Confessio Augustana nicht zwingend abzuleiten. In diesem Zusammenhang wird Kirche – ecclesia, was Luther meist mit Gemeinde übersetzte – nicht territorial, sondern vom Geschehen her bestimmt, nämlich als Versammlung der Gläubigen – also aktuell, aber auch lokal bezogen auf den Ort, wenn diesem auch an sich keine besondere Qualität zukommt.

In der Theologischen Erklärung von Barmen wird in der dritten These von der Gemeinde der Brüder – zu ergänzen »Schwestern« – gesprochen, in der Jesus Christus in Wort und Sakrament durch den Heiligen Geist gegenwärtig handelt. Auch hieraus ist keine Dominanz des Parochialsystems abzuleiten.

Ernst Lange hat sodann in den 60er Jahren darauf hingewiesen, dass die parochiale Zuordnung nicht mehr den Lebensgewohnheiten der Menschen entspricht:

»Teilnahme am kirchlichen Leben ist ... nicht mehr Ergebnis der Sozialstruktur, in die die Kirche institutionell integriert ist, sondern Ergebnis persönlicher Entscheidung ... wesentliche Lebensfunktionen des Einzelnen und der Gesellschaft liegen völlig außerhalb der Reichweite der alten ortsgemeindlichen Institutionen und Wirkweisen.«[15]

Dieser kurze Gang durch die Kirchengeschichte zeigt, dass es keine Sozialform, Rechts- oder Organisationsgestalt der Kirche gibt, die den Anspruch erheben könnte, die einzig angemessene Form zu sein. Die Gleichung Gemeinde gleich Parochie ist deshalb aufzulösen und ihr ein Modell eines erweiterten Gemeindebegriffs entgegenzusetzen, das die unterschiedlichen Gestalten und Sozialformen christlichen Lebens in ein produktives Spannungsverhältnis setzen kann.[16]

---

[15] Ernst Lange, Kirche für die Welt. Aufsätze zur Theorie kirchlichen Handels, München 1981, S. 183f.
[16] Vgl. dazu Holger Ludwig, Parochie oder Profilstelle – Eine falsche Alternative. Kirchentheoretische Einsichten zur Dekanatsstrukturreform in der EKHN. Ein Zwischenruf, Hessisches Pfarrerblatt 2003, S. 153ff.

3. Es wird vorgeschlagen, drei Dimensionen von Gemeinde zu unterscheiden:[17]
   1. Gemeinde als geistlich-kommunikatives Geschehen,
   2. Gemeinde als Institution,
   3. Gemeinde als Organisation.

De facto sind diese Dimensionen eng miteinander verwoben, so dass sich die Kriterien nicht ganz eindeutig der einen oder anderen Dimension zuordnen lassen.

Zur Klarstellung sei hinzugefügt, dass der Gemeinde- und Kirchenbegriff, sieht man ihn historisch, weitgehend übereinstimmt. Im Neuen Testament gibt es für das, was heute als »Kirche« und »Gemeinde« unterschieden wird, nur ein Wort: den Ausdruck »ekklesia«. Ekklesia ist das Zusammensein von Christen in einem einzelnen Haus, in einer Stadt, in einer Provinz, es geht aber auch darüber hinaus und bezieht sich auf das Versammeltsein der Christen über den Weltkreis, die Ökumene. Dass man keinerlei Unterschied macht zwischen den kleinsten Zellen und dem weltweiten Zusammenhang, bringt zum Ausdruck, dass es auf allen »Ebenen« immer das gleiche Wunder ist, dem sich die Kirche verdankt und das sie zur Kirche macht: In einem menschlichen Zusammenkommen, Zusammensein und Zusammenwirken verschafft die Christusverheißung sich Glauben[18].

1. Zur Gemeinde als geistlich-kommunikativem Geschehen

Hierzu gehört die Bezogenheit auf Christus als Grund der Gemeinde, die dadurch gegebene Einheit in der einen christlichen Kirche, die Grundlagen von sozialer Vergemeinschaftung überhaupt und die Sendung in

---

[17] Dieser differenzierende Vorschlag geht auf Gespräche mit Professor Dr. Eberhard Hauschildt (Universität Bonn) und Privatdozentin Dr. Uta Pohl-Patalong (Hamburg) zurück, vgl. auch Reiner Preul, Kirchentheorie. Wesen, Gestalt und Funktionen der Evangelischen Kirche, Berlin/New York 1997, S. 128ff, 204ff; Wilfried Härle, Dogmatik 2. A., S. 569ff. Ferner Eberhard Pausch, Überlegungen zum Gegenstand der Kirchentheorie. Ein Vorschlag zur Präzisierung im Anschluss an Reiner Preul und Gudrun Neebe, Kerygma und Dogma 47 (2001), S. 275ff.

[18] Vgl. Ernst Lange, Chancen des Alltags. Überlegungen zur Funktion des christlichen Gottesdienstes in der Gegenwart, Stuttgart/Gelnhausen 1965, S. 35f.

die Welt. Wo zwei oder drei in Christi Namen versammelt sind, da ist Christus mitten unter ihnen. Auch die biblische Metapher der Kirche/ Gemeinde als Leib Christi und der Glaube an die Kirche als communio sanctorum (Apostolisches Glaubensbekenntnis) kommt hierbei in den Blick. Zu beachten ist, dass christliche Gemeinde nie identisch ist mit der Institution. Alle Institutionalisierungen von Kirche (Tradition, Recht, Amt, Lehre) haben ihre Berechtigung nur insoweit, als sie diesem geistlichen Geschehen dienen und Raum schaffen für geistliches Geschehen, das nicht verfügbar ist, sondern ein Wirken des Heiligen Geistes darstellt. Luther hat an dieser Stelle zwischen sichtbarer und verborgener Kirche unterschieden[19]. Er verwendet dafür ein plastisches Bild, in dem er das Wesen der Kirche und ihre äußere Struktur zueinander wie Seele und Leib in Beziehung setzt[20]. Nach dieser Verhältnisbestimmung ist die verborgene Kirche das innere Lebensprinzip, die sichtbare Kirche dagegen die äußere, leibhafte Gestalt, wobei Eines nicht ohne das Andere sein kann.

Nimmt man den Communio-Gedanken noch einmal auf, im Hinblick auf kirchenleitende strategische Maßnahmen, so darf das Kirchen- und Gemeindeverständnis nicht funktional auf die Handlungs- und Sozialisationsdimension verkürzt werden. Der Auftrag der Kirche darf auch nicht allein als Zeugnis-, Kommunikations- und Interpretationsgemeinschaft in den Blick genommen werden, sondern es muss der »Lebensgrund und das letzte Ziel der Kirche mitreflektiert werden und dafür Sorge getragen werden, dass die Kirche daraus Kraft entfalten kann, um ihren Auftrag wahrzunehmen und zu erfüllen.«[21]

2. Zur Gemeinde als Institution

Neutestamentlich vorgegeben und darum nicht wieder revidierbar ist ein grundsätzliches Ja zur Institutionalisierung von Gemeinde. Dies

---

[19] WA 18, 652, 23; Härle, Dogmatik 2. A., S. 573.
[20] WA 6, 296f.
[21] Landesbischof Ulrich Fischer (Frühjahrstagung der Landessynode der Evangelischen Landeskirche in Baden, Bad Herrenalb, 22. April 2004): »Von Grund, Auftrag und Ziel der Kirche, Visitationen als Instrument der Kirchenleitung«, S. 5.

beinhaltet die Schaffung einer irdischen Gesamtkirche. Es beinhaltet ferner die Traditions- und Rechtsbildung des Gottesdienstes mit Wort und Sakrament, Amt usw. Es bedeutet auch, wenn eine Ausrichtung der Gemeinde als geistliches Geschehen vorliegt, eine bestimmte inhaltliche Fassung von Gemeinde als Institution. Diese Kriterien haben in den evangelischen Bekenntnissen ihren für evangelische Gemeinden maßgeblichen Ausdruck gefunden: Es handelt sich hierbei um die Einsicht, dass aus der geistlichen Dimension der Gemeinde ein bestimmter kommunikativer Charakter der Gemeinde zwingend folgt (z. B. das Gegenüber von Amt und allgemeinem Priestertum im lutherischen Bereich, die gemeinsame Leitung und Verantwortung zwischen Pfarrer und Kirchenvorstand in Artikel 7 Kirchenordnung EKHN, Gottesdienst als Versammlung vor Ort, Gemeinde als Raum zur individuellen Eröffnung des Glaubens, Förderung des Glaubens und Begleitung im Glauben, Gemeinde als Leben in der Welt). Ferner gehört dazu die Aufgabenstellung, organisatorische Regelungen der gemeinsamen Teilhabe an Kirche zu entwickeln, ohne dass die jeweils gefundene Teilhabestruktur selbst Bekenntnisgegenstand wird.

3. Zur Gemeinde als Organisationsform

Gemeinde muss eine Organisationsform wählen, die dem grundsätzlichen Ja zur geistlichen Teilhabe entspricht und dies mit den jeweils besten Mitteln der aktuellen Gesellschaft durchführt. Folgende Punkte sind dabei zu bedenken:

3.1 Lokale Gemeinde braucht übergemeindliche Leitung für bekenntnisgemäße und effektive organisatorische Abläufe, ohne dass die geistliche Selbststeuerung und die Partizipation der lokalen Gemeinde an der Gesamtleitung beeinträchtigt werden darf.

3.2 Gemeinde braucht eine eigenständige Leitungs- und Vertretungsstruktur.

3.3 Jede Gemeinde hat das Recht, an der Gesamtkirchenleitung teilzunehmen.

Mit diesen drei rechtlichen Kriterien wird deutlich, dass die sichtbare Kirche auch einer Rechtsordnung durch Kirchenrecht bedarf. Durch diese regelt sie die Rechte und Pflichten ihrer Mitglieder (einschließlich der Amtsträger) für die Fälle, in denen Konflikte entstehen können. Das Kirchenrecht ist insoweit die unübersehbare Erinnerung daran, dass das »simul« auch für die Kirche gilt. Kirchenrecht darf nicht die Gewissen der Menschen regieren oder bestimmen wollen. Das ist seine Grenze[22]. Im Hinblick auf den Vorrang des geistlichen Geschehens in der Gemeinde hat das Kirchenrecht damit grundsätzlich dienende Funktion gegenüber der Theologie.

Neben der im Recht üblichen konditionalen (wenn-dann), finalen und prozedualen Programmierung plädieren wir dafür, das Kirchenrecht in diesem Zusammenhang auch als ermöglichendes Recht zu sehen. Dies bedeutet den Bezug des Kirchenrechts auf Schrift und Bekenntnis dahin zu erweitern, dass im Rahmen ihres Auftrages die sozialgestaltende Funktion des Rechts in den Blick genommen wird. Unter Bezugnahme auf Albert Stein[23] hat das Kirchenrecht nicht nur die Funktion, Handlungsanweisungen in Form von Auftragszuschreibungen und Konfliktregelungsmodellen zu geben, sondern auch Freiräume und Ermöglichungen zu gewährleisten. Dazu gehören z. B. neue Formen der Leitung und der Struktur der Gemeinden (s. u. Netzwerkgemeinde) zu finden oder auch Verantwortlichkeiten in partizipatorischer Hinsicht deutlicher zu strukturieren. Auch Wahlen auf Zeit für Leitungsorgane (einschließlich des Pfarrers) sowie ggf. Abwahlmöglichkeiten gehören in diesen Zusammenhang. Ermöglichung ist in diesem Sinne ein Brückenbegriff, der nicht primär für Stabilität, Sicherheit und Ordnung steht, sondern vielmehr unterschiedliche Gestaltungs- und Handlungsmöglichkeiten auf allen Ebenen der Kirche eröffnen kann. Dieser bisher wenig gebräuchliche Ansatz geht davon aus, Selbstorganisation und Kooperation miteinander zu verbinden, um den Menschen nahe zu sein.

---

[22] Vgl. Härle, Dogmatik, 2. Auflage, S. 582.
[23] Evangelisches Kirchenrecht. Ein Lernbuch, 3. Auflage 1992, S. 17f.

4. Ein kirchliches Sozialgebilde kann dann als Gemeinde[24] bezeichnet werden, wenn es

a) *folgende vier maßgebliche Kriterien für Gemeinde als geistlich-kommunikatives Geschehen erfüllt, nämlich:*

4.1 sich auf Christus als Grund der Gemeinde bezieht,

4.2 sich als zugehörig zur einen heiligen christlichen Kirche versteht,

4.3 durch Christus vor Gott unterschiedslos miteinander vergemeinschaftet,

4.4. sich in die Welt gesendet weiß

und

b) *folgende fünf Kriterien für evangelische Gemeinde als Institution erfüllt, nämlich:*

4.5 regelmäßig Gottesdienst mit Wort und Sakrament feiert,

4.6 weitere Aspekte des kirchlichen Auftrags (Bildungshandeln, Hilfehandeln, Gerechtigkeitshandeln) in der Welt exemplarisch erfüllt,

4.7 durch Amt und allgemeines Priestertum geleitet wird,

4.8 Raum zum Glauben eröffnet, Glauben fördert und im Glauben begleitet,

4.9 eine angemessene Teilhabestruktur entwickelt.

und schließlich

c) *folgende drei Kriterien für evangelische Gemeinde als Organisation erfüllt, nämlich:*

4.10 eine eigenständige Leitungs- und Vertretungsstruktur besitzt,

4.11 an der gegenseitigen Leitungsstruktur von regionaler Kirche beteiligt ist,

4.12 ein ökumenisches Miteinander gewährleistet.

---

[24] Die nachfolgenden zwölf Kriterien sind überwiegend von Professor Dr. Eberhard Hauschildt und Privatdozentin Dr. Uta Pohl-Patalong übernommen worden (s. Fußnote 18).

IV Gemeindeformen

1. Herkömmliche Gemeindeformen

Das im evangelischen Bereich noch vorherrschende Territorialprinzip kann nicht mehr allein für die Zukunft ausschlaggebend sein. Dieses Prinzip spiegelte die theologische Überzeugung und Hoffnung wieder, dass die christliche Botschaft die Bevölkerung eines Gebietsausschnittes über alle sozialräumliche Differenzierung hinweg zu einer Gemeinschaft vereinen kann. Seit den 60er Jahren gerät dieses Konzept immer stärker unter Druck: Die soziale Differenzierung verstärkt sich in einem kleinräumigen Nebeneinander, während die Bindungs- und Integrationskraft der Kirchen schwindet.[25]

Es entstand ein Planungsleitbild, wonach die Arbeitsformen der lokalen und dezentralen Ortsgemeinden auf einer übergeordneten Raumebene kirchlicher Regionen durch spezialisierte und zentralisierte Angebote z. B. für Altenheimseelsorge, Erwachsenenbildung usw. ergänzt bzw. ersetzt werden sollten. Mit diesem Übergang von einem territorialen zu einem funktionalen bzw. personalen Strukturprinzip wurde die gesellschaftliche Differenzierung als Konsequenz der Moderne auch binnenkirchlich vollzogen.

a) Ortsgemeinde

Die Ortsgemeinde, die zum größten Teil territorial organisiert ist, ist nach wie vor in den deutschen Landeskirchen die Grundform des evangelischen Kircheseins. Darauf weisen die Thesen der ehemaligen Arnoldshainer Konferenz (heute UEK) hin. Sie gehen davon aus, dass für viele Gemeindeglieder das Modell der Ortsgemeinde nach wie vor das Angemessenste sei und nicht durch andere Gemeindeformen ersetzt werden könne. Diese normative Behauptung, die empirisch nicht belegt wird, übersieht, dass viele Gemeinden, unter einer Milieu-Verengung »leiden«, d.h., dass sie nur einen geringen Teil der Mitgliedschaft erreichen. Auch eine Änderung des Kirchensteuersystems könnte rela-

---

[25] Vgl. Möller, Lehre vom Gemeindeaufbau. Band 2, Göttingen 1990, S. 137f.

tiv schnell zu veränderten Grundstrukturen führen, da das parochiale Grundsystem relativ teuer ist.[26]

b) Anstaltskirchengemeinde

Hierunter fällt der typische Fall der großen diakonischen Einrichtung, die sich neben der Ortsgemeinde verselbstständigt hat. Die Anstaltskirchengemeinde ist eine Körperschaft des öffentlichen Rechts. Sie hat die gleichen Rechte und Pflichten wie eine Kirchengemeinde, soweit sich nicht aus ihrem Charakter Besonderheiten ergeben.

Mitglieder sind alle Evangelischen, die in der diakonischen Einrichtung ihren Lebensmittelpunkt haben. Ferner können Evangelische durch entsprechende Willenserklärung Mitglied der Anstaltskirchengemeinde werden.

Die Anstaltskirchengemeinden sind den üblichen kirchenrechtlichen Vorschriften der Landeskirchen unterworfen (z. B. im Hinblick auf Finanzverfassung, Zuordnung zum Kirchenkreis), soweit nicht eine Satzung etwas Besonderes bestimmt.

c) Personalgemeinden

Diese können durch kirchenleitenden Akt konstituiert werden, wenn ein bestimmter Personenkreis, ein bestimmter Auftrag oder besondere örtliche Formen die Errichtung auf Dauer rechtfertigen und die Zahl der Gemeindeglieder ein eigenständiges Gemeindeleben erwarten lassen.

Die Personalgemeinden sind Körperschaften des öffentlichen Rechts. Sie haben grundsätzlich die gleichen Rechte und Pflichten wie Ortsgemeinden.

Mitglieder einer Personalgemeinde sind diejenigen Evangelischen, die auf ihren Antrag hin in diese aufgenommen wurden. Eine gleichzeitige Mitgliedschaft in einer Personal- und Ortsgemeinde ist nicht möglich.

---

[26] Vgl. zu den herkömmlichen Gemeindeformen: Thesen der Arnoldshainer Konferenz für ein Muster »Kirchengesetz über besondere Gemeindeformen«, vom 5. April 2001, Amtsblatt der EKD, S. 255ff.

Die Personalgemeinden sind den üblichen kirchenrechtlichen Vorschriften unterworfen, soweit nicht eine Gemeindeordnung etwas anderes bestimmt.

d) Personale Seelsorgebereiche

Unterhalb der Rechtsform einer Ortsgemeinde können innerhalb von Gemeinden oder Kirchenkreisen/Dekanaten personale Seelsorgebereiche zu kirchlichen Betreuungen bestimmter Personenkreise (z. B. Gehörlose, Studierende, charismatische Gruppierungen) gebildet werden.

Personale Seelsorgebereiche sind rechtlich unselbstständig und werden durch Beschluss der Kirchenleitung, nach Anhörung des Kirchenvorstandes/ Gemeindekirchenrates oder des Kreiskirchenrates/ Dekanatssynodalvorstandes eingerichtet.

Die Angehörigen eines personalen Seelsorgebereiches bleiben Mitglieder ihrer Ortsgemeinde. Allerdings besteht die Möglichkeit, dass auch Mitglieder personaler Seelsorgebereiche benachbarten Gemeinden angehören.

2. Alternative Gemeindeformen: »Über die Ortsgemeinde hinaus denken ...«

Alternative Gemeindeformen sind nicht nur Fragen für Gemeinschaftsbewegungen oder freikirchliche Organisationen, sondern es handelt sich dabei um eine prinzipielle Modernisierungsfrage angesichts der Probleme des Parochialsystems in einer individualisierten, pluralisierten und hochmobilen Gesellschaft. Im Kern geht es dabei um die Frage, ob eine wie auch immer näher festzulegende Flexibilisierung der Gemeindeformen nicht mehr Bindungskräfte für die Kirche und mehr missionarische Kraft freisetzen könnte.

Die Arnoldshainer Konferenz[27] hat diesen Gedanken gleichsam in klassischer Form wie folgt formuliert: »Wenn die Evangelische Kirche die verschiedenen Gruppen von Gemeindegliedern, für die das Modell der Ortsgemeinde nicht als passend erscheint, nicht verlieren will, muss sie

---

[27] Thesen für ein Muster »Kirchengesetz über besondere Gemeindeformen« vom 5. April 2001, Amtsblatt der EKD, S. 255.

– besonders in städtischen Ballungsgebieten – alternative Gemeindeformen anbieten und dafür rechtliche Regelungen schaffen, die in der Struktur flexibler sind.

Leider enthält das Papier hierzu keine innovativen Hinweise. Diese Aufgabe ist von der neugeschaffenen UEK fortzuführen. Bereits 1998 hat Martin Hein[28] darauf hingewiesen, dass »das Parochialprinzip im städtischen Bereich überholt« sei. Er hat aber auch deutlich gemacht, dass ein solcher »Gemeindeabbau« nicht auf »Gemeinderückbau«, im Hinblick auf die Anzahl der Parochien, reduziert werden dürfe, weil dadurch im Grunde genommen nichts verändert würde, sondern das parochiale Denken weiter vorherrschend sei.

Im Unterschied zur katholischen Kirche wird im evangelischen Bereich über alternative Gemeindeformen, insbesondere im Großstadtbereich, bisher leider nur vereinzelt, z. B. in Netzwerken nachgedacht. Ernsthafte und flächendeckende Modelle sowie fundierte Umsetzungen liegen hierzu im landeskirchlichen Bereich, soweit ersichtlich, nicht vor.

Als Beispiel aus dem katholischen Bereich sei hier auf das neue Pastoralkonzept in Wiesbaden hingewiesen, das inhaltliche Schwerpunkte setzt, statt acht Mal die gleichen Angebote in Wiesbaden zu machen. Dort wird dafür plädiert, sich von den reinen Ortsgemeinden abzuwenden. Damit verbunden ist auch ein stärkeres Sichzuwenden an bestimmte Zielgruppen. Der Wiesbadener Dekan des Katholischen Dekanats Ernst-Ewald Roth hat diese »Erneuerungsbotschaft« wie folgt formuliert: »Wir wollen nicht nur kürzen, sondern uns auch inhaltlich erneuern. Wir konzentrieren die pfarramtliche Verwaltung, setzen pastorale Schwerpunkte und wollen uns damit attraktiver machen für die Menschen – denn das muss unser Ziel sein«.[29] Diese ergänzende Vielfalt, die Michael Ebertz[30] bereits seit langem fordert, wird u.a. Gegenstand eines zweiten Sammelbandes des Netzwerkes »Gemeinde und funktionale Dienste« zur Kirchenreform sein.

---

[28] Thesen zu einer ›Theologie des Gemeindeabbaus‹ in der Großstadt, PTh 1998 S. 191,194.
[29] »Glaube und Leben«, Kirchenzeitung für das Bistum Mainz, Nr. 12, 27. März 2005, S. 13.
[30] Aufbruch in der Kirche, 2003.

a) Kirchliche Orte

In der historisch gewachsenen Gestalt der Kirche in Deutschland stehen parochiale und nichtparochiale Strukturen grundsätzlich gleichberechtigt nebeneinander. Sie bedürfen jedoch der Konkretion und Aktualisierung an einem »kirchlichen Ort« in gottesdienstlichem und diakonischem Handeln. Hilfreich erscheint in diesem Zusammenhang der von Uta Pohl-Patalong gebrauchte Begriff der »kirchlichen Orte«, der sowohl parochiale Einheiten als auch andere Stätten, an denen eine kirchliche Arbeit im weitesten Sinne stattfindet, wie Tagungshäuser oder Krankenhäuser, zusammenführt[31]. In diesem Begriff sollen die Chancen parochialer und nichtparochialer Arbeit gleichberechtigt erfasst werden. Der Begriff des »kirchlichen Ortes« erscheint als angemessene Beschreibung für das geistliche Geschehen in der Gemeinde. Wünschenswert wäre, dass dieser Begriff zum Teil noch genauer profiliert wird, vor allem im Sinne einer Raumhermeneutik hinsichtlich der gesellschaftlichen Bedeutung von religiösen Räumen.[32]

Es erscheint daher sinnvoll zu überlegen, welche kirchlichen Orte im Sinne ihrer gesellschaftlichen Bedeutung und Zuschreibung es in einem Dekanat gibt und wie die kirchliche Arbeit an solchen Orten stärker konzentriert werden kann. Zu denken wäre dabei daran, ob die Aufgaben der sogenannten funktionalen Dienste konkret mit einem Kirchengebäude verbunden werden könnten. Die Stadtkirchenarbeit ist hierfür ein Beispiel. Nach Pohl-Patalong ist entscheidend, dass an jedem Orte sowohl ein so genanntes vereinskirchliches Leben stattfindet, als auch bestimmte andere inhaltlich qualifizierte Arbeit. Beide stehen als unterschiedliche Sozialformen christlichen Lebens gleichberechtigt nebeneinander. Unter vereinskirchlichem Leben ist üblicherweise die mit der Kerngemeinde identifizierte Arbeit zu verstehen.

---

[31] Vgl. Uta Pohl-Patalong, Von der Ortskirche zu kirchlichen Orten. Ein Zukunftsmodell, Göttingen, 2004.
[32] Vgl. Ludwig, Parochie oder Profilstelle – Eine falsche Alternative. Kirchentheoretische Einsichten zur Dekanatsstrukturreform in der EKHN. Ein Zwischenruf, Hessisches Pfarrblatt 2003, S. 153,158.

Der inhaltlich qualifizierte Bereich an jedem »kirchlichen Ort« erfüllt klar definierte andere Arbeitsbereiche. Zum einen bestimmte funktionale Dienste (wie Bildung, besondere Seelsorge oder Beratung usw.), zum anderen sollen bestimmte Zielgruppen erreicht werden. Zu beachten ist jedoch, dass nicht an jedem »kirchlichen Ort« alle funktionalen Dienste und zielgruppenspezifischen Aufgaben angeboten werden. Somit löst sich die Kirche vor Ort nicht auf, sondern die einzelnen Ortskirchen stehen in Offenheit zu anderen und bilden eine universale Gemeinschaft wiederum kommunizierender Ortskirchen und Dienste.[33]

Nimmt man das Dekanat – als Region oder neuen Raum kirchlichen Handelns – in den Blick, kann das Dekanat als Netzwerk gleichberechtigter kirchlicher Orte unterschiedlicher Ausprägung verstanden werden, deren Zusammenhang sichtbarer Darstellungsformen (wie Gottesdienste, Fürbitten, öffentliche Auftritte und Projekte) bedarf. Der Vorteil der alternativen Gemeindeform des »kirchlichen Ortes« ist darin zu sehen, dass diese (wie die Knoten in einem Netz) die Punkte bilden, an denen Kirche als Versammlung der Gläubigen aktual, aber auch sichtbar und lokal zur Darstellung kommt und somit auch zur Erkennbarkeit und Profilierung von Kirche in einer ausdifferenzierten Gesellschaft beiträgt.[34]

b) Netzwerkgemeinde

Der Gedanke des Netzes und der Vernetzung wird insbesondere deutlich, wenn die kirchliche und religiöse Situation in den Großstädten in Deutschland in den Blick genommen wird. In England beispielsweise gibt es bereits große Church-Planting-Gemeinden, die nicht territorial gebunden sind.

Vernetzung ist nicht nur zwischen Ortsgemeinden und funktionalen Diensten, sondern auch zwischen den Ortsgemeinden selber notwendig. Nicht alle Kirchengemeinden sollen mehr alles machen! Gemeinden können

---

[33] Vgl. Friedrich Weber, Kirche im Wandel. Theologische Grundbestimmungen, Leitvorstellungen und Aufgaben für die Evangelisch-lutherische Landeskirche in Braunschweig, S. 9.
[34] Vgl. Ludwig, Parochie oder Profilstelle – Eine falsche Alternative. Kirchentheoretische Einsichten zur Dekanatsstrukturreform in der EKHN. Ein Zwischenruf, Hessisches Pfarrblatt 2003, S. 153,160.

vielmehr auch stellvertretend etwas für andere tun. Schwerpunktbildungen, insbesondere im Großstadtbereich, sind dringend erforderlich. Im ländlichen Bereich ist häufig zu beobachten, dass ländliche Gemeinden sich in Kooperations- oder Regionalisierungsvorhaben schwer tun, weil sie das Gefühl haben, mit der kirchlichen Autonomie noch den letzten Rest traditioneller dörflicher Eigenständigkeit preiszugeben.[35]

Die praxisnahe und weiterführende Ekklesiologie, die im Epheserbrief (4,15f) formuliert ist, gilt nicht nur für das Miteinander der Glieder in der Gemeinde, sie gilt genauso für das Miteinander der Gemeinden untereinander und für das Miteinander von Ortsgemeinden und funktionalen Diensten: »Lasst uns aber wahrhaftig sein in der Liebe und wachsen in allen Stücken zu dem hin, der das Haupt ist, Christus, von dem aus der ganze Leib zusammengefügt ist und ein Glied am anderen hängt, durch alle Gelenke, wodurch jedes Glied das andere unterstützt nach dem Maß seiner Kraft und macht, dass der Leib wächst und sich selbst aufbaut in der Liebe.«[36]

Ein in Aussicht genommenes Modell ist in diesem Zusammenhang eine evangelische integrierte Netzwerk-Gemeinde in der Frankfurter Innenstadt. Diese evangelische Gemeinde folgt den Kernzielen Pluralitätsfähigkeit und Profil. Dieses Netzwerk ist auf die einzelnen Menschen, ebenso wie auf die gesellschaftlichen Strukturen, auf die politischen Machtverhältnisse, wie auf die kulturellen Bewegungen und Wirklichkeiten der Innenstadt Frankfurts bezogen. An einem oder mehreren zentralen Orten sollten ein evangelisches Gottesdienstangebot bereitgestellt werden, das das flächendeckende Kasualangebot sichert. Kirchliche Orte sollten als Treffpunkt vereinsförmiger Aktivitäten zur Verfügung

---

[35] Vgl. Kai Hansen, Evangelische Kirchen in ländlichen Räumen, S. 438.
[36] Vgl. zu dem Vernetzungsgedanken Karl-Heinrich Lütcke, Ekklesia. »Zwischen Ortsgemeinde und Gesamtkirche«. Theologische Implikationen in den gegenwärtigen Strukturfragen der Kirche, in: Freiheit verantworten, Festschrift für Wolfgang Huber zum 60.Geburtstag, S. 138f; für den katholischen Bereich die Idee der »Kirche als soziales Netzwerk«, vgl. Michael Hochschild, Verkündigung in und mit Hilfe von Netzwerken. Soziologische Zukunftsinvestitionen, in: M. Entrich/ J. Wanke (Hrsg.), In fremder Welt zu Hause. Anstöße für eine neue Pastoral, Stuttgart 2001, S. 83ff.

stehen. Dieses Netzwerk wäre keine herkömmliche Ortsgemeinde mehr, sondern eine integrierte kirchliche Körperschaft von Orten, Gruppen und Zentren, die gleichsam Knotenpunkte dieses Netzwerk darstellen. Es bleibt zu hoffen, dass dieses in Aussicht genommene Modell diskurs- und umsetzungsfähig wird.

c) Missionarische Gemeindeprojekte

Nicht zu vergessen ist in diesem Zusammenhang, auf die zahlreichen missionarischen Gemeinden, die es in jeder Landeskirche gibt, hinzuweisen. Insbesondere die verdienstvolle Initiative der Arbeitsgemeinschaft Missionarischer Dienste, im Hinblick auf die Förderung von Church-Planting-Projekten,[37] ist ein Aufbruch, dem nachhaltige Wirkung zu wünschen ist.

d) Abschließend möchte ich dafür plädieren, wie wichtig die Verbindung von Theologie, Rechtswissenschaften und auch Soziologie ist, und dass eine einseitige Sichtweise (z. B. aus rechtlich-pragmatischer Sicht) nicht weiterführend ist. Bezieht man den Beobachter in die Beobachtung mit ein, kommt man zwangsläufig dazu, nach Mustern, die die unterschiedlichen Modelle verbinden, zu suchen[38]. Es geht hierbei um eine Verständigung über Disziplingrenzen hinweg, die in der Lage ist, auch Brückenbegriffe zu bilden. Neue Gemeindeformen sind dadurch gekennzeichnet, dass sie Selbstorganisation und Kooperation in der Gemeinde und zwischen Gemeinden, zwischen dem Dekanat und den Gemeinden und der Gesamtkirche fördern.

Zum anderen sollte Selbstorganisation und Kooperation in der Kirche zusammen gesehen werden. Hierarchische oder auch synodale Vorgaben allein reichen nicht aus, um wirklich tragfähige Kooperationsmuster zu entwickeln. Auch sollte man nicht versuchen, die beiden Pole der Selbstorganisation und der Kooperation voneinander zu trennen, sondern sie

---

[37] Vgl. den Beitrag von Volker Roschke in diesem Band.
[38] Vgl. Bernhard von Mutius, Die andere Intelligenz oder: Muster, die verbinden. Eine Skizze, in: Die andere Intelligenz, wie wir morgen denken werden. Ein Almanach neuer Denkansätze aus Wissenschaft, Gesellschaft und Kultur, Stuttgart 2004, S. 12f.

vielmehr miteinander verbinden. Wer Kooperationsstrategien entwirft, ohne die Formen und Energien der Selbstorganisation – die Kräfte der »Selbsttätigkeit« wie Goethe sie einmal nannte – sorgfältig zu berücksichtigen, dem werden diese bei komplexen Verhältnissen, wie sie in der Kirche existieren, einen Streich spielen. Umgekehrt wird derjenige, der nur auf Selbstorganisation setzt, ohne den Gedanken der Kooperation auf allen Ebenen zu fördern, ein Auseinandertriften der sich selbst organisierenden Kräfte nicht verhindern können.

V Ausblick: »Durch den Horizont schauen«

Wenn in Deutschland im gesellschaftlichen und kirchlichen Bereich manchmal die Meinung vorherrscht (und die Demoskopen weisen in Umfragen darauf hin), dass die Gesellschaft vor einer Wand stehe, sollte man an Folgendes denken: Es gab einen Bibelübersetzer, der die Aufgabe hatte, einen afrikanischen Dialekt zu übersetzen. Es fand sich aber in dieser afrikanischen Sprache kein Wort für »hoffen«. Der Übersetzer hat lange gebraucht, er nannte es schließlich: »Durch den Horizont schauen«.[39]

Dieses »Durch den Horizont schauen« hat Ernst Lange bereits vor über 35 Jahren wie folgt formuliert: »Man darf den sogenannten Realisten nicht die ganze Menschenwelt überlassen. Wir haben die Wahl eine andere Möglichkeit zu leben. Man sieht es ja an Künstlern und Forschern, Gründern, Erfindern und Heiligen. Sie lassen sich nicht von ihren schlechten Erfahrungen leiten, sondern von ihren guten Erwartungen. Für sie ist die Welt voller Verheißung, jedenfalls voller erfreulicher Chancen.«[40]

---

[39] Diese Metapher allein reicht selbstverständlich für eine prozesshafte Gemeindeentwicklung nicht aus. Zu Recht weist Herbert Lindner, Kirche am Ort – ein Entwicklungsprogramm für Ortsgemeinden, 2. Auflage Stuttgart 2000, S.49f, deshalb darauf hin, dass vier Ebenen der Zukunftsorientierung die Vision mit dem Heute verknüpfen (neben dem großen Horizont die erreichbare Zukunft im Zeitraum von zehn Jahren, die Orientierung an den nächsten drei Jahren als entscheidende Zwischenebene und die Gegenwart).

[40] Bibelarbeit am 19. Juli 1969 zu Matthäus 6,24 bis 34, Dokumente des Evangelischen Kirchentag 1969, S. 96,101.

Klaus Neumeier

Entwicklung und Aufbau der Evangelischen Christuskirchengemeinde in Bad Vilbel

Von Einzelprojekten zur gezielten Veränderung der gesamten Gemeindearbeit

Die folgenden Seiten beschreiben eine volkskirchliche Gemeinde in der Zeit ab 1991, als der Verfasser eine der damals drei Gemeindepfarrstellen übernahm und gemeinsam mit Mitarbeiterinnen und Mitarbeitern den Aufbau der Gemeinde neu begann. Ziel der Darstellung ist nicht die Würdigung eigener Arbeit, sondern die Darlegung hiesiger Situationen und Entscheidungen, die naturgemäß nie kopiert werden, wohl aber eine Reflexionshilfe für die jeweils eigene Gemeindeveränderung sein können, denn Gott fordert uns nicht heraus, Kirchenstrukturen zu erhalten, sondern die Botschaft seiner versöhnenden Liebe zeitgemäß und relevant zu verkünden und miteinander zu leben! Eines unserer primären Evaluationsergebnisse ist die Erkenntnis, dass der nachhaltige Aufbau volkskirchlicher Gemeinden nicht mit einem Einzelprojekt gelingen wird. Dem entsprechend soll auch in dieser Abhandlung die Verzahnung verschiedener Ansätze und Ziele dargestellt werden.

Bad Vilbel ist eine prosperierende Kleinstadt nordöstlich von Frankfurt. Der größte Teil der etwa 30.000 Einwohner arbeitet im nur zwölf Kilometer entfernten Frankfurt, sehr viele im Finanz-, Versicherungs- und EDV-Bereich. Besonders im Zuge der Familiengründung sind in den vergangenen Jahrzehnten viele Menschen des so genannten Bildungsbürgertums nach Bad Vilbel gezogen. Gleichzeitig bedingt die Nähe zu Frankfurt, dass Bad Vilbel selbst ein Teil des Rhein-Main-Gebietes ist und vor allem von zuziehenden Singles und kinderlosen Ehepaaren überwiegend als Schlafstadt verstanden wird. Auch die hohe Fluktuation in der Bevölkerung ist durch die Lage bestimmt.

Die Ev. Christuskirchengemeinde umfasst die gesamte Kernstadt des alten Vilbel. Die zum Teil noch dörflicher strukturierten eingemeindeten Stadtteile haben eigene Kirchen und Gemeinden. Zur Christuskirchengemeinde gehören heute 5000 Mitglieder, das sind knapp 40% der Wohnbevölkerung (jeweils etwa 30% sind katholisch bzw. nicht volkskirchlich gebunden). Der Verlust von etwa 1 000 Mitgliedern in den vergangenen zwei Jahrzehnten begründet sich mit großzügigeren Wohnverhältnissen und mit Kirchenaustritten, die im Jahresdurchschnitt etwa 1% betragen haben – mit abnehmender Tendenz. Die Altersstruktur der Gemeinde zeigt eine zunehmende Überalterung, die aber durch Verjüngung in manchen Wohnbereichen ergänzt wird. Dies zeigt sich beispielsweise in der Stärke der Konfirmandenjahrgänge, die (nur) bei etwa 40-45 Jugendlichen liegt; dies ist weniger als 1% der Gemeindemitglieder.

Ein traditioneller Schwerpunkt der Gemeindearbeit liegt auf der Diakonie. In den Jahrzehnten nach dem Kirchenneubau mitten in der Stadt mit Gemeindezentrum, Kindergarten und Schwesternhaus wurden vor allem der Krankenpflegeverein und der Kindergarten öffentlich wahrgenommen. Bis zum Beginn der 90er Jahre im 20. Jh. gingen Gottesdienstbesuch und Gemeindeleben kontinuierlich zurück, auch bedingt durch heftige Streitigkeiten zwischen einem der drei Gemeindepfarrer und dem Kirchenvorstand sowie der Mitarbeiterschaft.

I: 1991 - ca. 1995 Weichenstellungen

In diese Situation kam der Verfasser als Pfarrvikar (Pfarrer zur Anstellung in den ersten Amtsjahren) in die Gemeinde und erlebte eine große Offenheit für neue Wege und Aufbruch. Erleichtert wurde dies durch die Beendigung der Streitigkeiten mit dem Weggang des Pfarrkollegen.

Zunächst ohne eine konkrete Zielformulierung für einen Gemeindeaufbau und ohne umfassende Reflexion haben wir (zu dieser pluralen Formulierung siehe unten) in der ersten Zeit in der Christuskirchengemeinde gehandelt – der »rote Faden« von Weichenstellungen für eine kontinuierliche

Entwicklung wird erst im Rückblick auf diese Jahre erkennbar. Folgende Stichworte sind zu nennen:

1. Konzentration auf die Beziehungsebene:
Authentische Beziehungen sind die Voraussetzung aller Gemeindeaufbauarbeit
Angefangen von den Besuchen der Kirchenvorstandsmitglieder über ehrenamtliche Mitarbeiter/innen und die Senioren der Gemeinde bis hin zu Konfirmandeneltern und Kasualkontakten habe ich in den ersten Vilbeler Amtsjahren eine Vielzahl von Menschen besucht. Es war mir wichtig, zu möglichst vielen eine kontinuierliche persönliche Beziehung aufzubauen. Zum einen entspricht dies meinem Verständnis gemeinsamen Lebens in einer Gemeinde, zum anderen waren sie mir aufgrund meiner Vorerfahrungen aus der Jugendarbeit im Evangelischen Jugendwerk Hessen wichtig.

Außer Frage stand für mich von Beginn meiner Pfarrtätigkeit an die enge Verzahnung privater und dienstlicher Belange. Die Menschen sollten mich nicht nur in der pfarramtlichen Rolle kennen, sondern als Menschen. Ich konnte erfahren, dass dies nicht nur dankbar angenommen, sondern auch vielfältig erwidert wurde – ohne dass ich selbst den Eindruck hatte, dass private Freiräume dadurch gesprengt worden wären. Unzweifelhaft aber ist der hohe zeitliche Aufwand zum Aufbau und zur Pflege solcher freundschaftlicher Beziehungen.

Nicht zu trennen ist hiervon die Pflege der Atmosphäre. Hinsichtlich eines offenen, natürlichen, lebensbejahenden und humorvollen Umgangs miteinander war mir dies bereits damals wichtig. Der Blick für die einladende und Atmosphäre-stiftende Gestaltung von Räumen oder Außenbereichen fehlte mir weitgehend. Das Bewusstsein für beide Bereiche atmosphärischer Gestaltungsmöglichkeiten ist mir heute für Erstkontakte wie für die liebevolle Pflege von Beziehungen außerordentlich wichtig. Verbunden mit der in Beziehungen eingebrachten Zeit drücken die atmosphärischen Bereiche Wertschätzung und Liebe für Menschen aus.

2. Teamorientierung und ehrenamtliches Engagement:
*Vom »Die Gemeinde bin ich« zum Miteinander
ehren- und hauptamtlicher Arbeit*

Beginnend mit den ersten eigenen Projekten habe ich Mitglieder der Gemeinde um Mitarbeit gebeten. Ausschlaggebend hierfür war die sehr bewusst und wertvoll erlebte eigene Herkunft aus dem ehrenamtlichen Gemeindebereich. In dieser Zeit hatte ich verschiedentlich »pfarrherrliche« Mentalitäten erlebt – für die Ausprägung meines eigenen Rollenverständnisses als Gemeindepfarrer waren diese oft leidvollen Erfahrungen allerdings sehr hilfreich. Im Sinne eines lutherischen Priestertums aller Gläubigen verstand und verstehe ich mich als hauptamtlichen Mitarbeiter, der mit seinem Wissen und seinen Erfahrungen andere begleiten, unterstützen und fördern soll, ihnen aber nicht in einem hierarchischen Verständnis vorgeordnet ist.

Dieses Verständnis vom eigenen Amt hat sich in den vergangenen eineinhalb Jahrzehnten bestätigt. Vor allem die dargestellte Frage authentischer Beziehungen ist eng mit einem sich zurücknehmenden Pfarrverständnis verbunden. Nach wie vor ermöglicht es nicht nur Freiräume für ehrenamtliche Mitarbeit. Es schützt vor allem vor unterschiedlichen pfarrherrlichen Missverständnissen: Der Pfarrer muss nicht alle Fäden in der Hand halten. Er muss nicht alle Gottesdienste leiten und nicht immer predigen. Er muss auch nicht die primäre Ansprechperson für alle Gemeindefragen sein. Auch muss und kann er in einer wachsenden Gemeinde nicht alle Beziehungen aufbauen und pflegen. In diesem Sinne ist er auch nur im Miteinander des gewählten Vorstandes »Leiter« der Gemeinde: »Eine gute Idee – dann machen Sie mal, Herr Pfarrer...« Dieser von Pfarrkollegen immer wieder vorgetragenen Klage über im Kirchenvorstand vorhandene Rollenklischees wurde durch das ehrenamtlich ausgerichtete Teamverständnis ein wirkungsvoller Riegel vorgeschoben.

3. Image der Gemeinde und Öffentlichkeitsarbeit:

Über den Aufbau und die Pflege geeigneter Kommunikationsstrukturen »nach draußen«

Die in Bad Vilbel zum großen Teil öffentlich in der lokalen Presse ausgetragenen Streitigkeiten mit einem der Pfarrstelleninhaber haben die Gemeinde nicht nur in der gesamten Landeskirche negativ bekannt werden lassen, sondern haben vor allem das Ansehen vor Ort massiv beschädigt. Das hatte zwar zur erfreulichen Folge, dass Gemeindeversammlungen und die Kirchenvorstandswahlen im April 1991 besser als je zuvor besucht waren, aber die wenig transparente Vorgehensweise des Kirchenvorstands konnte die tatsächlichen Probleme nicht wirklich vermitteln. Gleichzeitig fehlte in dieser Zeit mehr denn je ein eigenes Organ zur Darstellung gemeindlicher Entscheidungen und ihrer Hintergründe: Die Gemeinde hatte keinen Gemeindebrief.

Das im Team gestartete erste Projekt meiner Amtszeit war die Initiierung einer Gemeindezeitungsredaktion. Mit der zweiten Ausgabe hieß sie ZACK – »Zeitung Aus der ChristusKirche«. Der Name war das Ergebnis eines Wettbewerbs in der gesamten Gemeinde. Die Ziele von ZACK waren von Beginn an stark an der volkskirchlichen Gemeinde orientiert:

- Die Erscheinungsweise viermal im Jahr stellte ein Minimum an Kontinuität und Wiedererkennbarkeit dar – später wurde dies auf einen zweimonatlichen Abstand verändert.
- Das Format DIN A3 sollte an Tageszeitungen erinnern und damit den Alltags-Lesegewohnheiten vieler Gemeindemitglieder entsprechen. Die Seitenzahl von 4 wurde bald auf 8 Seiten, später auf 12 Seiten erhöht.
- Eine aktuelle und reichhaltige Bebilderung sollte Hingucker im eigentlichen Wortsinn bieten.
- Ein sehr lesbar geschriebener lockerer Aufmacher sollte als Einstieg dienen und zum Weiterlesen ermutigen. Die Artikel selbst sollten kurz und ebenfalls leicht lesbar sein.
- Feste Rubriken sollten die Prägekraft der Gemeindezeitung erhöhen und zudem Kontinuität ermöglichen. Als »very important persons« wurden

aus dem Bereich der haupt- und ehrenamtlichen Mitarbeiterschaft engagierte Gemeindemitglieder vorgestellt.
- Inhaltlich ging es um eine einladend berichtende Darstellung von Gemeindeveranstaltungen, um informative Werbung für kommende Aktivitäten und jeweils um ein gesondertes Schwerpunktthema aus den Bereichen Theologie/Kirchenjahr, Gemeindearbeit oder ab und an gesellschaftlich relevante Themen, die dann aber gezielt aus der Sicht von Menschen aus der Gemeinde dargestellt wurden.

ZACK hat sich im Laufe der Jahre kontinuierlich weiter entwickelt. Dies gilt für das Layout, das wie der Druck selbst seit 2000 professionell und preiswert von einer Druckerei in Nordhessen ausgeführt wird. Dies gilt für die Aufnahme von Werbung zur teilweisen Refinanzierung der Kosten. Dies gilt ebenso für die redaktionelle Arbeit.

Bereits mit den ersten Ausgaben hat die zeitgemäße und einladende Form von ZACK geholfen, das katastrophale Image der Gemeinde zu verändern. Dem diente auch der gezielte persönliche Kontakt zu den vier Zeitungen mit Bad Vilbeler Lokalseiten und zu ihren hiesigen Redakteuren. Sie ernst zu nehmen und regelmäßig, gut und frühzeitig mit Material zu versorgen, ist gerade für Gemeinden in Veränderungsprozessen und mit dem damit verbundenen Kommunikationsbedürfnis von nicht hoch genug einzuschätzender Bedeutung. Hierzu gehören auch das Schreiben journalistisch aufbereiteter Berichte sowie die Bereitstellung guter pressegeeigneter Fotos.

4. Aufbau neuer Arbeitsformen:

vom nüchternen Blick in den »Gemeindegarten«
zu ersten neuen »Pflänzchen«

Natürlich gab es im Bereich der Christuskirchengemeinde auch vor 1991 eine vielfältige Gemeindearbeit, die in der Regel durch die drei Pfarrer und die Gemeindepädagogin durchgeführt wurden. Vereinzelt waren Ehrenamtliche daran beteiligt, sie hatten jedoch überwiegend Helferfunktionen. Es ist nicht meine Absicht, die damals vorhandene Arbeit zu negieren oder sie schlecht zu reden, wenn ich hier ihre Begrenzungen aufzeige und sie nicht im Einzelnen darstelle. Folgende Wahrnehmungen veranlassten in der ersten Hälfte der 90er Jahre mich und einige ehrenamtlich Mitarbeitende zu gezielten Veränderungen und neuen Arbeitsformen:

- Die beiden regelmäßigen Gottesdienste samstags nachmittags in der alten Kirche auf dem Friedhof und sonntags in der Christuskirche erreichten nur 1-2 % der Gemeinde, vorwiegend Ältere.
- Trotz des großen gemeindeeigenen Kindergartens und des wöchentlichen kleinen Kindergottesdienstes gab es nahezu keine Familien, die regelmäßig an Gemeindeaktivitäten teilnahmen.
- Die etwa 40-45 Konfirmanden mussten in ihrem zweijährigen Unterricht sehr viel (auswendig) lernen, hatten aber keine eigenen spirituellen und gemeinschaftlichen Erfahrungsräume.
- Ebenso wenig wie es eine Gemeindezeitung gab, fanden öffnende Gemeindefeste oder Gottesdienste außerhalb der Kirchen statt – einzige Ausnahme war ein (mäßig besuchter) Gottesdienst im Festzelt beim »Vilbeler Markt«.
- Die wenigen Gemeindekreise und Gruppen bestanden meist seit vielen Jahren und lebten meist mehr aus ihrer Vergangenheit.
- Eine Vielzahl von Kursen der Ev. Familienbildung füllte das Gemeindezentrum (vorwiegend mit werdenden Müttern, Müttern mit Kleinkindern sowie einige Seniorengruppen mit Ausgleichsgymnastik). Nur sehr selten aber waren Leiterinnen oder Teilnehmende in ihrem eigenen Bewusstsein Teil der Gemeinde.

Natürlich wurde dies alles nicht innerhalb weniger Wochen erkannt oder verändert. Sehr schnell aber wurde deutlich, dass nicht nur ich als junger, motivierter Pfarrer unter dieser Gemeindesituation litt. Zusammen mit anderen engagiert neue Wege gesucht zu haben und zielstrebig gegangen zu sein, erscheint mir von heute aus die wichtigste Weichenstellung dieser Jahre gewesen zu sein. Das gilt ausdrücklich auch für die Bereiche, wo Versuche abgebrochen oder verändert wurden. Weder hatten wir ein Patentrezept zur Veränderung der Gemeinde noch auch nur eine fertige Vision, aber wir begannen von einer lebendigen und geistlichen Gemeinschaft zu träumen und uns davon leiten zu lassen...

Gottesdienste: Der Gottesdienstausschuss befasste sich ausführlich mit dem Sonntagsgottesdienst. Die Beteiligung von Laien und Gemeinde wurde verstärkt: Lesungen, Begrüßung und Abkündigungen, regelmäßige Mitwirkung bei Gebet und Abendmahl; Wechselpsalm der Gemeinde. Das Abendmahl wurde neu zur Stärkung der erfahrbaren Gemeinschaft rund um den Altar und nicht nur an hohen Festen, sondern monatlich gefeiert. Ein – anfangs nur sehr zögernd – angenommenes Kirchencafé wurde hinten in der Kirche eingerichtet. Ich selbst habe jeweils ein bis zwei moderne Lieder mit der Gitarre begleitet. All das hat spürbar zur Belebung des Gottesdienstes beigetragen und ist heute selbstverständlicher Teil dieser Gottesdienste. Jährlich ein- bis zweimal wurden Gottesdienstreihen mit Gastpredigern und besonderen Themen eingeführt, um die Zielgruppe des Gottesdienstes zu vergrößern. Diese Gottesdienste aber haben unsere Erwartungen nicht erfüllt: Es kamen kaum neue Besucher/innen und einige alte fühlten sich nicht davon angesprochen. Neu begonnen wurden – natürlich im Team geleitet – Krabbelgottesdienste für Familien mit ein- bis fünfjährigen Kindern, für die im Kindergarten und bei Taufgesprächen eingeladen wurde. Die sehr kindgemäße Form und die Uhrzeit sonntags um 11.15 Uhr ließ die Besucherzahl und die jährliche Gottesdienstanzahl stetig steigen auf heute etwa 12 Gottesdienste mit jeweils ca. 50-60 Kindern plus Eltern, Großeltern und/oder Paten.

Familienangebote: Die Arbeit des Kindergartens wurde religionspädagogisch intensiviert und verstärkt an die Gemeinde angebunden. Erntedankgottesdienste u.ä. wurden nicht mehr »für Erwachsene« mit einem Auftritt von singenden Kindern gestaltet, sondern primär als kindgemäße Familiengottesdienste. Erste Gemeinde- und Familienausflüge und -wochenenden wurden durchgeführt sowie zweimal einwöchige Familienfreizeiten in den Herbstferien. Diese Angebote ermöglichten viele wichtige Kontakte und halfen wesentlich, Beziehungen zu pflegen.

In der *Konfirmandenarbeit* wurden sofort gemeinschaftsbildende Freizeiten vor und nach der Konfirmation angeboten. An die Stelle der Lehre trat weitgehend die gemeinsame Erfahrung und Erarbeitung und die Prüfungen wurden in meinen Gruppen durch selbst gestaltete Vorstellungsgottesdienste ersetzt. Die Veränderungen blieben allerdings noch begrenzt, da die gesamte Konfirmandenarbeit auf die drei Pfarrer mit ihren jeweiligen Bezirken aufgeteilt war. Gemeinsam getragen war aber bereits die Verlegung der Vorkonfirmandenzeit vom 7. auf das 6. Schuljahr und die (später zurückgenommene) Verlegung der Hauptkonfirmandenzeit vom 8. ins 9. Schuljahr sowie die engere Vernetzung mit der Jugendarbeit und ihren freiwilligen Angeboten in den Zwischenjahren. Diese Entzerrung der zweijährigen Konfirmandenzeit hat einerseits viele Rückfragen ausgelöst (»Macht die Christuskirche jetzt vier/drei Jahre Konfirmandenunterricht?«), ist aber trotzdem angenommen worden und trug nicht zuletzt Elternwünschen Rechnung, indem die »Belastung« des Konfirmandenunterrichts neben der Schule zeitlich gestreckt und so gemindert wurde. Die Verlegung der Hauptkonfirmandenzeit in das neunte Schuljahr wurde bald wieder zurückgenommen. Die gewollten positiven Effekte (Reife der Jugendlichen) wurden durch persönliche Wahrnehmungen (»wir werden ein Jahr nach unseren Klassenkameraden in Nachbargemeinden konfirmiert«) und tatsächliche Organisationsprobleme (Berufspraktika im 9. Schuljahr) negativ überlagert.

Öffnung in die Stadt hinein: Seit 1992 fanden in enger Zusammenarbeit mit Kultureinrichtungen der Stadt öffentliche Gemeindefeste auf dem zentralen Kurhausvorplatz statt – zunächst jährlich, später im Abstand von zwei Jahren. Eröffnet mit einem familiengerechten Gottesdienst, gefolgt von Jazz und anderer Musik, Essen und Trinken, vielfältigen Spielangeboten auf den Wiesen und unterschiedlichsten sportlichen oder spielerischen Highlights wurden diese Feste von Beginn an gut angenommen und zu einem Aushängeschild einer jetzt erkennbar offenen Gemeinde.

Dem hätte auch der traditionelle Gottesdienst auf dem Vilbeler Volksfest dienen können. Aber die Atmosphäre im riesigen Festzelt mit viel zu großer, hoher und entfernter Bühne ließ weder eine gottesdienstliche noch eine Volksfest-Stimmung aufkommen. Der Versuch einer ökumenischen Neubelegung scheiterte an katholischen Zeitbegrenzungen. Heute wird dieser Gottesdienst im Autoscooter gefeiert und hat dort einen Kirmes-gerechten und sehr geeigneten Platz gefunden. Ein Erntedankgottesdienst beschließt den Kreis der heute gefeierten open-air-Gottesdienste.

Im Bereich der *Gemeindekreise* wurde keine Gruppe aufgelöst und beendet. Boten sie doch trotz ihrer Begrenzungen den Besuchern Halt und Gemeinschaft. Jugendkreis, ein neuer Hauskreis und vor allem zeitbegrenzte Projekte der kirchlich geprägten Erwachsenenbildung führten zu einer ersten Belebung. Hier konnten immer wieder Menschen angesprochen werden, die bislang keinen Zugang zur Gemeinde gefunden hatten. Nicht zuletzt aus diesem Kreis konnten Menschen für die Mitarbeit in neuen Aufgabenbereichen gewonnen werden. Im Seniorenbereich konnten mehrere Tagesfahrten mit kirchlichem Programm viele Gemeindemitglieder interessieren, allerdings fehlt in diesem Bereich bis heute ein tragfähiges Konzept, das sich mit und neben den vielfältigen Anbietern im Seniorenbereich behaupten kann. Dies wurde im Frühjahr 2005 auf der Klausurtagung des Vorstands neu wahr- und aufgenommen.

Trotz vielfältiger Anläufe bis heute ungelöst ist die Randstellung der *Kursangebote der Ev. Familienbildungsstätte.* Zwar werden sie intensiv angenommen und von den vielen kirchlich distanzierten Besuchern auch als gute Angebote der Kirchengemeinde wahrgenommen, die gewollte Niedrigschwelligkeit der Kurse aber wird nicht genutzt, um als Einstiegshilfe in Kirche und Gemeinde zu dienen. In erster Linie fühlen sich die auf Honorarbasis arbeitenden Kursleiterinnen in der Regel nicht als Vertreterinnen der Christuskirchengemeinde und sind über deren Ziele und Angebote nicht einmal selbst informiert. Alle Vernetzungsversuche sind hier bislang nicht wirklich erfolgreich gewesen, so dass gegenwärtig die Zukunft der Kurse an sich besprochen wird, die im Gegensatz zu früheren Zeiten heute nicht mehr aus sozialen Gründen angeboten werden müssten.

II: Ca. 1995 - 2000 Neue Konzepte

Es zeigt sich im Rückblick, dass in der zweiten Hälfte der 90er Jahre alle bis heute relevanten Konzepte gefunden werden konnten. Die im Folgenden beschriebenen Veränderungen wären aber nicht ohne die Weichenstellungen der Vorjahre möglich gewesen:

- Der Leitgedanke einer missionarischen, mitgliederorientierten Gemeinde, die mehr will als sie gegenwärtig hat.
- Das Image einer zeitgemäßen, offenen und einladenden Kirchengemeinde.
- Das Miteinander aller haupt- und ehrenamtlich Mitarbeitenden mit vielfältigen tragfähigen Beziehungen.

Nach wie vor wurde auch in den Jahren ab 1995 ohne formulierte Visionen (sie kamen 1999) und ohne ein Leitbild (2003) gearbeitet. Die dargestellten Hauptlinien aber waren in Vorstand und Mitarbeiterschaft immer neu Thema und erkennbar auch die Grundlage für die späteren Ausformulierungen.

Ausdrücklich wichtig war den leitenden Mitarbeitenden gerade in diesen Jahren neuer Konzepte, diese nicht gegen bisherige Arbeitsformen zu stellen, sondern sie harmonisch mit diesen zu verbinden. Gerade für das »zweite Gottesdienstprogramm« *Kirche anders* wurde zunächst in Mitarbeiterschaft und Kerngemeinde intensiv um Akzeptanz geworben: Die Tatsache neuer Konzepte und Formen bedeutet nicht, bisherige als veraltet und überholt einzuschätzen, sondern ihre begrenzte Wirksamkeit zu erkennen und angemessene Konsequenzen zu ziehen. Für *Kirche anders* und den Sonntagsgottesdienst um 10 Uhr bedeutet dies: Letzterer war soziologisch nie die »Mitte der Gemeinde«, es sollen und werden von ihm keine Besucher/innen abgezogen. Mit neuen Formen sollen *neue* Besucher eingeladen werden, denen Liturgie, Orgel, Kirchenraum, Talar und Predigtsprache fremd geworden oder geblieben sind. Mit der Symbolfigur »Kuno Kirchenfern« wurde innerhalb der Mitarbeiterschaft und der Kerngemeinde der missionarische Auftrag an kirchlich wenig oder gar nicht sozialisierten Mitbürgern (Kirchenmitglieder, Ausgetretene, Ungetaufte...) verdeutlicht. Tatsächlich ist es in Bad Vilbel so gelungen, ohne Polarisierungen oder Verwerfungen unterschiedlichste zielgruppenorientierte Gottesdienste gleichwertig nebeneinander zu entwickeln und dauerhaft zu installieren.

Die im Folgenden beschriebenen neuen Konzepte sind natürlich nicht vollständig und greifen in ihrer Beschreibung auch über das Jahr 2000 hinaus, so dass der Abschnitt III sehr kurz gehalten werden kann. Daneben gibt es auch in anderen Arbeitsbereichen wichtige Weiterentwicklungen wie zum Beispiel erhebliche strukturelle und inhaltliche Veränderungen in den stark hauptamtlich dominierten Bereichen der Krankenpflege/Diakoniestation oder der Kindertagesstätte. Und auch innerhalb der dargestellten Konzepte können nur die wichtigsten Punkte erwähnt werden. Andere Bereiche warten dringend auf umfassende Weiterentwicklungen (Erwachsenen-/Seniorenarbeit, die vielfältigen und ausgeweiteten Partnerschaften, der Bereich der meditativen und kontemplativen Angebote).

1. Ehrenamtliche Mitarbeit und Leitung

Gemeindeaufbau mit Teams und Laienverantwortung

Was in den Jahren zuvor bereits in diversen Bereichen begonnen wurde, konnte mit der ersten Laienvorsitzenden im Kirchenvorstand zu einem auch nach außen sichtbaren vorläufigen Ziel geführt werden: Ehrenamtliche haben in der Christuskirchengemeinde nicht per se eine dienende Helferfunktion, sondern können und sollen ihren Gaben gemäß Leitung übernehmen. Neben dem Kirchenvorstand gilt dies für die meisten der inzwischen etwa 15 Ausschüsse und für fast alle Mitarbeiterteams. Zunehmend ist uns hier eine gabengemäße Mitarbeit wichtig: In den unterschiedlichen Arbeitsfeldern der großen Mitarbeiterschaft werden von der Betreuung der Kleiderkammer über das Technikteam oder den Vorstand der Diakoniestation bis zum Konzeptionsausschuss unterschiedlichste Begabungen gebraucht. Ein eigenes Faltblatt informiert über die Mitarbeitsmöglichkeiten und stellt die Aufgabenprofile dar. Mindestens einmal im Jahr wird das von Willow Creek (s.u.) entwickelte D.I.E.N.S.T.-Programm (»Dienen im Einklang mit Neigungen, Stärken und Talenten«) zur eigenen Persönlichkeitsreflexion angeboten – hoffentlich bald unter ansprechenderem Namen! Grundsätzlich gilt: Entstehende Lücken sollen nicht durch den/die erstbeste(n) sich anbietende(n) Mitarbeiter/in besetzt werden, sondern durch den oder die Geeignetste. Auch wenn wir immer wieder spüren, wo dies misslingt, ist der Grundsatz anerkannt und bewährt. Im Weiteren hat sich eine Richtschnur für potentielle neue Aktivitäten gebildet: Neues nur mit neuen Teams! Das bedeutet, dass nicht Einzelne Neues aufbauen sollen, dass Neues nicht einfach bei Hauptamtlichen »abgeladen« werden kann und dass nach Möglichkeit neue Aktivitäten auch durch zusätzlich gewonnene neue Mitarbeitende durchgeführt werden, um eine ausweitende Gemeindearbeit auf zusätzliche Schultern zu verteilen.

Für die bis heute etwa 280 Mitarbeiter/innen mit ihren Aktivitäten wurde im Frühjahr 2001 eine neue Gemeindestruktur geschaffen. Ihr Ziel ist, dass alle Mitarbeitenden einem Team zugeordnet sind, alle Teams einem Ausschuss. Diese wiederum berichten dem Kirchenvorstand, der so seiner geistlichen und organisatorischen Leitungsverantwortung auch in einer gewachsenen Gemeinde gerecht werden kann – und gleichzeitig die Zeit hat, auf seiner monatlichen Sitzung sich für 45 Minuten einem gemeindlichen oder theologischen Schwerpunktthema zu widmen. Diese Struktur hat sich sehr bewährt und ist seitdem kontinuierlich den sich verändernden Teams und Arbeitsfeldern angepasst worden.

Seit Ende der 90er Jahre reflektiert ein Ehrenamtsausschuss die ehrenamtliche Mitarbeit in der Gemeinde, gibt Fortbildungsangebote an die Teams weiter, hat eine eigene EDV-gestützte Mitarbeiterdatei aufgebaut und hält die Kontakte zu aus Altersgründen ausgeschiedenen ehemaligen Mitarbeiter/innen. Zwei jährliche Mitarbeitertreffen dienen im Advent dem geselligen Miteinander sowie den Ehrungen langjähriger und besonders verdienter Mitarbeiter/innen und in der Passionszeit einer inhaltlichen, geistlichen Fortbildung über die Teamgrenzen hinweg – letzteres Treffen ist leider weniger gut besucht als das im Advent!

2. Zielgruppenorientierte Gottesdienstformen

*Wir können nicht allen alles werden,
aber doch vielen die Gute Nachricht sagen!*

Was mit den Krabbelgottesdiensten begann, wurde 1996 mit *Kirche anders* fortgesetzt. Bald kam das parallele Kinderprogramm KICK dazu (»Kinder in der Christuskirche«). Mehrfach im Jahr werden im Stil der Thomasmesse »Gottesdienste mit allen Sinnen« angeboten – auch wenn sie ihre eigene verlässliche Zielgruppe bis heute noch nicht gefunden haben. Ein kleiner, aber beständiger Kreis besinnt sich seit 1999 dienstags um 19 Uhr in der Taizéandacht in einem eigens hierfür eingerichteten Bereich der Kirche. Für Familien mit älteren Kindern gibt es seit jetzt vier Jahren »Happy (h)our« sonntags um 11.15 Uhr. Für Konfirmanden und Jugendliche entstand der Heartburn-Jugendgottesdienst. Er ist inzwischen zu »Phoenix« für Jugendliche ab 15 Jahren geworden. Schließlich wurde ein eigenständiger sonntäglicher Konfirmandengottesdienst eingeführt, der um 11.15 Uhr für die drei »im System« befindlichen Konfirmandenjahrgänge eine regelmäßige Alternative zum Erwachsenengottesdienst bietet.

Was sich in der Kurzzusammenstellung verwirrend und wenig übersichtlich liest, ist im Laufe der Jahre und verteilt auf das Kirchenjahr zu einem festen Bestandteil, ja zur Basis der zielgruppenorientierten Gemeindearbeit geworden. Ihren Ursprung hat sie in den Erkenntnissen der Soziologie: Unsere Gesellschaft wird immer mehr zu einer Individualgesellschaft mit gleichzeitig immer pluraleren Erwartungshaltungen – unter anderem auch an Kirchen und Gottesdienste. Verstärkt durch den Rückzug ins Private und vor allem durch die Privatisierung des Glaubens brauchen immer mehr Menschen nach eigenem Bekunden keine Gottesdienste, selbst wenn sie nach eigener Beurteilung an Gott glauben. Die Gottesdienste ihrerseits können den immer differenzierten Erwartungshaltungen immer weniger gerecht werden. Dies alles gilt unabhängig aller geistlichen Tiefe von Predigten und Gebeten und gestalterischer Qualität in Liturgie und Musik. Die dadurch entstehende zunehmende Kirchendistanz bringt mit sich, dass immer weniger Menschen in den gottesdienstlichen Abläufen beheimatet sind. »Kuno Kirchenfern« ist zum Normalfall einer weitgehend säkularen Gesellschaft geworden.

Trotz einer wesentlich stärkeren gesellschaftlichen Bedeutung des Glaubens gilt das offensichtlich auch für immer mehr Menschen in den USA. In der Baptistengemeinde »Willow Creek Community Church« nordwestlich von Chicago hat ein Team vor rund 25 Jahren eine gottesdienstliche Form ohne alle liturgischen Traditionen im Kino- oder Konferenzraum mit Bandmusik, alltagsrelevanter Predigt entwickelt – und den großen Erfolg seit etwa 1995 auch den Kirchen in Deutschland vorgestellt; ausdrücklich nicht zur Kopie, sondern als Hilfe für eigene Wege zu den Menschen unserer Zeit. Ein leitender Mitarbeiter unserer Gemeinde hat sich davon 1995 auf dem Kirchentag in Hamburg inspirieren lassen. Das Ergebnis waren drei Auftaktveranstaltungen des neuen *Kirche anders*-Teams im Frühjahr 1996: Bistroatmosphäre im Gemeindesaal, eingekaufte Bigband-Musik, unterhaltsames Anspiel-Theater und eine visuell kreativ unterstützte Predigt, die bei »Frage und Antwort« hinterfragt werden konnte.

Eine umfassende Öffentlichkeitsarbeit mit Plakaten, Presse, ZACK und vielen Flyern erfüllte ihren Zweck: Wir konnten diese neue Form mit einem gelungenen großen Einstieg etablieren. Seitdem gibt es in jedem Winterhalbjahr sieben bis acht Veranstaltungen von *Kirche anders*, jeweils im Gemeindesaal mit in der Regel 150 bis 200 Besuchern vorwiegend zwischen 40 und 50 Jahren. Die sich herausbildende »Liturgie« eines festen Ablaufs wird durch Specials immer wieder durchbrochen. Auch das Team verändert sich kontinuierlich weiter – eine eigene Band, ein eigener Chor, Konzeptionswochenenden und diverse Teilnahmen an Kirchentagen folgten.

Kirche anders ist bis heute das Aushängeschild der zielgruppenorientierten Gemeindekonzeption. Mehr denn je betonen wir aber, dass es nur als Teil des hier im Gesamten vorgestellten Gemeindekonzepts vorstellbar ist. Dies zeigen leidvoll diverse inzwischen wieder eingestellte »zweite Gottesdienstprogramme«, die als vermeintliches Patentrezept losgelöst von der Gesamtgemeinde ausprobiert wurden. In unserer Gemeinde ist uns die Notwendigkeit vernetzender Angebote (Glaubenskurse, Freizeiten, Hauskreise, Kita-Arbeit, weitere Gottesdienstformen, Kinderangebote u.a.) auch erst im Laufe der Jahre wirklich deutlich geworden.

3. Vielgestaltige und erfahrungsbezogene Konfirmandenarbeit

Glauben und Gemeinschaft erfahren

Nach der engeren Vernetzung von Konfirmandenunterricht und Jugendarbeit und der Verlegung der Vorkonfizeit ins 6. Schuljahr mit dem abschließenden ersten gemeinsamen Abendmahl war der nächste wesentliche Schritt die Einführung eines neuntägigen Seminars in den Osterferien als Ersatz für den wöchentlichen Unterricht. »Glauben und Gemeinschaft erfahren« wird seither dem »Unterricht« und dem »Lernen« gegenübergestellt: Glaube lässt sich erfahren und einüben, wenn ich mich auf Gott einlasse. Er lässt sich nicht wie Vokabeln lernen. Das Seminar wird im Verhältnis 1:5/6 von Hauptamtlichen und Jugendmitarbeitern (keine »Konfirmandenhelfer«) geleitet. Kleingruppen, mittlere Gruppengrößen und das Plenum mit Singen, Anspielen und dreimal pro Tag Andachten wechseln einander ab. Die Vormittagseinheiten in den Kleingruppen orientieren sich am Glaubensbekenntnis, die Nachmittagseinheiten reflektieren mit Traumreisen und Kreativität das eigene Leben und geben Raum zur Vorbereitung des Vorstellungsgottesdienstes. Abends erzählen Gäste von ihrem Christsein im Alltag, gibt es unterhaltsame themenbezogene Filme und Spieleabende. Ein Ausflug in eine diakonische Einrichtung in Frankfurt rundet das Programm ab, in dem auch freie Zeit für ein intensives Miteinander genutzt werden soll. Am Ende steht die Frage nach eigenen Begabungen und möglichen Feldern der Teilnahme oder Mitarbeit in der Gemeinde – etwa 50 bis 70 Jugendmitarbeiter arbeiten derzeit verbindlich in der Gemeinde mit.

Während etwa 75% eines Jahrgangs das Konfirmandenseminar besuchen, wählen die anderen den traditionelleren Dienstagsunterricht. Die Freiheit dieser Entscheidung ist uns von Anfang an wichtig gewesen. Ergänzt werden Vor- und Hauptkonfizeit durch quartalsorientierte Blöcke am Samstag vormittag und durch den sonntäglichen Konfirmandengottesdienst (»Jesus alive Club« JAC), der ausschließlich ehrenamtlich geleitet und sehr gut besucht wird. Insgesamt sieben inhaltliche bzw. organisatorische Elternabende sowie gemeinsames Grillen und Mittagessen stellen eine wichtige Ergänzung dar – ebenfalls die intensiven Einladungen zu *Kirche anders* und dem Happy (h)our-Familiengottesdienst.

Die somit umfassend neu gestaltete Konfirmandenzeit (wir reden bewusst nicht mehr von »Unterricht«, selbst wenn ein Katalog von sechs Abschnitten auswendig zu lernen ist) wurde und wird immer weiter entwickelt, hat aber eine bewährte Form gefunden, die trotz ihrer Intensität und Komplexität auch bei eher distanzierteren Familien sehr gut angenommen wird. Einzelne orientieren sich allerdings zu Nachbargemeinden, aus denen wiederum andere wegen unseres Modells zu uns kommen. Mit der Nachbargemeinde Dortelweil wird die Konfizeit seit einigen Jahren punktuell vernetzt; vor allem im Bezug auf das neuntägige Seminar. Es zeigt sich allerdings, dass die Akzeptanz hierfür dort wesentlich geringer ist, da die Einbettung in ein Gesamtkonzept für die Konfirmandenzeit und Gesamtgemeinde so noch nicht vorhanden ist.

4. Gemeinschaftsbildende Angebote in Gruppen und auf Freizeiten

Je komplexer die Gemeinde ist, desto wichtiger sind zuverlässige Gemeinschaftsangebote

Kirche anders, offene Glaubenskurse oder Seminare und andere Angebote ermöglichen Menschen den Einstieg in die Gemeinde. Naturgemäß werfen sie inhaltlich mindestens so viele Fragen auf wie sie Antworten bieten. Und sie wecken ein Bedürfnis nach erfahrbarer und kontinuierlicher Gemeinschaft. Freizeiten und Kleingruppen sollen dies ermöglichen.

Unterschiedliche Wochenenden und Freizeiten für Kinder gab es in der Gemeinde bereits in den 80er Jahren, Jugendfahrten kamen dazu, schließlich wurde daraus ein vielfältiges Angebot, das allerdings von Kindern und Jugendlichen sehr unterschiedlich angenommen wurde und wird; die insgesamt gut situierte Sozialstruktur Bad Vilbels führt dazu, dass inzwischen nahezu alle Ferienzeiten intensiv für Familienurlaube genutzt werden.

In zweierlei Hinsicht wurde dies durch Familienangebote aufgenommen. Seit 1996 gibt es Wochenenden für Väter und ihre Kinder. Aus dem ersten Wochenende ist bis heute ein dreigliedriges Modell geworden für Kinder unterschiedlicher Altersgruppen, die jeweils von Teams geleitet werden. Beginnend bei den Kita-Kindern fahren sehr viele Männer mit, die wenig kirchliche Sozialisation mitbringen, sich aber aufgrund des sehr positiven Images auf diese Wochenenden einlassen. Im Sinne eines Beziehungsaufbaus fährt daher der Verfasser selbst nach wie vor auf alle Wochenenden zumindest teilweise mit. Der Erfolg dieser Wochenenden überrascht uns selbst – eine Ausweitung auf ein viertes Wochenende für 2006 wird derzeit überlegt; die Teilnahmezahlen in 2005 liegen bei rund 70 Vätern und 100 Kindern, die alle aus der Vilbeler Kernstadt kommen.

Aus diesen Wochenenden entstanden sind Familienskifreizeiten, die jährlich Anfang Januar in derzeit zwei Häusern (ein drittes ist angedacht) für ca. 130 Teilnehmer stattfinden. Auch hier sind geistliche Akzente ein selbstverständlicher und anerkannter Programmteil – in lockerer, alltagsorientierter Weise und mit modernen Liedern umrahmt. Dementsprechende Angebote für Erwachsene ohne Kinder und Reisen für Senioren finden bislang kaum statt. Auch die regelmäßigen gemeinschaftsstiftenden Gruppenangebote für Erwachsene sind mit derzeit sechs Hauskreisen erst im Aufbau begriffen. Ausdrücklich wurden diese Arbeitsbereiche zurückgestellt bis zum Arbeitsbeginn eines zusätzlichen hauptamtlichen Mitarbeiters. Dieser ist jetzt da und entsprechende Konzepte sind in Arbeit.

5. »Besuchsaktion 2000«:

»Wir sind's und kommen zu Besuch«

Seit Beginn der 90er Jahre haben viele Bad Vilbeler die Christuskirchengemeinde neu erfahren und damit auch ihr Bild von Kirche und Glauben verändert. Trotzdem haben die meisten der über 5000 Gemeindemitglieder diese Prozesse nur von außen mitbekommen. Dem ausdrücklichen Konzept der Gemeinde entsprechend wollen wir aber nicht Interessierte und Engagierte anderer Gemeinden aus dem Rhein-Main-Gebiet anwerben, sondern die Menschen aus Bad Vilbel erreichen. Dem sollte in besonderer Weise die »Besuchsaktion 2000« dienen! Zur Evaluation des bisherigen Prozesses, zu dessen Verbesserung und zur einladenden Vermittlung des neuen Selbstverständnisses der Gemeinde.

Seit dem Frühjahr 2000 wurden 80 Mitarbeiter auf Besuche in möglichst allen Haushalten mit einem Gemeindemitglied vorbereitet. Als Geschenk brachten sie in den drei Aktionswochen ein Buch »wir sind's« mit, das mit lebendigem Layout Menschen aus der Gemeinde mit ihrer Lebens- und Glaubensgeschichte sowie die Gemeinde selbst vorstellte. Eine Extraausgabe der ZACK sowie Plakate und Zeitungsartikel bereiteten auf die Aktion vor, eine weitere Extra-ZACK wurde neben dem Buch mit in die Häuser genommen. Fragebögen für Kinder und Erwachsene baten um Antworten – die Erarbeitung und Auswertung dieses Fragebogens wurde sozialwissenschaftlich begleitet und erwies sich als sehr hilfreich.

Die Besuche wurden telefonisch vereinbart und stießen auf eine insgesamt sehr erfreuliche Resonanz. Am schwierigsten erwiesen sie sich bei zugezogenen kinderlosen Singles und Paaren. Trotz vereinzelter negativer Erfahrungen berichteten die Besucher über sehr positive Begegnungen, von denen sie selbst sehr profitiert hätten. Auch die Berichterstattung in vielfältigen Medien war sehr erfreulich. Allerdings war die unmittelbare Resonanz auf Einladungen zu Gesprächsgruppen u.ä. nicht sehr hoch, die mittelfristige Teilnahme an allen Gottesdienstformen jedoch steigend – auch wenn hier der unmittelbare Zusammenhang zur »Besuchsaktion 2000« nicht nachweisbar ist. In der Konzeption der Gemeindearbeit wurden einige Details geändert, im Wesentlichen aber der eingeschlagene Weg bestätigt. Neu initiiert wurde ein kontinuierlicher Besuchskreis für Zugezogene und die Sonntagszeit 11.15 Uhr wurde als ideale Familienzeit deutlich gestärkt.

III: 2000 - 2005 Ausbau in den bewährten Strukturen

In den Jahren nach der »Besuchsaktion 2000« wurden die im Vorigen beschriebenen Arbeitsfelder im Sinne der gefundenen Konzepte weiter ausgebaut. Mehr und mehr wurden gleichzeitig die unten beschriebenen Rahmenbedingungen zu Problemen, deren Lösungen aus eigener Kraft nur bedingt möglich sind. Trotzdem haben sich die leitenden Mitarbeiter/innen bis heute nicht in ihrem optimistischen Glaubens- und Gemeindeverständnis erschüttern lassen!

1. Entwicklung des Leitbildes

Bereits im Jahr 1999 wurden zwölf Visionen für die Arbeit der Gemeinde formuliert. Sie beschreiben die unterschiedlichen Ansätze der Gemeindearbeit inklusive der hier nur angedeuteten diakonischen, gesellschaftlichen und ökumenischen Bereiche. Ihre Länge legte aber die Entwicklung eines kurz formulierten Leitbildes nahe, das der Kirchenvorstand im Kontakt mit den Mitarbeiterteams im Jahr 2003 verabschiedet hat:

»Getragen von der Liebe Gottes wollen wir miteinander unseren Glauben in einer lebendigen Gemeinde vielseitig und lebensnah gestalten. Im Auftrag und begleitet von Jesus Christus sind wir für alle Menschen offen und laden sie ein, den Weg des Glaubens mitzugehen. Dabei bringen wir die Vielfalt unserer Erfahrungen mit Gott und unsere jeweiligen Fähigkeiten ein.«

Die intensive Vermittlung dieses Leitbildes in der Gemeinde geschieht durch ZACK, die Homepage und immer wieder auch in Schaukästen – ob und in wie weit es in der Gemeinde »angekommen« ist, muss zukünftig evaluiert werden. Deutlich bestärkt wurden im Prozess der Leitbildentwicklung einige Grundlagen des Aufbaus in der Christuskirchengemeinde Bad Vilbel:

- Wir wollen durch vielfältige unterschiedlichste Angebote möglichst viele Menschen aus der Vilbeler Kernstadt erreichen und zur Auseinandersetzung mit Glaube und Kirche einladen. Dem sollen alle Angebote unserer Gemeinde erkennbar und profiliert dienen.

- Wir ermutigen Menschen zur Beteiligung und Mitarbeit und wollen sie dabei fördern. Wir wollen Menschen helfen, eigene Wege des christlichen Glaubens zu finden.
- Wir bieten dazu eine einladende Atmosphäre und Gemeinschaft an. Alle Gottesdienste und Veranstaltungen wollen wir so gut vorbereiten und gestalten, wie uns dies möglich ist.
- Wir wollen verantwortliches Christsein in unserer Kirche, in unserer Stadt und Gesellschaft mit Offenheit und erkennbarem christlichen Profil leben. Dazu bringen wir uns über die Grenzen unserer Gemeinde hinaus ein.

2. Die Christuskirchengemeinde im Dekanat und in der Landeskirche

Ausdrücklich haben sich diverse leitende Mitarbeiter/innen unserer Gemeinde in den vergangenen Jahren in die Verantwortung unserer Kirche in Region und Landessynode einbinden lassen. Die aus einem »Leiden an der gegenwärtigen Situation« entstandenen Veränderungen in der eigenen Gemeinde wurden immer auch auf die kirchliche Gesamtsituation übertragen. Dabei verstehen wir unsere Gemeindewege nicht als *das* alleinige Modell für die Gesamtkirche, wohl aber als *einen* konstruktiven Weg, Kirche Jesu Christi im 21. Jahrhundert vor Ort zu gestalten.

Dem entsprechend haben wir uns auf mehreren Kirchentagen mit Workshops u.ä. eingebracht und standen Gemeinden und Dekanaten in eigenen Veränderungsprozessen begleitend zur Seite. Dies galt insbesondere für die Jahre 2000-2003, als wir den Wegfall einer halben Pfarrstelle im Jahre 1999 durch eine halbe gesamtkirchliche Projektstelle für *Kirche anders* und Gemeindeaufbau ausgleichen konnten. Mit dem Wegfall dieser Stelle Anfang 2004 und der damit verbundenen Reduzierung der hauptamtlichen Arbeit in der Gemeinde (eine 65%-Organistenstelle war bereits zuvor gestrichen worden) ist dies deutlich schwieriger geworden. Gleichzeitig wurde die Arbeit der Gemeinde landeskirchenweit wahrgenommen, vielfach gewürdigt und anderen anempfohlen. Ein Buch über *Kirche anders* wurde im Claudius-Verlag publiziert.

3. Finanzielle Situation der Gemeinde, Förderverein und Gemeindeaufbau

Die beschriebene Reduzierung der hauptamtlichen Arbeitskapazitäten geht derzeit einher mit vielfältigen harten finanziellen Einschnitten. Dabei ist dem Finanzausschuss der Gemeinde klar, dass die gesamtkirchliche Finanzsituation nicht an den Ortsgemeinden vorbei gelöst werden kann. Es fällt jedoch auf, dass die landeskirchlichen Leitungsgremien nicht zu wirklichen Prioritätensetzungen in der Lage sind und nach wie vor mit gleichmäßigen Einsparungen in allen Bereichen (»Rasenmähermethode«) diese oft an die Grenze ihrer Arbeitsfähigkeit bringen. In großen Gemeinden verstärkt sich dieses Problem derzeit aufgrund der dortigen höheren Personalkosten im Hausmeister- und Verwaltungssektor (also unabhängig von besonderen Profilen und Arbeitsformen). *Dies bedeutet, dass in der Christuskirchengemeinde Bad Vilbel bereits in 2005 die gesamte oben beschriebene Gemeindearbeit aus Spendengeldern und Rücklagen finanziert werden muss* – wegen mittelfristig ohne Kündigungen nicht veränderbarer Personalkosten. Gemäß den vorliegenden Verordnungen wird dies ab 2006 noch dramatischer werden. Ein neues zukunftsweisendes Zuweisungssystem ohne strukturbedingte Benachteiligungen großer Gemeinden ist weiterhin nicht absehbar.

Das bedeutet, dass von den vielen Kirchensteuerbeiträgen aus einer tendenziell wohlhabenden Gemeinde nicht ein Euro in die Gemeindearbeit fließt, die gleichzeitig »von oben« als wegweisend gewürdigt wird. Eine landeskirchliche Antwort, wie dies in die Gemeinde hinein vermittelt werden soll, steht noch aus.

Gleichzeitig hat sich im Jahre 2003 ein Förderverein zum Aufbau der Gemeinde gegründet. In 2004 hat er eine intensive Werbung um dauerhafte Sponsoren für eine selbstfinanzierte Mitarbeiterstelle gestartet: Die Entwicklung der Gemeinde sollte nicht mit dem Erreichen der Arbeitsgrenze der bisherigen (und wie beschrieben reduzierten) hauptamtlichen Arbeitskräfte beendet werden. Besonders zur Förderung ehrenamtlicher Arbeit, zum Aufbau eines Konzepts für Hauskreise und zur Unterstützung der zielgruppenorientierten Gottesdienste und Angebote sollte ein zusätzlicher Mitarbeiter angestellt werden. Mit etwa 85 monatlichen Spendern und ergänzt durch weitere Mittel ist die Finanzierung so weitgehend sichergestellt, dass im Februar 2005 ein Theologe zur Mitarbeit in der Gemeinde unbefristet vom Förderverein angestellt werden konnte. Die Sponsoren werden regelmäßig informiert und eingeladen; eine Ausweitung dieses Kreises ist als kontinuierliches Ziel im Blick.

Unabhängig davon hat die enorm angespannte Finanzsituation zu vielfältigen Sponsoring-Aktionen geführt: Dies gilt für die Mitfinanzierung der Gemeindezeitung ZACK, für rund 200 000 Euro Spendengelder für die Sanierung der alten Auferstehungskirche sowie für viele weitere Spenden und Unterstützungen. Selbstverständlich ist mittlerweile, dass alle Freizeiten kostendeckend kalkuliert werden und durch seelsorgerlich behandelte Einzelfallhilfen abgefedert werden. Dies alles aber kann die beschriebenen Personalkostenprobleme nicht lösen.

4. Auf dem Weg

»Nicht, dass wir es schon gefunden hätten... Aber mit dieser Vision machen wir uns auf den Weg.« Im Sinne dieser 12. Vision von 1999 verstehen wir uns als Christuskirchengemeinde Bad Vilbel weder durch die bedrohliche Finanzkrise an einem Ende noch durch die erreichten Aufbauprojekte an einem Ziel, sondern auf einem Weg, der regelmäßig reflektiert und korrigiert wird.

Für weitergehende Informationen:
Das *Kirche anders*-Buch ist im Handel zu beziehen (ISBN 3-532-64805-9). Ein Infopaket mit Buch und Materialien der »Besuchsaktion 2000« sowie Gemeindezeitungen kann für 20 € inkl. Portokosten in der Gemeinde bestellt werden. (info@christuskirchengemeinde.de)

Volker Roschke

Gemeinde pflanzen: Zehn Modellgemeinden gesucht

Die Arbeitsgemeinschaft Missionarische Dienste (AMD)[1] versucht seit vielen Jahren, die Erfahrungen der anglikanischen Kirche im Bereich »*church planting*« in die deutsche Situation zu übersetzen, um bisherige Formen der Gemeindearbeit in veränderter gesellschaftlicher und kirchlicher Situation durch neue Gestaltungsformen von Gemeinde zu ergänzen oder zu ersetzen. Vorgestellt werden soll auf den folgenden Seiten ein Projekt der AMD, das unter dem Leitmotto »*Wir suchen zehn Gemeinden, die vom Aufbruch nicht nur träumen, sondern es wagen, in den nächsten drei Jahren eine neue Gemeinde zu pflanzen!*« Gemeinden helfen will, neue ideenreiche Gestaltungsformen zu entwickeln und dabei von einer Projektgruppe professionelle Unterstützung und Begleitung erhält.

I. Der Anlass

Sache und Begriff »church planting/Gemeinde pflanzen« stammen aus der anglikanischen Kirche und stehen für einen Neuaufbruch innerhalb der englischen Staatskirche seit den 80er Jahren des letzten Jahrhunderts. Die »Church of England« erlebte einen dramatischen Einbruch. Eine Zeitlang musste sie ein Gebäude pro Woche schließen, weil kaum noch Menschen am Gottesdienst teilnahmen und Gelder für die Bauunterhaltung fehlten. Der Pfarrernachwuchs fehlte. Durch Finanzspekulationen verlor die anglikanische Kirche viel Geld und Ansehen. Der Kirche fehlte eine Perspektive in einer komplexen Umbruchssituation. Den Anforderungen einer multireligiösen und multikulturellen Gesellschaft war sie nur unzureichend gewachsen.

---

[1] Die Arbeitsgemeinschaft Missionarische Dienste im Diakonischen Werk der EKD (www.a-m-d.de) verbindet mehr als 90 landeskirchliche Ämter für missionarische Dienste und freie Werke. Sie ist Fachverband im Diakonischen Werk der Evangelischen Kirche in Deutschland. Insbesondere versucht sie, missionarische Gemeindearbeit in Deutschland durch Tagungen, Veröffentlichungen und Projekte zu fördern.

Allgemein kann man sagen, dass die anglikanische Kirche entscheidende Veränderungsprozesse, die auch die evangelische Kirche in Deutschland betreffen und zunehmend prägen, zehn bis fünfzehn Jahre früher durchlebt und durchlitten, aber auch in bemerkenswerter Weise gemeistert hat. Dazu gehört auch das Pflanzen neuer Gemeinden, »church planting«[2] genannt. Der missionarische Aufbruch in England ist eng mit der Gemeindepflanzungs-Bewegung verbunden. Heute wird in der »Church of England« wieder eine Kirche pro Woche »gepflanzt«. »Church planting«[3] ist eine faszinierende Bewegung, die längst als missionarische Strategie offiziell von der anglikanischen Kirche gewollt und gefördert ist. 1994 wurde ein erster »Report« der Generalsynode der Kirche von England veröffentlicht mit dem Titel »Breaking New Ground. Church planting in the Church of England.« 2004 folgte ein zweiter Report mit einem Vorwort des Erzbischofs von Canterbury, Dr. Rowan Williams, »Mission-shaped church – church planting and fresh expressions of church in a changing context.«[4] Bereits der Titel des letzten Reports macht deutlich, dass die anglikanische Kirche kreativ auf einen sich verändernden gesellschaftlichen und kirchlichen Kontext zu reagieren versucht.

Nun begegnet einem immer wieder eine beträchtliche Reserve gegenüber den hochgelobten Modellen aus England oder Amerika (Stichwort »Willow Creek«). Zu Recht! Deutschland ist nicht Amerika oder England. Die kirchliche Situation jenseits des Kanals oder gar des Atlantiks kann nicht und darf nicht einfach 1:1 auf unsere Verhältnisse übertragen werden. Wohl aber geht es darum »ökumenisch zu lernen«, nicht zu »kopieren, sondern zu kapieren«. Unser Projekt hat also zum Ziel, das Handlungswissen der anglikanischen Kirche im Blick auf einen missions- und menschenorientierten Gemeindeaufbau für unsere deutsche Situation fruchtbar zu machen. Seit vielen Jahren gibt es bei der AMD die »Arbeitsgruppe Gemeinde pflanzen«, die unterschiedliche Organisationen (u.a. GGE und AGGA), aber auch in-

---

[2] Definition s. u.
[3] Bob Hopkins, Gemeinde pflanzen. Church planting als missionarisches Konzept, Neukirchen 1996.
[4] Dieses Buch kann über die AMD (www.a-m-d.de/shop) bezogen werden. Eine deutsche Übersetzung ist für den Herbst 2005 geplant.

teressierte Einzelpersonen mit dem Ziel vernetzt, *Gemeinde pflanzen* in Deutschland zu implementieren. Dem dienen Studienreisen nach England, Gemeindepflanzungstage in Deutschland, Vortrags- und Informationsveranstaltungen, Veröffentlichungen, Förderungen entsprechender Initiativen u.a.

Viele haupt- und ehrenamtliche Mitarbeiterinnen und Mitarbeiter aus Deutschland haben in den vergangen 15 Jahren »church planting« in England kennen gelernt und sich begeistern lassen von der Dynamik dieser Gemeinden und ihrer Nähe zum Evangelium und zu den Menschen. Oder sie haben durch Vorträge, Seminare und Bücher vom Aufbruch in der anglikanischen Kirche gehört und sehen *Gemeinde pflanzen* als ein mögliches Modell für eine Kirche der Zukunft an. Nur, dabei ist es geblieben! Ganz vereinzelt sind bisher in Deutschland Gemeinden aufgebrochen[5], um das Know-how der Anglikaner für die eigenen Gemeinden fruchtbar werden zu lassen. Die Mitglieder der »Arbeitsgruppe Gemeinde pflanzen bei der AMD« standen 2002 vor der Frage, die Bemühungen »church planting« in die deutsche Situation zu übersetzen als gescheitert zu betrachten und den Traum von Gemeindepflanzungen zu beerdigen und damit auch die Arbeitsgruppe zu beenden, oder aber mit einer konzertierten Aktion durchzustarten und ein entsprechendes Projekt zu initiieren.

Im Frühherbst 2002 wurde dann eine kleine Projektgruppe[6] aus fünf Mitgliedern unter Leitung des Verfassers gebildet mit dem Ziel der Entwicklung und Durchführung des Projektes »Gesucht: Zehn Gemeinden, die es wagen, in den nächsten drei Jahren eine neue Gemeinde zu pflanzen«.

---

[5] Beispiele s. Volker Roschke (Hg.), Gemeinde pflanzen. Modell einer Kirche der Zukunft, Neukirchen 2001.

[6] Die AMD hat hervorragende Erfahrungen mit kleinen, aber verbindlich tagenden und arbeitenden Projektgruppen gemacht. Dies ist unter Kosten- und Effektivitätsgesichtspunkten sinnvoll. S.a. Tom DeMarco, Der Termin. Ein Roman über Projektmanagement, München/Wien 1998.

II. Das »Betriebssystem« von *Gemeinde pflanzen*

Im folgenden geht es darum zu beschreiben, was das Wesen von *Gemeinde pflanzen* ist, welche theologischen und gemeindeentwicklerischen Leitvorstellungen zugrunde liegen, auf welche kirchlichen und gesellschaftlichen Herausforderungen »Gemeinde pflanzen als Modell einer Kirche von morgen« reagiert, also das »Betriebssystem« zu beschreiben, das Grundlage der neu zu pflanzenden Gemeinden sein soll.

Das »Betriebssystem« eines Computers arbeitet im Hintergrund, ist aber gleichwohl entscheidend für alle Funktionen. Es ist sozusagen die »geheime Denke« der Maschine, die steuernde Mitte. Der Aufbruch in der englischen Staatskirche in Gestalt der Church-Plant-Bewegung ist die Folge einer Krise, die zur Chance wurde und in deren Gefolge ein »neues Betriebssystem« den kirchlichen Alltag bestimmend wurde. Die Verantwortlichen des Gemeindepflanzungsprojektes in Deutschland sind der Überzeugung, dass wir eine Reform der gemeindlichen Arbeit brauchen, veränderte Standards und Werte, ein neues »Betriebssystem«.

Ziel unseres Reformprojektes ist es, das »Betriebssystem« »church planting« in Deutschland bekannt zu machen, zu inkulturieren und Gemeinden bei der Realisierung zu helfen, weil es u. E. eine Antwort auf vielerlei Herausforderungen ist, in der die evangelische Kirche gegenwärtig steht wie z.B. Regionalisierungen, Klärung der »Mission« der Kirche, Finanz- und Mitarbeiterprobleme, Milieuverengung u.a.

Definition von Gemeindepflanzung:
In einem kirchlich wenig erreichten Gebiet (geografisch) oder für eine der Kirche entfremdete Gruppe von Menschen (sozial) entsteht als Pflanzung einer Muttergemeinde, im wesentlichen getragen und verantwortet von Ehrenamtlichen, eine neue Gemeinde, die in der Gestaltung des Gemeindealltags der Zielgruppe entspricht und dabei am Missionsauftrag (Wort und Tat) orientiert ist.[7] Oder wie die Anglikaner gern formulieren: »Church planting

---

[7] Definition des Verfassers, vgl. Hopkins/White, Praxisbuch Gemeinde pflanzen – Auf dem Weg zu einem missions- und menschenorientierten Gemeindeaufbau, Neukirchen 1999, S. 4.

is a love affair between church and mission.« Wo und wie diese Definitionen konkret werden können, machen die folgenden Beispiele deutlich:

Problemlage Dörfliche Großräume
Manche Kirchengemeinden erstrecken sich über 100 Quadratkilometer. 30 Dörfer liegen in diesem Gebiet! Im Zuge von Regionalisierung und der Bildung sog. Schwesternkirchverhältnisse wird die Zahl der Dörfer, für die ein/e Pfarrer/in zuständig ist, immer größer. Die Kirche steht zwar noch im Dorf, aber dennoch werden die Wege zum Gottesdienst oder zu kirchlichen Angeboten immer weiter. ***Gemeinde pflanzen** bedeutet*, auf solche Herausforderungen kreativ zu reagieren, indem zum Beispiel in einzelnen Dörfern durch von Ehrenamtlichen verantwortete Gottesdienste, Hauskreise und anderes das Gemeindeleben intensiviert wird.

Problemlage Neubaugebiet
Hinter der Bahnlinie und nur durch einen Fußgängertunnel und eine Verbindungsstraße mit dem idyllischen Ortskern der Kleinstadt verbunden, ist eine Neubausiedlung für 11 500 Menschen entstanden, davon sind 1300 evangelisch. Zwei Welten prallen aufeinander! Die Kleinstadt mit der Kirche mitten im Ort, die Neustädter, frisch zugezogen von irgendwoher, viele junge Familien mit hoher Belastung durch Beruf, Verschuldung, Neuorientierung. Früher hat Kirche auf diese Herausforderung mit einer neuen Pfarrstelle und einer neuen Kirche reagiert. Aber die Zeiten haben sich geändert. »Die kann Pfarrer X in Y doch mitversorgen, dann ist seine Pfarrstelle sogar auf Dauer gesichert!« ***Gemeinde pflanzen** bedeutet*, für das Neubaugebiet nicht allein die pfarramtliche Grundversorgung im Blick zu haben, sondern, getragen von einem Team Ehrenamtlicher, Angebote für junge Familien in familiär, beruflich und finanziell angespannter Situation zu machen.

Problemlage »Nicht erreichte Zielgruppen«
»Der Gottesdienst ist für alle da!« Untersuchungen aber zeigen, dass wir manche Gruppen nur schwer erreichen: Singles, Pendler, junge Familien mit ihrem Alltag aus Job, Erziehungs- und Hausarbeit, Patchwork-Jobber, die jungen Alten, Städter um die Dreißig usw. ***Gemeinde pflanzen** bedeutet*,

für Zielgruppen, die bisher nicht oder nur schlecht erreicht werden, entsprechende Gottesdienste zu gestalten oder andere auf ein bestimmtes Milieu zugeschnittene Angebote zu machen. Im Folgenden soll das »Betriebssystem« *Gemeinde pflanzen* in seinen Grundzügen dargestellt werden, also die theologischen und gemeindeentwicklerischen Leitvorstellungen für die in Deutschland im Rahmen des Projektes zu pflanzenden Gemeinden:

1. MISSIONARISCHES LEITBILD

Worin liegt das Geheimnis des missionarischen Aufbruchs in der anglikanischen Traditionskirche? Nicht zuletzt in einer neuen Leidenschaft, den Menschen das Evangelium von Jesus Christus bringen zu wollen! Dass Gemeinde Jesu missionarisch ist, steht nicht nur auf dem Papier, ist eine von allen bejahte Theorie oder die Erkenntnis einiger weniger, sondern gehört zu den klaren Leitlinien der gesamten Gemeindearbeit, ist also »mission statement«. In zunehmendem Maß setzt sich in der evangelischen (und der katholischen)[8] Kirche in Deutschland die Einsicht durch, dass Kirche ihrem Wesen nach missionarisch ist: Die Synode der EKD 1999 in Leipzig hat einstimmig (mit einer Stimmenthaltung) zum Thema »Reden von Gott in der Welt – Der missionarische Auftrag der Kirche an der Schwelle zum 3. Jahrtausend«[9] formuliert:

»Von dieser Tagung der Synode geht das Signal aus: die evangelische Kirche setzt das Glaubensthema und den missionarischen Auftrag an die erste Stelle ... Weitergabe des Glaubens und Wachstum der Gemeinde sind unsere vordringlichen Aufgaben, an dieser Stelle müssen die Kräfte konzentriert werden.«[10] *Gemeinde pflanzen* als Modell für eine Kirche der Zukunft will helfen, den missionarischen Auftrag der Kirche zu realisieren.

---

[8] »Zeit zur Aussaat – Missionarisch Kirche sein«, hg. von der Deutschen Bischofskonferenz, Kaiserstr. 163, 53113 Bonn, 26. November 2000, eine hochaktuelle Stellungnahme der katholischen Kirche (43 Seiten).

[9] »Reden von Gott in der Welt – Der missionarische Auftrag der Kirche«. Berichtsband zur EKD – Synode 1999, hg. vom Kirchenamt der EKD, Hannover 2000, Kundgebung der Synode, S. 36-45. Die Texte sind auch über Internet www.ekd.de oder www.a-m-d.de abrufbar. Vgl. auch AMD – Studienbrief A 60, H. Bärend, Worte »von oben« in der Praxis vor Ort – Wie kann die Kundgebung von Leipzig in der Gemeinde vor Ort wirksam werden? Überlegungen und Vorschläge.

[10] »Reden von Gott in der Welt« a.a.O., S. 41f.

2. Die Nicht-Erreichten als Kriterium der Gemeindearbeit

Das Pflanzgemeinden kennzeichnende »neue Programm« beinhaltet auch die entschiedene Zuwendung zu den Nichterreichten. 80% ihrer Ressourcen braucht eine durchschnittliche Kirchengemeinde für die Befriedigung der Kerngemeinde. Wenn Kirche ihrem Auftrag gerecht werden will, die Botschaft von der freien Gnade Gottes auszurichten an alles Volk[11] (und überleben will!), ist hier unser Umdenken gefordert. Religion ist ein Megatrend des 21. Jahrhunderts. Menschen sind für ein qualifiziertes und ehrliches Angebot der Kirchen offen. Ein Leitsatz für eine Kirche der Zukunft wird deshalb lauten können:

Wir wollen das Missverhältnis überwinden, dass gegenwärtig 80% unserer personellen und finanziellen Ressourcen für 20% der Kerngemeinde aufgewandt werden. Wir wollen in unserer Gemeinde die entschiedene Zuwendung zu den Nicht-Erreichten! Die Nicht-Erreichten, die kirchentreuen Kirchenfernen werden so zum Kriterium der Gemeindearbeit.

3. Gelebte Spiritualität

Wer nach der Kraftquelle anglikanischer »Pflanzgemeinden« fragt wird entdecken, dass sie von einer tiefen Spiritualität geprägt sind. Das Leben mit und aus der Bibel, Gemeinschaft und Gottesdienst, nicht zuletzt Gebet und eine Frömmigkeit, bei der der Glaube Relevanz für den Alltag hat, sind selbstverständlich. *Mit unserem Reformprojekt zielen wir auf Erneuerung und Verlebendigung unserer Kirche.* So sehr wir dazu das beste methodische Rüstzeug der Gemeindeentwicklung brauchen, so sehr sind wir gleichzeitig auf eine Vertiefung des spirituellen Lebens unserer Gemeinden angewiesen. Vielfach mangelt es in der evangelischen Kirche an beidem: methodischem Arbeiten auf hohem Niveau und intensivem geistlichem Leben als einer selbstverständliche Mitte des Gemeindealltags. Wo vergewissert sich die Gemeinde ihres Glaubens? Welche gestalteten Räume, um der Gegenwart Gottes zu begegnen, sie zu feiern, zu leben und zu erleben, gibt es? Alle gewünschten und geplanten Veränderungsprozesse in der Kirche werden ohne das Ferment der Spiritualität keine verändernde Kraft entwickeln.

---

[11] Barmen 6.

4. ZIELGRUPPENORIENTIERUNG

Über mehrere Jahre hinweg gab es in Dover in Südengland eine Art Zielgruppengemeinde für die etwa 12 000 Menschen, die dort, fern ihrer Heimat, am Eurotunnel bauten. Dies ist ein einleuchtendes Beispiel für die Notwendigkeit, spezifischen Personengruppen ein auf diese Menschen zugeschnittenes kirchliches Angebot zu machen. Dementsprechend gibt es in der anglikanischen Kirche Gemeindepflanzungen für unterschiedlichste Zielgruppen und Situationen: Jugendliche, Neubaugebiete, Städtische Problembereiche, Studenten usw.

Das dahinter liegende Bild von Kirche ist das eines Organismus, der sich lebendig auf veränderte Anforderungen einstellt, nicht das eines statischen Versorgungssystems. Das »neue Betriebssystem« bedeutet also: nicht formal vom Versorgungsparadigma her zu denken, sondern von Zielgruppen und von den Nicht-Erreichten her. In diese Richtung äußert sich auch die EKD-Synode, Leipzig 1999: »Mit der Pluralisierung nimmt die Verschiedenheit der Adressaten der christlichen Verkündigung zu. Wir müssen unser Bewusstsein für die Notwendigkeit einer adressatenorientierten, spezifischen Verkündigung von Gottes guter Nachricht schärfen.«[12] Insgesamt spielen soziologische Fragestellungen, insbesondere auch die Erkenntnisse der Milieuforschung für die Gemeindentwicklung eine immer größere Rolle.[13]

5. GEMEINDE PFLANZEN ALS DRITTER WEG ZWISCHEN PAROCHIE UND REGIONALISIERUNG

In diesem Zusammenhang ist auch darauf hinzuweisen, dass »church planting« ein »dritter Weg« zwischen Parochie und Regionalisierung sein kann. Statt das Netz der Versorgung bei geringer werdendem Personal immer weiter in die Fläche zu dehnen, statt Gemeindearbeit bloß von der Parochie her zu denken, bietet *Gemeinde pflanzen* alternative Ansätze: Zielgruppenorientierte Differenzierung der Angebote über Parochiegrenzen hinweg,

---

[12] a.a.O., S. 40.
[13] Vgl. z.B. Kirchenamt der EKD (Hrsg.): *Kirche – Horizont und Lebensrahmen. Weltsichten, Lebensstile, Kirchenbindung. Vierte EKD-Erhebung über Kirchenmitgliedschaft*, Hannover 2003, die Ausführungen zu »Lebensstilen und Kirchenmitgliedschaft«, S. 48ff.

statt flächendeckender Versorgung in Großräumen punktuelle Angebote in der Fläche, die, von Ehrenamtlichen verantwortet, der Situation am Ort entsprechen und eine eigene Qualität gemeindlicher Angebote realisieren.[14]

Hier liegt m.E. auch eine Chance für die Nutzung vieler Dorfkirchen, gerade in den neuen Bundesländern, die zwar von Initiativen rekonstruiert werden, aber dann kirchlicherseits nicht mit Leben gefüllt werden können. Gemeindepflanzungen bieten die Chance, die alten Gemäuer mit neuem geistlichem Leben zu füllen, z.B. durch Lektoren- und Prädikantengottesdienste und anderen Veranstaltungen, die den Menschen am Ort entsprechen.

6. NICHT INTEGRATION IN VORHANDENES, SONDERN SCHAFFUNG SPEZIFISCHER ANGEBOTE FÜR ZIELGRUPPEN

Das Ernstnehmen des Missionsauftrags, verbunden mit der Liebe zu konkreten Menschen, führt in der anglikanischen Churchplant-Bewegung notwendigerweise zu einer *Diversifizierung* des Angebotes in einer multikulturellen und multireligiösen Gesellschaft. Gemeindearbeit *traditioneller* Prägung hat zum Ziel die Integration von Menschen in eine vorhandene und vorgeprägte Gemeinde. Dabei wird vorausgesetzt, dass die Menschen sich der Gemeinde anpassen. Churchplant-Gemeinden drehen diesen Vorgang um: Sie passen die Gemeindeangebote den Menschen an. *Es geht darum, Gemeinde von den Menschen her zu entwickeln!*

7. GANZHEITLICHES MISSIONSVERSTÄNDNIS (HEIL *UND* WOHL)

Missionarische Gemeindearbeit bedeutet immer die Zusammengehörigkeit von Wort und Tat. Das Evangelium von Jesus Christus bekommt Relevanz für den Menschen in seinem Lebensalltag, für seine Glaubensfragen und seine sonstigen konkreten Problemen wie Krankheit, Arbeitslosigkeit, Lebenskrisen usw. Die Kirche des Wortes, die wie selbstverständlich auch die offensichtliche wie die versteckte Not der Menschen im Blick hat, ist nahe bei ihrem Auftrag und hat gute Chancen, so den Glaubwürdigkeitsschwund

---

[14] Aus gutem Grund formuliert also die Reformvorlage 2000 der Evangelischen Kirche von Westfalen »Kirche mit Zukunft«: »Bisher haben wir uns in der Kirche stark auf die Funktion der Ortsgemeinde als Kerngemeinde (Parochie) gestützt. In Zukunft gilt es, über die Parochie hinaus Zugänge zur Kirche zu schaffen und diese durch andere Formen von Gemeinde zu stärken.«

der Kirche zu überwinden. In beeindruckender Weise verwirklichen anglikanische Gemeinden ein solches ganzheitliches Missionsverständnis. So werden Projekte für Wohnungslose oder psychisch Kranke initiiert. In einer Londoner Gemeinde beispielsweise wurde in einem Kirchengebäude eine Arztpraxis mit drei Ärzten eingerichtet. Außerdem bietet diese Kirchengemeinde einen sonntäglichen Heilungsgottesdienst mit 50 bis 70 Besuchern an, weil sie den Auftrag Jesu zur Heilung ernst nehmen will.

Die Zusammengehörigkeit von Diakonie und Evangelisation, innerer Mission und Hilfswerk hat in Deutschland eine lange und gute Tradition. Von den Engländern lernend können und müssen wir an dieser Tradition anknüpfen.

8. Liebe und Sorgfalt bei der Gemeindeerkundung

Gemeindepflanzungsgemeinden fragen intensiv nach den Menschen, die mit dem Evangelium erreicht werden sollen – nach Besonderheiten ihrer Situation, ihrem soziologischen und kulturellen Hintergrund, ihren Lebensgewohnheiten, ihren Nöten und Fragen u.s.w., um dann durch entsprechende Gestaltung der Angebote auf diese Personengruppe einzugehen und das Evangelium in ihre Situation zu übersetzen. In England ist in den letzten Jahrzehnten unter der Überschrift »Gemeindeerkundung« (mission audit) hierzu ein hervorragendes Instrumentarium entwickelt worden. Das Know-how »Gemeindeerkundung« kommt in den letzten Jahren in Deutschland zunehmend bei gemeindeentwicklerischen Prozessen zum Tragen.

9. Laienorientierung und Teamarbeit

Die Gemeindepflanzungsbewegung ist eine *Laienbewegung*. Und zwar nicht nur, weil auch in der anglikanischen Kirche die finanziellen Spielräume kleiner werden, sondern vor allem, weil dem neutestamentlichen Gemeindebild vom Leib Christi, in dem jeder mit seinen Gaben und Möglichkeiten wichtig ist, Raum gegeben wird. Die Kirche der Zukunft wird eine Kirche mit wenigen hauptamtlichen, also bezahlten, Mitarbeitern, aber vielen ehrenamtlichen Mitarbeiterinnen und Mitarbeitern sein. Sowohl die Kirche als Institution als auch die Gemeindeglieder haben in Kopf und Herzen (noch!) eine Versorgungsmentalität! Der Weg geht also von der Versorgungskirche zur Beteiligungskirche.[15]

So formuliert es auch die Kundgebung der EKD-Synode 1999: »Immer deutlicher wird heute in der Kirche erkannt, welchen Schatz – neben der wichtigen Funktion der Hauptamtlichen – die Ehrenamtlichen darstellen. ... Sie brauchen Ermutigung, sie brauchen Förderung.«[16] Eine Kirche der Zukunft wird damit ernst machen, dass die Menschen in der Gemeinde begabt sind, etwas können und ihre Gaben zum Nutzen der Gemeinde einbringen wollen. Sie wird deshalb systematisch die Gaben der Gemeindeglieder zu entdecken suchen, sie zu entwickeln und zu fördern, ihnen etwas zuzutrauen und zuzumuten. In diesem Zusammenhang ist eine Rollenklärung im Verhältnis von Haupt- und Ehrenamtlichen anzumahnen und zwar zum Wohl beider Seiten!

Welche Funktion haben diese neun Werte des
Churchplanting – Betriebssystems nun für unser Projekt?
Wir erachten sie als richtungweisend und hilfreich für die anstehenden Reformen in unserer Kirche! Und eine Gemeinde, die zu neuen Ufern aufbricht und eine neue Gemeinde pflanzen will, kann auf dieser Basis, unter fachlicher Anleitung, die Teil des Projektangebotes ist, eine Konzeption für eine Pflanzung entwickeln und realisieren. Ziel ist es in der Regel nicht, dass eine neue selbständige Kirchengemeinde entsteht. Aber als Ableger einer Muttergemeinde wird, getragen im Idealfall von Ehrenamtlichen, nicht im rechtlichen, aber im geistlichen Sinne eine neue Gemeinde entstehen, zu deren Kennzeichen Glaube, Gemeinschaft und Dienst zählen.

---

[15] Vgl. »Kirche mit Hoffnung. Leitlinien künftiger kirchlicher Arbeit in Ostdeutschland«, Hannover 1998.
[16] a.a.O., S. 43.

III. Das Projekt und seine Durchführung

Am Anfang der Projektentwicklung im November 2002 stand eine Analyse der Projektgruppe, warum alle Bemühungen »church planting« in Deutschland bekannt zu machen und zu beheimaten, bisher nur geringen Erfolg hatten.

Folgende Aspekte wurden in der Analyse besonders hoch bewertet:
- Die Vision von »Gemeinde pflanzen als Modell einer Kirche von morgen und sein Betriebssystem« konnte trotz aller Bemühungen nicht ausreichend vermittelt werden. Auch fehlt die Anschauung, wie diese Vision in der Realität aussieht.
- Der Paradigmenwechsel von der versorgt werdenden und sich versorgen lassenden volkskirchlichen[17] Gemeinde zur sich selbst versorgenden Missionsgemeinde ist, und zwar auf allen Ebenen, unzureichend vollzogen.
- Das Paradigma der flächendeckenden Versorgung blockiert die Entwicklung alternativer Gestaltungsformen von Gemeinde.
- Hauptamtliche und Ehrenamtliche sind mit der Versorgung des Bestehenden oft bis an die Grenze der Belastbarkeit und darüber hinaus gefordert. Für Innovation bleibt keine Kraft.
- In den Gemeinden fehlen vielfach für grenzüberschreitende Initiativen Leitungspersönlichkeiten. Der bewahrende, vorsichtige und ängstliche Typus, auch bei den Hauptamtlichen, ist häufiger anzutreffen als der risikofreudige, konfliktfähige und innovative Typus.
- Aufgrund der relativen Absicherung durch das Kirchensteuersystem ist der Leidensdruck in der Ev. Kirche noch nicht so groß, dass er eine ausgeprägte Veränderungsbereitschaft hervorbrächte.

Ziel des Projektes ist es, zehn Gemeinden zu gewinnen, die innerhalb von drei Jahren eine neue Gemeinde pflanzen. Diese zehn Gemeinden fungieren als Modellgemeinden, um mit »church planting« in Deutschland Erfahrun-

---

[17] Für die neuen Bundesländer ist der Begriff »volkskirchlich« durch den Begriff »landeskirchlich« zu ersetzen.

gen zu sammeln. Die Durchführung der Projekte soll als Initialzündung dienen, um *Gemeinde pflanzen* auf allen Ebenen in Deutschland voran zu bringen. Initiativen in diesem Bereich sollen vernetzt werden, nicht zuletzt über eine Homepage. Durch Studienreisen, Vorträge, Kongresse, Veröffentlichungen usw. soll das Thema *Gemeinde pflanzen* in die kirchliche Diskussion kommen, auch um die anstehenden Reformprozesse zu beeinflussen und zu bereichern.

Aufgrund der langjährigen Beschäftigung mit *Gemeinde pflanzen* wussten wir, dass es in Deutschland viele Gemeinden sowie Mitarbeiterinnen und Mitarbeiter gibt, die sich für ein solches Projekt grundsätzlich interessieren, aber ohne Hilfe nicht in der Lage sind, entsprechende Veränderungsprozesse zu gestalten. Dementsprechend brauchte es Hilfe und Anreize, sozusagen ein Motivations- und Stützsystem, um den »weiten Weg vom Vorsatz zur Verwirklichung« (Wilhelm Raabe) meistern zu können. So beschloss die Projektgruppe in Absprache mit dem Vorstand der AMD, das Projekt in folgender Weise auszuschreiben:

»Allen Interessierten bieten wir eine Vorstellung von Gemeinde pflanzen bzw. des Projektes in ihrer Kirchengemeinde an, evtl. verbunden mit einer Beratung über Möglichkeiten einer Gemeindepflanzung vor Ort. Diese Besuche erfolgen durch die Begleiter[18]. Den Gemeinden entstehen dabei Fahrtkosten in Höhe von max. 30,00 Euro. Solcherart besuchte Gemeinden und andere können sich nun bewerben, um als eine von zehn Modellgemeinden in ein Förderprogramm aufgenommen zu werden.«

Unser Angebot für die zehn beteiligten Gemeinden:
- Prozess-Begleitung durch einen externen Berater für jede Gemeinde
- Unterstützung bei der Konzeptionsentwicklung
- Basisseminar und Trainings für Trios aus den Gemeinden
- Begleitung bei Absprachen mit Dekanaten, Kirchenleitung u.a.

Bis auf die Fahrtkosten zum Training entstehen den teilnehmenden Gemeinden für diese Angebote keine Kosten. Für die Finanzierung des Gesamt-

---

[18] Zur Funktion der Begleiter s. u. S. 146

projektes (Projektgruppe, Werbung, Training, Kosten für die Begleiter usw.) konnte ein Projektetat über vier Jahre im Haushalt der AMD eingestellt werden. Um dieses Angebot möglichst flächendeckend in Deutschland bekannt machen zu können und das Thema *Gemeinde pflanzen* einer größeren Öffentlichkeit nahe zu bringen, wurde – neben entsprechender Gremien- und Vortragsarbeit – eine Doppelstrategie gewählt:
1. Entwicklung und Verteilung eines Flyers
2. Sicherung der Domain www.gemeinde-pflanzen.de und Gestaltung einer Homepage

Der *Flyer*, der in der Gestaltung der Wittener Agentur Junge & Kleschnitzki das Thema »Pflanzen« auch graphisch hervorragend herausarbeitet, bietet im Wesentlichen folgende Informationen:
- Darstellung des Projektes
- Grundinformationen zu *Gemeinde pflanzen*
- Informationen zum Bewerbungsverfahren und zum Projektträger.

Er wurde in einer Auflage von 10 000 Stück gedruckt und insbesondere über die Ämter für Gemeindedienste, Missionarische Dienste o.ä., die unter dem Dach der AMD organisiert sind, in den EKD-Gliedkirchen verteilt.

Die *Homepage*, die über das konkrete Projekt hinaus als Plattform für *Gemeinde pflanzen* dienen soll, enthält deshalb neben den Informationen zum Projekt *Grundinformationen* zu *Gemeinde pflanzen*.

Dazu gehören Grundsatzartikel ebenso wie eine modellhafte Beschreibung, was Gemeindepflanzung für ein Neubaugebiet, für bestimmte Zielgruppen, aber auch für dörfliche Großräume konkret bedeuten kann. Außerdem finden Interessierte unter *www.gemeinde-pflanzen.de* Porträts von Pflanzgemeinden in Deutschland, Berichte von Studienreisen, Literaturangaben, Links wie auch Hintergrundinformationen zu rechtlichen Grundlagen und vieles andere mehr. Im Lay-out konnten die graphischen Elemente des Flyers verwendet werden. Der Teil der Homepage, der das Projekt bewirbt, nimmt natürlich die Texte des Flyers noch einmal auf, führt sie aber teilweise sehr viel detaillierter aus. Interessierte finden eine ausgeführte Liste aller Begleiter (zur Funktion der Begleiter s.u.), die Namen der Mitglieder der Projektgruppe sowie der Jury und eine Beschreibung der Bewerbungsmodalitäten.

Teilnehmen können Evangelische Kirchengemeinden, Dekanate/ Kirchenkreise, Stadtmissionsgemeinden, Landeskirchliche Gemeinschaften, CVJM/ EC o.ä. und deren Landesverbände. Diese Auflistung ist als Anregung zu verstehen. Mitmachen kann jede Organisation als Rechtsträger, die im Rahmen der Evangelischen Kirche eine Gemeinde pflanzen will (keine Gemeinde-Neugründung). Die *Bewerbungen*, die bis zum 20. Juni 2004 als E-Mail bei der Geschäftsstelle der AMD eingegangen sein mussten, sollten die auf der Homepage genannten Unterlagen enthalten:
- Beschreibung der geplanten Gemeindepflanzung
- Überlegungen zur rechtlichen Situation
- Welche Mitarbeiterinnen und Mitarbeiter stehen für das Pflanzprojekt zur Verfügung?
- Benötigte bzw. vorhandene Finanzmittel
- Erste Stellungnahme des Leitungsgremiums (KV/KSV o.ä.)
- Ansprechpartner

Eine Jury aus insgesamt zehn Personen sollte bis zum 31. Juli 2004 die eingegangenen Bewerbungen begutachten und entscheiden, welche Initiativen als Modellprojekte gefördert werden sollten. Am Ende waren es genau zehn Bewerbungen, so dass die Jury keine Auswahl zu treffen brauchte. Alle Gemeinden kamen als Modellgemeinden in den Genuss umfangreicher Förderung und Begleitung. Leider gab eine Gemeinde ihre Bewerbung zurück, als deutlich wurde, dass es für solch ein Projekt am Ende doch nicht genügend Mitarbeiterinnen und Mitarbeiter geben würde.

Die Begleiter
Erfahrungen bei anderen Projekten[19] haben gezeigt, dass Gemeinden sehr wohl in der Lage sind, komplexe Gemeindeentwicklungsprozesse zu meistern. Sie brauchen dazu aber Anleitung, z.B. in Form von Trainings, und

---

[19] Zum Beispiel beim »Training für Gemeindeentwicklungsteams«, einem Projekt des Gemeindekollegs der VELKD in Celle und der AMD, siehe www.a-m-d.de.

fachkundige externe Begleitung. Deshalb haben wir für unser Projekt Mitarbeiterinnen und Mitarbeiter gesucht, die sich mit »church planting« auskennen, beraterische Fähigkeiten zur Begleitung solcher Prozesse haben und von ihrem Arbeitsauftrag her und zeitlich die Begleitung einer Gemeinde leisten können. Es ist uns gelungen, 21 Begleiter zu finden, darunter leider nur eine Frau. Da es uns um kurze Wege zwischen Begleitern und Gemeinden geht, haben wir die Namen nach Postleitzahlen geordnet auf der Homepage eingestellt.

In zwei Treffen in Hannover und Frankfurt wurde den Begleitern das Konzept des Projektes vorgestellt und die Modalitäten geklärt. Zu ihren Aufgaben gehören die Erstbesuche bei interessierten Gemeinden, später dann die Begleitung der Gemeinden aus dem Modellprojekt. Dies schließt, neben kontinuierlichen Terminen vor Ort zur Beratung, die Teilnahme am Grundlagentraining (s.u.) sowie regelmäßige Treffen der Projektgruppe mit den Begleitern ein. Die Begleiter rechnen ihre Fahrtkosten mit der AMD ab.

Kurzbeschreibung der beteiligten Gemeinden und der angedachten Pflanzung entsprechend den Bewerbungsunterlagen:
Die Gemeinden und Initiativen sind von Nord nach Süd über ganz Deutschland verteilt, allerdings kommt nur eine Bewerbung aus dem Bereich der neuen Bundesländer (Bad Blankenburg im Harz). Sechs Initiativen zielen auf ein bisher von der Gemeinde nur unvollkommen erreichtes Gebiet, die anderen haben Zielgruppen im Blick (s.o. Definition von *Gemeinde pflanzen*).

Café Brückenschlag, 34125 Kassel:
Das Café Brückenschlag ist eine christliche Kulturkneipe, die seit 12 Jahren vom Brückenschlag eV in Kassel, Friedrich-Ebert-Strasse 92, betrieben wird. Vision im Blick auf eine Gemeindepflanzung ist es, Mitarbeiterinnen und Mitarbeitern wie auch Gästen christliche Gemeinschaft, Glaubens- und Lebenshilfe im Rahmen des Cafés zu bieten.

Sommerhotel Habicht, 40470 Düsseldorf:
Das Sommerhotel Habicht hat als Nachbarschaftsprojekt um den Künstler und Pfarrer Johannes Weth in einem Ladenlokal in einem sozialen Brenn-

punkt im Jahr 1999 begonnen. Der Name »Sommerhotel Habicht« kommt daher, dass die Kinder der Siedlung das ganze Haus umgebaut und umgestaltet haben, und zwar zu einem »Sechs-Sterne-Luxus-Hotel«. Heute kommen die Kinder regelmäßig zu Kindergottesdiensten und ihre Eltern und Großeltern zu wöchentlichen »Andachten im Atelier«. Da die ca. 5000 Menschen, davon 1000 evangelisch, die rings um das Sommerhotel wohnen, aufgrund der Milieuverschiedenheit kaum in die Aktivitäten der Thomaskirche als Parochialgemeinde eingebunden sind, macht eine Verstärkung der Arbeit in Richtung einer Gemeindepflanzung Sinn.

Gemeindepflanzung in der Evangelischen Pauluskirche in 79098 Freiburg:
Die Evangelische Stadtmission Freiburg e.V. initiierte im Jahr 2003 eine Gemeindegründung in der Evangelischen Landeskirche Baden mit dem Ziel, Menschen eine geistliche Heimat zu bieten und missionarisch zu wirken. Diese Gemeinde entsteht unter dem Namen *dreisam3* in der traditionsreichen Pauluskirche mitten in Freiburg. Erste Schritte sind gegangen in der Anstellung eines Pastors, der Neugestaltung des Kirchraumes und wöchentlichen Gottesdiensten. Im Rahmen des Projektes geht es darum, *dreisam3* bei der Konzeptentwicklung zu begleiten, aber auch darum, von den Freiburger Erfahrungen zu lernen und sie zu kommunizieren.

Ev.-Luth. Kirchengemeinde St. Petrus, 24558 Henstedt-Ulzburg:
In einem Neubaugebiet am Rande der Parochie soll eine neue Gemeinde gepflanzt werden. Auf diese Weise kann den gut besuchten bisherigen Angeboten etwas Zusätzliches an die Seite gestellt werden. Außerdem wird es als sinnvoll angesehen, wenn sich die Zahl von Gemeinden mit unterschiedlicher Prägung erhöht.

Gemeindepflanzung »Am Regenstein«, 38889 Bad Blankenburg:
In der Plattenbausiedlung »Am Regenstein« vor den Toren von Blankenburg (4 bis 6stöckige Wohnblocks) soll eine Gemeinde entstehen. Bisher gibt es dort keine Kirche oder kirchlichen Räume. Von den 4000 Menschen, die dort wohnen, gehören ca. 12 % einer Kirche an. In einem ersten Schritt wurde im September 2004 das »Regen-Bogen-Stein-Fest« gefeiert, ein Volksfest in einem Zelt mit kirchlichem Profil.

Erste konzeptionelle Überlegungen gehen in folgende Richtung: Kinder machen sich unter dem Regenbogen auf die Suche nach Gott: Sie lernen biblische Geschichten kennen und erfahren konkrete Hilfe für ihr Leben. Eltern, Großeltern, Christen aus dem Regenstein und weitere Interessierte beteiligen sich. Sie schaffen sich einen »Regen-Bogen-Treffpunkt« und feiern regelmäßig Feste unter dem Regenbogen. Die braunschweigsche Landeskirche unterstützt das Projekt durch die Entsendung eines Pfarrerehepaares.

Zentrum Lehrter Strasse, 12047 Berlin:
Träger der geplanten Pflanzung ist die Berliner Stadtmission in der EKBO, die am Verkehrsknotenpunkt Lehrter Strasse, also »zwischen Knast und Kanzleramt«, ein Gelände von 20 000 qm von der Stadt kaufen konnte mit dem Ziel, in Verbindung von Mission und Diakonie vielfältige Projekte anzubieten wie Krankenstation für Nichtsesshafte, Übergangshaus, »Drinnen und Draußen« der Straffälligenhilfe und die Notübernachtung. Daneben ist ein Jugendgästehaus entstanden und es gibt Räumlichkeiten für Tagungen und Veranstaltungen. Dort soll als eine erste von drei Gemeindepflanzungen eine Gemeinde für die Menschen aus der unmittelbaren Nachbarschaft entstehen.

Projekt »Kupferhälde«, Ev. Kirchengemeinde 75015 Bretten-Gölshausen:
Aufgrund von Pfarrstellenstreichungen und damit verbundener Umstrukturierung von Gemeinden gehört seit September 1998 das Neubaugebiet »Kupferhälde« zur Evangelischen Kirchengemeinde Gölshausen. Dieses neue Wohngebiet ist »auf der grünen Wiese« zwischen Gölshausen (Stadtteil von Bretten) und der Kernstadt Bretten entstanden und besteht teils aus Mehrfamilienhäusern, die hauptsächlich von Spätaussiedlerfamilien bewohnt werden, teils aus Einfamilienhäusern und zum überwiegenden Teil aus Reihenhäusern, die jungen Familien relativ kostengünstig angeboten werden. Laut Statistik gehören zu unserer Kirchengemeinde derzeit 830 evangelische ChristInnen aus dem Gölshauser Ortsteil und weitere 600 aus der neu hinzugekommenen »Kupferhälde« (wobei sich dieser Anteil mit der weiteren Bebauung erhöhen wird). Für dieses Gebiet »Kupferhälde« ist

eine Gemeindepflanzung geplant, die den Bedürfnissen und Interessen der dort lebenden Menschen entspricht.

Evangelische Kirchengemeinde Locherhof, 78664 Eschbronn:
Zur Kirchengemeinde Locherhof gehören fünf Ortschaften. In dem Außenort »Dunningen« wohnen ca. 500 Evangelische. Sie setzen sich zusammen aus Ehepartnern in Mischehen (der Ort ist zum größten Teil katholisch), deren Kindern und Zugezogenen. Es gibt einige ökumenische Angebote, die gut bis sehr gut laufen, aber kaum evangelische Angebote. Einmal im Monat findet ein Gottesdienst in der katholischen Kirche statt und dazu Kindergottesdienst. Zum Gottesdienst kommen zwischen 3 und 15 Leute und ein paar Kinder in den Kindergottesdienst. Durch die Gemeindepflanzung sollen die Evangelischen erreicht werden, die keinen Kontakt zu einer anderen Kirche haben.

Projekt ›Gemeindepflanzen‹, Kirchengemeinde 34125 Kassel Wolfsanger-Hasenhecke:
Die Gemeinde Wolfsanger ist eine Ortskirchengemeinde mit ausgeprägten volkskirchlichen Strukturen. Zu ihr gehört auch das Gebiet ›Hasenhecke‹, ehemals ein Kasernenareal, das nach Ende des zweiten Weltkrieges zur Wohnsiedlung umgebaut wurde. Kennzeichnend für die »Hasenhecke« ist eine große Bandbreite im Bebauungsstil, aber auch im Blick auf die dort lebenden Menschen. In den letzten Jahren wurden in großem Stil Mehrfamilienhäuser gebaut, in denen teilweise Übersiedler aus Russland wohnen, teilweise Menschen mit Migrationshintergrund und sozial schwache Familien. Daneben entstanden zugleich Reihenhäuser für Familien mit Kindern, die von diesen – in der Regel – mittelständischen Familien erworben wurden.

Zur Zeit sind ca. 3350 evangelische Gemeindeglieder in Wolfsanger zu vermelden, davon ca. 640 Personen auf der Hasenhecke. Die Kirchengemeinde bietet dort regelmäßig Gottesdienst sowie gemeindliche Angebote für alle Altersgruppen an (z.B. Kinderkirche, Gesprächskreis, Seniorentreff). Die Schwierigkeit besteht von jeher, die evangelische Bevölkerung in diesem, geographisch etwas abgelegenen, Areal ›Hasenhecke‹ anzusprechen. Eine Gemeindepflanzung in diesem Bereich wird präzise zu klären haben, welche Zielgruppe erreicht werden soll und welche Bedürfnisse diese Menschen haben.

Nachdem feststand, welche Gemeinden am Modellprojekt teilnehmen würden, wurden diese als erstes zu einem Grundlagentraining vom 4. bis 7. November 2004 nach Linkenheim bei Karlsruhe eingeladen. Dieses Training, an dem neben den Mitgliedern der Projektgruppe und den Begleitern Trios aus den Gemeinden teilnahmen, insgesamt ca. 40 Personen, hatte zum Ziel, *Gemeinde pflanzen* als Gestaltungsmöglichkeit einer missionarischen und kreativen Kirche sozusagen von der Pike auf kennen zu lernen.

Den Gemeinden schrieben wir:
»Als Träger des Gesamtprojektes sehen wir diese Tagung im November als einen entscheidenden Baustein für den Gesamtprozess in Ihrer Gemeinde an. Deshalb laden wir Sie sehr herzlich zur Teilnahme ein. Im Regelfall sollten drei Personen aus jeder Initiative teilnehmen, möglichst solche, die zur Trägergruppe einer Pflanzung gehören und dort Verantwortung tragen. Bei anderen Projekten haben wir gute Erfahrungen mit der Teilnahme einer/s Hauptamtlichen und zweier Ehrenamtlicher gemacht.«[20]

Beim Training in Linkenheim wurden die teilnehmenden Gemeinden und Initiativen von den Nestoren der anglikanischen Churchplanting-Bewegung, Bob und Mary Hopkins, auf motivierende Weise in die Thematik eingeführt. Weitere Referate und Arbeitseinheiten dienten dem Kennen lernen der Entwicklungsschritte einer Gemeindepflanzung von der Anfangsidee über die Situationsanalyse, Visionsentwicklung bis hin zum Start einer neuen Gemeinde. Dabei wurde besonderer Wert auf die Möglichkeiten der Gemeindeerkundung, die Arbeit im Pflanzteam und die Schritte bis hin zur Institutionalisierung einer neuen Gemeinde gelegt. Jede Gemeinde hatte Gelegenheit, Erstüberlegungen zur angedachten Pflanzung zu präsentieren. Durch die Anwesenheit der Begleiter war es auch möglich, bereits in Lin-

---

[20] S. GET – Training für Gemeinde-Entwicklungs-Teams (http://www.a-m-d.de/angebote/gemeindeentwicklung/get/).

kenheim das Gehörte direkt auf die eigene Situation zu beziehen und die nächsten Schritte vor Ort anzudenken. Anstehende Fragen und Probleme konnten oft im Plenum diskutiert und beantwortet werden, gerade auch mit Hilfe der beiden Fachreferenten aus England.

Eine Podiumsdiskussion zum Thema »Kirche im 21. Jahrhundert. Zukunftsmodelle einer missionarischen Kirche« am Ende des viertägigen Trainings stellte die Öffentlichkeit her und führte zu einer intensiven Berichterstattung über *Gemeinde pflanzen* und das Projekt in *idea*.

Die Reaktionen der Trios beim Feedback, aber auch in E-Mails und bei anderen Gelegenheiten später, machen deutlich, dass dieses viertägige Grundlagentraining den Teilnehmerinnen und Teilnehmern außerordentlich viel an Wissen und nicht zuletzt an Motivation für die ersten Schritte in der Gemeinde gebracht hat. Die Trios werden nun vor Ort ein Pflanzteam finden müssen, das als ersten Schritt eine Situationsanalyse durchführt. Es geht darum, unter Gebet, Analyse und Bibellese zu einer Vision für die zu pflanzende neue Gemeinde zu kommen.

Diese Schritte werden von den Begleitern kontinuierlich unterstützt. Die Begleiter sind auch die Verbindungsglieder zur Projektgruppe. Ein erstes Treffen von Projektgruppe und Begleitern im März 2005 machte deutlich, dass die Gemeinden bzw. Initiativen mit Engagement arbeiten, aber auch viele Hürden zu überwinden sind. Geplant ist ein follow-up-Treffen für die Trios im November 2005, um voneinander zu hören, Probleme zu diskutieren und Hilfen geben zu können.

Auf der Homepage soll kontinuierlich über die Entwicklung in den Gemeinden berichtet werden. Ein erster Schritt dazu ist eine Deutschlandkarte, die die Orte der neun Gemeindepflanzungen anzeigt. Klickt man diese Orte an, so erhält man detailliertere Informationen über das geplante Projekt am Ort.

IV. Erreichte Veränderungen

Das Projekt »Gesucht: Zehn Gemeinden ...« verfolgt ein Doppelziel:
- Zehn Gemeinden als Modellgemeinden zu finden und zu fördern, die eine Pflanzung in Angriff nehmen.
- *Gemeinde pflanzen* mit seinem einmaligen Betriebssystem in Deutschland bekannt machen und entsprechende Reformprozesse insbesondere in der Ev. Kirche zu beeinflussen.

Natürlich waren die Erwartungen im Blick auf die Zahl der Gemeinden, die sich beteiligen und also als Modellgemeinden bewerben würden, höher. Dass es am Ende nur neun Gemeinden waren, zeigt, wie schwer es ist, »church planting« in Deutschland zu beheimaten. In diesem Zusammenhang ist sicher auch zu bedenken, dass die allerorten anstehenden Veränderungsprozesse in der Kirche soviel Kraft kosten, dass für kreative, aber aufwändige neue Wege nicht genug Energie bleibt. Sicher ist es auch an vielen Orten versäumt worden, rechtzeitig von der Versorgungs- zur Beteiligungskirche umzusteuern, so dass kaum eine Gemeinde in der Lage ist, fünf bis fünfzehn der besten Mitarbeiterinnen und Mitarbeiter in ein neues Arbeitsfeld zu entsenden.

Ganz sicher aber werden die Erfahrungen in diesem Pilotprojekt wichtige Erkenntnisse liefern im Blick auf die Möglichkeiten und Schwierigkeiten der Realisierung von *Gemeinde pflanzen* in Deutschland. Besonders wertvoll sind dabei die Erfahrungen bei der Begleitung und Förderung einzelner Initiativen, insbesondere auch im Blick auf die Initiierung und Implementierung von Veränderungsprozessen vor Ort, aber auch im Blick auf das Know-how bei der Gemeindeerkundung, der Teamarbeit, der Visionsentwicklung usw. Die Projektplanung geht davon aus, dass die neun Gemeinden bzw. Initiativen bis Mitte 2007 eine neue Gemeinde gepflanzt haben. Zumindest läuft dann offiziell die Förderung durch die Projektgruppe bzw. die AMD aus.

Aus Sicht der Projektgruppe ist es ein großer Erfolg, dass sich neun Gemeinden mutig auf ein grenzüberschreitendes Projekt eingelassen haben, dafür den Beschluss des zuständigen Leitungsgremiums eingeholt haben, mit einem Trio an einem Basistraining teilgenommen haben und mittlerweile einen Mitarbeiterkreis bilden und erste Schritte zur Entwicklung einer Vision machen. Die Begleiter beschreiben die ersten Prozessschritte als verheißungsvoll: Gemeinden wagen einen aufwändigen und notwendigen Veränderungsprozess. Sie lernen und praktizieren methodisch fundiertes und gleichzeitig geistlich orientiertes systematisches Arbeiten. Sozusagen unter der Hand wird dabei ein neues Miteinander von Haupt- und Ehrenamtlichen eingeübt. Gabenorientierung und Gleichberechtigung werden nicht nur apostrophiert, sondern gelebt. Dies fördert auch die anstehende Neudefinition der Rollen von bezahlten und nicht bezahlten Mitarbeiterinnen und Mitarbeitern in der Kirche. Gemeinden klären ihre Mission und arbeiten nicht einfach wie bisher weiter, ohne definierte Ziele, Leitbilder und Klarheiten, was der Auftrag Gottes mit dieser Gemeinde in dieser Zeit an diesem Ort ist.

War bisher *Gemeinde pflanzen* das Hobby einiger Interessierter, aber ohne jede praktische Relevanz, so ist es mit dem AMD-Projekt aus der Liebhaber-Ecke herausgetreten in den Bereich praktizierter kirchlicher Praxis.

Auch hat das Thema in den allerletzten Jahren, nicht zuletzt durch das beschriebene Projekt, gehöriges öffentliches Interesse bekommen. Vielleicht kann man den Satz von Victor Hugo »Nichts ist so stark wie eine Idee, deren Zeit gekommen ist,« auch auf »church planting« beziehen! »Church planting« gerät in die innerkirchliche Diskussion. Informationen dazu werden abgefragt. Vermehrt ist es Gegenstand von Seminaren und Vorlesungen an Universitäten und Fachhochschulen, von Hausarbeiten, ja sogar einer Dissertation. Auch mehren sich die Nachfragen von Einzelpersonen und Gemeinden, die sich für *Gemeinde pflanzen* interessieren oder sogar eine Gemeinde pflanzen wollen.

Ganz offensichtlich bietet »church planting« mit seinem Betriebssystem Lösungsansätze für eine Kirche auf ihrem Weg in die Zukunft.

Friedrich Weber

Das Braunschweiger Modell »Kirche im Quartier« im Kontext der Reformbemühungen kirchlicher Arbeit in der Stadt

I. Vorbemerkungen

Christinnen und Christen machen sich Gedanken über die Zukunft der Kirche, manche sorgenvolle sind dabei, andere dagegen sind getragen von der festen Zuversicht, dass die Kirche auch unter schwierigen äußeren Rahmenbedingungen Kirche Jesu Christi bleibt. Zunächst sei an das erinnert, was der Kirche anvertraut ist, wie sie sich äußerlich darstellt und welche Erwartungen an sie herangetragen werden:

- Ihr ist eine Botschaft anvertraut, die durch die Zeiten hindurch den Menschen zum Heil dient. Diese verkündigt und lebt sie in Wort und Sakrament.
- Sie ist ein Ort, an dem Gemeinschaft (Spiritualität) erlebt und erfahren wird und an dem Grenzen zwischen Menschen überwunden werden.
- Mit den Gemeinden und deren Gebäuden und Einrichtungen ist sie vor Ort präsent.
- Sie ist die mitgliederstärkste Organisation, bzw. Institution in der Gesellschaft.
- Sie ist einer der größten Arbeitgeber mit den meisten freiwilligen Mitarbeitern und einer eigenen großen Medienvielfalt.
- Kirchensteuern und Spenden ermöglichen ihr einen umfassenden Dienst in der Gesellschaft.
- Ihre Diakonie hat als Trägerin zahlreicher sozialer Einrichtungen einen großen Anteil an der sozialen Gestaltung der Gesellschaft.
- Zunehmend steigen die Erwartungen an die Kirche als wertsetzende und wertvermittelnde Instanz.
- Sie ist eine wesentliche Bildungsträgerin und -vermittlerin in der Gesellschaft.

Dies wissend, kann die Kirche aber auch nicht die Augen vor den sich in den letzten Jahren erkennbar verändernden äußeren Rahmenbedingungen verschließen. Zu diesen äußeren Rahmenbedingungen gehören der spürbare Rückgang der Kirchensteuer, der Verlust an religiöser Bildung in der breiten Gesellschaft und der zunehmende Individualismus. Der vor allem in der demographischen Entwicklung unseres Landes begründete Rückgang an Mitgliedern ist ebenfalls bereits jetzt als Problem erkennbar.

Die folgenden Ausführungen beziehen sich primär auf die Evangelisch-Lutherische Landeskirche in Braunschweig, werden aber in der Regel in modifizierter Form auch für andere Kirchen Gültigkeit haben.

II. Der Ort der Kirche Jesu Christi

Wer über die Zukunft der Kirche nachdenkt, muss zunächst den Ort bestimmen, an dem über die Zukunft der Kirche entschieden wird. Nach meiner Überzeugung wird sich die Zukunft der Kirche vor allem in den vielen Kirchengemeinden entscheiden, in den Dörfern und in den Städten, da, wo die Kirche als Gemeinde Jesu Christi vor Ort und dauerhaft erkennbar ist. Sie ist dies durch Menschen, die sich mit der Sache Jesu identifizieren, durch Menschen, die regelmäßige Gottesdienste anbieten und gemeinsam miteinander feiern, durch Pfarrer und Pfarrerinnen, die mit Freude zu Taufen, Konfirmationen und Trauungen einladen, in Situationen von Abschied und Tod den Hinterbliebenen Worte des Trosts und Beistands aus dem Evangelium zusprechen, viele Menschen in der Gemeinde seelsorgerlich begleiten, diakonische Hilfeleistungen anbieten und Angebote für Kinder und Jugendliche aufrecht halten. Und sie ist auch erkennbar bis auf den heutigen Tag durch ihre Gebäude, den regelmäßigen Schlag der Glocken und die Musik in diesen Kirchen.

Hieraus folgt, dass alle, die den Dienst eines Pfarrers oder einer Pfarrerin suchen, ihn ortnah finden müssen. Den Gemeinden kommt in diesem Zusammenhang eine Aufgabe zu, die als die Gabe der Diffusität, des Unpräzisen und des Generalistischen qualifiziert werden kann. Gemeinden müssen als Anlaufstellen für unspezifische Bedürfnisse des Alltags fortentwickelt und gestaltet werden.

Dies hat zur Voraussetzung, dass an möglichst vielen Orten verlässlich mit der Präsenz von Hauptamtlichen, insonderheit Pfarrern und Pfarrerinnen, aber auch Kirchenmusikern, Diakonen und Erzieherinnen zu rechnen sein muss. Pfarrer und Pfarrerinnen haben neben der von ihnen erwarteten jeweiligen spezifischen Ausprägung ihrer Arbeit als Experten in bestimmten Bereichen vor allem die Aufgabe der Generalisten. Dies erfordert eine erkennbare örtliche, räumliche und personale Präsenz. Der Wohnort hat eine fortdauernde und elementare Bedeutung. Hier sind die grundlegenden menschlichen Bezüge zu erleben, die Biographie im Jahreslauf, die Hilfe in den Wechselfällen des Lebens. Deswegen sind die hohen Chancen der wohnortsnahen Ortsgemeinde zu nutzen. Kirche ist hier in Reichweite mit unmittelbarer personaler, optischer und akustischer Präsenz. Die Kommunikation des Evangeliums ist ein personales Geschehen. Noch immer kommt aus den Ortsgemeinden, vor allem aus ihren weiblichen Mitgliedern, die größte Zahl der ehrenamtlich, d.h. freiwillig, oder nebenamtlich Mitwirkenden in den Gemeinden. Die in ihrer Arbeit am Alltag orientierten Kirchengemeinden wenden sich den Menschen zu, die auf Dauer in ihrem Einzugsbereich leben. Mit den auf Dauer in einer Parochie lebenden Gemeindegliedern leben Menschen, die global reisen und arbeiten, oft nur für sehr überschaubare Zeit in einer örtlichen Kirchengemeinde wohnen, bevor sie sich beruflich wieder neu orientieren müssen. Sie suchen »Heimat auf Zeit« und dies durchaus in der Kirchengemeinde.

Die Nähe Gottes bei den Menschen hat – so Failing[1] –, theologisch gesprochen, sehr viel mit Erfahrungen realer Nähe von Christen und Gemeinde in einem weiten Sinn zu tun. Gewiss, unbeschadet der theologischen Richtigkeit, dass die Gegenwart Gottes als seine Aktivität ganz unabhängig ist von unserem eigenen Erfahren und Erleben, so ist doch die Zugänglichkeit von christlichen Symbolen und die Begegnung mit davon angerührten

---

[1] Failing, Wolf-Ecktar, Das große Versprechen der Stadt. Stadt-Kirche – eine praktisch-theologische Skizze, in: Darmstädter Theologische Beiträge zu Gegenwartsfragen, Stadtkultur leben, Darmstadt 1998.

Menschen von wachsender Bedeutung gerade in unserer Zeit. Menschen, die von der Botschaft des Evangeliums »angesteckt« sind, stellen in ihren Ortsteilen so etwas wie eine Anlaufstelle der aus dem Geist Christi gespeisten Menschlichkeit dar.

Abgesehen von den über die Ortsgemeinde erreichten Menschen wächst die Zahl derer, die nicht mehr oder noch nicht Zugänge zur Kirche und ihrer Botschaft und ihrem Leben über eine konkrete Ortsgemeinde haben. Es gibt gerade im städtischen Zusammenhang Themen, die den Glauben berühren, aber ihren Ort nicht in einer konkreten Gemeinde haben, sondern auf eine Region, einen Stadtteil oder die Stadt als Ganze bezogen sind und auch nur auf diesen Ebenen sachgerecht aufgenommen werden können. Hinzu kommt, dass zahlreichen Menschen die Bindung an eine konkrete Ortsgemeinde nicht wünschenswert erscheint. Sie wollen hinsichtlich des Ortes ihrer religiösen Praxis in gleicher Weise wählen, wie sie dies im Blick auf andere für ihr Leben wichtige Entscheidungen tun. Das heißt, trotz der Zugehörigkeit zu einer konkreten Gemeinde wird an einem anderen Ort, in einer anderen Gemeinde oder in einem speziellen geistlichen und/oder geistigen Zusammenhang der Glaube gelebt.

Hinzu kommt, dass bestimmte soziale Verwerfungen in einer Stadt nicht an den historisch gewachsenen oder unter demographischen Gesichtspunkten parochialen Grenzen Halt machen. Und nicht zuletzt: Bestimmte hervorgehobene Kirchen mit ihrem geistlichen und kulturellen Profil haben »Leuchtturmcharakter«, d.h. sie »locken« Menschen an. Dies gilt u.a. in gleicher Weise für Bildungsveranstaltungen, für bestimmte Kindertagesstätten und kirchenmusikalische Orte. Eine Ortsgemeinde wird so – auch deswegen, weil nicht jeder und jede alles leisten und anbieten kann und muss – die Grenzen der Parochie eher »schleifen«, um »Grenzgängern« Zugänge zu fremd gewordenen oder nicht (mehr) bekannten geistigen und geistlichen Räumen zu ermöglichen. Dies ist allerdings nur möglich, wenn sich die der Parochie Verbundenen und in ihr Lebenden und Wirkenden denen öffnen, die die Grenzen überschreiten, ohne sich neu begrenzen lassen zu wollen. Ich spreche hier bewusst von Öffnung und vermeide den Begriff der Integration, weil er die Vorstellung transportieren kann, als gäbe es »extra ecclesiam« keine Lebensmöglichkeiten und als könnten mit Herz und Seele in ihrer Gemeinde Lebende nicht auch in der Erfahrung des Fremden und Anderen für sich Neues gewinnen. Entgrenzungen zu gestalten bedeutet für die Gemeinde dann aber auch, dass sie eine »Grenzgänger-Kultur« entwickelt, in die eingeübt werden kann, in der Menschen über die Grenzen des Örtlichen hinausschauen können und sich in die politischen und gesellschaftlichen Prozesse ihres Ortsteils einmischen können.[2] Eine Gemeinde- oder Stadtkirche, die darum bemüht ist, keine Mauern um sich herum aufzurichten, die nicht unbedingt alles Fremde oder Andere in sich integrieren will, wird darum in besonderer Weise folgende Dimensionen ihrer Arbeit verstärken:

- Thematisierung und Verflüssigung, aber auch Beschreitung von scheinbar unüberwindlichen Grenzen durch Gottesdienste, Podiumsdiskussionen, Gesprächsforen.
- Vergrößerung des interreligiösen Begegnungsraums. Dies bedeutet für die praktische Arbeit, Foren des Austausches über Möglichkeiten und Grenzen konfessionsübergreifender religiöser Alltagspraxis zu wagen.
- Bearbeitung bestehender Grenzziehungen und Abgrenzungsproblematiken durch Förderung Runder Tische zur Streit- und Versöhnungskultur. Dies wird traditionell unter dem Stichwort »Wächteramt der Kirche« behandelt. Die Gemeinde kann so zu einer Art örtlichem Gewissen werden.
- Schaffung einer Festkultur, z.B. Mitarbeit an einem örtlichen Festkalender, der den Geschicken und der Entwicklung einer Stadt nachgeht, sie auch durch Mitwirkung an Feiern würzt, ohne sie mit Weihrauch zu heiligen (Failing).

Die Beobachtung kirchlichen Lebens vor allem in der Großstadt zeigt, dass die nur die Riten der individuellen und kollektiven Lebenswenden (bei Geburt, Heirat, Tod, sowie an Weihnachten) praktizierende Form von

---

[2] Weber, Friedrich, Gemeindekirche ohne Mauern, in: Mitten im Leben, hg. v. Reiner Marquard, Stuttgart 2003, S. 148ff.

Kirchlichkeit geradezu ein eigenständiger, gemeindeunabhängiger Kirchenmitgliedschaftsstil geworden ist. Die kirchlichen Ritenangebote werden nach Vorgabe der persönlichen Bedeutung genutzt, vor allem auch zur Heiligung der Lebensgeschichten und des persönlichen familiär verwandtschaftlichen Beziehungsfeldes. Vielen Menschen ist in dieser Beteiligung eine persönliche wichtige Quelle des Lebenssinnes geschenkt. Es scheint sogar so zu sein, dass diese Mehrheit einer Minderheit gegenübersteht, die aktiv kirchen- bzw. gemeindebezogene Religiosität mit einem kontinuierlichen Gemeinschaftsleben pflegt.

Diese Tendenz lässt sich als eine Veränderung der Sozialgestalt von Kirche qualifizieren. Aus einer Kirche mit zugeschriebener und fragloser Zugehörigkeit und einer Kirche, welche Kirchenmitgliedschaft entscheidbar macht, könnte sich unsere Kirche hin zur Kirche als »funktionaler Dienstleistungsorganisation« verändern. Die klassische parochial organisierte Kirche muss durchaus in bestimmten – vor allem städtischen – Regionen befürchten, sich hin zu einem kleiner werdenden gesellschaftlichen Milieu zu verändern. Schon Anfang der fünfziger Jahre warnte Klaus von Bismarck vor dieser Milieuverengung von Kirche. Ausgehend von der vierten EKD-Erhebung über Kirchenmitgliedschaft[3] sind in einer Veranstaltungsreihe der theologischen Fakultät der Berliner Humboldt-Universität im Jahre 2004 hieraus Deutungsansätze und Konsequenzen für die kirchliche Arbeit entwickelt worden.[4] Thomas Wabel zieht hieraus – ausgehend von den kirchentheoretischen Überlegungen Peter Scherles[5] – folgende Konsequenzen: »Kirche konstituiert sich biographisch prägend und lebensgestaltend da, wo sie vor Ort wahrgenommen wird. Gerade in ländlichen Gebieten wird deshalb die Zusammenlegung von Pfarrstellen in den meisten Fallen nicht als Chance

---

[3] Kirchenamt der EKD (Hg.), Kirche - Horizont und Lebensrahmen. Weltsichten, Lebensstile, Kirchenbindung. Vierte EKD-Erhebung über Kirchenmitgliedschaft, Hannover 2003.
[4] Details sind nachzulesen unter:
http://amor.rz.hu-berlin.de/~h394134y/kirche/index.htm. (Aufruf am 30.3.2005).
[5] Scherle, Peter, Die Kirchen und der Raum. Kirchentheoretische Skizzen zum Umgang mit Kirchenbauten in der heutigen Gesellschaft – vorgetragen im Rahmen der erwähnten Veranstaltungsreihe der Berliner Humboldt-Universität am 7.7.2004. Internetversion unter:
http://amor.rz.hu-berlin.de/~h394134y/kirche/ScherleKircheRaum.htm (Aufruf am 30.3.2005).

zur Konzentration wahrgenommen, sondern als eine Verknappung des Angebots. Die kirchlichen Grundbedürfnisse nach Begleitung in Umbruchsituationen des Lebens sind überwiegend lokal strukturiert – Kirche wird über die Pfarrerin oder den Pfarrer *am Ort* wahrgenommen. Hieran wird sich nichts ändern, und das macht den hohen Stellenwert kirchlicher Präsenz auch in kleinen Orten aus. Gleichzeitig aber ist es in fast allen Arbeitsbereichen nötig, ein Selbstverständnis der eigenen Arbeit zu entwickeln und ein bestimmtes Profil herauszubilden. Dies gilt in besonderem Maße für Großstadtgemeinden, die sich in einer Vielzahl von Angeboten verorten müssen. Profilbildung ist aber auch in kleineren Gemeinden nötig, damit die kirchengemeindliche Arbeit nicht unwillkürlich und unreflektiert lediglich dahin treibt, wo die fordernden Stimmen gerade am lautesten sind. Auch wenn eine solche Selbstreflexion des eigenen Handelns schwierig und zeitaufwendig ist, sind die Gemeindeleitungsgremien vor Ort darauf angewiesen, sich über das zu verständigen, was sie in ihrer Arbeit erreichen wollen. Jährlich stattfindende Klausurwochenenden außerhalb der gemeindlichen Umgebung sind hier eine gute Chance, selbstkritisch (und stolz) zurückzublicken, bestehende Konzepte zu reformulieren und erreichbare Ziele zu vereinbaren. Die gemeindliche Arbeit am Ort einerseits und die Herausbildung klarer Gemeindeprofile in regionaler Hinsicht andererseits stellen beide eine auf unterschiedliche Weise produktive Verdichtung von Erfahrung mit Kirche dar. Doch wie sich die komplementäre Herausbildung dieser unterschiedlichen Bereiche in einer Situation knapper Ressourcen gestalten soll, ohne daß beide Angebotsformen in Konkurrenz zueinander treten, ist eine heikle Aufgabe kirchenleitenden Handelns auf ortsgemeindlicher wie gesamtkirchlicher Ebene. Ein Hinweis zur Orientierung in dieser Aufgabe könnte in der Frage bestehen, unter welchen Bedingungen sichergestellt werden kann, daß bestimmte Angebote weder zur Verengung auf ein – wie auch immer zu bestimmendes – »kirchliches« Milieu beitragen noch umgekehrt zur unterschiedslosen Angleichung an außerkirchliche Kontexte führen, sondern vielmehr die Erfahrung produktiver Differenz ermöglichen.«[6]

---

[6] Wabel, Thomas, Produktive Differenz. Deutungsansätze zur neuen Kirchenmitgliedschaftsuntersuchung und Konsequenzen für kirchliche Arbeit in der pluralistischen Gesellschaft – unveröffentlichtes Manuskript.

III. Braunschweiger Reformansätze im Kontext anderer Stadtkirchen

Die beschriebenen Entwicklungen wurden bereits im September 1995 im Innenstadtkonvent der Propstei Braunschweig diskutiert. Eine Arbeitsgruppe hatte hierzu das »Arbeitspapier zur kirchlichen Arbeit in der Innenstadt Braunschweigs«[7] vorgelegt. Ausgehend von konzeptionellen Überlegungen zu den Aufgaben der Kirche(ngemeinden) in der Innenstadt, die unter dem Motto »Kirche in der Stadt will Kirche für die Stadt sein« stehen, wird festgehalten: »Wenn es denn richtig ist, daß – trotz aller institutioneller Kritik an ihr – die Kirche Ort von Sinnstiftung und Verkündigung des Heils ist, dann ist es die Aufgabe aller, die in ihr wirken, dies öffentlich weiterzusagen.« Für die Verfasser folgt daraus, »dass die kirchliche Arbeit in der Stadt eine gesellschaftsdiakonisch-religiöse Aufgabe ist, die in verschiedensten Ausprägungen für die Menschen unserer Stadt Braunschweig zu leisten ist.« Die nachfolgende Analyse stellt fest, dass dies in den traditionell, parochial strukturierten Arbeitsfeldern ebenso geschieht wie in den parochieübergreifenden Angeboten. In diesem Zusammenhang werden die speziell sozial-diakonischen Aufgaben noch einmal besonders gewichtet.

Hinsichtlich der Wahrnehmung der Kirche bzw. der Kirchengemeinden durch die Menschen der Stadt wird festgehalten, dass Kirche

a. Raum persönlicher Bindungen und Verwaltungsbezirk (Parochie) für die Bereiche Amtshandlungen, Seelsorge, Begleitung in Gruppen sei, dass sie
b. Raum übergreifender Begegnungen auf Zeit (übergemeindliche Angebote) im kulturellen und gesellschaftlichen Bereiche sei.

Beschrieben wird dann, dass das kirchliche Engagement in der Innenstadt als kirchliche Arbeit mit der (Parochial-) Gemeinde, neben der (Parochial-) Gemeinde und ohne die (Parochial-) Gemeinde auf »jeden Fall für ein Ge-

---

[7] Dittmann-Saxel, Pia/ Grote, Jürgen/ Hempel, Joachim, Arbeitspapier zur kirchlichen Arbeit in der Innenstadt Braunschweigs, Manuskript vom 7.9.1995.

genüber, das nicht parochial gebunden ist« geschieht.[8] Offenbar ist die Ortsgemeinde »mit der ihr zugedachten Funktion, die Präsenz der Kirche in der Gesellschaft und im Leben ihrer Mitglieder biographisch zu verankern, besonders darum überlastet, weil sie der faktisch gegebenen Pluralität kirchlicher Mitgliedschaftsformen heute nicht mehr gerecht werden kann.«[9] Dies aber bedeutet, dass sie den eigenen Anspruch nicht einlösen kann. Hinzu kommt, dass die Zahl der zur Kirchengemeinde gehörenden Mitglieder auch in ehemals evangelischen Großstadtregionen sich in den letzten Jahrzehnten stetig verringert hat. Dass hier Kirchenaustritte zwar eine gewisse Rolle spielen, zugleich aber Verlagerung der Wohnbevölkerung aus den Innenstädten an die Ränder oder in die umliegenden Dörfer und Kleinstädte bei gleichem Zuzug nicht einer christlichen Kirche Angehörender entscheidende Momente sind, die auch nicht durch wachsende Kircheneintritte ausgeglichen werden, muss erwähnt werden. So gehören im Jahre 2005 zu den zur Stadt Braunschweig zählenden Kirchengemeinden immerhin 43% der Bevölkerung von 239 500 Einwohnern. Dies bedeutet, dass sich die Arbeit der Gemeinden nicht nur auf Menschen bezieht, die zwar der Kirche angehören, aber nicht parochial gebunden sind, sondern auch eine große Zahl von Menschen im Blick haben muß, die noch nicht oder nicht mehr der Kirche angehören. Der Braunschweiger Propst Armin Kraft beschreibt die Situation zu Recht folgendermaßen: »Neben den treuen Kirchennahen, also diejenigen, die sich in Gottesdiensten und Gruppen zu ihrer Kirche halten,

---

[8] Bereits 1992 wird festgestellt, dass auf die Ortsgemeinde Aufgaben zukommen, »für die sie nicht oder nicht allein gerüstet ist.« Zugleich wird aber konstatiert: »Die Ortsgemeinde ist aber in gerade dem Zusammenhang in dem sie ja auch ursprünglich gegründet wurde, nämlich als Kasualseelsorgebezirk, weiterhin notwendig. Zudem spielt sie auch heute noch, wie zur Zeit ihrer Gründung, eine Rolle in der symbolischen Repräsentation der Kirche. Und schließlich können Ortsgemeinden eine konstruktive Rolle spielen, wenn sie sich als Forum für unterschiedliche soziale oder religiöse Aktivitäten in und außerhalb der Kirchengemeinde profilieren und es z.B. ermöglichen, daß auf Missstände im Zusammenleben der Menschen aufmerksam gemacht und Wege zur ihrer Behebung diskutiert werden können. Andere Funktionen bestehen darin, daß viele Ortsgemeinden als Anbieter bestimmter sozialer Dienstleistungen für ihren Stadtteil wichtig, im Bereich der Kindergartenversorgung z. T. sogar unersetzbar sind und damit eine Aufgabe übernehmen, die ihnen aus äußeren historischen Gründen zugewachsen ist.« In: Person und Institution – Volkskirche auf dem Weg in die Zukunft, Kirchenleitung der EKHN (Hg.), Frankfurt 1992, S. 121.
[9] Person und Institution, S. 123.

machen das die treuen Kirchenfernen deutlich. Sie sind Kirchensteuerzahler und unterstützen nach wie vor mit ihrem Geld die Institution, ohne ihr Angebot in Anspruch zu nehmen. Und auch die vielen kirchennahen Untreuen, die trotz fehlender finanzieller Steuerzahlungen engagiert für bestimmte Projekte mitarbeiten, suchen und sehen in der Kirche den Ort und Hort des ethischen Diskurses, der sozialen Verantwortung. Christliche Werte, kirchliches Leben müssen nicht schwinden, sie können auch zurückkehren.«[10] Für ihn gehören Mission und Mitgliederpflege zu den wichtigen Themen der kommenden Jahre. Er beschreibt völlig zutreffend, dass die herkömmlichen Grenzen der Parochie für die Menschen zunehmend an Bedeutung verlieren: »Die Menschen suchen sich selbst ihren Glaubensbedürfnissen, ihrem Freiheitsverständnis entsprechend Mitmenschen und Gruppen, Pastorinnen und Pastoren, Angebote und Veranstaltungen. Es kommt darauf an, theologisch profiliert, aber auch transparochial darauf zu reagieren.«[11]

Die Beobachtungen in Braunschweig lassen sich ohne Mühe mit meinen Erfahrungen für Wiesbaden[12] und mit den von Hans Christoph Stoodt für Frankfurt[13] beschriebenen in Deckung bringen.

Beispielhaft entfaltet das Dekanat Wiesbaden als Ergebnis eines mehrjährigen Reformprozesses im Januar 2003 sein Verständnis der Stadtkirchenarbeit als Aufgabe zeitgenössischer Kirche:

1. Stadtkirchenarbeit ist eine Erfindung des 20. Jahrhunderts.
2. Sie meint nicht zuerst oder gar ausschließlich die Parochialgemeinde (Kerngemeinde, Bekenntnisgemeinde, Personalgemeinde), sondern lädt ein zur »Kirche en passant«.
3. Stadtkirchenarbeit lebt auch vom »genius loci«.

---

[10] Kraft, Armin, »Transparochial«, in: Gott dem Herrn Dank sagen. Festschrift für Gerhard Heintze, hg. vom Freundeskreis der Braunschweiger Kirchen- und Sozialgeschichte, Wuppertal 2002, S. 439.
[11] Kraft, a.a.O., S. 438.
[12] Girschner-Woldt, Ingrid, Strukturreform für eine pluralistische Kirche. Erfahrungen aus Strukturplanungsprozessen in der Hannoverschen Landeskirche und der EKHN, in: Deutsches Pfarrerblatt 2/1998. Internetversion: http://www.deutsches-pfarrerblatt.de (unter »Archiv«).
[13] Stoodt, Hans Christoph, Formen kirchlicher Arbeit an der Schwelle von der Industrie- zur Risikogesellschaft, in: Pastoraltheologie 80 (1991/3) S. 116-132.

4. Stadtkirchenarbeit ist immer auch City-Seelsorge.
5. Sie sucht nach neuen und alten Formen von Spiritualität.
6. Sie wird sich leicht mit dem Vorwurf der Ketzerei auseinandersetzen müssen.
7. Stadtkirchenarbeit bewegt sich in einem großen Spannungsfeld: zwischen Gebet und Autorenlesung, Kunst und Tourismus, Stille und Demonstration, Musik und Wort (Stadtkirchenarbeit an der Marktkirche Wiesbaden).
8. Sie findet statt im Gotteshaus, arbeitet im »Nassauischen Landesdom« in Nachbarschaft von Rathaus und Landtag, Marktplatz und Dernschem Gelände, Weinfest und Sternschnuppenmarkt.
9. Sie findet statt im Gotteshaus einer vielfältig lebendigen Ortsgemeinde und eines jetzt schon reichen Musik- und Veranstaltungslebens.
10. Sie hat Anteil an der »real existierenden« Evangelischen Kirche in Hessen und Nassau und deren Strukturen in Gemeinde, Dekanat und Landeskirche.[14]

Stoodt hat bereits 1991 die theologischen Argumente, die gegen die Engführung des Gemeindebegriffs auf die Parochie sprechen, vorgetragen.[15] Er macht deutlich, dass weder der Bezug auf den neutestamentlichen Befund der Organisationsformen in der Jesusbewegung oder der Briefliteratur des Neuen Testaments, noch der Rückgriff auf die Knotenpunkte in der Kirchengeschichte, an denen grundlegende Neubestimmungen der Ekklesiologie und des theologischen Gemeindebegriffs erfolgten, eine solche Engführung rechtfertigen (von der Konstantinischen Wende über die mittelalterliche Durchsetzung des Parochialprinzips im Gefolge der karolingischen Reform, über die krisenhafte Phase raschen urbanen Wachstums mit ihrem Neben- und Gegeneinander monastisch bestimmter personal- oder situationsgemeindlicher Formen im Gegenüber zu den weiter existierenden Parochien im Hoch- und Spätmittelalter, über die Reformation, Aufklärung und Pietismus bis hin zur Geschichte der Herausbildung der modernen

---

[14] Heinemann, Hans-Martin, in: http://www.kirchen-wiesbaden.de (unter »Infos/Materialien«, Aufruf am 30.3.2005).
[15] Stoodt, Formen, a.a.O., S. 117f.

Gesellschaft, der Gemeindebewegung um Emil Sulze und andere, ja sogar bis hin zur Geschichte der Bekennenden Kirche): Sie alle legen nicht schriftbegründet oder auf der Basis selbstverständlich gewordener allgemeiner Grundannahmen ein einziges Modell von Gemeinde als theologisch begründbare Auffassung zugrunde. Schon gar nicht lässt sich die Dominanz des territorialen Parochialprinzips als Grundbestimmung des Gemeindebegriffs irgendwie theologisch begründen.[16]

Festzuhalten ist, dass »Begriff und Realität der Ortsgemeinde ... als dominante Sozialform kirchlichen Handelns historisch jung«[17] sind. Natürlich gibt es hinreichend gute Gründe, warum dies so geworden ist, nur dies bedeutet zugleich, dass diese Dominanz dann, wenn sich die Begründung ihrer Existenz ändert, auch veränderbar sein muss.[18]

Kirche auf Stadtebene kann das Ortsgemeindliche nicht ersetzen. Dieses steht für die Nähe der Kirche zu den Menschen durch Gottesdienst, in der Seelsorge, in der rituellen Begleitung des Lebens und Sterbens und im kirchlichen Unterricht. Kirche in der Stadt, als Stadtkirchenarbeit verstanden, versucht die weitere Heimat zu gestalten durch übergreifende Angebote. Zugleich haben die Parochien regionale Mitverantwortung für die zahlreichen Gemeindeglieder, die in der örtlichen Nähe nicht praktizieren, sondern auf Ebene der Stadtkirche das ihnen Adäquate suchen.

Dieser Prozess muss allerdings als Aufgabe bewusst angenommen werden. Hinzuweisen ist in diesem Zusammenhang auf den Ansatz Pohl-Patalongs, die die besondere Bedeutung kirchlicher Orte – damit meint sie jegliche Orte, an denen kirchliche Arbeit stattfindet – beschreibt, um den wenig hilfreichen Gegensatz von »Ortsgemeinde« und »funktionalen Diensten« aufzulösen. Sie folgert: »Einerseits ist die wohnortnahe Präsenz sicher gestellt und erfüllt die kirchlichen Aufgaben, die sich mit dem Wohnort verbinden.

---

[16] Stoodt, Hans Christoph, Netzwerk Kirche, unveröffentlichtes Manuskript vom Febr. 2005, S. 3.
[17] Stoodt, Netzwerk, S. 4.
[18] Noch kritischer argumentiert Wolf–Ecktar Failing in »Das große Versprechen der Stadt. Stadt-Kirche – eine praktisch-theologische Skizze«, in: Darmstädter Theologische Beiträge zu Gegenwartsfragen, Stadtkultur leben, 1998.

Andererseits wird ein differenziertes inhaltliches Angebot entwickelt, das der Pluralität kirchlicher Aufgaben in der Gegenwart gerecht wird.«[19] Inwieweit dieser Ansatz allerdings die Gefahr beinhaltet, »virtuelle« Gemeinde zu konstituieren, bleibt anzufragen.

Es steht außer Frage, dass die in den Kirchengemeinden und der Propstei Verantwortung Tragenden ebenso wie die für die Leitung der Gesamtkirche Verantwortlichen gemeinsame Anstrengungen unternehmen müssen, um Entgrenzungsvorgänge zu gestalten, die es ermöglichen, die immer wieder artikulierten und gerade in den letzten Jahren wachsenden Erwartungen an die Stadtkirche aufzunehmen.[20]

Aus dem bisher Beschriebenen folgt:

1. Kirchliche Präsenz und Arbeit mit vertrauten Personen sind auf gemeindlicher Ebene unverzichtbar. Dazu gehören Seelsorge, Gottesdienst, Unterricht, Kasualien, lebensraumbezogene Angebote, Kontakte zu Vereinen etc., also alles in allem: Nähe.
2. Menschen wählen sich aber Orte und Bezüge ihrer religiösen und kirchlichen Praxis nach eigenen Wünschen und Bedürfnissen in der Stadt, der Propstei und darüber hinaus. Sie tun dies durchaus unter Inkaufnahme von zu überwindenden Distanzen, d.h. sie suchen die größere Heimat, die das Ortsgefüge mit seiner spezifischen Nähe und Begrenzung überschreitet. Sie wählen aber unter Berücksichtigung bestimmter Personen und deren Themen und der Orte aus, an denen die Themen verhandelt werden.

IV. Das Braunschweiger Modell als Beispiel »flexibler Kirche«

Vor einer Beschreibung des »erweiterten Gemeindebegriffs« am Beispiel des Modells »Kirche im Quartier« in Braunschweig, der auf die dargestellte

---

[19] Pohl-Patalong, Uta, Das Modell »Kirchliche Orte«. Vortrag im Rahmen der 1. wissenschaftlichen Tagung des Netzwerks »Gemeinde und funktionale Dienste«, Braunschweig, 14.2.2003, S. 1; sowie Ortsgemeinde und übergemeindliche Arbeit im Konflikt. Eine Analyse der Argumentation und ein alternatives Modell, Göttingen 2003.

[20] Zum Ganzen: »Suchet der Stadt Bestes«, in: Weber, Friedrich, Kirche - zwischen Himmel und Erde, Wuppertal 2004, S. 183ff.

Situation zeitgemäß reagieren möchte, kommen noch einmal die Verfasser des Arbeitspapiers zur kirchlichen Arbeit in der Innenstadt Braunschweigs zu Wort. Sie haben 1995 nach der Darstellung bisheriger Konzeptionen für kirchliche Arbeit in der Stadt (Stadtkirche, Citykirche, Innenstadtkirchenprojekt, Profilkirche) den Begriff der »flexiblen Kirche« eingeführt. Damit ist gemeint, dass die einzelnen Kirchen (bzw. Gemeinden) »sich für Möglichkeiten der Zusammenarbeit unter den Stichworten: Repräsentation, Inkarnation und Animation«[21] entscheiden.

Damit werden identifiziert

a. »Aufgaben, die jeweils nur von der eigenen Gemeinde wahrgenommen werden;
b. Aufgaben, die jeweils von mehreren Gemeinden übergreifend wahrgenommen werden;
c. Aufgaben, die von allen gemeinsam getragen werden und/oder die an eine Kirche delegiert werden.«[22]

Die Arbeitsgruppe entwickelte dann erstmals das »Braunschweiger Modell«, das sich aus der Konzeption der »flexiblen Kirche« ergeben sollte. Konkret wurde es auf das innere Ringgebiet und auf dessen hervorstechende Kirchen bezogen. Die Kirchen werden als äußere »Orientierungspunkte der ›Kirche in der Stadt und für die Stadt‹« verstanden. Erstmals wird nun der Begriff des »gemeindeübergreifenden Quartiers« eingeführt. Inhaltlich bestimmt wird das gemeindeübergreifende Quartier als eine auf das Wohnumfeld bezogene Arbeit. »In einem Wohngebiet sollen Angebote gemacht werden, die gemeindeübergreifend begleitet werden. D.h., nicht jede Kirchengemeinde soll alles anbieten, sondern die Angebote sollen auf eine breitere Basis gestellt werden und durch die Vielfalt bereichert werden. Diese Durchlässigkeit bisheriger Gemeindegrenzen will

- vorhandene Angebote konzentrieren und dadurch minimieren;

---

[21] Arbeitspapier, S. 4. Die Gruppe nimmt damit eine begriffliche Umschreibung des Auftrags der Kirche auf, wie sie von Michael Sievernich, Urbanität und Christentum, Konturen einer Theologie der Stadt, in: Pastoraltheologie 79, 1990, 95-115 vorgelegt wurde.
[22] a.a.O., S. 4.

- Arbeitsschwerpunkte ermöglichen, um für andere Bereiche Arbeitskapazitäten frei zu bekommen;
- intensiver auf das Wohnumfeld eingehen, das in seiner Gesamtheit unabhängig von Gemeindegrenzen zu sehen ist;
- Kompetenzerweiterung ermöglichen;
- eine gemeinsame Identität der Innenstadtgemeinden schaffen;
- Möglichkeiten zum eigenverantwortlichen Reagieren auf veränderte (kirchliche) Situationen eröffnen;
- Freiraum schaffen für die Kirche und ihre Entwicklung in der Stadt.

Kooperationen über die Grenzen des Innenstadtbereichs hinaus sind durchaus möglich und gewünscht, sollten aber die Zusammenarbeit im Innenstadtbereich nicht behindern.«[23]

Zugleich sollten sich nach dem Arbeitspapier die Kirchengemeinden der Innenstadt als »gegliederte Gesamtgemeinde« verstehen und zunehmend organisieren. Deren Aufgabenfeld liege im gesellschafts-diakonischen Bereich und werde durch ein Gremium, aus den Innenstadtgemeinden gebildet, koordiniert. »Die beteiligten Gemeinden legen verbindlich in einem freiwilligen Zusammenschluss ihre Arbeitskräfte und Ressourcen zusammen und bestimmen die jeweils eigenen Arbeitsschwerpunkte. Kasualbezirke für Seelsorge und Verkündigung bleiben bestehen.«[24]

Dass die Arbeitsgruppe dies weitreichende Reformvorhaben nicht blauäugig angeht, belegt der Hinweis, dass sie mit Widerständen und Schwierigkeiten in der Umsetzungsphase des Reformvorhabens rechnet. Genannt werden: traditionell gewachsene Strukturen, gesellschaftliche Entwicklung, Identifikationsmöglichkeiten, Mobilität, Gemeindeideologie, Arbeitsressourcen, Abgabe von Souveränität, Mitarbeiterinnen und Mitarbeiter, Konkurrenzsituation, Berufsbild Pfarrerin/Pfarrer, Ausbildung und Fortbildung, Verbindlichkeit. Den Verfassern ist klar, dass die Umsetzung des Vorhabens nur gelingen kann, wenn alle Beteiligten von seinem Sinn überzeugt sind

---

[23] Arbeitspapier, S. 5.
[24] Arbeitspapier, S. 6.

Friedrich Weber

und dem Modell zustimmen.[25] Abschließend wird ein dreiphasiger Stufenplan für die Entwicklung des Modells beschrieben, dem auch der Hinweis auf zu klärende juristische Fragen folgt. Die dem Modell beigefügte Skizze zeigt, dass in der gegliederten Gesamtgemeinde Innenstadt die verschiedenen Kirchengemeinden in ihrer rechtlichen Gestalt bestehen bleiben, sich aber im beschriebenen Sinne zu Quartieren zusammenschließen.

V. Das Braunschweiger Quartier als Beispiel eines »erweiterten Gemeindebegriffs«

Im November 2003 führten die Überlegungen der Arbeitsgruppe, die Diskussionen der Propsteisynode Braunschweig, die Anmerkungen aus den Kirchenvorständen und dem Pfarrkonvent Braunschweig zum Quartiersgedanken zu einer durch die Kirchenregierung der Landessynode zur Beratung und zur Beschlussfassung übergebenen Vorlage zur Änderung der Kirchengemeindeordnung der Evangelisch-lutherischen Landeskirche in Braunschweig.[26] Dieser stimmte die Kirchensynode zu. Seitdem ist es möglich, dass benachbarte Kirchengemeinden – sowohl auf dem Land als auch in städtischen Gebieten – auf Grund vertraglicher Vereinbarung in einem Quartier kooperieren.

In den § 72-76 der Kirchengemeindeordnung sind Bildung und Aufgaben des Quartiers sowie Organe und Verfahren benannt. Neben den Arbeitsgemeinschaften von Kirchengemeinden und den Pfarrverbänden (§ 61 ff) ist so mit den Quartieren – vornehmlich für städtische Gebiete – eine Weiterentwicklung der Kooperationsformen erreicht. »Ähnlich wie beim Pfarrverband werden auch beim Quartier die Kirchengemeinden unter dem gemeinsamen Quartierspfarramt verbunden. Folgende Inhalte muß der Quartiersvertrag enthalten: die Organisation des gemeinsamen Pfarramtes einschließlich der Regelungen zur Geschäftsführung und der Abgrenzung der Seelsorgebezirke; die Regelungen über den Vorsitz der Quartiersver-

---

[25] Arbeitspapier, S. 7-9.
[26] Gemeinschaft gestalten. Kleine Rechtssammlung für Kirchenverordnete, Ev.-luth. Landeskirche in Braunschweig (Hg.), Wolfenbüttel 2004², S. 46f.

sammlung; die inhaltliche Umschreibung der Quartiersarbeit; die Deckung des Aufwandes und die Möglichkeiten der Vertragsbeendigung. Darüber hinaus können dem Quartier von den beteiligten Kirchengemeinden auch weitere Aufgaben übertragen werden. Insbesondere empfiehlt es sich, die Fürsorge für die Mitarbeitenden und die kirchliche Gebäudeunterhaltung gemeinsam im Quartier wahrzunehmen. Die Aufgaben des Quartiers sind dementsprechend die Verantwortung für das Quartierspfarramt, die Mitwirkung bei der Quartierspfarrstellenbesetzung und die Erledigung kirchengemeindlicher Aufgaben im Quartier, soweit diese durch den Quartiersvertrag auf das Quartier übertragen worden sind. Beschlussorgan ist die aus den Kirchenvorständen des Quartiers zusammengesetzte Quartiersversammlung.«[27]

Mittlerweile sind die ersten Quartiere in Braunschweig und Wolfenbüttel vertraglich gebildet.[28] Der vertraglichen Einigung gingen jeweils lange und intensive Bilanzierungsprozesse in den beteiligten Gemeinden voraus. Bei aller Übereinstimmung in der Situationsanalyse, die in der Regel auf Grund schwieriger werdender äußerer Daten zu einer Kooperation führt, halten die Präambeln der Kooperationsverträge zur Quartierbildung zwischen Kirchengemeinden fest, dass unter »Wahrung des traditionellen Profils und der Eigenständigkeit beider Gemeinden zugleich gemeinsame Verantwortung übernommen wird für die Ziele und Aufgaben der Ev.-luth. Kirche in unserem Gemeindebereich.«[29] Dass hier deutlich auf die Ziele und Aufgaben der Gesamtkirche, diese aber auf den Gemeindebereich bezogen, abgehoben wird, ist ein deutliches Signal dafür, dass die Quartiere ihre Arbeit als in dem Kontext der gesamten Kirche stehend bestimmen.

---

[27] Gemeinschaft gestalten, S. 46f.
[28] Nachfolgend werden die im Landeskirchlichen Amtsblatt der Ev.-luth. Landeskirche in Braunschweig CXVIII. Jahrgang Stück 2 vom 1.3.2005 veröffentlichten Kooperationsverträge zur Quartierbildung zwischen den Kirchengemeinden Martin Luther und St. Johannis in Braunschweig (S.18f) und zwischen den Kirchengemeinden St. Trinitatis und der Kirchengemeinde der Hauptkirche BMV in Wolfenbüttel (S. 20) beschrieben.
[29] Landeskirchliches Amtsblatt der Evangelisch-lutherischen Landeskirche in Braunschweig, CXVIII. Jahrgang, Stück 2, S. 18 und 20.

Das »Ziel der Quartiersarbeit ist eine übergreifende Wahrnehmung der Aufgaben der Verkündigung, der Seelsorge und der Konfirmandenarbeit. Durch eine gemeinsame Abstimmung und ›Spezialisierung‹ soll den innerhalb der beiden Gemeinden unterschiedlichen, aber gemeindeübergreifend gleichartigen Erwartungen und Anforderungen auf Grund der Bevölkerungsstrukturen entsprochen werden«.[30] Mit dieser Bestimmung wird das Gesamtziel in Braunschweig auf die gemeindliche Situation – unter Berücksichtigung der soziographischen Daten – des Quartiers konkretisiert. Vorausgesetzt ist natürlich, dass diese Konkretion nicht ohne Berücksichtigung der Herausforderung in den Nachbargemeinden oder -quartieren geschehen kann. Insofern wäre es wünschenswert, wenn die Beschreibung der Konkretziele in einem Klärungsprozess auf regionaler kirchlicher Ebene erfolgte.

Neben der Bildung des gemeinsamen Pfarramts, in das die in beiden Gemeinden vorhandenen Pfarrstellen zusammengeführt werden, – die pfarramtlichen Aufgaben werden in gemeinsamer Verantwortung wahrgenommen – ist es vor allem die aus den beiden weiterhin existierenden Kirchenvorständen gebildete Quartiersversammlung, die durch gemeinsam wahrgenommene Verantwortung die noch vorhandenen parochialen Grenzen überschreitet. Im Wolfenbütteler Vertrag haben die von ihr gefassten Beschlüsse bindende Kraft für die kooperierenden Kirchengemeinden. Festgehalten ist allerdings in Wolfenbüttel, dass »jeder Kirchenvorstand ... dabei mindestens durch ein Drittel der gesetzlichen Zahl seiner Mitglieder vertreten sein (muss).«[31] Im Braunschweiger Vertrag beschließt die »Quartiersversammlung mit der Mehrheit der Anwesenden.«[32] Ein weiterer wichtiger Schritt zur engeren Kooperation ist mit der Aufgabe der Wolfenbütteler Quartiersversammlung beschrieben, »unbeschadet der Anstellungsträgerschaft der einzelnen Kirchengemeinden ... auch die Mitverantwortung für die Mitarbeiter und Mitarbeiterinnen im Quartier, soweit ihre Aufgaben über die einzelnen Gemeinden hinausgehen« wahrzunehmen.[33] Im Braunschweiger

---

[30] a.a.O., S. 18.
[31] a.a.O., S. 20.
[32] a.a.O., S. 18.
[33] a.a.O., S. 20.

Kooperationsvertrag heißt es: »Umfang und Aufgaben der hauptamtlichen Mitarbeiterinnen und Mitarbeiter, wie Küster oder Diakon, sowie die Anstellungsträgerschaft und die Dienstaufsicht« werden durch die Quartiersversammlung festgelegt.[34] Die Verantwortung für die Pfarrhäuser wird in Wolfenbüttel gemeinsam wahrgenommen[35], in Braunschweig wird die Frage nicht vertraglich geregelt. Die Errichtung eines gemeinsamen Sekretariats erfolgt in beiden Quartieren. Finanziert werden die quartierbezogenen Ausgaben durch einen Quartiershaushalt bzw. eine Quartierskasse. Die Frage der Geschäftsführung wird in der Weise geregelt, dass entweder einer der Pfarrstelleninhaber sie ausübt (Braunschweig)[36] oder sie vom vorsitzenden oder stellvertretenden vorsitzenden Mitglied des Pfarramtes wahrgenommen wird (Wolfenbüttel). Für den Fall, dass in Wolfenbüttel »kein Mitglied des Pfarramtes dem Vorsitz« angehört, wird die geschäftsführende Person von der Quartierversammlung gewählt.[37]

Die Vertragsgestaltung ist im Ganzen flexibel und berücksichtigt dezidert die jeweilige besondere Situation der kooperierenden Gemeinden unter dem Aspekt der Übernahme gemeinsamer Verantwortung für die Fortführung und Weiterentwicklung gemeindlicher Arbeit. Dies wird konkretisiert in gemeinsamer Personal-, Gebäude- und thematischer Verantwortung.

Mit der durch die Beschlussfassung der Landessynode im November 2003 erreichten Erweiterung des Gemeindebegriffs um die der den Bedürfnissen des jeweiligen Ortes, der jeweiligen Region sich variabel anpassenden rechtlichen Gestaltungsmöglichkeiten, ist ein wichtiger Schritt getan, um zwar die Ortsnähe und die Beziehung auf einen konkreten kirchengemeindlichen Ort, in der Regel durch ein Kirchengebäude gegeben, bewahren, dennoch auf die Fragestellungen und Bedürfnisse eines sich nicht an den kirchengemeindlichen Grenzen orientierenden Lebensraums eingehen zu können. Sicherlich steht hinter den jetzt abgeschlossenen Quartiersverträgen auch die Notwendigkeit, auf die sich ändernde äußere Situation der

---

[34] a.a.O., S. 18.
[35] a.a.O., S. 20.
[36] a.a.O., S. 19.
[37] a.a.O., S. 20.

Gemeinden zu reagieren. Diese Situation ist aber – entgegen der gelegentlich geäußerten Befindlichkeit – nicht in erster Linie durch Rückgang an Finanzen und Mitglieder bestimmt, sondern durch ein Ineinander von hoher Erwartung an Erreich- und Erkennbarkeit der für die kirchliche und diakonische Arbeit Stehenden und von zu bewältigenden Verlusten. Insofern ist die Bereitschaft, sich auf Quartiere zu verständigen, auch als Signal der vor Ort Verantwortlichen zu verstehen, in ihrem Bereich die Hindernisse zu minimieren, die der Aufgabe der Gemeinde entgegenstehen, von der Hoffnung, die in ihr lebt, von der sie weiß und die sie trägt, öffentlich Zeugnis abzulegen. (1. Petrus 3,15)

VI. Auf dem Weg zur »gegliederten Gesamtgemeinde«?

Für den Braunschweiger Propst Armin Kraft ist damit der Weg hin zu einer von ihm schon früher beschriebenen »gegliederten Gesamtgemeinde«[38] aufgenommen. Seine Vision ist: »in bezug auf die drei Grundfunktionen kirchlichen Handelns (Zeugnis, Gemeinschaft und Dienst, bzw. Repräsentation, Animation und Inkarnation, Verf.) entscheiden die Gemeinden und kirchlichen Einrichtungen der Propstei Braunschweig dabei gemeinsam, welche Aufgaben von jeder Gemeinde wahrgenommen werden und gewissermaßen parochialen Charakter haben. Sie entscheiden, auf welchem Gebiet mehrere Gemeinden/Dienste/Einrichtungen kooperieren, um für einen Stadtteil eine oder mehrere Aufgaben zu übernehmen (z.B. Konfirmandenunterricht oder diakonische Aufgaben). Und sie entscheiden, welche für die ganze Stadt relevante Aufgabe an eine dafür von ihrer Lage oder ihrem Personal oder sonstigen Voraussetzungen her besonders geeigneten Gemeinde oder Kirche angebunden bzw. von bestimmten dafür qualifizierten Personen wahrgenommen wird. Ein so umrissener Prozess in Richtung einer »gegliederten Gesamtgemeinde« wird Zeit und vielfältige Gespräche brauchen, wird auch in einem Klima stattfinden müssen, das nicht unter dem Damoklesschwert rapider Stelleneinsparungen steht, sondern den Wunsch im Vordergrund hat, die kirchliche Arbeit in der Stadt zu verbessern. Zu diesem Prozess ge-

---

[38] Kraft, a.a.O., S. 44.

hört freilich auch, dass die in der Stadt tätigen kirchlichen Mitarbeiterinnen und Mitarbeiter ihr Bezugsfeld »Großstadt« auch als solches wahrnehmen. Konkret am Beispiel der Pfarrerinnen und Pfarrer: Das Berufsfeld »Pfarrer/Pfarrerin in der Großstadt« ist ein anderes als das des Pfarrers/der Pfarrerin auf dem Land. Und das muß auch konkret sichtbar werden, sei es mit der Bezogenheit ihrer Arbeit auch auf die »Tagesordnung der Stadt«, sei es mit der Orientierung an spezifischen Gruppen der städtischen Gesellschaft wie Singles, WissenschaftlerInnen, KünstlerInnen etc. etc. Berufsbegleitende Beratung und Fortbildung mit der spezifischen Fragestellung des »Pfarrer/Pfarrerin-Seins in der Großstadt« ist hier ebenso nötig wie die generelle Arbeit an einem Leitbild »Pfarrer/Pfarrerin« in unserer Gesellschaft und die Thematik der Zusammenarbeit von Pfarrerinnen und Pfarrern mit ehrenamtlichen Mitarbeiterinnen und Mitarbeitern.«[39]

Dass dieser komplizierte, aber verheißungsvolle Prozess nun doch unter dem von Propst Kraft so genannten »Damoklesschwert« von durch Mitglieder- und Finanzrückgang bedingten Stelleneinsparungen steht, macht ihn nicht einfacher, aber umso notwendiger. Darum müssen pastoralpsychologische Verstehens- und Deutungsmuster auf die sich ändernden äußeren Bedingungen mit ihren verunsichernden Wirkungen nach innen angewandt werden, stellt sich doch auch die Frage, welche Erkenntnisse möglich werden, wenn das individualpsychologische Konzept von Verlust und Trauer auf die soziale Ebene von Gruppen, Gemeinden oder die Kirche insgesamt übertragen wird.

VII. Das Braunschweiger Quartier als Lebensform des Glaubens

Ein guter Anfang, der Raum zur jeweils nötigen Ausgestaltung und zur Entwicklung auf das größere Ganze schenkt, ist gemacht. Der Prozess der Entgrenzung – als Gestaltung der Erfahrung »produktiver Differenz«[40] – hat begonnen, allerdings so, dass Menschen darüber den Ort nicht verlieren

---

[39] Kraft, a.a.O., S. 441.
[40] Wabel, a.a.O.

müssen, sondern dass sie ihre nähere kirchliche Heimat behalten und sie nicht Glieder einer sich nur je für bestimmte Aktionen konstituierenden Kirche werden müssen. Zunächst aber geht es darum, die Quartiere als wohnortnahe, den in ihnen lebenden Menschen zugewandte Arbeits- und Lebensformen christlichen Glaubens nahe zu bringen. Die Voraussetzungen dazu, dass dies gelingt, sind gut.

IV. Übergemeindliche und regionale Projekte

Ingrid Girschner-Woldt

»Es geht um die Substanz – was ist denn die Substanz?«

1. Ausgangssituation: Strukturplanung muss mehr sein als Stellenstreichung. Zielvorstellungen und Motive von Initiatoren, Promotoren und sonstigen Akteuren

1.1. Die Reforminitiative des Superintendenten

1994 hatte die Synode der Hannoverschen Landeskirche ohne jede Vorbereitung und ohne weitere Vorgaben eine Kürzung des Personaletats von rund 20% für den Planungszeitraum 1995-98 beschlossen. Dies nahm der Kirchenkreis Uslar auf Initiative des Superintendenten zum Anlass, unter dem Motto »Strukturplanung muss mehr sein als Stellenstreichung« einen grundlegenden Reflexions- und Veränderungsprozess zu beginnen. Dabei sollte es nicht nur darum gehen, wie man mit zunehmend knapper werdenden Mitteln die gewohnte Arbeit in den Gemeinden mit möglichst wenig Einbußen aufrechterhalten kann. Problematisiert werden sollten auch diese gewohnten Arbeitsformen selbst, die zum Teil ineffizient und für die Beteiligten frustrierend sind und die Tradierungskrise des christlichen Glaubens verschärfen. Ein entsprechender Antrag auf Bildung einer Initiativgruppe wurde im Dezember 1994 vom Kirchenkreistag angenommen. Während des gesamten Projektes bestätigte der Kirchenkreistag die Beschlüsse des Planungs- und Strukturausschusses mit deutlichen Mehrheiten. Dabei war die Zahl der haupt- und ehrenamtlichen Laien unter den Befürwortern besonders beachtlich.

Die meisten Kirchenkreise haben als erstes versucht, Entscheidungen auf die lange Bank zu schieben, um alles so weit wie nur möglich beim Alten zu lassen, Stellen da zu streichen, wo sie zufällig frei wurden, und, wenn das nicht ausreichte, um jeden Preis die Pfarrstellen zu verschonen. Das geht im Wesentlichen zu Lasten von Diensten und Einrichtungen, von Diakonen, Kirchenkreissozialarbeitern und anderen Mitarbeitern, die vielfach in besonderem Maße für Kontakte mit den Kirchenmitgliedern zuständig sind, die nicht zum engen Kreis der traditionellen Kerngemeinde gehören. Der Kirchenkreis Uslar bildete mit seinem programmatischen Anspruch, über die kerngemeindliche Arbeit hinauszugehen und dem Relevanzverlust der Kirche entgegenzuwirken, eine Ausnahme. Einen ersten Schritt in dieser Richtung hatte der Superintendent bald nach Beginn seiner Amtszeit 1993 gemacht, indem er die Kirchenkreiskonferenz (KKK), das Gremium aller Hauptamtlichen des Kirchenkreises, zur obligatorischen monatlichen Besprechungsrunde erklärte und den Konvent der ordinierten Pastoren nur im satzungsgemäßen Mindestmaß einzuberufen beschloss. Diese Position wurde von einer Mehrheit der Hauptamtlichen mitgetragen und von den Übrigen bis auf eine Ausnahme toleriert. Allerdings verursachte der beharrliche Boykott der KKK durch den »Abweichler« eine latente, mit der Zeit zunehmende Irritation bei den übrigen Pastoren. Auch dieser Konflikt mag mitgemeint gewesen sein, als die Vorbereitungsgruppe der eintägigen Startveranstaltung im Februar 1995 das Motto »Es geht um die Substanz – Was ist denn unsere Substanz?« vorgab.

1.2. Das Moderatorenteam

Reflexionsprozesse so grundsätzlicher Art sind erfolgversprechend nur mit externer Hilfe zu schaffen, denn eingelebte Routinen mit all ihren Dysfunktionen, Irrationalismen und Rationalisierungen sind dem, der ihnen anheim gefallen ist, nur begrenzt zugänglich, zumal sie zum Teil auch theologische Grundorientierungen mitbetreffen müssen, die den institutionellen Rahmen von kirchlicher Arbeit der Disposition zu entziehen scheinen. Wenn jedoch die traditionellen dogmatisch legitimierten Arbeitsformen und Strukturen, die viel zur Distanzierung gerade der jüngeren, stärker modernisierungsgeprägten Mitglieder beitragen, einfach aus Gründen mangelnder Finanzierbarkeit nicht mehr aufrecht erhalten werden können, scheint es dringend geboten zu fragen, wie sie denn verändert werden müssten, um die Zukunftsfähigkeit und gesellschaftliche Relevanz der Kirche nicht aufs Spiel zu setzen.

Der Superintendent hatte deshalb einen ihm vertrauten Pastor der Gemeindeberatung um Hilfe gebeten und wandte sich, als dieser aus Zeitgründen absagte, an meinen Mann und mich als Soziologen mit langjähriger Erfahrung in beteiligungsorientierten Aktionsforschungsprojekten, weil er unsere Haltung aus vielen Diskussionen in seiner ehemaligen Pfarrgemeinde kannte. Innerhalb kurzer Zeit wuchsen uns neben der Konzipierung und Moderation von Planungswerkstätten eine ganze Reihe anderer Aufgaben zu. Dazu gehörten die inhaltliche Auswertung von Sitzungen und Werkstätten, die Abfassung von Papieren zur Zusammenfassung des jeweiligen Diskussionsstands, professionelle Beratung in Form von Vorschlägen zu programmatischen und strukturellen Entwicklungsperspektiven, sowie im Bedarfsfall Konzipierung und Durchführung kurzer Fortbildungsinputs. Das beinhaltete – immer in enger Kooperation mit dem Superintendenten – ein hohes Maß an Eigeninitiative, die wir in der Rolle von »engagierten Distanzierten« vielfach mit Erfolg zur Problematisierung binnenkirchlicher Selbstverständlichkeiten nutzten. In der Planungsphase wurden diese Anregungen von der überwiegenden Mehrheit der Beteiligten gern aufgenommen und weiter entwickelt, so dass ein ziemlich bemerkenswertes Ergebnis zustande kam.

1.3. Die Kirchenkreiskonferenz

Ausgangspunkt der Projektentwicklung war eine von den Werkstattteilnehmern erarbeitete Problemlandkarte der gegenwärtigen kirchlichen Arbeit und eine darauf bezogene Vorschlagsliste sinnvoll erscheinender Konsequenzen. Sie zeigte, dass so gut wie alle Pastoren sich auch jetzt schon, vor weiteren Stellenkürzungen, überlastet fühlten und unter der (eigenen wie gemeindlichen) Erwartung von Allzuständigkeit litten. Gleichzeitig erlebte die Mehrheit der Pastoren ihre Gemeinde als außerordentlich unselbständig und sah deshalb kaum Möglichkeiten der Entlastung. Eine resignative Tendenz war unverkennbar. Dabei schien die Wahrnehmungsperspektive überwiegend personalistisch und an einem eher traditionellen Leitbild dörflicher Gemeinschaft ausgerichtet. Kulturelle und strukturelle gesellschaftliche Veränderungstendenzen kamen überwiegend als erschwerende Randbedingungen zur Sprache. Als kirchlicher Gestaltungsauftrag wurden sie nur von einer Minderheit der Teilnehmer, insbesondere der Leiterin des Diakonischen Werks, thematisiert. Ein anschließendes Referat, in dem ich die auch von den Pastoren genannten Probleme aus soziologischer Perspektive beleuchtete, wurde jedoch von den Teilnehmern mit Interesse zur Kenntnis genommen.

Auf dieser Basis skizzierten wir den Umriss eines Organisationsentwicklungsprozesses, diskutierten ihn mit dem Superintendenten und stellten ihn mit dessen Einverständnis im März 1995 dem Planungs- und Strukturausschuss vor. Der beschloss entsprechend unserem Vorschlag eine zweite ganztägige Planungswerkstatt der Kirchenkreiskonferenz von uns moderieren zu lassen, um deren Votum einzuholen. In dieser Werkstatt im Mai 1995 wurden erste Bausteine der Personalplanung erarbeitet: Streichung von einer unbesetzten Pfarrstelle – KW-Vermerk für eine besetzte Stelle – Streichung von 2,5 Diakonstellen in Uslar und der Westregion des Kirchenkreises, dafür Einrichtung von zwei Diakonstellen für Jugendarbeit (KJD im gesamten Kirchenkreis) – Schlüsselzuweisung an die Gemeinden für nebenamtliche Tätigkeiten – Neuordnung der Regionen (drei statt vier) zu gemeinsamer Willensbildung und Kooperation der Gemeinden – Beschluss zum Beginn einer Organisationsentwicklung im gesamten Kirchenkreis, zur Einsetzung einer OE-Arbeitsgruppe (Planungs- und Strukturausschuss) als Ergänzung und Gegenüber der Kirchenkreiskonferenz und zur Begleitung des OE-Prozesses durch das Moderatorenteam für die Dauer von drei Jahren. Alle Beschlüsse erfolgten einstimmig ohne Gegenstimmen und Enthaltungen, allerdings in Abwesenheit des schon erwähnten KKK-Verweigerers.

In einer monatlichen Abfolge von halb- und ganztägigen Sitzungen erarbeitete die Kirchenkreiskonferenz bis Anfang November die Grundzüge eines Reformkonzeptes und erste Umsetzungsschritte. Dazu gehörte die Beantragung einer halben Pastorenstelle für Aufgaben, die Arbeitskapazität und teilweise auch Kompetenz der GemeindepastorInnen überschreiten würden: Aufbau eines kirchenkreisweiten Informationsnetzes, Motivierung, Qualifizierung und Erfahrungsaustausch von Ehrenamtlichen und Organisierung übergemeindlicher Projektangebote insbesondere für Mitglieder, die nicht zum Kreis der traditionellen Kerngemeinde gehören. Für eine vergleichbare übergemeindliche Kinderarbeit wurde die Errichtung einer halben Diakonstelle beantragt. Die Anträge wurden von der KKK mit 17 Ja-Stimmen ohne Gegenstimmen bei zwei Enthaltungen angenommen und im Kirchenkreistag mit deutlichen Mehrheiten beschlossen. Diese Abstimmungsergebnisse waren besonders bemerkenswert, weil die Einrichtung der Projektstellen mit der Reduzierung von zwei bisher vollen Pastorenstellen erkauft werden musste.

1.4. Gemeinden und Ehrenamtliche

Im Juni 1995 bestätigte der Kirchenkreistag die Beschlüsse und forderte gleichzeitig die Gemeinden auf, in ihren Regionen gemeinsam einen Plan für die künftige Verteilung der Pfarrstellen zu erarbeiten – allerdings mit mäßigem Erfolg, da es an den erforderlichen organisatorischen Voraussetzungen und in einigen Gemeinden wohl auch an der notwendigen Kooperations- und Kompromissbereitschaft fehlte. In wieweit man das den Gemeinden selbst ankreiden konnte, ist allerdings die Frage. Ein Kommunikationsorgan des Kirchenkreises gab es nicht; Dienstpost ging über den Schreibtisch der Pastoren und blieb dort ab und zu ziemlich lange liegen. Ein Gerücht wollte wissen, dass das wohl etwas mit dem Autonomiestreben der Pastoren, wenn nicht sogar mit Vorbehalten gegen das Projekt zu tun hätte, die in der KKK nicht offen geäußert wurden.

In den folgenden Monaten wurde die Problemlandkarte der kirchlichen Arbeit mit Informationsveranstaltungen für Kirchenvorsteher und Ehrenamtliche in verschiedenen Orten und zwei Planungswerkstätten für den gleichen Teilnehmerkreis abgerundet. Die Fragestellungen waren im Kern die gleichen wie in der KKK-Werkstatt, so dass die Ergebnisse beider Teilnehmerkreise vergleichbar waren und in der Gegenüberstellung fruchtbare Diskussionen in der Kirchenkreiskonferenz anregten.

Ich dokumentiere das zu diesem Zweck zusammengestellte Arbeitspapier auf den folgenden Seiten im Wortlaut. (Schaubild 1).

Das Papier wurde in der Kirchenkreiskonferenz ausführlich diskutiert. Es gab im folgenden Jahr den Anstoß zu einer Reihe wichtiger Projektvorhaben:

- Einrichtung von zwei halben Funktionsstellen auf Kirchenkreisebene (»Projektpastorin«, »Projektdiakonin«);
- Ausführliche Diskussionen über »Pflicht« und »Kür«, zwingend gemeindliche und übergemeindlich sinnvolle Aufgaben der Pastoren;
- Anpassung kirchlicher Arbeit an Verstehensbedingungen und Erwartungen der Mitgliedschaftsmehrheit der sogenannten »Kirchendistanzierten«. Thematisierung von Möglichkeiten anderer Gottesdienstformen;
- Zukunftswerkstatt des Kirchenkreisamtes zur Suche nach Möglichkeiten zu Verwaltungsvereinfachung, Schulungseinheiten für KirchenvorsteherInnen, verbesserter Serviceorientierung des Amtes und besserem Betriebsklima im Amt,
- Einrichtung eines monatlichen Stammtisches, der etwa ein halbes Jahr mit Beteiligung aus verschiedenen Gemeinden bestand und dann zu einem kleineren Kreis Uslarer Aktivisten wurde.

Schautafel 1.1 „Problemlandkarte" Kirchenkreis Uslar

Thema	Stellungnahmen von Hauptamtlichen aus Kirchenkreiskonferenzen und Werkstätten	Stellungnahmen von Ehrenamtlichen aus Informationsveranstaltungen und Werkstätten	Kommentare der Moderatoren
Leitbild von Kirche	Bilder in der Phantasiephase: viel Licht, Sonne, Erdball, Gemeinschaft, Organisches. Bildunterschriften: „Offenheit, Wärme, Begegnung und Transzendenz", „Gott erfahrbar werden lassen als tragenden Grund und Ziel des Lebens", „Beziehungen" (Gott – Menschen, - Gesellschaft, -Kirche)	Bilder in der Phantasiephase: viel Sonne, Gemeinschaft, Tischrunden, Blumen, Bäume, Kirchen. Bildunterschriften: „Wärme und Licht", „sich begegnen", „offene Türen", „Vielfalt", „lebendige Kirche".	Die Bilder von KKK und Ehrenamtlichen malen überwiegend Ähnliches. Die Kommentare ähneln sich in der Betonung des Prozesshaften: „Gemeinsam auf dem Weg sein", „Wege öffnen", „gemeinsam anfangen". Die Zielbestimmungen setzen zum Teil unterschiedliche Akzente: bei Pastoren mehr Sehnsucht nach Weite und Transzendenz, bei Gemeindemitgliedern nach Ausweitung der Gemeinschaft von Verschiedenen im Hier und Jetzt. Eine wichtige Aufgabe sollte darin bestehen, das Gemeinsame wie das Unterschiedliche den je Anderen besser verständlich zu machen.
Grundtenor der Kritik (mich persönlich stört…)	Fehlende Konzeption/Ziel; Überlastung durch Unwesentliches. Verwaltung und Kooperationsprobleme; Unselbständigkeit und Konservatismus der Gemeinden.	Zu wenig Angebote für Jugend und mittlere Jahrgänge; zu wenig Resonanz; Ehrenamtliche werden allein gelassen. Resignation. Zu viel Verwaltung und Verwaltungsclinch.	Eklatanter Widerspruch zwischen Leitbild und Realitätswahrnehmung bei Pastoren und bei Gemeindemitgliedern. Realität von allen als sehr verfestigt wahrgenommen. Kooperations- und Beziehungsprobleme bewirken Motivationsprobleme.
Parochialprinzip vs. Regionalprinzip	Gegen Regionalprinzip und Pastorenteam; persönliche Beziehungen nur über Gemeindepastor. Gemeinde will eigene Identität bestätigt haben. Koordinationsaufwand von Teamarbeit. Welche gemeindeübergreifenden Tätigkeiten ohne Beziehungsdefizit?	Die Kirche muss im Dorf bleiben. Man geht nicht in andere Orte. Seelsorge: Pastor als Ansprechpartner. Teufelskreis Rückzug – Kirchenaustritt.	Kirche und Pastor müssen im Dorf bleiben. Ehrenamt/ KV sind aber gleichzeitig interessiert an Kontakten und Erfahrungsaustausch zwischen den Gemeinden. Kooperationsbeziehungen ließen sich (auf der Basis von Gemeindeautonomie) ausbauen.
Pastorenrolle	Gottesdienst und Seelsorge im Zentrum. Wunsch nach ganzheitlichen persönlichen Beziehungen zu Gemeindemitgliedern. Klagen über Allzuständigkeit („eierlegende Wollmilchsau"). Diskussion über „kirchliche Grundversorgung" bisher ohne Ausgrenzung von Aufgabenelementen. Organisatorisches, Verwaltung als aufgabenfremde Belastung gesehen. Leitvorstellung: 50% Pflicht, 50 % Kür, aber Kür noch nicht definiert. Forderung: Auslastungsgrad ermitteln und Lastenausgleich herstellen.	Neben Gottesdienst und Seelsorge Verantwortung für „zeitgemäße" zielgruppenorientierte Angebote. Defizite der persönlichen Kontaktfähigkeit als Glaubwürdigkeitsproblem. Betreuung der Ehrenamtlichen und Kontakt zu Gruppen vielfach vernachlässigt. Mehr Gemeinde fragen, einbeziehen, mehr auf KV hören.	Sehr hoher Selbstanspruch und Anspruch der Pastoren an Glauben und „Nachfolge" der Gemeinde führt zu Defiziterlebnissen. Die beklagte Allzuständigkeit ist auch eigener, aber selektiv religiös interpretierter Anspruch. Schulung von Ehrenamtlichen und Aufbau von Kommunikationsstrukturen, die sich am Leitbild der Gemeinden orientieren, sollten als wichtige Elemente der Pastorenrolle gesehen werden. Der Pastorenzentriertheit der Gemeindemitglieder sollten die Pastoren gezielt entgegenwirken durch Schaffung und Einübung teamartiger Kooperationsformen. Die geforderte Aufgabenanalyse sollte durchgeführt werden. Neigungsgemäße Schwerpunktbildung und gegenseitige Entlastung durch Zentralisierung von Aufgabenelementen (Planung und Initiierung von Veranstaltungen, Projekten, Erfahrungsaustausch, Schulungen).

Schautafel 1.2

Gemeindeleben	Sehr „verkündigungszentrierte" Perspektive. Persönliche Kontakte als wichtig bezeichnet, aber kaum Äußerungen zu Formen des sozialen Miteinanders. „Viel Aufwand für inner circle". Kritik an Abschottung von Gemeinden und Gruppen.	Gegeneinander in der Gemeinde, jede aktive Gruppe arbeitet für sich allein, einzelne Gruppen werden nicht ernst genommen. Falsche Prioritäten in der Gemeinde: Konzentration auf Äußerlichkeiten, Zeitverschwendung für Belanglosigkeiten. Überlegungen und Vorschläge in den Zukunftswerkstätten zielen überwiegend auf Verlebendigung der Gemeinde, Integration des Religiösen und des Sozialen, auch als Anreiz zur Beteiligung in Gottesdienst und Gruppenarbeit. Überlegungen zur Überwindung der Distanz zwischen Kirche und Vereinen. Kirche öffentlicher machen. Kirche von unten entwickeln.	Gemeinde aus Pastorensicht offenbar überwiegend unpersönlich-zweckrational auf individuelle Befriedigung religiöser Bedürfnisse ausgerichtete Organisation. Kaum Mechanismen zur Integration von Einzelnen und Gruppen. Wer ist zuständig für die Schaffung von christlichem Geist im Gemeindeleben? Die Leitbilder von Gemeinde und Kirche sind individuelle Träume, nicht kollektive Aufgabe. Vergrößerung der Kerngemeinde und Gewinnung Ehrenamtlicher setzt auch Attraktivität des Gemeindelebens voraus. Viel Problembewusstsein und Beteiligungsbereitschaft bei den Teilnehmern der Zukunftswerkstätten.
Gottesdienst	Gottesdienst als „Grundversorgung mit Glauben". Zu wenig Zeit für Predigtvorbereitung. Vereinzelt Vorschläge: seltener, aber dann etwas Besonderes (Gruppenvorbereitung, veränderte Formen, Kirchenkaffee, Zeit zum Gespräch).	Gottesdienst im Zentrum, auch der Vorschläge. Formen und Zeiten mehr dem Bedarf anpassen. Mehr Vielfältigkeit. Gottesdienst ohne Pastor schwer vorstellbar. Aber auch: Pastor sollte mehr Zeit auf persönliche Kontakte verwenden als auf Predigt („das Versteck auf der Kanzel"). Kritik an sozialem Arrangement. Die Stille vor dem Gottesdienst, voneinander getrennt sitzen.	Wünsche an die Pastoren nach Schulung, Kontakt, Anerkennung, Mitarbeiterbesprechungen, Informationen sind legitim. Ohne ihre Berücksichtigung kann Mitarbeiterbeteiligung und Abbau von Hierarchie nicht funktionieren (vgl. Pastorenrolle, Gemeindeleben). Initiativen für Projekte u.a. müssen nicht immer vom Gemeindepastor kommen. Hier kann man Gemeindeautonomie und Zentralisierung von Aufgabenelementen verbinden.
Ehrenamtliche	Mehr Leute gewinnen, die Kirche zu ihrer Sache machen. Fähigkeiten der Menschen entdecken, sie beteiligen, Verantwortung abgeben: anderes Rollenverständnis. Ehrenamtliche Mitarbeiter für Gemeindebrief, Lektoren, Besuche, Gruppen leiten, Mitarbeit im KU, Schulung von Ehrenamtlichen.	Ehrenamtliche allein gelassen. Zu wenig Ehrenamtliche. Ausbildung Ehrenamtlicher durch Hauptamtliche liegt dem Pastor manchmal nicht am Herzen. Pastor auch mal in den Kindergottesdienst. Ab und zu Mitarbeitergespräche mit allen Ehrenamtlichen. Mangelnde Information. Keine Unterstützung durch den KV. Zu wenig Anerkennung.	Wünsche an den Pastor nach Schulung, Kontakt, Anerkennung, Mitarbeiterbesprechungen, Information sind legitim. Ohne ihre Berücksichtigung kann Mitarbeiterbeteiligung und Abbau von Hierarchie nicht funktionieren (vgl. Pastorenrolle, Gemeindeleben). Initiativen für Projekte u.a. müssen nicht immer vom Gemeindepastor kommen. Hier kann man Gemeindeautonomie und Zentralisierung bestimmter Aufgabenelemente verbinden.
KV-Verwaltung	Viel Zeit für berufsfremde Tätigkeiten. Dilettantismus. Verpachtungen, Finanzen, Bauwesen. Kirchenkreisamt soll Schulungen machen. Mangelnde Kooperation, mangelnder Informationsfluss. Veränderung von Strukturen im administeriellen Bereich.	Verwaltungsclinch. Hauptarbeit im KV Beschäftigung mit Sachwerten. Zuviel, zu teure Vorschriften. Verschwendung im Baubereich. Macht der Verwaltung. Misstrauen gegeneinander. Verhältnis der Hauptberuflichen untereinander. Im KV mehr Arbeitsteilung, mehr Verlässlichkeit. Entscheidungsrecht für Ausschüsse. Vorschläge zur Verbesserung des Betriebsklimas im Kirchenkreis: Stammtisch mit Hauptamtlichen, Supervision.	Veränderte Aufgabenverteilung sollte baldmöglichst geprüft werden. KKK und Gemeindemitglieder kritisieren in gleicher Weise schlechtes Betriebsklima in der Kirche. Folgen: Resignation, Aversionen, Gefühl der Überforderung, Motivationsverluste. Bemühungen um Abhilfe sind dringend erforderlich, auch wenn sie Zeit kosten (z.B. Vorschläge der Zukunftswerkstatt).

Basis: Auswertung von Plakatabschrieben und Eindrücken aus Informationsveranstaltungen, Kirchenkreiskonferenzen und Planungswerkstätten (dokumentiert sind jeweils Aussagen, die besonders deutlich hervorheben, was in der Mehrzahl der Äußerungen thematisiert wird).

2. Zielperspektive:
Erhöhung der Resonanzfähigkeit der Amtskirche für neue Formen modernitätsgeprägter Religiosität durch Verkoppelung von organisatorischer Veränderung und religiöser Reflexion in einem gemeinsamen Lernprozess

2.1 Die Formulierung der Leitziele in der Planungsphase und Umsetzungsphase 1

Die Initiatoren des OE-Prozesses waren eine kleine Gruppe von Pastoren, hauptamtlichen Laien und Ehrenamtlichen um den Superintendenten. Ihre Zielformulierungen betonen mit Nachdruck die Notwendigkeit der Verknüpfung von strukturellen Veränderungen mit religiös-theologischer Reflexion. Als Leitziel wird an entscheidenden Punkten der Projektentwicklung mit großer Eindeutigkeit eine bessere Vermittlung der individuellen und gesellschaftlichen Relevanz kirchlicher Arbeit für Alltagserfahrung und Alltagshandeln der nicht zum Kreis der Kerngemeinde gehörenden Kirchenmitglieder dargestellt. Die Strukturplanung des Kirchenkreises soll so organisiert werden, dass dieses Ziel von allen Beteiligten verstanden und so weitgehend wie möglich umgesetzt werden kann. Die beiden Ziele werden in einem wechselseitigen Bedingungsverhältnis gesehen. Um sie zu erreichen, bedarf es nach Urteil der Initiatoren einer gemeinschaftlich-solidarischen Bemühung und verantwortlichen Beteiligung aller, PastorInnen wie Laien, entsprechend ihrer je unterschiedlichen, aber gleich legitimen und wichtigen religiösen und organisatorischen Kompetenz.

So begründet der Superintendent in seinem ersten Bericht über den Stand der Stellenplanung den Antrag auf Durchführung eines längerfristigen Organisationsentwicklungsprozesses mit folgender Zielperspektive:

> »Die dem Kirchenkreis Uslar bevorstehende Stellenplanung, die eine Stellenkürzung sein wird, räumt mit der Vorstellung auf, die Kirche stünde der Gesellschaft als Gegenbild gegenüber – in der Kirche sei alles ganz anders, in ihr ginge es geschwisterlich zu und Konflikte würden in Harmonie gelöst.

Diese Stellenkürzungen machen eine wichtige tägliche Erfahrung von vielen Erwerbstätigen aus unseren Gemeinden zur Arbeitserfahrung auch des Pastorenalltags. Gerade unsere Region Uslar mit der höchsten Zahl der Arbeitslosen im südniedersächsischen Bereich kennt die Erfahrung von Kürzungen, Kurzarbeit, Stellenstreichungen und Schließung von Betrieben. Für viele unserer Gemeindeglieder ist das eine reale Erfahrung, mit der sie tagtäglich leben und sich auseinandersetzen müssen.

Wenn das Modell »Kirche als Dienstleistungsunternehmen« zu Ende geht, muss Kirche wieder werden, was sie sein sollte: eine gemeinsame Gestaltungsaufgabe, die Phantasie und Tatkraft aller Beteiligten fordert.

Um Zeit und Kraft für die Seelsorge zu haben im umfassenden Sinn, müssen Pastoren ihren Zeitaufwand für andere Aufgaben verringern. Das hat zur Folge: die Delegation der Verwaltung, die Stärkung des ehrenamtlichen Elementes und das Ernstnehmen dieses Elementes in unseren Gemeinden, Teamarbeit muss möglich sein (z.B. Gottesdienstrotation nicht nur am 2. Feiertag), zentrale Planung von Veranstaltungen in der Region (Bibelwoche, Gemeindefest, Projekte), die dezentral verwirklicht werden, und teilweise Verselbständigung der Gemeindearbeit.

Dabei brauchen die Gemeinden wie auch die Pastorinnen und Pastoren und Mitarbeiterinnen und Mitarbeiter organisatorische und geistliche Hilfe: voneinander und ab und zu auch von Experten. Die kurz dargestellte Konzeption zwingt zum gemeinsamen Nachdenken darüber, ob und wie verständlich die Verkündigung unserer Kirche ist und wie verbindlich wir unseren Glauben leben und praktizieren, und sie zwingt zum Nachdenken darüber, wie es mit der menschlichen Qualität unserer Zusammenarbeit steht...«

Eine analoge Argumentationsfigur findet sich im Bericht des Strukturausschusses über die Ausschreibung der Projektstelle vor dem Kirchenkreistag im Juni 1996:

»Der Strukturausschuss hat eine Stellenausschreibung erarbeitet, in der deutlich wird, was wir von dem Inhaber – der Inhaberin – dieser Stelle erwarten.

Da heißt es:

Der gesuchte Pastor/Pastorin soll mithelfen, traditionelle Aufgabenfelder in der Gemeindearbeit umzugestalten; er soll mithelfen, Projektgruppen zu bilden; er soll Aktivitäten in Gang setzen, bei denen möglichst viele Gemeindemitglieder aktiviert werden; er soll versuchen, übergemeindliche Planungen – also Planungen auf Kirchenkreisebene – mit der Gemeinde vor Ort zu verbinden. Es geht also darum, dass Gemeinden mehr als bisher selbständig werden sollen und mehr als bisher über den Tellerrand – oder den Kirchturmhorizont – hinausschauen sollen.

Das erfordert natürlich auch von uns, den jetzigen Pfarrstelleninhabern/innen, einiges: Das traditionelle Pfarrerbild wird durch eine solche Strukturplanung in Frage gestellt. Wir Pastoren müssen uns also daran machen, uns selbst und unsere Funktion in der Gemeinde neu zu definieren. Welches sind unsere Aufgaben in der Gemeinde? Sicher hat die Verkündigung in jeder Form einen wichtigen Stellenwert, auch der Unterricht für Konfirmanden (wie auch immer er im einzelnen aussehen mag), die Seelsorge und die Diakonie sind wichtig.

Aber wie halten wir es mit dem sogenannten »Allgemeinen Priestertum aller Gläubigen«? Bleibt das für uns nur ein Schlagwort mit theologischer Richtigkeit? Oder entdecken wir neu die Brisanz darin, wenn es darum geht, die Verantwortlichkeit der sogenannten Laien zu stärken? So richtig ist darüber noch nicht nachgedacht worden.«

Inzwischen unternahm die Landeskirche erste Versuche, den entsetzten und überforderten Gemeinden mit einem »freudigen innovativen Schub« (LKA-Präsident v. Vietighoff[1]) zur Hilfe zu kommen. Gemeinden, die neue Wege erprobten, auf kreative Weise mit den personellen und finanziellen Restriktionen produktiv umzugehen, konnten den Antrag auf Anerkennung als Erprobungskirchenkreis stellen und gegebenenfalls punktuelle Suspendierung von bestehenden Gesetzen und Vorschriften erhalten. Uslar bewarb sich sofort und wurde zu einem Informationsgespräch ins Landeskirchenamt eingeladen, um den bisher erarbeiteten Projektentwurf vorzustellen. Der für Personalfragen zuständige Oberkirchenrat war begeistert, der für Rechtsfragen zuständige hatte schwere Bedenken gegen die Ausnahmeregelungen, die Uslar erreichen wollte. Auch in Uslar selbst waren die Zielvorstellungen des Planungs- und Strukturausschusses in Kirchenkreiskonferenz und Kirchenkreistag erst nach langen kontroversen Diskussionen beschlossen worden. Erst nach langwierigen Verhandlungen erreichte Uslar durch ein Machtwort des Präsidenten die gewünschte »Verordnung

---

[1] Laut Bericht in: DIALOG in der Ev.-Luth. Landeskirche Hannovers 1996, „Gelbe Seiten", S. III.

mit Gesetzeskraft«. Sie bestätigte die Kirchenkreiskonferenz als Organ des Kirchenkreises und berechtigte sie,

> »zur Förderung einer verbindlichen Zusammenarbeit über die Gemeindegrenzen hinaus... neue Arbeitsformen anzuregen, Aufgaben zuzuweisen und zu verteilen, Entwürfe über die regionale Aufteilung der Gemeindearbeit und die Mitgestaltung durch die Gemeindeglieder anzuregen, zu fördern und selbst auszuarbeiten sowie neue Angebote kirchlicher Arbeit zu entwickeln. (Der Kirchenkreis) kann die Kirchengemeinden veranlassen, diese Empfehlungen umzusetzen, ...Pfarrern... auch Aufgaben des gemeindlichen Dienstes zu übertragen, wenn dies für die Verwirklichung von Projekten nach §2 ... zum Ausgleich unterschiedlicher Belastungen oder zur Verbesserung der Gemeindearbeit oder sonst der Zusammenarbeit im Kirchenkreis erforderlich ist; ... Pastoren und Pastorinnen im Rahmen der erteilten Beauftragung zu verpflichten, sich fortzubilden.«

Den entsprechenden neuen Satzungsentwurf der KKK brachte der Superintendent im Kirchenkreistag im Juni 1997 mit der Erklärung ein:

> »Die KKK bekommt eine Leitungsaufgabe zugesprochen, die ist theologischer Art. Dadurch erhalten die Zusammenkünfte eine neue Qualität, sie sind verbindlich, was die Teilnahme und die Beschlüsse anbelangt. Die KKK erhält die Verantwortung für die theologische Reflexion des Entwicklungsprozesses im KK. Ziel ist es ja nicht, möglichst viel Veranstaltungen auf die Beine zu stellen. Nein, der KKK kommt die Aufgabe zu, die christliche Tradition neu zu durchdenken, sie neu auszulegen, religiös, im Gespräch zwischen den Religionen, sozial-politisch, geistig-denkerisch. In dieser Umbruchsituation von Kirche und Gesellschaft muss Kirche und Theologie als christlich klar erkennbar bleiben und ihren vorhandenen geistigen und geistlichen Überschuss offensiv einbringen. Eine Aufgabe, die man wohl nur mit Glück und dem Heiligen Geist lösen kann. Wenn wir das nicht tun, verabschieden wir uns aus dem öffentlichen Dialog, und wir bedeuten in der öffentlichen Auseinandersetzung nichts mehr und der Weg in die Sekte ist vorprogrammiert. Nur – die Definition dessen, was christlich ist, darf nicht einer Gruppe allein überlassen bleiben, ich möchte, dass wir das gemeinsam suchen und erstreiten.«

2.2 Operationalisierung der Leitziele in der Umsetzungsphase 1

Zur entscheidenden Abstimmung der Kirchenkreiskonferenz über das Ergebnis des Strukturplanungsprozesses im November 1995 lag den KKK-Mitgliedern eine Tischvorlage vor, in der die zentralen Zielperspektiven und Methoden des Planungsprozesses und der projektierten Umsetzung noch einmal augenfällig in einem Schaubild aufeinander bezogen wurden. Ich dokumentiere das zu diesem Zweck vom Moderatorenteam zusammengestellte Arbeitspapier auf den folgenden Seiten im Wortlaut. (Schautafeln 2).

Schautafel 2.1

1. Ausgangspunkt (Basis: Kirchenmitgliedschaftsuntersuchungen; Projektpapier „Problemlandkarte Kirchenkreis Uslar")	2. Entwicklungsperspektiven (Diskussionsstand im Planungs- und Strukturausschuss vom 19.10.1995 auf der Basis verschiedener Vorschläge der externen Moderatoren, der Zukunftswerkstätten und KKK-Diskussionen)
Verschwinden der religiösen Prägung und Abnahme des christlichen Grundwissens in der Bevölkerung. Rückgang der Kirchenmitgliedschaft und Zunahme distanzierter Kirchlichkeit trotz gleichbleibender, evtl. sogar zunehmender diffus religiöser Bedürfnisse.	Überprüfung, Veränderung und Ergänzung kirchlicher Arbeit, um Distanzierungstendenzen entgegen zu wirken und neue Zugänge zum christlichen Glauben zu ermöglichen.
Marginalisierung der Kirche auch innerhalb des Dorfes. Geringe Resonanz kirchlicher Arbeit, insbesondere bei jungen Leuten und mittleren Jahrgängen. Verunsicherung und Resignation in den Kerngemeinden.	„Übersetzung" und Ergänzung der traditionellen Formen von Gottesdienst und Bibelarbeit. Schaffung vielfältiger Möglichkeiten, persönliche Erfahrungen und Bedürfnisse einzubringen.
Pastorenzentriertheit der Gemeindearbeit. Rekrutierungsschwierigkeiten, aber auch mangelhafte Anerkennung und Unterstützung ehrenamtlicher Mitarbeiter.	Projektförmige Thematisierung und Bearbeitung sozialer und gesellschaftlicher Problemlagen als Erfahrungsmöglichkeit christlicher Hoffnung und praktizierter Nächstenliebe.
Wenig Kontakt zwischen Gemeindemitgliedern und unterschiedlichen Gruppen in der Gemeinde. Wenig Beteiligungsmöglichkeiten an der Gestaltung von Gottesdienst und Gemeindeleben.	Abbau der Pastorenzentriertheit. Verlebendigung des Gemeindelebens, soziale Integration, partiell auch Konfirmandenunterricht als Gemeindeaufgaben. Qualifizierung, Hilfestellung und Ermöglichung regelmäßigen Erfahrungsaustauschs auf Kirchenkreisebene durch neu zu entwickelnde Unterstützungsangebote („Projektpastor", „Projektdiakon").
Überlastung von Pastoren und Kirchenvorständen mit Verwaltungsarbeit. Informations- und Kooperationsprobleme auf Kirchenkreisebene.	Reduzierung der Kirchenvorstandsarbeit aufs Wesentliche. Ggf. Zentralisierung einzelner Aufgabenelemente. Verbesserung von Informationsflüssen und Kooperationsformen. Qualifizierung, ggf. Supervision.

Es geht um die Substanz

3. Umsetzungsverfahren (Diskussionsstand im Planungs- und Strukturausschuss vom 19.10.1995 auf der Basis des bisherigen OE-Prozesses und der Möglichkeit der „Erprobungen zur Umgestaltung und Verbesserung der kirchlichen Arbeit" der ev.-luth. Landeskirche Hannover)	4. Verfahrenselement Funktionsstelle „Projektpastor/-diakon" (Diskussionsstand im Planungs- und Strukturausschuss vom 19.10.1995)
Mehrjähriger beteiligungsorientierter Organisationsentwicklungsprozess mit externer Moderation zur Entwicklung und Erprobung neuer Arbeitsformen. Einbeziehung aller Betroffenen auf Kirchenkreis- und Gemeindeebene.	Für eine Übergangszeit wird fachliche Hilfe erforderlich, um die genannten Entwicklungsperspektiven zu verwirklichen. Deshalb sollen erst einmal für 5 Jahre[2] halbe Stellen eingerichtet werden, denen folgende Aufgaben übertragen werden:
Gesamtverantwortung und religiös-theologische Reflexion des OE-Prozesses durch die Kirchenkreiskonferenz unter Berücksichtigung organisationssoziologischen und sozialpsychologischen Sachverstands.	· Aktivitäten initiieren und Motor sein für die Verlebendigung des Gemeindelebens. Dabei mit Haupt- und Nebenamtlichen eng zusammenarbeiten.
Grundsätzliche Beibehaltung des Parochialprinzips bei gleichzeitiger partieller Verlagerung von Elementen der Aufgaben- und Projektplanung, -koordination und Erfahrungsauswertung auf Kirchenkreis- oder Regionalebene unter Betreuung durch neu einzurichtende Funktionsstellen („Projektpastor", „Projektdiakon") in Abstimmung mit der Kirchenkreiskonferenz.	· Anregung und Hilfestellung bei der Entwicklung von Konzepten, Veranstaltungen und Projekten, Bildung und Betreuung von Projektgruppen. · Gewinnung Ehrenamtlicher für die Gemeindearbeit und Erschließung weiterer Unterstützung kirchlicher Arbeit (auch finanziell). · Veranstaltung von Zukunfts- und Reflexionswerkstätten zur Gewinnung von Ideen und Problemlösungen für die Weiterentwicklung der Gemeinde- und Kirchenkreisarbeit.
Rechtliche Ermöglichung entsprechender Kooperationsformen und ggf. Erteilung spezieller Aufträge an Pastoren zur Umsetzung von Beschlüssen der Kirchenkreiskonferenz und zum Ausgleich unterschiedlicher Arbeitsbelastung im Rahmen der „Erprobung".	· Einrichtung eines überörtlichen regelmäßigen Erfahrungsaustauschs zwischen Ehrenamtlichen, Interessierten, KV, Verwaltung. · Einführung beteiligungsorientierter und gesprächsförderlicher Kommunikationsmethoden für Mitarbeiterbesprechungen und Gemeindeversammlungen.
Entlastung der Gemeindeebene von Verwaltungstätigkeiten bei Aufrechterhaltung ihrer Entscheidungskompetenz in Kooperation zwischen Kirchenvorständen und Kirchenkreisamt. Rechtliche Anpassung im Rahmen der „Erprobung". Schulungsangebote durch Superintendent und Kirchenkreisamt.	· Beratende, qualifizierende und ermutigende Unterstützung Ehrenamtlicher. · Controlling, um das enttäuschende Versickern beschlossener Vorhaben zu vermeiden.

Schautafel 2.2

---

[2] Die Stellenbefristung ist Ausdruck der Erwartung, dass die aufgelisteten Aufgabenelemente in diesem Zeitraum von den Gemeindepastoren mitgelernt und dann von ihnen übernommen werden.

3. Reformepisoden: Stolpersteine der Reformeuphorie

Der Beschluss des Stellenplans bildete einen ersten Höhepunkt des Projektes. Alle Beteiligten waren erleichtert, auch deshalb, weil ein offener Konflikt zwischen den Pastoren, deren Stellen gekürzt wurden oder deren Kirchspiel vergrößert worden war, und den anderen vermieden worden war. So kamen wir im Januar 1996 wohlgemut in die erste ganztätige KKK-Werkstatt, um gemeinsam zu überlegen, wie wir die beschlossenen Reformziele am besten auf den Weg bringen könnten – und mussten feststellen, dass gut die Hälfte der KKK-Mitglieder der Meinung waren, sie hätten nun genug getan und könnten wieder zum gewohnten Arbeitsalltag übergehen.

Andere Veränderungen kamen hinzu. Auf mehreren Stellen hatte in den letzten Monaten ein Personalwechsel stattgefunden oder stand nun an. Es gab also Neubesetzungen. Außerdem erhielt der Kirchenkreis unverhofft drei außerplanmäßige Pastoren auf Zeit, weil die Landeskirche möglichst vielen Berufsanfängern, für die es keine Planstellen gab, wenigstens die Chance eines Berufsanfangs auf Zeit geben wollte. In zwei Fällen gab es überplanmäßige Stellenanteile als Zugabe, wenn man den vom Sprengel vorgeschlagenen Stellenanwärter akzeptierte. Dabei kam das mühsam austarierte relative Gleichgewicht im Verhältnis von Belastung und Zeitdeputat /Besoldung wieder ins Gerede. Auch die Projektpastorenstelle wurde auf diese Weise von 50 auf 100 % aufgewertet. Zwei Gemeinden beschlossen, den Strukturplan bei der Landeskirche anzufechten.

So kamen zu den Strukturplanungsgeschädigten im Laufe des ersten Halbjahrs 1996 drei Strukturplanungsuninformierte hinzu, die die Gemeindearbeit nicht unbedingt verändern, sondern erst einmal in ihr Fuß fassen wollten. Dabei schmolz die bisher deutliche Mehrheit der liberalen PastorInnen. Statt dessen kamen zwei sehr konservativ-traditionalistische hinzu. Damit änderte sich auch das Meinungsspektrum der Kirchenkreiskonferenz. Das Verständnis für die neugeschaffenen Projektstellen hielt sich demzufolge in Grenzen.

Und schließlich erkrankte der Superintendent für fast ein halbes Jahr. Sein Stellvertreter trug zwar die Reform mit, konnte oder wollte den Reformkurs aber gegen Unverständnis, Unzufriedenheit und Überlastung nicht offensiv durchsetzen. Es geschah nicht nichts, aber es geschah auch nichts Bemerkenswertes. Die Kirchenkreiskonferenzen waren mehrfach geprägt von fruchtlosen Grundsatzdebatten zwischen kompromisslos traditionaler Rechtgläubigkeit und soziologischen Erklärungsversuchen gesellschaftlich bedingter Veränderungen religiöser und sozialer Grundorientierungen. Später überraschte der – noch sehr junge – Protagonist dieser Dispute auf dem ersten Konvent im Kloster Herstelle im Januar 1997 damit, dass er mehrere gewichtige Bekenntnisschriften mitbrachte und säuberlich zwischen seinen Stuhlbeinen aufschichtete. So weit konnte man das vielleicht noch lustig finden.

Die Mehrzahl der Pastoren war weniger an religionssoziologischen oder theologischen Debatten interessiert als an einer friedlichen Atmosphäre und hielt sich aus Gesprächen dieser Art heraus. Als wir ein Jahr nach Beendigung unserer Moderatorentätigkeit eine Nachuntersuchung machten, hörten wir von mehreren PastorInnen, dass Gespräche über Glaubensfragen unter Pastoren generell vielfach angstbesetzt und tabuisiert sind. Die Bewahrung der eigenen Handlungsfreiheit und des pragmatischen Einvernehmens, das sich in der Planungsphase entwickelt hatte, war ihnen offenbar wichtiger als das Leitziel der theologischen Reflexion kirchlichen Handelns. Zwei Ehrenamtliche, die in eine der KKK-Sitzungen kamen, um von den Ergebnissen einer vom Moderatorenteam moderierten Zukunftswerkstatt zu berichten, stellten entsetzt fest, die Atmosphäre hätte sie an eine Schulstunde in einem ungeliebten Nebenfach erinnert.

Das änderte sich, als der Superintendent im Herbst zurück kam und die erste Projektstelle besetzt wurde. Die Projektpastorin, berufserfahren, lebensklug und kontaktfähig, machte als Erstes eine Runde durch die Gemeinden, um sich bekannt zu machen und mit den Verhältnissen und Problemen vor Ort vertraut machen zu lassen. Das hat sicher dazu beigetragen, dass die Arbeit mit Ehrenamtlichen sich verbesserte – jedenfalls in soweit es endlich gelang, entsprechende Informationen und Einladungen über den »tiefen Graben« zwischen Kirchenkreis und Gemeinde, Stadt und Dorf zu schicken.[3]

Einfacher wurde die Umsetzung der Projektziele trotzdem nicht. Der Projektopposition gelang es, die beiden Pastorenstellen in der KKK-Vorbereitungsgruppe mit einem eloquenten und fintenreichen Hardliner und einem überlasteten und gesundheitlich angeschlagenen älteren Pastor zu besetzen und damit die Rückkehr zu konstruktiver und motivierender gemeinsamer Arbeit zu erschweren. Einen beschämenden Höhepunkt erreichten diese Störmanöver mit der Veröffentlichung eines Offenen Briefes, in dem der OE-Prozess mit hanebüchenen Fehlinformationen diffamiert wurde:

> »Offener Brief zum Artikel ›Mitsprache von Laien bei der Gemeindearbeit‹ in der EZ vom 8. 6. 97«: Wir, die unterzeichnenden Pastorinnen und Pastoren, wenden uns in großer Sorge um die Zukunft der Gemeinden im Kirchenkreis Uslar an die Öffentlichkeit. Wir widersprechen mit diesem Offenen Brief dem Eindruck, die ›Idee eines Erprobungskirchenkreises‹, wie sie in einem EZ-Artikel vom 8.6.97 vorgestellt wurde, würde von den Gemeinden mehrheitlich positiv aufgenommen... Gerade in diesen Zeiten ist u. E. eine verkündigungs- und seelsorgerlich orientierte Gemeindearbeit vordringlich, um den Menschen unserer Region die frohe Botschaft nahe zu bringen! ...
>
> Fazit: Die Skepsis gegenüber den weiteren Schritten auf dem Organisationsentwicklungsprozess ist im ganzen Kirchenkreis groß! Was nutzen unseren Gemeindegliedern vor Ort ein ausgefeiltes Kirchenkreis-Bildungs- und Sozialfortbildungsangebot, wenn die gleichen Gemeindeglieder nicht mehr wissen, wann und wo noch Gottesdienste stattfinden, bei wem sie ihr Kind taufen lassen können, und wer in seelischen Krisenzeiten ihr zuständiger Ansprechpartner ist? Wird nicht Konsens, die Zustimmung aller Beteiligten, der einzelnen Kirchenvorstände und der einzelnen Pastoren und Pastorinnen, sowie des Pfarrkonventes gesucht, dann könnte das weitere Miteinander sehr schwierig werden.«

---

[3] Auf der Ausgabe der Informationsbroschüre MAGOK, Materialien zur Arbeit der Gruppe Offene Kirche 3/1998, in der die Projektpastorin einen ersten Bericht über das Uslarer Projekt veröffentlichte, prangte das Votum: „Aus dem Buch der Sprüche: Zwischen zwei Kirchtürmen liegt immer ein tiefer Graben."

Der Superintendent antwortete mit einer ebenso eindeutigen und sachlichen Richtigstellung, die bei aller Zurechtweisung weiter um Kooperation warb:

»... ›Der Riss, der durch den Kirchenkreis geht‹. Es gibt sich selbst erfüllende Prophezeiungen, dazu rechne ich diesen Satz, der noch durch den letzten aus Ihrem Brief verstärkt wird: wenn nicht der Konsens gesucht wird, dann wird es schwierig. Verehrte Verfasser des offenen Briefes: Ich kann von mir aus mit gutem Gewissen sagen, ich habe nichts zerrissen, und ich will es auch nicht. Ich sehe aber auch nicht, dass ein Riss durch den Kirchenkreis gehen sollte. Es gibt unter uns unterschiedliche Auffassungen darüber, welche Schritte wir auf unserem Weg gehen sollen und welche Schwerpunkte wir setzen möchten. Aber ist das kirchentrennend, wie das Wort vom ›Riss‹ einreden will? Ich warne davor, solche Risse zu prophezeien, das erfüllt sich meistens schneller als man denkt.

Lassen Sie uns endlich anfangen, mit einander zu reden über Inhalte, über unseren Glauben und über unsere Arbeit. Lassen Sie uns gegenseitig helfen, unsere theologische und geistliche Kompetenz zu erweitern, und lassen Sie uns gegenseitig respektieren in unserer Verschiedenheit, weil wir eine gemeinsame Grundlage haben.«

4. Erreichte Veränderung: Ecclesia semper reformanda: Lernprozesse der einen oder der anderen Art

Im Folgenden unterscheide ich zwischen

- Umsetzungsphase 1 (im Abschlussbericht der Projektpastorin »Konsolidierungsphase«), dem von meinem Mann und mir betreuten Zeitabschnitt zwischen dem Beschluss des Strukturplans durch den KKT und dem Ende unserer Beratungstätigkeit (Januar 1996 – Juni 1998, wobei wir uns ab Februar 1998 auf das Coaching von Superintendent und Projektstellen beschränkten), und der
- Umsetzungsphase 2 (im Abschlussbericht der Projektpastorin »Erprobung«), in der externe Beratung bis zur Auflösung des Kirchenkreises Uslar nur in Form eines monatlichen Coaching von Superintendent und Projektstelle durch einen früheren Mitarbeiter meines Mannes fortgeführt wurde.

In beiden Fällen bezieht sich die folgende Darstellung der Ergebnisse auf den Abschlussbericht der jeweiligen Projektbetreuer.[4]

4.1 Vorhaben und Ergebnisse der Umsetzungsphase 1

Arbeitsschwerpunkt Integration von Strukturplanung, theologischer Reflexion, gesellschaftlicher und religiöser Funktion der kirchlichen Arbeit im Rahmen der religiös-theologischen Gesamtverantwortung der Kirchenkreiskonferenz

Die Darstellung der »Stolpersteine« im vorigen Abschnitt könnte den Eindruck aufkommen lassen, der Ertrag der dreijährigen Arbeit sei gering. Das kann man so nicht sagen. Es ist nicht gelungen, alle KKK-Mitglieder von dieser Leitperspektive des OE-Prozesses zu überzeugen. Gelungen ist aber, drei Jahre lang unbeirrt die Praxis der KKK-Arbeit auch unter schwierigsten Bedingungen im Sinne dieser Leitperspektive zu gestalten. Alle übergemeindlichen Probleme und Vorhaben sind in der KKK so diskutiert worden, dass jedes Mitglied sich an der Reflexion, Beratung und ggf. Durchführung beteiligen konnte. Zu zentralen theologischen und religionssoziologischen Themen gab es ausführliche Informations- und Diskussionseinheiten. Modelle veränderter Gottesdienstformen, sonstiger Gemeindeveranstaltungen und Gemeindeversammlungen wurden immer wieder diskutiert. Dass entsprechende Erprobungen sich überwiegend auf die Region Uslar beschränkten, ist bedauerlich. Dass das nichts an Elan und Liberalität der Kerngruppe der Projektprotagonisten änderte, werte ich als Erfolg.

---

[4] Ingrid Girschner-Woldt, Walter Girschner, Organisationsentwicklung im Kirchenkreis Uslar. Eine Faktensammlung zum Nachschlagen zum „Controlling" der KKK am 13. 1. 98 (MS-Manuskript, S. 54.
Bärbel Wallrath-Peter, Zusammenarbeit im Kirchenkreis. Abschlussbericht der Erprobung im Kirchenkreis Uslar 1996-2001. Hrsg. Projektstelle des Bezirkes Uslar im Kirchenkreis Leine-Solling 2003.

Arbeitsschwerpunkt Erweiterte Beteiligungsmöglichkeiten der Kirchenmitglieder an der Gestaltung des kirchlichen Lebens in Gemeinde und Kirchenkreis

1995 gab es mehrere regionale und kirchenkreisweite Informations- und Diskussionsveranstaltungen zur Stellenplanung, im Sommer 1996 je zwei Nachmittagsveranstaltungen und ganztägige Zukunftswerkstätten zum Thema »Wie geht es weiter mit unserer Kirche?«[5] Bei diesen wie auch späteren Werkstätten und Veranstaltungen zu anderen Themen kam es – insbesondere zu neuen Gottesdienstformen – auch zu spontanen Verabredungen zu selbst organisierten Kleinprojekten auf (meist kurze) Zeit: Ein besonders gelungenes Beispiel war die Aktion »Türen öffnen sich« der Friedens- und Ökologiegruppe Uslar: 24 Gemeindemitglieder »öffneten sich« zu selbst gestalteten abendlichen Kleinandachten auf dem Uslarer Weihnachtsmarkt. Die Aktion wurde im Dezember 1996 und 1997 durchgeführt.

Beteiligungsgrad und Informationsbasis variierten allerdings bei Veranstaltungen des Kirchenkreises je nach Bewertung des Vorhabens durch die Pastoren der Region, weil alle Einladungen per Dienstpost über ihren Schreibtisch gingen und zügig, schleppend oder gar nicht weiter geleitet werden konnten. Die Organisierung eines kirchenkreisweiten Informationssystems war ein langwieriger Prozess, da alle Beteiligten sich die notwendigen Planungs-, Organisations- und Controllingkenntnisse erst aneignen mussten. auch das ein sinnfälliges Beispiel für den Zusammenhang von Struktur- und Programmfragen und handlungsleitenden Orientierungen. Daneben spielte wohl auch bei den prinzipiell reformgeneigten PastorInnen der traditionelle Verteidigungsreflex parochialer Autonomie gegen »Übergriffe« der Mittleren Ebene eine nicht unwesentliche Rolle.

Arbeitsschwerpunkt Gewinnung und Unterstützung Ehrenamtlicher und Fortbildung Hauptamtlicher

Zu diesem Themenkomplex hatte es in den Zukunftswerkstätten im Sommer 1996 besonders viele Mängelrügen und Erwartungen gegeben. Angebote zu

---

[5] s.o, Schautafel 1, S. 5f.

Fortbildung und Erfahrungsaustausch von Ehrenamtlichen sowie Organisierung thematisch interessanter Veranstaltungen (mit »Bordmitteln« wie mit externen Referenten), aus denen sich eine thematisch motivierte Beteiligungsbereitschaft auf Dauer entwickeln konnte, wurden denn auch zu einem zentralen Arbeitsbereich der Projektstelle, zu dem dann auch die ab Sommer 1997 eingestellte Projektdiakonin mit Angeboten zur Kinderarbeit beitrug. Dieses Arbeitsfeld wurde etwas später durch einen religionspädagogischen Arbeitskreis für Erzieherinnen erweitert.

Arbeitsschwerpunkt Kirchliche Beiträge zur Reflexion und Bewältigung gesellschaftlicher Problemlagen

Im Mai 1996 moderierte das Moderatorenteam in Uslar eine ganztägige Zukunftswerkstatt »Kirche ökologisch«, die einen kleinen, aber engagierten Teilnehmerkreis anzog, dessen pragmatisches Umsetzungsvermögen und Organisationsgeschick leider nicht ausreichten, die anspruchsvollen Projektideen zu realisieren. Als zwei Teilnehmerinnen sich in die KKK einluden, um ihre Gedanken über die grundlegende Bedeutung des Ökologie-Themas für die Kirche vorzutragen, fanden sie dort ebenfalls keine Resonanz. Ähnlich ging es der Projektpastorin ein Jahr später mit ihrem Angebot einer Ökologie-Zukunftswerkstatt in einer kleineren Gemeinde der Region Uslar. Es kamen so wenige Interessierte, dass man es statt der ganztägigen Werkstatt mit einer informellen Gesprächsrunde bewenden ließ.

Eine Projektidee aus der dreitägigen Klausurtagung der KKK in Herstelle gab den Anstoß zu dem aufwändigsten und ambitioniertesten gesellschaftspolitischen Projekt: Unter dem Namen »Neue Wege in die Arbeit« veranstaltete der Kirchenkreis in Kooperation mit der Universität Göttingen unter Federführung der Leiterin des Diakonischen Werkes und meines Mannes im Frühsommer 1997 eine Veranstaltungsreihe, zu der in drei Orten besonders strukturschwacher Regionen Interessierte, Betroffene und vor allem regionale Experten aus unterschiedlichen Bereichen eingeladen wurden, um gezielt nach Möglichkeiten der Schaffung von Arbeitsplätzen durch »Erfindung« von Bedarfen zu suchen.

Dieses Vorhaben zeigte einerseits noch deutlicher als die beiden Ökologie-Vorhaben, wie schwer sich die traditionelle Gemeindekirche damit tut, die religiös und seelsorgerisch relevanten Aspekte gesellschaftlicher Problemlagen zu erkennen und in die kirchliche Arbeit einzubeziehen. Andererseits erlebten wir eine eindrucksvolle Zustimmung und Teilnahmebereitschaft der größtenteils kirchenferneren Experten.

> Aus den Feedbacks der Teilnehmer: »Arbeitslosigkeit ist das wichtigste Thema. Kirche kann Boden gut machen, den sie an vielen Stellen verloren hat, wenn sie sich gesellschaftspolitischer Themen annimmt.« (Gemeindemitglied); »Kirche als neutrale Instanz kann Menschen zusammen bringen, die so jenseits von parteipolitischen oder Gruppeninteressen nach Problemlösungen suchen.« (Mitarbeiter Arbeitsamt); »Die Initiative des Kirchenkreises finde ich gut. Verkündigung im Gottesdienst reicht nicht aus.« (Ortsbürgermeisterin)

In den Workshops bildeten sich vier Arbeitsgruppen, die ihr Engagement auf Dauer stellen wollten, indem sie sich um die Schaffung einer dauerhaft arbeitenden Innovationsagentur zur »Erfindung« neuer Beschäftigungs- und Verdienstmöglichkeiten bemühten. Leider scheiterte das Projekt, weil der Organisations- und Betreuungsaufwand die Arbeitskapazität der Leiterin des Diakonischen Werks überstieg und weil es nicht gelang, auf Dauer eine ausreichende Finanzierung zu organisieren. Viel Resonanz erhielten auch zwei Vortrags- und Diskussionsreihen zu gesellschaftspolitisch relevanten Themen, die der Superintendent und der Pastor von Hardegsen organisierten. Wie lange sie durchgeführt wurden, entzieht sich meiner Kenntnis.

Fazit des Moderatorenteams im Abschlussbericht Januar 1998[6]

- Strukturplanung ist mehr als Stellenstreichung, Organisationsentwicklung ist mehr als Errichtung der Projektstelle, und Projektstellenarbeit soll mehr sein als Entlastung der GemeindepastorInnen. Dies ist eine Aufgabe des gesamten Kirchenkreises und nicht nur eine der mittleren Ebene. Sie kann nur gelingen, wenn Gemeinden und mittlere Ebene

---

[6] Der folgende Text ist gekürzt und geringfügig redigiert.

zusammenarbeiten, um sich gegenseitig zu fördern. Das Bewusstsein dafür ist jedoch noch nicht sehr entwickelt. Die selbstkritische Diskussion über Schwierigkeiten und Veränderungsbedarf der traditionellen Formen kirchlicher Arbeit in unserer gegenwärtigen Gesellschaft ist im Jahr 1995 in der Kirchenkreiskonferenz intensiv geführt worden. Die seitherige Diskussion auf Kirchenkreisebene fällt z.T. dahinter zurück auf ein bloßes Einfordern von Bestandsgarantien und Unterstützung der traditionellen Formen kirchlicher Arbeit.

- Die der Kirchenkreiskonferenz neu zugesprochene theologische und organisatorische Verantwortung der übergemeindlichen kirchlichen Arbeit im Kirchenkreis ist bisher noch nicht in ausreichendem Maß wahrgenommen worden. Grundsätzliche Diskussionen über theologische Differenzen sind in der Kirchenkreiskonferenz zum Teil eher vermieden als offen und verständigungsorientiert geführt worden. Dadurch sind gremieninterne Kontroversen zu kirchenöffentlichen Konflikten eskaliert.

Eine Gefahr sehen wir jedoch auch in der Überschätzung dieser Konflikte. Die Diskussion darüber lässt leicht vergessen, wie viel – auf Beschluss einer deutlichen Mehrheit der haupt- und ehrenamtlichen Aktiven im Kirchenkreis – in den vergangenen drei Jahren in Gang gekommen ist. Berechtigter Stolz darauf wäre die beste Unterstützung weiterer Entwicklungsschritte.

- Die Entwicklung neuer Arbeits- und Kooperationsformen wird im Augenblick fast ausschließlich von der Projektstelle getragen. Sie hat in der kurzen Zeit ihres Bestehens bemerkenswert viel in Gang gebracht. Der Schwerpunkt der bisherigen Arbeit liegt auf der Initiierung, Qualifizierung und Vernetzung ehrenamtlicher Arbeit. Die Arbeitsinhalte liegen dabei bisher überwiegend im traditionellen Spektrum familiärer und lokaler Beziehungsarbeit. In Zukunft sollte daneben die Entwicklung von Angeboten für »Distanzierte« breiteren Raum einnehmen; das erfordert jedoch eine stärkere Kooperationsbereitschaft der Gemeinden. Veränderte Arbeitsformen und wechselseitige Arbeitsentlastung der PastorInnen sind noch kaum in Gang gekommen. Hier bilden aber nach wie vor eingelebte und z.T. rechtlich und theologisch gestützte Traditionen besonders schwer zu bewältigende Hemmnisse.

4.2 Vorhaben und Ergebnisse der Umsetzungsphase 2

Nach dem vertragsgemäßen Ende der Projektbegleitung durch das Moderatorenteam übernahm ein junger Sozialwissenschaftler das Controlling, der einerseits mit unseren Methoden vertraut war und als Wissenschaftlicher Mitarbeiter im Kooperationsprojekt »Neue Wege in die Arbeit« den Stand der Projektentwicklung schon einigermaßen kennen gelernt hatte, andererseits aber mit seiner größeren Distanz zu den Projektzielen die Beteiligten zu einer kritischeren Überprüfung des Projektstandes animierte. Aus Sicht der Projektpastorin stellte sich die Sachlage so dar:

> »Der Verabschiedung einer Ordnung für die KKK... ging innerhalb der Kirchenkreiskonferenz, dann auch im Kirchenkreistag ein mühsamer und äußerst konfliktgeladener Prozess voraus. Er wurde am Ende mit den Stimmen der ehrenamtlichen Kirchenkreistagsmitglieder entschieden. Für einige Pastorinnen und Pastoren war es ein Novum und undenkbar, dass ein Pastor oder eine Pastorin verbindliche Absprachen tätigen soll. So war es oft sehr schwer, zu einer ideologiegemäßigten und pragmatischen Verständigung in der Kirchenkreiskonferenz zu kommen. In den Auseinandersetzungen kamen Verhaltensweisen ans Tageslicht, die sozialpsychologisch, gruppendynamisch und individuell analysiert werden können, aber in keiner Weise einer erwachsenen Streitkultur entsprechen. Diese kirchlichen Mitarbeitern unwürdigen Auseinandersetzungen haben in den ersten Jahren viele Kräfte gebunden. Eine Besserung trat erst ein, als sich die Promotoren der Erprobung von dem ideologischen Anspruch lösten, bei jedem Vorhaben alle Gemeinden beteiligen zu wollen. Von da ab wurden Entscheidungen für oder gegen die Beteiligung an einem Vorhaben pragmatisch abgefragt und ohne Wertung offen gelegt. Dieses Verfahren führte anfangs zu Irritationen bei offenen Gegnern der Erprobung, aber auch zu einer Entkrampfung in der Konferenz...
>
> Die sorgfältige inhaltliche und methodische Vorbereitung der KKK der Jahre 1998 bis 2000 setzte dem quälenden Kreisen um sich selbst einen neuen Standard entgegen. Mehr als ein Jahr lang wurden zentrale gemeindliche Arbeitsfelder gewürdigt, praktisch-theologisch reflektiert und dazu Verabredungen getätigt. Die jeweiligen Entscheidungen der Kirchengemeinden oder Pastorinnen und Pastoren wurden offen gelegt. Die Kultur der Beschlüsse und des folgenden Controllings durch den Superintendenten führten langsam aber stetig zu einer größeren Akzeptanz einer Kultur der verbindlicheren Zusammenarbeit im Kirchenkreis.«[7]

---

[7] Wallrath-Peter, a.a.O., S. 26-28 (in Auszügen).

Neben diesem Erfolg gelang in dieser Projektphase noch ein weiterer wichtiger Umsetzungsschritt der Projektziele: die KKK wurde in ihrer Zusammensetzung durch zwei Vertreterinnen der Leiterinnenkonferenz der Ev. Kindergärten im Kirchenkreis, den Kirchenkreiskantor bzw. die Kirchenkreiskantorin, die Kirchenkreissozialarbeiterin und den Leiter des Kirchenkreisamts als stimmberechtigte Mitglieder ergänzt.

Ein vermeidbares Projektende

Bereits im Frühjahr 1997 wurde absehbar, dass der Kirchenkreis Uslar im Zuge weiter gehender Rationalisierungsmaßnahmen der Landeskirche wohl seine Selbstständigkeit verlieren würde. Anfang 2000 wurde die Zusammenlegung der Kirchenkreise Einbeck, Northeim und Uslar durch Bildung einer gemeinsamen Strukturplanungskommission eingeleitet. Die Gruppe der Uslarer Delegierten brachte mit Verve ihre Erfahrungen ein, und es wurde allseits vermerkt, dass sie den anderen in ihren praktischen Erfahrungen überlegen waren und in einem besonders konstruktiven Stil der Zusammenarbeit geübt waren. Das Bedauern über das Ende der Selbstständigkeit wurde durch die Hoffnung gemindert, einiges, was sich in Uslar bewährt hatte – u.a. die Projektstelle – in den neunen Kirchenkreis hinüber retten zu können.

Die Hoffnung trog. Uslar – jetzt Region des neuen Kirchenkreises Leine-Solling – war zwar bereit, die Projektstelle im bisherigen Umfang aus Eigenmitteln weiter zu finanzieren, die inhaltliche Kontinuität riss jedoch ab. Der neue Superintendent beschloss, seine eigenen Reformvorstellungen umzusetzen, und bremste die Projektpastorin aus. Als in Göttingen eine Pastorenstelle frei wurde, wechselte sie den Kirchenkreis. Der Superintendent arbeitet heute im Rahmen der Uhlhorn-Stiftung in der Ausbildung des theologischen Nachwuchses.

Erfahrungen aus Uslar sind eingeflossen in unsere Beratungstätigkeit des Strukturplanungsprozesses im Dekanat Darmstadt, dessen Ergebnisse das Reformkonzept der Mittleren Ebene der EKHN beeinflusste.

Herbert Asselmeyer

»Die Region – ist das (k)eine Perspektive für eine gemeinde-orientierte Kirche!?«

Zusammenfassung

Vor dem Hintergrund verschiedener Regionalisierungsprojekte in mehreren Kirchenkreisen der Ev.-luth. Landeskirche Hannovers rufen positive Beispiele als auch sehr anstrengende Erfahrungen nach einer orientierenden Perspektive: Nachbarschaftliches Denken und Handeln funktioniert im Wortsinne hervorragend als »regionales Lernen von Kirchengemeinden«, wenn bestimmte Rahmenbedingungen erfüllt sind. Das Regionalisierungskonzept produziert aber auch nachhaltige Widerstände und scheitert im Ergebnis dann, wenn es ›nur von oben‹ gewollt, als Mehrarbeit erlebt und als ein ›Kind der finanziellen Not‹ gedeutet wird. Dieser Beitrag resümiert eine etwa fünfjährige Entwicklung anhand eines sehr konkreten Beispiels, aus dem sich ermutigende Handlungsanregungen ableiten lassen.

1. Beschreibung der Ausgangssituation

1.1 Einordnung des Projekts
»Unsere Daten woll'n wir nicht raten«
in die Gesamtentwicklung des im Jahre 2000
usionierten Kirchenkreises
Leine-Solling

Der Ev.-luth. Kirchenkreis Leine-Solling geht zurück auf die Kirchenkreisreform im Sprengel Göttingen. Die Diskussionen der drei Göttinger Kirchenkreise in den Jahren 1995-1997 waren der Hintergrund für die Initiative des damaligen Landessuperintendenten, veränderte Möglichkeiten der Zusammenarbeit und gemeinsamen Ressourcennutzung für den ganzen Sprengel zu erarbeiten. Im Rahmen eines von der Hanns-Lilje-Stiftung geförderten Organisationsentwicklungsprojekts[1] ging es um eine sprengelweite Kirchenkreisreform mit zwei Hauptaufgaben:

- *Entwicklung von Vorschlägen für eine räumliche Neuordnung* der zwölf Kirchenkreise. Eines der zentralen Ergebnisse in diesem Zusammenhang ist in der Zusammenlegung der ursprünglichen Kirchenkreise Einbeck, Uslar und Northeim zum nunmehr fusionierten KK Leine-Solling zu sehen.
- *Entwicklung eines Modells »Kirchenkreis neuen Typs«*, das den Anforderungen und Ansprüchen zukünftiger Kirchenkreisherausforderungen entspricht. Eines der zentralen Ergebnisse hieraus war die Erkenntnis, dass sich die Stärkung der Gemeinden und die Stärkung des Kirchenkreises nicht ausschließen, sondern sich beide Ebenen wechselseitig fördern, wenn
  o Veränderungs- und Gestaltungsprozesse bewusst als Lern- und Entwicklungsprozesse verstanden und organisiert werden (Kirche als lernende Organisation) und
  o die Chancen kirchlicher Regionen erkannt und entdeckt werden (Pluralität kirchlicher Orte).

1.2 Regionalisierung als abgestimmter Entwicklungsschwerpunkt des neuen Kirchenkreises[2]

Der oben genannte Hintergrund hat dazu geführt, dass der Kirchenkreis Leine-Solling auf verschiedenen Handlungsebenen und mit den entsprechenden Gremien längerfristig und systematisch regionales Projektmanagement als

---

[1] Vgl. Projektabschlussbericht: Herbert Asselmeyer et al. Mitglieder der Projektkommission (Hg.): Empfehlungen für einen Kirchenkreis neuen Typs und für eine räumliche Neuordnung der Kirchenkreise im Sprengel Göttingen. Göttingen / Hildesheim 1998 (steht zur Verfügung unter: http://www.asselmeyer.de/herbert/veroeffentlichungen.htm).

[2] Der Kirchenkreis hat als Flächenkirchenkreis eine Ausdehnung von ca. 60 km (Ost-West) und 55 km (Nord-Süd). Er ist ländlich strukturiert, neben den drei Städten Einbeck, Northeim und Uslar als Zentren existieren überproportional viele Kirchen- und Kapellengemeinden (etwa 74 300 Gemeindeglieder leben in 61 Gemeinden). Ländlich siedlungsstrukturelle Besonderheiten, die kennzeichnend sind für den südniedersächsischen Bereich, wie auch die geografischen Gegebenheiten (Leine, Solling) stellen als Rahmenbedingungen für die Zusammenarbeit im Kirchenkreis eine große Herausforderung dar.

Entwicklungsstrategie verfolgt, sich hierzu externen Sachverstand einholt (universitäre Organisationsberatung) und den Gesamtprozess anspruchsvoll reflektiert (kontinuierliche Arbeit des Projektausschusses, Organisation von Regionen-Symposien, transparente Berichterstattung, z.B. im Internet).

Der Kirchenkreis Leine-Solling hat demzufolge besondere Initiativen gestartet und Ressourcen bereitgestellt, um neue Formen des Organisierens kirchlicher Entwicklung zu ermöglichen, und das aus zwei sich ergänzenden Perspektiven:

- Regional-Entwicklung »von unten« heißt, Gemeinden denken und handeln nachbarschaftlich.
- Regional-Entwicklung »von oben« heißt, dass der Kirchenkreis seine Wirksamkeit und Achtsamkeit im Blick auf die Gesamtentwicklung erhöht, indem er betont und gezielt ausgewählte Regionen-Entwicklungen fördert und koordiniert.

Nach dem Veränderungsverständnis des KK Leine-Solling geht es bei den Regionen-Projekten um Balancen:

- Balance aus »Tradition« (Kirche bleibt im Dorf mit einem stabilen Angebot) und »innovativer Kompetenz« (Was müssen wir – aus Verantwortung für unsere Ressourcen! – bündeln, weil es nicht in jeder Gemeinde vorgehalten werden kann).
- Balance von besonderen *Angeboten/Leistungen* und *einfacher Präsenz* (Nähe zu den Menschen), um Mitglieder der Kirche noch besser zu erreichen und Kirche auf dem Markt religiöser Anbieter noch wirkungsvoller zu präsentieren.
- Balance aus *nah* und *fern* (Wege, Entfernungen und Beziehungen). Hierfür sind verbesserte Formen der Information, Kommunikation, Kooperation und Koordination anzustreben und entsprechende Qualifikationen zu fördern.

1.3 Besonderes Projektverständnis

Bei den Projekten des Kirchenkreises handelt es sich um Organisations-Projekte mit folgenden Merkmalen (Bewilligungskriterien des KKT):

- Nutzen des Projekts für Kirchenmitglieder und Kirchengemeinden
- Modellhaftigkeit des Projekts für andere Gemeinden/Regionen
- Förderung der Kommunikation/Kooperation im neuen Kirchenkreis
- Berücksichtigung von Vielfalt (verschiedenen Handlungsebenen, Regionen, Zielgruppen; Entfaltung sowohl dörflicher als auch städtischer Strukturen)
- Zukunfts-Orientierung: Bezug zur Entwicklungsvision »Kirche sein für die Menschen im Kirchenkreis Leine-Solling«
- Förderung der Selbstorganisation
- Kirche beteiligt sich an regionalen Problemlösungen (Nutzen im Sinne »Kirche ist bedeutsames Gegenüber«)

Regionalität in diesem Prozess heißt nicht, eine neue Organisation oder Geschäftsführung zu etablieren, sondern es geht um verschiedene Interessen, die durch geschickte/intelligente Maßnahmen für einen bestimmten Zeitraum in selbst-organisierter, aber geförderter Weise genutzt und ergänzt werden. Die Durchführung aller Projekte ist an einer professionellen »5-Phasen-Bearbeitungs-Logik« orientiert, d.h.:

1. Es erfolgt eine Analyse der Situation.
2. Es werden auf systematische Weise Ideen entwickelt (und nicht die erstbeste verfolgt).
3. Es erfolgt eine Abwägung von Optionen und Interessen, von Kosten und Nutzen.
4. Es wird geprüft, was für die besondere Situation der Region adäquat ist und dementsprechend werden Empfehlungen erarbeitet.
5. Erst im fünften Schritt werden Entscheidungen umgesetzt, nachgesteuert und optimiert.

Während des Gesamt-Prozesses reflektiert ein besonderer Projektausschuss des KKT die Entwicklung. Im Sinne einer praxis-entwickelnden Begleitforschung werden

- laufende Projekte etwa vierteljährlich im Blick auf Intention, Erfolg und Abweichung erörtert und
- die Beantragung neuer Projekte begutachtet oder – bei Fehlanzeige aus den einzelnen Regionen – eine entsprechende Entwicklung stimuliert.

Es werden attraktive Rahmenbedingungen geschaffen (Bereitstellung einer externen Moderation mit Protokoll- und Dokumentationsaufgabe, didaktische Vielfalt für besondere aktivitätsförderliche Arbeitsformen, moderne Werkzeuge und Sachmittel). Am Ende des Gesamt-Prozesses gibt es eine Reihe anspruchsvoll bearbeiteter, kirchlich relevanter Themen, wovon zunächst die jeweiligen Regionen mit ihren Gemeinden profitieren.

Darüber hinaus profitieren alle Gemeinden(mitglieder) des Kirchenkreises von allen Projekten, weil sie auf die Ergebnisse der gesamten Organisationsentwicklung Zugriff haben: Entwicklungsberichte, Problembeschreibungen, Lösungsideen, konkrete Planungs- und Durchführungserfahrungen, Beschreibung von Methoden, Verfügbarkeit von Instrumenten und schließlich Angabe von kompetenten Ansprechpartnern werden als Informationen auf den Internetseiten des Kirchenkreises gepflegt[3].

2. Beschreibung der Kernziele

2.1 Auf welches Problem gibt dieses Projekt eine Antwort?

Die Verantwortlichen in den Kirchengemeinden des Kirchenkreises reagieren angesichts des gesellschaftlichen und kirchlichen Wandels – insbesondere im Blick auf die schrumpfende Mitgliederzahl[4] und Ressourcen-Entwicklung – häufig verunsichert und ratlos. Auch sie sind seit Jahren mit der

---

[3] www.regionenprojekte.leine-solling.de
[4] Für die nächsten 10 Jahre wird jährlich jeweils von einem ›Netto-Verlust‹ von ca. 1200 Gemeindegliedern ausgegangen.

Kritik nach dem Motto konfrontiert, dass die Ortskirche versage, sich von der Lebensrealität der Menschen entfernt habe, manche gesellschaftliche Gruppen nicht mehr erreiche und sie Gefahr laufe, entbehrlich zu werden.[5] Zahlreiche Appelle werden in den Ortsgemeinden diskutiert, die darauf hinauslaufen, nicht darauf zu warten, dass die Menschen zu ihnen kommen, sondern eine »Geh-Struktur« zu entwickeln, sich an für sie ungewohnte Orte zu bewegen, mehr Mut zu zeigen, ein klareres Profil zu erarbeiten, vor allem die Kooperation in der Region zu suchen, um den Menschen und ihren Bedürfnissen näher zu sein. Eine erhebliche, teilweise auch lähmende Irritation besteht darin, dass begleitend zu solchen Suchprozessen die Gemeinden mit erheblich weniger Ressourcen die Gemeindearbeit bewältigen müssen. Und nicht immer hilfreich sind die (man könnte sagen: verzichts-pädagogischen) Signale, die in den Forderungen gipfeln, Gemeinden sollten sich wieder mehr unabhängiger von landeskirchlich bereitgestellten Stellen und Mitteln entwickeln. Unabhängig davon, dass – je nach theologischem Verständnis – solche ›reformierten Urtugenden‹ ihren Sinn auch in dieser Debatte haben mögen, muss doch festgestellt werden, dass die Gemeinden, vor allem ehrenamtlich Verantwortliche auf eine solche Diktion der Veränderung völlig unvorbereitet sind. Diese bevorstehenden und im Wortsinne not-wendigen Veränderungen, so wissen nicht nur kirchliche Gemeinde- und Organisationsberater aus einschlägigen Erfahrungen, sind alle viel leichter gefordert als realisiert.

Die Initiierung des Regionen-Projekts führt seit dem Jahr 2002 im Kirchenkreis zu der Frage, welche Region unter professioneller Anleitung welches Thema verfolgen wollte. In der Region Leinetal[6] führte eine anfängliche Themen-Ratlosigkeit zu der Frage, was überhaupt ein sinnvolles Projekt für

---

[5] Vgl. diese Argumentation z.B. in Uta Pohl-Patalong: Von der Ortskirche zu den kirchlichen Orten. Göttingen 2004, 61f.
[6] Die kirchliche Region Leinetal im Kirchenkreis Leine-Solling umfasst insgesamt 12 ausschließlich dörflich strukturierte Gemeinden/Kapellengemeinden. Die Projektgruppe profitierte davon, dass bereits ein Regionen-Bewusstsein durch Errichtung eines Regionen-Gemeindesekretariats, der Herstellung eines regionalen Gemeindebriefes und eine konsequent Arbeitsteilung der beiden Pastoren transparent vereinbart und praktiziert wurde.

die Region sein kann. Anstatt nun wieder etwas anzubieten, von dem man nicht weiß, ob es gewollt ist (den Bedarf trifft), entschied man sich, eine Datenbeschaffung darüber zum Inhalt zu machen. Der Projekttitel »Unsere Daten woll'n wir nicht raten« faszinierte – das Projekt war geboren.

Ziel des Projektes ist die Beschaffung von Daten, die das Bedürfnis der der Kirche Nahe- und Fernstehenden widerspiegeln und aus denen der Bedarf für zukünftige kirchliche Angebote abgeleitet werden sollte.

In diesem Projekt ging es also vorrangig um die Frage, in welche Richtung sich Kirchengemeinden einer Region weiter entwickeln können und sollen. Noch konkreter ging es um folgende Hauptfrage: Wie lässt sich herausfinden, was die Menschen in den ausschließlich dörflich strukturierten Gemeinden wollen, welchen Bedarfen und Bedürfnissen durch Kirchengemeinden wie entsprochen werden kann?

Bei diesen Überlegungen wurde der Gruppe deutlich, dass von anderen Stellen (Vereine) bereits schriftliche Befragungen (zum Thema Jugendarbeit) durchgeführt wurden. Dieses wiederum lenkte die Aufmerksamkeit dahin, die kirchlichen Befragungsinteressen mit den weltlichen Interessen zu verbinden. Im Idealfall können dadurch gleiche und unterschiedliche Interessen erkannt werden. Schließlich wird unterstellt, dass Gemeinsamkeiten die Akzeptanz kirchlicher Entwicklungen erhöhen helfen.

Vor diesem Hintergrund kam die Frage auf, wer die befragende Organisation sein kann:

- eine Organisation (hier: Kirche)
- mehrere Organisationen
- alle Organisationen

Die Gruppe entschied, dass Kirche hier im Eigeninteresse Initiative ergreifen müsse, gleichwohl eine mögliche Befragung einbetten solle in einen dörflichen Gesamtzusammenhang nach dem Motto «Unser Dorf soll attraktiver werden». Der Aspekt dörflicher Gemeinsamkeit wurde als wichtig und als Kommunikations-Chance gesehen.

2.2 Schaffung einer methodischen Alternative: Die Menschen »involvieren statt informieren«!

Zweifelsfrei benötigen Kirchengemeinden zur Orientierung ihrer Weiterentwicklung verlässliche Informationen, wenn sie nicht ziellos oder willkürlich in die Zukunft planen wollen. In der Projektgruppe wurden zunächst verschiedene Befragungs-Methoden diskutiert, wie man mit den Menschen der Region ins Gespräch kommen kann. Zunächst überlegte die Gruppe, welche Möglichkeiten grundsätzlich in Frage kommen können (schriftlich/ mündlich):

- Schriftliche Gemeindebefragung per Fragebogen
- Postverteilung
- Persönliche Übergabe
- Persönliche Übergabe mit Gespräch

Hierfür studierte die Gruppe ein einschlägiges Muster[7], bei dem ca. 50 Punkte auf einem mehrseitigen Fragebogen abgearbeitet werden sollen. Die Euphorie, dass mittels herkömmlicher Gemeindebefragung ein schneller Zugang zu Informationen möglich ist, wurde relativiert durch Erfahrungen anderer Gemeinden, dass der Nutzen haargenauer Prozentangaben bei quantitativen Fragebogenerhebungen und einem Rücklauf von meistens kaum mehr als 20 % ernüchternd bis enttäuschend ist.

Die genannten Einsichten öffnete die Gruppe für das Methodenrepertoire mündlicher Befragungen, wie Interviews, Telefoninterviews oder Gruppendiskussionen.

Zur Debatte stand dann, inwieweit man eine mündliche Befragung

- in allen Gemeinden der Region (Auswahl oder Totalerhebung)
- in jeweils mehreren Orte gemeinsam oder einzeln nacheinander durchführen solle.

---

[7] Anregung war eine schriftliche Gemeindebefragung einer benachbarten Gemeinde (Angerstein/ Nörten-Hardenberg). Dieser Fragebogen ist dem Anhang des Projekt-Abschlussberichts zu entnehmen (Download unter: www.Leine-Solling.de; Regionen Projekte > abgeschlossene Projekte (»Unsere Daten woll'n wir nicht raten«).

2.3 Entscheidungen für ein Befragungsverfahren

In der Region »Leinetal« erarbeitete eine kontinuierlich arbeitende 15köpfige Projektgruppe, darunter die beiden Pastoren und der externe Berater, in 14 regelmäßigen Projektgruppensitzungen in den Jahren 2003/2004 ein öffentliches und moderiertes Großgruppen-Diskussions-Verfahren, bei dem in sieben Dörfern nacheinander – jeweils in Gemeindehäusern, aber auch Schulen oder Kneipen!) – insgesamt mehr als 250 Menschen – und das war der kommunikative Trick! – an einem ›Sandkasten‹ ins Gespräch verwickelt wurden. Folgende zwei Haupt-Stimuli ›verführten‹ zum gemeinsamen Nachdenken

- *Zukunftsentwicklung des Dorfes:* Wie ist Euer Dorf entstanden? Welche aktuelle Entwicklung gibt es? Was soll... und was darf nicht passieren?
- *Verknüpfung von Zukunftsplanung von Dorf und Kirchengemeinde:* Nahtlos und fast unbemerkt wurde Kirchliche Entwicklung im Dorf zum Thema

Dabei wurde bewusst Wert auf Räumlichkeiten gelegt, die keine Hemmschwelle für nichtkirchlich Organisierte darstellten (Aula von Schulen, Gaststätten, Dorfgemeinschaftshäuser, Gemeindesäle, Zelte).

2.4 Planung einer Probe-Befragung

Mit dem Ziel, die gewählte Methodenentscheidung zu testen, wurde zunächst eine Probebefragung durchgeführt. Nachdem die Auswahl der Einzuladenden abgestimmt und Räumlichkeiten geklärt wurden, ging es um die methodische Frage, wie eine Diskussion unter den Teilnehmern stimuliert werden kann. Folgende Befragungskonzeption wurde ausprobiert:

Erste Phase (Pastor)

a) Begrüßung, Erläuterung der Ziele und des Vorgehens.
b) Aufbau eines Sandkastens und Aufforderung, sich darum zu setzen/ zu stellen.

Zweite Phase (Moderator):

Fragen zum Allgemeinen Teil: Entwicklungsplanung des Dorfes
Stell' Dir vor, Du wärst Städteplaner dieses Dorfes

- Haben-Seite:
  - Wie ist das Dorf denn ursprünglich mal entstanden? (Was war zuerst? Was kam dann? Häuser, Straßen, ...)
  - Was findest du gut in Drüber?
  - Was darf nicht verloren gehen?
- Soll-Seite:
  - Was vermisst Du/Was fehlt dir hier im Dorf?
  - Was heißt für Dich »Die Kirche soll im Dorf bleiben?«
  - Was mir sonst noch einfällt

Fragen zum »Besonderen Teil: Kirchliche Fragen«

- Unterstellt, Du bist Mitglied der Kirche...
  - Was darf nicht verloren gehen...
  - und was muss passieren, damit Du in der Kirche bleibst?
- Unterstellt, Du bist kein Mitglied der Kirche (mehr). Man hört immer öfter, dass Leute wieder in die Kirche eintreten.
  - Was müsste passieren, damit Du wieder Nähe zur Kirche suchst?
  - Was mir sonst noch zur Zukunft der Kirche einfällt

Zur Befragungs-Strategie ist anzumerken, dass ein stimulierendes Verfahren zu finden war, bei dem die Teilnehmer geschickt in einen Diskussionsprozess verwickelt werden (Prinzip: Involvieren statt Informieren). Es sollten bewusst die Erfahrungen gemacht werden, dass man sich hier ohne Hemmschwelle beteiligen kann. Hierfür wurde ein nicht nur sprachliches, sondern ein in erster Linie handlungs-orientiertes Verfahren gewählt. Mit Hilfe des Sandkastens mit Figuren und (Lego)Bausteinen, der in der Mitte des Raumes platziert war, sollte die Struktur des Dorfes durch Ortskundige konstruiert werden. Dieses Verfahren sollte eine Artikulationshilfe darstellen, um schnell ins Gespräch zu kommen. Es kam darauf an, die wichtigsten Gegebenheiten (Straßen, Kreuzungen, Gebäude) und deren Entstehungsgeschichte zu erzählen. Es wurden Anwesende aufgefordert, im Sandkasten nachzuzeichnen, welche die wichtigsten Anlaufpunkte im Dorf sind. Hierdurch konnte ein lebendiger Austausch stattfinden, der dann schrittweise auch auf Fragen dörflicher und kirchlicher Zukunftsperspektiven ausgeweitet werden sollte.

2. Beschreibung einer Reformepisode: Ergebnisse aus einer Zelt-Diskussion im Dorf Iber

Im Dorf Iber wurde, nachdem bereits in sechs anderen Gemeinden eine methodisch vergleichbare Befragung durchgeführt wurde, im Pfarrgarten in der Sommerzeit ein Zelt aufgebaut, in dem die zu erwartende große Zahl von Interessierten aufgenommen werden konnten

Im Rahmen der Anfangsphase (»Ortsentstehung aufzeichnen«) wurden folgende Kommentare zum Ortsbild von Iber abgegeben

- Iber hatte und hat ein gutes Ortsbild
- Früher gab es noch die gesamte Infrastruktur (Läden, Bäcker, Schuster, Stellmacher, Schmied, Gastwirtschaften, Post, Kirche)
- Die Kirche befindet sich im Zentrum – als Mitte – des Dorfes
- Die ältesten Häuser befinden sich rund um die Kirche
- Das Pfarrhaus liegt zentral an der heutigen Hauptwegekreuzung
- Die heutigen Wege sind eher Verkehrswege. Man begegnet sich auf ihnen meist nur im Auto, daher auf den Wegen wenig Kommunikation

Wie sehen Sie die aktuelle Situation in Iber heute?

- Bauernhöfe sterben
- Keine Einkaufsmöglichkeiten mehr im Ort
- Sehr wenig Arbeitsmöglichkeit im Ort
- Leere kommunale Kassen

Wenn Sie Iber bewerten sollen, was fällt Ihnen dazu ein?

Auf der Habenseite
- Offene Menschen
- Schnelle und herzliche Aufnahme in die Ortsgemeinschaft
- Gute Integration in den Ort
- Schöne Aussicht (Blick durchs gesamte Ilme- und Leinetal und bis zum Brocken bei gutem Wetter)
- Schöne und nahe Natur
- Zentrale Lage (nach Einbeck, Northeim und Moringen fast gleich weit)
- Göttingen (ICE-Anschluss) ist auch gut zu erreichen
- Obst und Gemüse kann im Ort gekauft werden
- Tierarzt im Ort
- Gastwirtschaft im Ort
- Kirche mit Pastor im Ort

Auf der Sollseite

- Zu starker Durchgangsverkehr
- Keine Radwege
- Schlechte Busverbindungen (wenig nach Einbeck, keine direkt nach Northeim und Moringen)
- Das Einkaufen ist für ältere Menschen schwierig
- Keine Schule
- Keine Post
- Kein Lebensmittelgeschäft

Was bedeutet für Sie in Iber heute »Die Kirche ist im Ort«?

Haben
- Pastor im Dorf
- Posaunenchor im Dorf
- Kirche im Ort
- MGV singt auch in der Kirche
- Organist im Ort
- Spezielle Kindergottesdienste im Pfarrhaus
- Motorradgottesdienst
- Verantwortungsarbeit: Entwickeln eines Konzeptes für Jugendliche nach der Konfirmation, z.B. Teamer für Konfirmanden

Was müsste passieren, damit die Kirche in Iber weiter attraktiv bleibt? (Soll)

- Der Pastor muss im Ort bleiben, Kirche ohne Pastor ist tot!!!
- Persönliche Kontakte und Verbindungen sind besser
- Der Kindergarten muss bleiben
- Die Jugendarbeit sollte verstärkt werden. Auch Konfirmierte sollten stärker im Ort mitmachen
- Kirche soll für ältere Menschen nah sein (Besuche/Gespräche/Angebote/Hilfe)
- Pflege und Ausbau der Gemeinschaft (Jugendfeuerwehr/Vereine/Posaunenchor/Bastelkreis/MGV)
- Kirchgänger fehlen

Feststellungen aus der Runde

- Es ist von Vorteil, dass Iber an der Randlage der Region liegt. So nehmen die Menschen mehr die Angebote der Vereine und Institutionen an!
- Angesprochen werden könnte und sollte die mittlere Generation, da es für Junge und Ältere bereits Angebote gibt
- In Iber gibt es eine Menge aktive ›Vereinsmenschen‹. Diejenigen, die jetzt noch schwer zu gewinnen sind, sollten erreicht werden
- Wir haben schon viel. Es wird nicht alles wahrgenommen
- Vorteil von Iber ist es, dass es keinen Sportverein gibt
- Die Konfirmation könnte auch Samstagnachmittags sein
- Mehr Zeit haben (für persönliche Gespräche, auf der Bank sitzen)
- Der Kirchenvorstand macht ›nach unten‹ (zu den Menschen) seine Arbeit gut, aber der Druck ›von oben‹ ist zu groß (in finanzieller Hinsicht Erwartungsdruck)
- In der Gemeinde sollten Akzente gesetzt werden, zum Beispiel: Jugendarbeit im Dorf – Jugendgruppen um das Konfirmationsalter
- Kirche darf die Angebotsvielfalt nicht überfrachten: Der Mensch braucht auch Privates und Ruhe
- Die Kirche sollte noch liberaler werden. Auch Menschen aufnehmen, die nicht getauft sind oder aus der Kirche ausgetreten sind. Durch Integration können wir Menschen gewinnen, Anschlüsse schaffen, offen sein!
- Der MGV sollte noch mehr in der Kirche singen

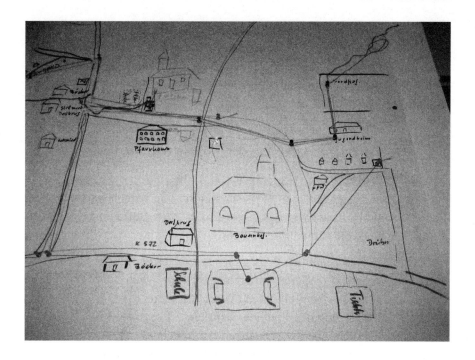

Auf den Punkt gebracht: Was ist für Sie das Wichtigste an/in der Kirche?
- Besinnung in der Kirche/Predigt hören/Abendmahl feiern
- Glauben zu haben und pflegen
- Beständigkeit und Werte vermitteln
- Gemeinschaftliches Treffen ist hier möglich
- Zusammenbringen und Bündeln von Gefühlen (Hochzeit – Trauerfeier)
- Geborgenheit
- Das Pfarrhaus ist ein Ort der Begegnung, es strahlt Wärme aus
- Nicht noch weitere Stellen streichen
- Wir sollten weiter im Gespräch bleiben
  - Die Methode hat sich bewährt: Die Gemeindemitglieder reden – der KV und der Pastor hören zu.
  - Menschen brauchen Kirche und Gemeinschaft

4. Beschreibung der erreichten Veränderung

Nach Durchführung aller sieben Ortsbefragungen durch die Projektgruppe lassen sich die Ergebnisse in drei interessante und produktive Antwort-Richtungen unterscheiden:

4.1 Das sind die Inhalte: Was Menschen bewegt, was sie wollen und erwarten

Für die Frage, was Menschen in dieser Region von Kirche erwarten, lässt sich – nach inhaltsanalytischer Auswertung aller Befragungsergebnisse – folgende konkrete Antwort festhalten:

Kirche soll in dieser ländlich geprägten Leinetal-Gegend...
- Kinder/ Jugend orientieren/ mitziehen/ unterstützen/ fördern
- an Generationen-übergreifenden Fragen mitwirken
- zur Vergewisserung des Glaubens beitragen
- Ansprechpartner sein (Begegnungen ermöglichen)
- erreichbar sein und unkompliziert/flexibel Dienste leisten
- an wichtigen Themen des Dorfes mitmischen (Themenreihen/Aktionen, wie Proteste gegen Sendemasten)
- sich positionieren lernen, damit Menschen leicht entscheiden »das finde ich gut/ da würde ich hingehen/ dabei würde ich mitmachen«
- konkrete Angebote machen:
  o Lernangebote (Musik, Singen und Instrumente; Reisen, Glaubens-Kurse)
  o Feierangebote
  o Natur/ Schöpfung
- sich verkaufen lernen (Gutes tun und drüber reden)
- Pastor vorhalten (Kultagenten?)
- soll helfen, Ressourcen/Potenzial bündeln (Soziales Hilfswerk schaffen?)

4.2 Paradoxien: Menschen lernen, dass Widersprüchliches gewollt, gefordert und diskutiert werden muss!

In den verschiedenen Diskussionen wurde schnell deutlich, dass die vielfältigen Forderungen und Erwartungen nicht ohne weiteres zusammen passen. Im Rahmen des Projekts wurden diese sog. Paradoxien systematisch gesammelt und offen kommuniziert, nicht zuletzt deshalb, um anhand dieser Widersprüchlichkeiten und Dilemmata im Blick auf die Forderungen an Kirche einen weiteren Grund zum Thematisieren zu entdecken. In der nachfolgenden tabellarischen Darstellungen werden »Mythos« und »Realität« gegenübergestellt

Paradoxien – in Gruppendiskussionen während der Befragungen in der Region Leinetal aufgespießt	
Mythos	und Realität
Uns fehlt die Jugend	Jugend ist zahlenmäßig objektiv weniger geworden Demographie: Veränderung der Altersstruktur bzgl. Kriterium Geburten/Jahr in Deutschland Dt. Reich: 1910 (1 Mio.). BRD: 1980 (0,57 Mio)
Alle nebenstehenden Daten: Institut für Entwicklungsplanung und Strukturforschung: Bevölkerungsentwicklung und Strukturwandel in Niedersachsen. Hannover	In NDS: Geburten Sterbefälle 1946: 110.000 65.000 1965: 135.000 78.000 1985: 64.000 75.000 (seit 1971 sterben mehr als geboren werden)
Klage: Der Pastor ist nicht zu erreichen (so wie Don Camillo)	Faktisch: Der Pastor kann heutzutage viel besser erreicht werden als früher durch – Telefon, Telefonumleitung, – Post, Fax, eMail und Internet – Sprechzeiten sowie auf Grund der gewachsenen Mobilität (Auto) auf beiden Seiten
Es wird kühler, jeder zieht sich zurück	Menschen rücken, wenn notwendig, doch gut zusammen (und verlangen Professionalität)

Verlust-Gefühle (es ist nicht mehr so gut wie früher)	Wir können uns nicht länger noch mehr wünschen > Die alten Zeiten „waren schon immer besser", aber sie sind nun mal vorbei. (Glorifizierung/Verklärung) Es spielen sehr viele Faktoren in unsere Veränderung hinein...
Es gibt keine (christlichen) Werte mehr	Es gibt eine Werte-Bewegung: Die christlichen Werte haben sich in unseren Alltag eingeschlichen (dort haben sie eine andere, keine theologische, sondern eine Alltags-Sprache angenommen)
	Es gibt einen Werte-Pluralismus: Es wurden noch nie so viele Werte gelebt wie heute, und christliche Werte existieren neben anderen
Es werden in unserer Gesellschaft extrem viele Positionen vertreten und angeboten („Kakophonie")	Die Fragen für uns müssen lauten: – Wie wird Kirche in diesem ‚Werte-Konzert' noch besser gehört? – Wie vermitteln wir unseren ‚Schatz' an Werten, der Orientierung, Halt, Geborgenheit, Trost gibt? – Wie kann Glauben wichtig werden? – Wie definieren wir Kirche?
Kirche verliert an Mitgliedern und damit an Bedeutung	Kirche hat Zuwachs (Bsp.: in den Medien, Resonanz auf den Kirchentag) Kirche spezialisiert sich (aber dagegen kommt ein Dorf-Pastor nicht an). Und: Wir haben es z. Zt. mit den ‚Alt-68ern zu tun'
Es ist nix los bei uns (Kirche macht nix los)	Es hat noch nie so viele Angebote gegeben wie heute – Konkurrenz in Medien – Konkurrenz in Zeit („Gott sei Dank gibt's bei uns im Dorf keinen Sportverein, sonst erreichten wir noch weniger...")
Die Leute machen nix: hängen nur auf dem Sofa und schauen Fernsehen	Die Leute machen viel, aber sie werden auch von ganz vielen Anbietern angesprochen (und sind auch vielen Belastungen, z.B. Wegen zur Arbeit ausgesetzt) und suchen Privatsphäre

Kirche macht nicht genug – oder: Kirche macht nix	Bsp. Region Leinetal: Kirche bringt Menschen ins Gespräch und hilft, realistische und realisierbare Wünsche, Forderungen, Ansprüchen zu (er-)finden, u.a. durch eine Mythen-Diskussion. Kirche kann die vorhandenen Angebote durch neue Verknüpfung, durch Inszenierungen, durch Schaffung von Anlässen ins Bewusstsein bringen – Kirche kann Ansprechpartner sein für (u.a. die Organisation und Moderation) von bedeutsamen Themen: – Einmischen ins Dorf-Motto: „Kirche bringt ins Gespräch" statt „Kirche ist im Gerede"

Fazit:

- Hinter all diesen Mythen verstecken sich Wahrnehmungsprobleme!
- Und: Bei den Forderungen gegenüber Kirche versteckt man sich hinter vermeintlich erkanntem Bedarf »für die anderen« (Kirche müsste doch für die und die was machen).
- Es fehlt das korrespondierende Ich-Moment »Ich engagiere mich innerhalb der Kirche für das und das...«

4.3 Methoden. Oder: Was nicht nur von der Projektgruppe gelernt wurde

Wie Kirche Menschen ins Gespräch verwickelt – wie Kirche zuhören lernt und Mitgestalterin der gemeinsamen Zukunftsentwicklung werden kann! In diesen Ergebnissen wurden versteckte Kompetenzen entdeckt, nämlich eine Fähigkeit kirchlicher Mitarbeiter, Ergebnisse erfolgsförderlich zu produziert, kommuniziert und inszeniert. Insgesamt war man sich einig, dass dieses Projekt auch als ein sehr wirkungsvolles »beiläufiges Qualifizierungsprogramm« interpretiert werden muss. Damit es nicht nur bei einer solchen Feststellung bleibt, sollen folgende wichtige Methoden-Erfahrungen resümiert werden:

- Von der richtigen Einladung! Ansprache und Sprache bedenken (Funktionäre/ vs. betont ›Die Gemeinde‹). Wie kann man ein Bürger-Forum organisieren, ohne nur Funktionäre anzusprechen? Inwieweit wird im Dorf immer auch noch Hierarchie mitgedacht (Bürgermeister spricht zuerst...)
- Wie gelingt ein zwangloser Rahmen für ein intensives Dorf-Gespräch (Reihenfolge: Persönlich > Dorf > Kirche)?
- Was ist stimulierende Moderation? Wie organisiert man einen interessanten Verlauf (Sandkastenspiele anbieten, um warm zu werden, dass sich die Leute trauen, bereit sind zum lauten Denken, ...). Wie kann man ins Gespräch verwickeln und dabei die Diskussionsbereitschaft bis zur ›freien Rede‹ motivieren? Wie muss man Leute direkt/indirekt ansprechen, die es (nicht) gewohnt sind? Welche Fragestruktur eignet sich – wie kann man sich dran halten (roter Faden)? Warum eine externe Moderation so wichtig ist, um eine möglichst unbefangene Beteiligung zu erreichen. Wie kann man Leute fordern, wie holt man was aus ihnen 'raus? Wie fasst man die Ergebnisse zusammen? Was heißt Strukturierung für eine attraktive Berichterstattung?
- Wie organisiert man einen persönlichen Abend (Setting, Inszenierung, Getränke)?
- Wie begegnet man der Kritik argumentativ, dass so ein Projekt Geld kostet?
- Was führt zur Wahrnehmung, dass auch Pastoren/ KV-Mitglieder dazu lernen? Warum es genutzt hat, den größeren Rahmen »Wir finden etwas für den KK heraus« anzusprechen.
- Wie erzielt man eine gute Beteiligungs-Mischung am Abend: Mischung aus Präsenz von Pastor, KV-Mitgliedern und Ehrenamtliche aus der Region, externe Moderation, zunächst immer eine betonte Zurückhaltung von Pastor/KV im Saale
- Was muss man tun, damit die Fortsetzung der Gespräche leicht möglich ist?

Darüber hinaus resümiert das ›Gegenüber‹ der Projektgruppe, nämlich die Versammlung aller KV-Mitglieder und Interessierten aus den Gemeinden

der Region, anlässlich des ersten Regionen-Treffens mit mehr als 70 Personen, folgende Eindrücke:
- Diese interessanten Ergebnisse müssen wir noch viel intensiver erörtern
- Die, die im Projekt mitgemacht haben, hatten viel Spaß und Freude (»… da war ich echt neidisch«, aber auch »Einige Gemeinden wussten nix von diesem Projekt und diesem Abend«)
- Dieses Projekt fragt erfolgreich Menschen
- Den Kirchenkreis sollte man so lassen! (»… er soll aber nicht noch größer werden!«)
- Angebote gibt's schon viele (»… und dann macht Kirche auch noch so viel?«)
- Für die Altersgruppe »älter als 70 Jahre« : »Da muss was passieren, z.B. einmal im Monat treffen, denn die trauen sich nicht, was zu fordern/ sich was zu wünschen«
- Region und Informationen – das muss zusammen klappen!
- Es fehlen noch mehr Macher! Aber – so gelingt ein Anfangen
- Aus unserer Sicht – der Gemeinde Strodthagen: Kirche war noch nie so nah wie heute!
  - Und: Wir haben von der Regionalisierung profitiert
  - Aber: Wie gelingt der Austausch zwischen den einzelnen Orten?
- Wer sich nicht ins andere Dorf bewegt, vereinsamt! Viele verlassen ihr Haus nicht.
- Könnten wir in der Region nicht gemeinsame KV's bilden?

5. Abschluss

Fazit I: Die kirchliche Region hat gelernt, dass sie sich ins Gespräch bringen kann.

Fazit II: Die kirchliche Region hat Transparenz über alle Einzel-Gemeindeprogramme und darüber hinaus ab jetzt ein jährlich zu entwickelndes abgestimmtes »geistliches Programm aller Gemeinden« (sog. ›Regionen-Veranstaltungs-Programm‹).

Fazit III: Es hat sich herum gesprochen, dass »Wer sich nicht anschließt, der auch nicht mitgestaltet«. Und eines ist überdeutlich geworden: »Kirche – das sind wir alle!«

Fazit IV: Der modellhafte Prozess entspricht den Prinzipien einer »Lernenden Organisation Kirche«:

- Die Projektgruppe präsentiert ihre Ergebnisse
  - im Form eines besonderen Abschlussberichts, der öffentlich zugänglich ist;
  - in Theaterform bei verschiedenen Events[8].
- Ein besonderer Projektausschuss des KKT initiiert, begleitet, evaluiert und reflektiert kriterien-orientiert den Gesamtprozess.
- Eine externer Organisationsberater (der Universität Hildesheim) sorgt für Professionalität: Er unterstützt Projektgruppen im Projektmanagement, moderiert Veranstaltung, organisiert die Methodenausbildung.
- Eine im gesamten Kirchenkreis abgestimmte und engagierte Öffentlichkeitsarbeit sorgt für Transparenz und Lerntransfer: Umfassende Lernberichte, Dokumentation aller Prozesse im Internet, Berichterstattung im KKT/ in der Presse.
- Besondere Veranstaltungen laden externe Kirchenkreise zum Mitlernen ein.

---

[8] Besuch der Landesbischöfin Dr. Käßmann beim Tag des Kirchenkreises; Präsentation auf dem »Abend der Begegnung« anlässlich des Deutschen Evangelischen Kirchentags 2005 am 25. Mai 2005 in Hannover.

Regionale Veränderungen müssen bewahren, was Gemeinde-Kirche wesentlich ausmacht. Diese Einsicht, elaboriert dargestellt im Modell von Uta Pohl-Patalong (2004), scheint wegweisend für die Kirche der Zukunft, die neben der Ortskirche eine Vielfalt kirchlicher Orte ermöglicht. In der Region Leinetal lässt sich nachweisen, dass

- *ein vereins-ähnliches kirchliches Leben* an allen Orten stattfindet (Gemeindeleben nach dem Vorbild der freien Vereine)
- dass *differenzierende Arbeitsbereiche an allen Orten* vorgehalten werden (spezialisierte kirchliche Aufgaben, Seelsorge)
- dass weiterhin *Gottesdienst an jedem kirchlichen Ort* stattfindet (aber nicht unbedingt ein agendarischer Gottesdienst die Regel sein muss)
- *Kasualien* nach Bedarf durchgeführt werden
- die *gemeinsame Feier* und die kirchliche Organisation in Gemeinden und in der Region stattfindet.

Zukunftsweisend sind daher nicht irreführende Alternativen (Gemeinde oder Region), sondern die Organisation gemeinschafts-förderlicher und kommunikativ attraktiver Prozesse, in denen an Einzelfragen orientierte Vereinbarungen entstehen und schrittweise die Einsicht wächst, dass eine Kirche, die auf mehreren Handlungsebenen aktiv ist, Nähe zu und zwischen Menschen schaffen kann. »Sympathie ist eine Funktion des Kontakts«, so besagt ein klassisches Gesetz des Psychologen Thomae. Das Re(li)gionen-Projekt Leinetal überzeugt vor allem deshalb: Es bringt Menschen mit einem Interesse an Religion zusammen. Und am Ende stehen neue Lösungen im Raum, die durch strukturelle Klarheit ebenso auf sich aufmerksam machen wie durch die inhaltliche Phantasie und Flexibilität der Akteure.

6. Weiterführende Informationen:

www.regionenprojekte-leine-solling.de (Umfassender Projektbericht zum Download)
Ansprechpartner: Projekt-Moderator Dr. Herbert Asselmeyer, Stiftung Universität Hildesheim (www.organization-studies.de)

7. Literatur:

Herbert Asselmeyer: Die Gemeindekonferenz. Eine Gemeinde geht in Klausur. In »Gemeinde leiten« 5/2004, 3f.

Herbert Asselmeyer u.a. (Projektpruppe Lernende Organisation Kirche) Hg.: Lernende Organisation Kirche. Erkundungen zu Kirchenkreis-Reformen. Leipzig (Evangelische Verlagsanstalt) 2004.

Uta Pohl-Patalong: Von der Ortskirche zu den kirchlichen Orten. Ein Zukunftsmodell. Göttingen (Vandenhoeck & Ruprecht) 2004.

Eberhard Hauschildt

Eine Angebotslandkarte für das Evangelische Wiesbaden, Milieutheorie und die Projekt-Kooperation mit der praktisch-theologischen Wissenschaft

1. Die Ausgangssituation

a) Das Reformbedürfnis:
Reform schafft Reform. Wer sich auf den Prozess der Kirchenreform begibt, den führt die eine Reform dazu, eine nächste in Angriff zu nehmen, die ohne die erste gar nicht denkbar wäre. Das evangelische Dekanat Wiesbaden, welches das im Folgenden beschriebene Reformprojekt entwickelte, war selbst erst aus einer Strukturreform entstanden.

Da waren drei parallel handelnde Dekanate auf dem Gebiet der Stadt Wiesbaden so zusammengefasst worden, dass sich ein gemeinsam handelndes Dekanat (mit drei Prodekanaten) ergab, mit einem – was es vorher nicht gegeben hatte – hauptamtlichen Dekan und Überführung alter getrennter Gremien und Einrichtungen in gemeinsame neue. Das war für alle Beteiligten eine natürlich anstrengende Arbeit gewesen, bei deren Auswertung neben vielen positiven Effekten kritisch der gestiegene Bedarf für Einsatz in Gremien während des Reformprozesses notiert wurde.

Die Gemeinden mussten Zeit und Kraft abgeben für die Strukturreform des Dekanats. So ergab sich die Frage: Was haben denn wir Gemeinden eigentlich von dem Reformprozess? Darum sollte nun in einem zweiten Schritt gewissermaßen gezeigt werden, dass und wie die Reform Nutzen für die Gemeinden und ihre Arbeit hat. Dazu wurden die Presbyterien ausführlich befragt darüber, was denn ihre Wünsche an das gemeinsame Dekanat waren. Es zeigte sich dabei, dass der Wunsch nach größerer Vernetzung besonders hervorstach – unter den Gemeinden und auch zwischen Gemeinden und funktionalen Diensten: mehr voneinander wissen und – wo sinnvoll – auch miteinander kooperieren.

Dieser Wunsch steht in mehreren Kontexten:
1. Das Verhältnis von Parochien und funktionalen Diensten ist verbesserungsbedürftig. In der Praxis wird parallel ganz Ähnliches getan – oft ohne, dass man voneinander weiß, oder man erlebt sich als Konkurrenz. Außerdem fordert städtische Lebensweise immer deutlicher neue Arbeitsweisen, von denen sich die Ortsgemeinden überfordert fühlen, die sie jedenfalls nicht auch noch alle neu anfangen können und wollen.
2. Bei in Zukunft zu erwartenden[1] zurückgehenden Ressourcen für das Dekanat und seine Gemeinden wird es nötig, zu schauen, wo man gemeinsam sparen kann.
3. Es gibt eine Kontroverse über die Zukunft der Kirche, in der die einen die Auflösung der Parochie gekommen sehen, die anderen den Abbau der funktionalen Dienste und die Rückkehr zu den Kernaufgaben in den Ortsgemeinden.[2]

b) Die Reformidee
Neben anderen z.T. zeitgleich umgesetzten Reformideen wurde die Idee entwickelt: Wir brauchen eine »Angebotslandkarte«, in der wir für das gesamte Dekanat uns durchsichtig machen können, wer was macht und kann, und so die Informationen haben, die nötig sind, um Vernetzungen umsetzen zu können.

c) Die Kooperationspartner
Die vorausgehende Dekanatsstrukturreform hatte das Evangelische Dekanat Wiesbaden zusammen mit der Unternehmensberatung Lischke Consulting durchgeführt. Federführend für Lischke vor Ort war der bei Lischke arbeitende Theologe Matthias Dargel. Diese Kooperation wurde auch für den nächsten Reformschritt durchgeführt. Eine Finanzierung kam zur Hälfte von der Landeskirche, die hier eine exemplarische Reform wollte. Hier

---

[1] Der Beginn des Reformprozesses fiel in eine Zeit, in der für einen Moment die Kirchensteuereinnahmen nicht geringer wurden, dass änderte sich dann aber gegen Ende des Reformprojekts.

[2] Vgl. Uta Pohl-Patalong: Ortsgemeinde und übergemeindliche Arbeit im Konflikt. Eine Analyse der Argumentationen und ein alternatives Modell, Göttingen 2003; dies.: Von der Ortskirche zu den kirchlichen Orten. Ein Zukunftsmodell, Göttingen 2004.

nahm also eine Landeskirche ihre Leitungsaufgabe wahr, Reformprozesse zu ermutigen und mit zu ermöglichen. Auch an den Beratungen war sie mitbeteiligt. Ein Ergebnis der projektvorbereitenden Beratungen war der Entschluss, sich zusätzliche theologisch-wissenschaftliche Expertise für das Projekt einzuholen und somit einen weiteren Kooperationspartner zu gewinnen, der die praktisch-theologische Qualität des Projektes sichern sollte. Das war eine Neuerung. Sie geschah aus einem doppelten Kalkül: Zum einen wollte man sicher sein, neueste Entwicklungen der Wissenschaft auch für sich nutzen zu können. Zum anderen sah man die Angebotslandkarte als ein Reformprojekt an, das Modellcharakter haben könnte auch für andere Kirchenkreise in Deutschland und in der praktisch-theologischen Debatte über die Zukunft der Kirche bestehen sollte.

Dass man sich theologische Expertise für Aufgaben kirchlichen Handelns einholt, erscheint nicht selbstverständlich: Sind doch viele der kirchlichen Akteure selbst studierte Theologinnen oder Theologen. Wenn man dies tut, so anerkennt man, dass Wissenschaft sich weiterentwickelt und der neueste Stand relevant ist. Zugleich ergibt sich noch ein anderer Effekt: Innerhalb eines Kirchenkreises kennt man die theologischen Positionen voneinander aus vielfältigen Begegnungen und hat sich über sie sein Bild gemacht und sein Urteil gefällt. Der theologische Experte hingegen kommt mit seiner Theologie von außen. Das gibt die Möglichkeit, theologische Lagerzuordnungen aufzuweichen und sich theologisch gemeinsam auf das Projekt zu verständigen. Schließlich sollte sich gegen Ende des Projekts auch zeigen, dass für die operative Umsetzung einer Angebotslandkarte zusätzliche Informatik-Expertise notwendig ist. Die konnte dann gewonnen werden in einer Kooperation mit einem Informatik-Lehrstuhl Prof. Schäfer von der Fachhochschule Wiesbaden.

d) Praktische Theologie als Akteurin der Kirchenreform
Dass Praktische Theologie die Kirche zur Reform aufruft, ist nichts Neues, auch nicht, dass Praktische Theologen – gewissermaßen in ihrer Freizeit (ist die abgrenzbar zum Beruf?) – als Reformerinnen und Reformer in der Kirche mitarbeiten, besonders durch Vorträge und Schrifttum. In diesem

Reformprojekt aber wurde ein Vertrag zwischen Universität und Kirche geschlossen. Es zeigt sich ein verändertes Verhältnis der Wissenschaft zur Praxis. Aus der Perspektive der Universität ist drittmittelfinanzierte Forschung gewollt und gewünscht. Einwerbung von Drittmitteln gilt den Wissenschaftsministerien als der entscheidende Indikator, an dem sich Exzellenz der Forschung messen lässt; eingeworbene Drittmittel erhöhen das Standing der theologischen Fakultät in der Universität, ggf. gibt es auch in einem Matchingverfahren auf eingeworbene Euros weitere von der Universität »zur Belohnung«. Lehrstuhlinhaber sehen sich damit konfrontiert, dass eine finanzielle Unterstützung von Forschungs- und Kongressaktivitäten von der Universität eingestellt worden ist bzw. an die Fakultät verlagert wurde, ohne dass diese dafür zusätzliche Finanzmittel bekommen. Die Mittel für Bücher sinken, deren Kosten aber steigen. Das Maß der »Grundversorgung« für Wissenschaft, gerade für die Theologie, nimmt also deutlich ab. Wer weiterhin die für Forschung notwendigen Mittel zur Verfügung haben will, muss auf Drittmittel zurückgreifen können.

Aber es sind nicht nur die finanziellen Engpässe, die für Drittmittelforschung sprechen. Jedenfalls ist für die Praktische Theologie, die Theorien über Regeln und Handlungsspielräume der Praxis erarbeitet, von hohem Interesse, diese Theorien in der Praxis testen zu können und sie aus den Praxiserfahrungen weiterentwickeln zu können. Umgekehrt ergibt sich für Geldgeber aus Kirche und Diakonie die Möglichkeit zu fördern, über welche Praxissituationen man zusätzliche Forschung haben möchte.

2. Die Ziele der Reform

Die Reform hatte ein klares operationales Ziel, die Erstellung der Datenbank einer Angebotslandkarte.[3] Die Plausibilität dieses Ziels lag in seiner Zuordnung zu einem strategischen Ziel, durch Handeln auf Dekanatsebene

---

[3] »Angebot« meint jede kirchliche Veranstaltung, sofern sie nicht ein Einzelkontakt ist (z.B. Seelsorgegespräch) oder zum normalen Programm gehört (Kasualien und normale Gottesdienste); es handelt sich um jene Angebote, die insofern »profilrelevant« sind, als an ihnen in der Öffentlichkeit sichtbar wird, welches spezifische Profil gerade diese Gemeinde oder dieser funktionale Dienst hat.

bessere Vernetzung der Gemeinden (und funktionalen Dienste) und ebenso eine gegenseitige Entlastung zu ermöglichen, dafür aber erst einmal die nötigen Informationen zu bekommen. Das operative und das strategische Ziel lagen von Beginn des Reformprojekts im Januar 2003 auf dem Tisch und wurden kommuniziert. Eher »unter dem Tisch« begleitet wurde das Projekt von dem strategischen Ziel des Sparens von Ressourcen nicht nur in der je eigenen Gemeinde oder dem funktionalen Dienst, sondern auch im Dekanat insgesamt. Dass Sparen nicht nur bedeuten kann, die eigenen Ressourcen effektiver einzusetzen, sondern dass auch die eigene Tätigkeit »eingespart« wird, das löst natürlich eher Ängste aus. Das Vertrauen in das Projekt war jedoch so groß, dass diese Ängste das Erreichen des operationalen Ziels nicht beschädigt haben. Je länger, je mehr habe ich aber bei der Kommunikation der Ergebnisse darauf geachtet, über die operationale Zielerreichung hinaus die Bedeutung für zwei weitere strategische Ziele herauszustellen und diese als theologisch hochwertige Ziele zu positionieren, die zugleich in den anstehenden Sparnotwendigkeiten theologisch angemessene Verfahren anzeigen.

1. Erhöhung innerkirchlicher Partizipation an Entscheidungen: Eine Angebotsdatenbank demokratisiert die Kenntnisse und erhöht damit die Möglichkeit zur Partizipation möglichst vieler, vor allem sämtlicher Mitglieder, gerade auch der ehrenamtlichen Laien, in den Entscheidungsgremien.
2. Mehr Raum für Theologie: Der leichte Zugang zu Informationen erleichtert die Analyse, gibt aber selbst die Entscheidungen nicht vor. Die Versachlichung lässt nur deutlicher werden, dass unter einer Reihe von Alternativen Gewichtungen und Entscheidungen theologisch begründet und verantwortet werden müssen. Wer informiert ist, der muss nun die Gründe nennen können, aus denen er sich für die Planung/Stärkung des einen Angebots und damit auch gegen die Planung/Stärkung des anderen entscheidet.

a) Operationales Ziel: Eine Angebotslandkarte für Wiesbaden
Es ging um die Sammlung derjenigen Informationen, die nötig sind, um herauszufinden, wo innerhalb des Dekanats Wiesbaden Ähnliches/ Ver-

gleichbares gemacht wird. Dabei sollten die Möglichkeiten elektronischer Datenausgabe genutzt werden, sodass eine für nicht weiter vorgebildete Benutzer verwendbare Datenbank entsteht.

Als Nutzer waren zwei Gruppen im Blick:

1. Die Angebotsplaner: Kirchenvorsteher, Hauptamtliche, die Leitung des Dekanats möchte für ihre Planung von Angeboten wissen: Wo überall wird schon Ähnliches gemacht und wer kann darüber genauere Auskunft geben? Was für Ideen, für Angebote haben andere?
2. Die Angebotsnutzer: Menschen haben Interesse an einem kirchlichen Angebot und wollen wissen: Wann und wo findet was statt? Um das herauszufinden sind Suchwege (Zeitpunkt, Ort, Thema, Zielgruppe und – am wenigstens im Blick, aber für die tatsächliche Passung genauso wichtig – passende Atmosphäre) zu erlauben.

b) Zeitraum und Teilziele

Die Kernphase des Projektes lag zwischen Januar 2003 (erste Präsentation zur Kooperation mit dem Bonner Lehrstuhl) und Januar 2004 (Präsentation der Ergebnisse auf einer Dekanats-Sondersynode).

1. Teilziel: Entwurf des Fragebogens. Dieser Entwurf erfolgte in einer gemischten Arbeitsgruppe und unter Abgleich der Erwartungen aus den Gemeinden und Diensten und Werken (April bis Juli 2003).
2. Durchführung der Umfrage (Juli bis September 2003).
3. Auswertung der ersten Ergebnisse der Umfrage in einer gemischten Arbeitsgruppe (September 2003 bis Januar 2004).
4. ab Januar 2004: Erstellung einer allgemein nutzbaren Datenbank.

Sämtliche Reformen wurden erarbeitet in Kooperation von Lischke Consulting, Dekanat, Vertretern von Gemeinden und von funktionalen Diensten und meiner Person. Es gab Rückkoppelungen mit Gemeinden, mit den Leitungspersonen des Dekanats und der Synode und mit teilnehmenden Pfarrern in einer meiner Lehrveranstaltungen.

3. Reformepisoden

Ich will nicht über das gesamte Reformprojekt berichten, sondern den besonders meine Mitarbeit betreffenden Bereich herausarbeiten.[4] Aus der Milieuperspektive ergibt sich eine bestimmte Einschätzung der Aufgabe.

1. Zum gesellschaftlichen Hintergrund: Dass Kirche einen Teil ihres Handelns als ein Bereitstellen von Angeboten wahrnimmt, zeigt, wie sich auch hier die Mechanismen der Erlebnisgesellschaft auswirken.[5] Kirche konkurriert auf dem Markt der Erlebnisanbieter. Beteiligung an Veranstaltungen der Kirche wird zunehmend auch danach ausgewählt, welche Erlebniserwartungen die Interessierten bei dem jeweiligen Angebot erfüllt sehen. Um sich vor Enttäuschungen zu schützen, wird die Erlebnisvielfalt zu Typen schematisiert. Milieus der Gesellschaft unterscheiden sich in ihren typischen Erlebnisvorlieben. Um zu wissen, ob ein Angebot für einen Menschen passt, sind nicht allein Thema und grobe Altersgruppe relevant, sondern zunehmend auch, ob der Erlebnistyp zu den Interessenten passt, also die Information über die Milieuatmosphäre. Eine Angebotslandkarte sollte darum die Milieuatmosphäre mit zu erfassen suchen.
2. Zum kirchenpolitischen Hintergrund: Die Milieutheorie legt nahe, die Debatte um entweder Parochie oder funktionale Dienste[6] zu entschärfen. Denn es zeigt sich, dass für bestimmte Milieus das ortsnahe Angebot der Parochie, für andere das spezialisiertere Angebot in der Region auf ihre Lebensweise besonders gut passt. Gerade für die spezialisierten Angebote, ganz gleich ob sie von einer Ortsgemeinde oder einem funktionalen Dienst durchgeführt werden, ist dekanatsweite Kenntnis nötig.
3. Die Grenzen der Milieuwirksamkeit: Nach Selbsteinschätzung der Milieutheorie wirken die Milieumechanismen in Wohlstandsituationen der Erlebniswahl. In bestimmten Konstellationen treten Milieudifferenzen

---

[4] Eine kürzere Darstellung zum Projekt findet sich in: Eberhard Hauschildt, Ist die Kirche ein Unternehmen? Ökonomische Gütertheorie und die Praxis im Evangelischen Dekanat Wiesbaden, in: Pastoraltheologie 93/2004, 514ff. Eine Darstellung des Gesamtprojekts in Buchform wird zurzeit vom Evangelischen Dekanat Wiesbaden erarbeitet.

[5] Vgl. Gerhard Schulze, Die Erlebnisgesellschaft. Kultursoziologie der Gegenwart, Frankfurt M. 1992; Eberhard Hauschildt, Milieus in der Kirche. Erste Ansätze zu einer neuen Perspektive und ein Plädoyer für vertiefte Studien, in: Pastoraltheologie 87/1998, 392-404.

[6] Vgl. U. Pohl-Patalong (Anm. 2).

jedoch in den Hintergrund: bei engerer sozialer Kohärenz eines bestimmten Anlasses (z.B. Kasualien) oder bei sozialer Notlage. Bei der Verwendung von Milieutheorie für die kirchliche Praxis sind Menschen in dieser Situation auf jeden Fall mit zu bedenken.

a) Die Erstellung des Fragebogens und die Milieuperspektive
Der Katalog der Fragen wurde zusammen mit den Beteiligten abgestimmt und in mehreren Arbeitsgängen diskutiert. Gefragt wurden die Gemeinden/Einrichtungen nach Gebäuden, diversen technische Gegenständen, nach bestehenden Kooperationen, bei den Angeboten nach Zeit und Ort des Stattfindens, auch nach der Finanzierung, nach den Mitarbeitenden/ Leitenden des Angebots und nach den Teilnehmenden (siehe Anhang 2). Die Forschungsinteressen an einer möglichst detaillierten Erfassung von Milieus waren auf die Praktikabilität der Datenaufnahme und die spätere Nutzung der Informationen zu beschränken. Darum wurden Fragen nach Bildungsvoraussetzungen, die ansonsten ein klassischer Unterscheidungswert zwischen denjenigen Milieus, die komplexere, und denen, die einfache Erlebnisse suchen, wieder aus dem Fragebogen genommen (bei den Mitarbeitern blieben sie aber bestehen).

Drei Fragen wurden für jedes Angebot platziert: Eine nach dem Marker Musikgeschmack der erwarteten Angebotsnutzer. Inzwischen werden die Radioprogramme bewusst nach Milieugesichtspunkten ausdifferenziert, sodass über die Radioprogramm-Vorlieben eine grobe Zuordnung zu Milieus möglich ist. Sodann eine Frage nach den Zielen der Angebotsbereitsteller; hier wollte das jeweilige Angebot zwischen komplexen Erlebnissen und einfachen sowie geordneten und spontanen Erlebnissen verortete werden. Schließlich ist auch das Beteiligungsverhalten recht milieutypisch, darum wurden fiktive Aussprüche von Beteiligten vorgelegt, unter denen das für das jeweilige Angebot typischste auszuwählen war.

b) Aus der ersten Auswertung der Daten unter der Milieuperspektive
Die erste grobe Auswertung der Daten (dazu musste auch eine Kategorisierung der tatsächlichen Angebote erarbeitet werden) vor Aufbau einer befragungsfähigen Datenbank zeigte neben einer Reihe von anderen Ergebnissen

(Altersverteilung, Geschlechtverteilung, räumliche Verteilung, Themen der Angebote) schon einige Trends in Sachen Milieuorientierung an:

1. Bei über 50% der Angebote konnten von den Anbietern Angaben gemacht werden, die darauf schließen lassen, dass die Milieuatmosphäre für die Angebote Bedeutung hat. Milieu ist auch nach der theoretisch entwickelten Annahme nicht der einzige Zugang zu Angeboten. Ihre Verortung im Raum und die lebenslagenbezogene Interessen für bestimmte Thematiken spielen ebenfalls eine wichtige Rolle.
2. Bei den Angeboten mit Milieuatmosphäre dominieren in den Angeboten für Erwachsene die Angebote für die gebildeten Milieus. Die Zahl der Angebote mit Atmosphäre mittlerer Bildung macht nur ein Drittel derer mit hoher Bildung aus; und die Zahl der Angebote mit Atmosphären geringer Bildung macht wiederum nur die Hälfte derer mit mittlerer Bildung aus. Bei allen Ungenauigkeiten subjektiver Einschätzung der Befragten – der Trend ist deutlich: Angebote für Menschen im Erwachsenenalter werden in der Kirche – fast nur – als Bildungsangebote gesehen. Bei den Angeboten für die Jugendlichen und für die über 60-Jährigen ist dieser Trend deutlich abgeschwächt. Hier will man offensichtlich auch die weniger Gebildeten mit versorgen.

Das Ergebnis stellt vor die Frage: Will das Dekanat bewusst – mit theologischen Gründen – diese Bildungsorientierung? Entscheidet es sich dafür, dass der christliche Glaube – abgesehen von den gottesdienstlichen Ritualen und der individuellen Begleitung und des diakonischen Handelns – sich in Wiesbaden so gut wie nicht in Offerten äußert, die wenig Bildungsvoraussetzungen machen und geringe Bildungserwartungen stellen?

Die Sammlung der Daten wurde ergänzt mit Textbausteinen für diejenigen, die kirchliche Angebote planen (siehe einen Auszug daraus in Anhang 1). Die Texte sollen als Diskussions- und Entscheidungshilfe dazu dienen, bei der Planung kirchlicher Arbeit sich das Profil von Milieus, aber auch die Charakteristika der Alterszielgruppen und die Bedeutung des Raumverhaltens von Menschen bewusst zu machen, gerade auch die Querverbindung zwischen allen drei Zugangsweisen zu Angeboten. Eine Konzeption der drei Zugänge Milieu, Lebenslage und Raumbezug gab es in der bisherigen praktisch-theologischen Literatur nicht; sie wurde erst im Verlauf des Projektes entwickelt.

c) Die erreichten Veränderungen und die bleibenden Aufgaben
Das Projekt hat erreicht: Es liegt ein Datensatz vor, der für den Sommer 2003 die Angebote in Wiesbaden erfasst. Das schafft für die Planung und Kooperation auf der Ebene der Gemeinden, der innerstädtischen Regionen wie des Gesamtdekanats und zwischen den funktionalen Diensten und den lokalen Gemeinden eine neue Basis für Kenntnisse voneinander. Es erleichtert somit die innerkirchliche Entscheidungsfindung auf allen Ebenen, und das ohne eine bestimmte Entscheidungsrichtung schon vorzugeben. Damit stärkt es die Möglichkeiten zur Zusammenarbeit, ohne sie schon zu erzwingen. Erstmals wird ein vertiefter Überblick gegeben, der für alle Mitarbeitenden gleichermaßen zugänglich ist. Unterschiedliche Regionen des Dekanats und die einzelnen Gemeinden treten in ihrem Profil hervor.

Ein Teil der Datenbank wird darüber hinaus der allgemeinen Öffentlichkeit durch das Internet zur Verfügung gestellt. Es können jetzt Interessierte sich ebenfalls leicht einen Überblick verschaffen oder gezielt über Suchfunktionen nach bestimmten Angeboten suchen. Die bleibende Aufgabe ist, die Nachhaltigkeit des Erreichten zu sichern. Hier besteht auch bei diesem Reformbeispiel zurzeit nicht genügend Klarheit. Es ist verständlich, dass bei dem Werben für eine Reform man sich nicht Gegner schaffen möchte, weil deutlich wird, dass auch bleibende Kosten damit verbunden sind, zumal sie in ihrem Umfang bei Projektbeginn nicht so einfach abschätzbar sind. Man hofft, dass das Gelingen des Projekts Entscheidungsgremien zu einem späteren Zeitpunkt geneigter macht. Aber die Erfahrung aus anderen Projekten zeigt, dass dann nach Wegfalls der speziellen Projektfördermittel für die kontinuierliche Fortführung des Projekts zu wenig Ressourcen bereitgestellt werden oder zu diffuse Aufträge erteilt und nicht weiter kontrolliert werden. Das aber führt dazu, dass Projekte, die erfolgreich begannen, langfristig doch scheitern und dann vor Ort nur einen Reformschaden bewirken. Auch das Wiesbaden-Projekt ist in dieser Hinsicht noch nicht über den Berg.

ANHANG 1:

Auszug aus den Textbausteinen: Überblick zu den Milieus und Charakterisierung eines Milieus (hier: »Harmoniemilieu«).

Wünschen Sie Klassik, Volksmusik, Pop, Jazz? – vier Musikstile und was damit zusammenhängt

Die Zeiten, als Geburt oder Schicht festlegte, wie man lebte, sind vorbei. Jedem steht es offen auszuwählen, wie er sich ausdrücken will. Aber unsere Gesellschaft zeigt sich nicht als Durcheinander von Einzelgeschmäckern, sondern es haben sich Typen herausgebildet. So gehört zum alltäglichen Wissen, vier musikalische Welten unterscheiden zu können: die klassische Musik, die volkstümliche Musik, die Popmusik und dann noch andere modernere Musik wie Jazz- und Weltmusik. Dabei gelten diese Musikstile als Anzeichen für bestimmte Lebensstile und Lebenseinstellungen überhaupt – eine Lebenseinstellung des Niveaus und der Hochkultur, eine Lebenseinstellung der Gemütlichkeit und Harmonie, eine Lebenseinstellung des Spaßhabens und eine Lebenseinstellung der Selbstverwirklichung. Die Lebensstile zeigen sich in vielerlei Zusammenhängen, z.B. in der Sprache, in der Kleidung, in den Einrichtungen von Wohnungen. Auch gibt es typische Orte, an denen man Menschen eines bestimmten Lebensstils besonders häufig trifft: die einen im Theater, andere auf der Kaffeefahrt, wieder andere in der Spielhalle und noch mal andere in der Jazzkneipe.

Was sind Milieus?
»Milieus« nennt die neuere Soziologie soziale Großgruppen, denen sich Menschen durch ihren Lebensstil zuordnen. Das wird als freie Wahl erlebt, tatsächlich aber spielen Lebensalter und Bildung eine wichtige Rolle dabei, in welchem Milieu man sich wahrscheinlich zuhause fühlt. Ältere Menschen tendieren zu traditionsorientierten Milieus, Jüngere zu neuheitsorientierten, Gebildetere tendieren zu Milieus mit Interesse an komplexen Mustern, weniger Gebildete zu Milieus mit Interesse an einfachen Mustern. Man neigt unbewusst dazu, die meisten und intensivsten Kontakte mit den Menschen aus dem eigenen Milieu zu pflegen. Für die jeweils anderen Milieus hat man ausgrenzende und abwertende Beschreibungen: Die anderen sind langweilig oder hochnäsig oder primitiv oder ohne Manieren.

Selbst in den neutral gemeinten Begriffen der soziologischen Charakterisierung Einzelner klingt noch etwas davon nach: *Niveaumilieu[7], Harmoniemilieu, Integra-*

---

[7] Die kursiven Begriffe bieten einen Querverweis auf andere Textbausteine.

tionsmilieu, Selbstverwirklichungsmilieu, Unterhaltungsmilieu. Einem einzelnen Menschen wird man nicht gerecht, wenn man ihn nur als Mitglied seines Milieus sieht; aber das Gemeinsame vieler irgendwie ähnlicher Menschen lässt sich so gut erfassen. Der Horizont der Aktivitäten von verschiedenen Milieus kann stärker *lokal* oder *regional* ausgerichtet sein. Nicht immer und ständig wirkt sich die Milieuzugehörigkeit aus, wenn Menschen sich zu Gruppen zusammenfinden. In *besonderen Lebenslagen* wie des *Familienlebens mit Kindern* und vor allem sozialen *Sondersituationen* (Notlagen) sind es diese besonderen Lebensumstände, die miteinander verbinden. Aber verstecken lässt sich die Milieugeprägtheit kaum.

Die Milieuzugehörigkeit spielt auch im Erleben
von Kirche eine wichtige Rolle
Bei jeder Gestalt von Kirche, den Gebäuden, den Veranstaltungen, den Personen nehmen Menschen wahr, welche Atmosphäre sie erwartet. Die Sprache, der Musikstil, die Kleidung usw. verraten es. Ist es die Atmosphäre eines Milieus, dem man nicht zugehört, entsteht eine Milieuhürde. Ist es die Atmosphäre des eigenen Milieus, stellt sich das Gefühl ein, hier irgendwie zuhause zu sein. Für Kirchennahe ist die Milieuhürde der Grund, dass man mit seinen Glaubensbrüdern- und Schwestern irgendwie doch nicht warm wird und sich für ein intensiveres Zusammensein mit ihnen nicht interessiert; bei Milieuübereinstimmung hingegen passt alles. Für Kirchenfernere ist Milieuübereinstimmung der Grund, dass man trotz inhaltlicher Differenz doch erstaunlich gut miteinander auskommt; besteht eine Milieuhürde, so wird das Feindbild von Kirche bestätigt: Man erlebt, dass die Kirche eben langweilig oder hochnäsig oder primitiv oder dass sie ausgerechnet die neusten Moden mitmacht und deswegen abzulehnen ist.

Die Herausforderung für alle, die kirchliche Arbeit planen
Die Milieuperspektive stellt eine theologische Herausforderung dar. Ein Angebot, das für alle Milieus gleichzeitig gleich gut passt, gibt es nicht.

Fragen sind zu klären:

1) Was ist die spezifische christliche Botschaft für ein bestimmtes Milieu? Und was ist das Besondere, das dieses Milieu in die Kirche einbringt?
2) Haben wir milieuspezifische Zielgruppen? Oder möchten wir versuchen, mit einem Angebot mehrere Milieus miteinander zu verknüpfen?
3) Wo lässt sich in unseren Angeboten etwas davon ahnen, dass die christliche Botschaft für alle Menschen von Bedeutung ist und alle angeht?

Weiterführende Hinweise:
Es gibt verschiedene Milieuunterteilungen. Sie sind sich alle über die Grundcharakteristika von Milieus einig und darin, dass Bildung und Alter/Modernität eine wichtige Rolle spielen. Sie unterscheiden sich in der genauen Abgrenzung mancher Milieus und in der Zahl der Milieus. Eine hohe Zahl von Milieus gibt die Lage präziser wieder, ist aber auch unübersichtlicher und erschwert zu entscheiden, welche Phänomene welchem Milieu zuzuordnen sind.

1. Die oben aufgeführte 5er-Unterteilung stammt aus: Gerhard Schulze, Die Erlebnis-Gesellschaft, Frankfurt/ New York 1992. Dieses Buch enthält ausführliche Beschreibungen über den Charakter der »post-modernen« Gesellschaft mit der Dominanz selbstgewählter Lebensstile. Das Buch hat eine breite Debatte in der Praktischen Theologie ausgelöst. Diese Milieueinteilung wird auf die kirchliche Arbeit insgesamt angewendet bei: Eberhard Hauschildt, Milieus in der Kirche. Erste Ansätze zu einer neuen Perspektive und ein Plädoyer für vertiefte Studien, in: Pastoraltheologie 87 (1998), 392-404.
2. Die Milieueinteilung des Heidelberger Sinus-Instituts mit zurzeit 13 Milieus ist zugrunde gelegt in den Milieustudien von Michael Vester. Vgl. dazu Michael Vögele, Helmut Bremer und Michael Vester (Hg.), Soziale Milieus und Kirche, Würzburg 2002. In diesem Buch werden auch acht ausgewählte, meist den Milieus entsprechende Profile kirchlicher Zielgruppen beschrieben. Sie sind erarbeitet worden aus dem Material von Äußerungen zum Thema Kirche in nach Milieukriterien zusammengestellten Gruppendiskussionen. Die Stärke dieser Milieueinteilung liegt darin, dass sie auch den Modernisierungs- und Wertewandel mit abbildet.
3. Die letzte Kirchenmitgliedschaftsumfrage der EKD hat aus der empirischen Analyse ihrer Daten sechs »Lebensstile evangelischer Kirchenmitglieder im sozialen Raum« gebildet, von denen vier den Milieus nach Schulze ziemlich ähnlich sehen. Vgl. Kirche Horizont und Lebensrahmen. Weltsichten Kirchenbindung Lebensstile. Vierte EKD-Erhebung über Kirchenmitgliedschaft, hg. v. Kirchenamt der EKD, Hannover 2003, bes. 55-70. Der Text lässt sich aus dem Internet herunterladen, siehe www.ekd.de. Hier ist jetzt empirisch nachgewiesen, dass in den verschiedenen Milieus starke und geringe Kirchenverbundenheit ganz unterschiedlich häufig sind. Inhaltliche Zustimmung bzw. Kritik einerseits und Teilnahme bzw. Nichtteilnahme an den Angeboten andererseits werden bei der Gestaltung der Kirchenverbundenheit milieutypisch kombiniert.

Eberhard Hauschildt

Harmoniemilieu – die »kleinen Leute«

1. Charakteristika
Was auffällt: Es gibt Menschen, die lieben Deutsche Schlager und Volks- und Blasmusik. Sie schätzen die traditionelle Gemütlichkeit, mit Schunkeln und deftigem Essen, gehen gerne auf Kaffeefahrten. Man orientiert sich an der Bildzeitung, interessiert sich für die Adelshäuser-Nachrichten, liest Arztromane. Die Wohnverhältnisse sind bescheiden, aber gepflegt. Für die Eichenschrankwand und die Plüschsessel hat man sparen müssen.

Abgrenzungen und Fremdheiten: Kritisch äußert man sich gegenüber den modernen Neuerungen, Ausländern, Diskussionsrunden, Hochkultur und Jugendszenen.

Sozialdemographischer Schwerpunkt: Zum Harmoniemilieu gehören vor allem ältere Menschen mit der Basis-Schulausbildung (Hauptschule), tätig in gering bezahlten Berufen.

Herkunft und Zukunft: Traditionen der früheren Arbeiterschicht und der ärmeren kleinbürgerlichen Lebensverhältnisse wirken nach. Hier finden sich die Verlierer der gesellschaftlichen Modernisierungsprozesse. Die Kinder aus diesem Milieu tendieren zum Unterhaltungsmilieu.

Lebensphilosophie: Man versteht sich als die »Kleinen Leute«, fleißig und ordentlich, die mit eigenen Händen sich eine Existenz aufgebaut haben. Es wird einem im Leben nichts geschenkt. Die »da oben« tun, was sie wollen, oft auf Kosten des »kleinen Mannes«. Die Sicherheit ist bedroht. Man sehnt sich nach Harmonie, nach der guten alten Zeit, nach dem großen Glück. Hohe Zuverlässigkeit. Ein in Form und Inhalt passendes Motto, in gar nicht wenigen Stuben lautet: »Und wenn du denkst, es geht nicht mehr, kommt von irgendwo ein Lichtlein her.«

Aktionsradius: Familie und Nachbarschaft. Einander helfen auf Gegenseitigkeit.

2. Das Erleben von Glauben und Kirche
Erfahrungen mit Kirche: Die traditionelle Leitungsaufgabe der Kirche ist unbestritten, ebenso Kirchenmitgliedschaft. Der Rolle der Kirche für feierliche Kasualien wird allgemein hoch geschätzt, aber auch die Kirche wird von welchen »da oben« bestimmt. Man fühlt sich den Anordnungen und Verboten (kein Fotografieren im Traugottesdienst, kein Hochzeitsmarsch, traditionskritische Ansprache) wehrlos ausgesetzt. In der Arbeitertradition gibt es auch Familiengeschichten von antibürgerlicher Kirchendistanzierung.

Gottesbild: Gott bewahrt die Ordnung der guten alten Zeit und teilt Segen (im Sinne von zuverlässiger Bestätigung und Zuwendung) aus.

Milieuhürden: Wortorientiertheit; die Kirchenmusik des 16.-18. Jahrhunderts; Diskussionsrunden und Selbsterfahrungsgruppen; Abschaffung von kirchlichen Traditionen, jugendliche Spontaneität und Revolutionäres.

Milieunähen: traditionelle Festlichkeit, gemütliche Gemeindefeste, gemütliche Gruppen.

Zugang: *lokal* (Kirche in der Nachbarschaft) und *familiär* (Familienfeste), nicht *regional,* nicht thematisch.

3. Herausforderungen für kirchliche Arbeit

Dieses Milieu möchte, dass in der Kirche alles so bleibt, wie es war. Es bringt sich ein mit Zuverlässigkeit, Treue und Einsatzbereitschaft. Veränderungen geschehen unbemerkt, werden in der Wahrnehmung ausgeblendet oder ertragen, wenn genügend anderes so bleibt wie es war (die vertrauensvolle Beziehung zu der Person, die die Veränderung mit sich bringt). Kein Milieu ist so auf die lokale Präsenz von Kirche angewiesen wie dieses Milieu. Es gibt Hinweise dafür, dass dieses Milieu zahlenmäßig immer mehr abnimmt bzw. sich verändert in Richtung auf abnehmende Wertschätzung des Zusammenkommens in gemütlichen Gruppen und zunehmend sozial isoliertem Leben.

Weiterführende Literatur:

Gerhard Schulze, Die Erlebnis-Gesellschaft, Frankfurt /New York 1992, S. 150-153 (»Trivialschema«) und S. 292-301 (»Harmoniemilieu«);

Michael Vögele, Helmut Bremer und Michael Vester (Hg.), Soziale Milieus und Kirche, Würzburg 2002, S. 227-239 (»Die traditionellen Kirchenchristen«) und S. 312-325 (» Das traditionelle Arbeitermilieu«);

Kirche Horizont und Lebensrahmen. Weltsichten Kirchenbindung Lebensstile. Vierte EKD-Erhebung über Kirchenmitgliedschaft, hg. v. Kirchenamt der EKD, Hannover 2003, in S. 55-70 zu den Typen 2 (»Geselliger und nachbarschaftsbezogener Lebensstil«) und 6 (»zu Hochkultur und Jugendkultur distanzierter Lebensstil sozial gering Integrierter«);

»Uschi: Bedrohungsgefühl und Ordnungssehnsucht« und »Uschi und Amelie als Protagonisten zweier Bildungsschichten«, in: Fremde Heimat Kirche. Die dritte EKD-Erhebung über Kirchenmitgliedschaft, hg. von Klaus Engelhardt/Hermann von Loewenich/ Peter Steinacker, Gütersloh 1997, S. 147-153 und S. 162-168.

ANHANG 2: Der Fragebogen

**„Kirche bei den Menschen –
Netzwerk Evangelisches Dekanat Wiesbaden"**

- Erhebungsbogen allgemeiner Teil -

Endversion

Kirchengemeinde/funktionaler Dienst:

Allgemeines:

Daten per 31.12.2002

1) **Gebäude / Einrichtung**
   - ☐ Kirche   Sitzplätze: _____
   - ☐ Gemeindehaus   Sitzplätze: _____
   - ☐ Gruppenraum 1   Sitzplätze: _____
   - ☐ Gruppenraum 2   Sitzplätze: _____
   - ☐ Gruppenraum 3   Sitzplätze: _____
   - ☐ Gruppenraum 4   Sitzplätze: _____
   - ☐ weitere   Sitzplätze: _____

2) **Wie sind die Sprechzeiten/Öffnungszeiten in den Einrichtungen?**
   - Kirche: von ...   bis ...
   - Gemeindebüro: von ...   bis ...
   - Funktionaler Dienst: von ...   bis ...
   - Weitere: ...   von ...   bis ...

3) **Wie alt sind die Gebäude?**
   - _____ Kirche   _____ Einrichtung
   - _____ Gemeindehaus   _____ Sonstige: ...

4) **Wann wurden zum letzten Mal umfangreiche Renovierungsarbeiten durchgeführt?**
   _____

5) **Welche Ausstattung bzw. Ressourcen gibt es (die bei Bedarf auch verliehen werden)?**
   - ☐ Tageslichtprojektor   ☐ Weitere: ...   ☐ ...
   - ☐ Beamer   ☐ ...   ☐ ...
   - ☐ Gemeindebus   ☐ ...   ☐ ...

6) **Welche Bedarfsanalysen haben Sie bereits durchgeführt?**
   - ☐ Fragebogenerhebung in der Gemeinde/Dienst   ☐ Teilnehmerbefragung o.ä.: ...
   - ☐ Erhebung im Stadtteil   ☐ Weitere: ...

7) **Wie alt ist die Gemeinde/Einrichtung?**
   - ☐ bis 5 Jahre   ☐ älter als 10 Jahre bis 20 Jahre
   - ☐ älter als 5 Jahre bis 10 Jahre ☐ älter als 20 bis 30 Jahre
   - ☐ älter als 30 Jahre

1/3

Angebotslandkarte, Milieutheorie und Projekt-Kooperation

Endversion

8) Mit welchem Stellenanteil werden folgende Tätigkeiten in Ihrer Gemeinde ausgeübt?

	Stellenanteil:		Stellenanteil:
☐ Erzieherin	_____	☐ Kirchenmusiker/in	_____
☐ Gemeindepädagoge/in	_____	☐ Küster/in	_____
☐ Gemeindesekretär/in	_____	☐ Pfarrer/in	_____
☐ Hausmeister/in	_____	☐ Weitere: …	_____

9) Die Zielgruppe der Gemeinde bzw. Einrichtung verteilt sich oft auf alle Ausbildungs- und Bildungsgruppen. Für die zukünftige Angebotsplanung von Kirche ist es hilfreich zu wissen wie die Mischung ist.

	Alter der Ehrenamtlichen			
	bis 20 J.	21-40 J.	41-60 J.	über 60 J.
allgemeine Schulausbildung (erreicht oder angestrebt)				
Volks-/Hauptschulabschluss/ Realschul- oder gleichwertiger Abschluss	☐	☐	☐	☐
Fachhochschul-/Hochschulreife	☐	☐	☐	☐
darunter mit beruflichem Abschluss				
Lehr-/Anlernausbildung und Fachschulabschluss	☐	☐	☐	☐
Fachhochschulabschluss/ Hochschulabschluss/Promotion	☐	☐	☐	☐

10) Wie hoch ist der Anteil der Personen die nur in den Gottesdienst gehen und sonst keine Angebote wahrnehmen?

_____ %

11) Wie begrüßen Sie Ihre neu zugezogenen Mitglieder?

☐ Persönliches Gespräch   ☐ Sonstiges: …
☐ Begrüßungsschreiben   ☐ …

Lebenszyklische Begleitung:

Taufe

12) Wie viele Kindertaufen wurden in Ihrer Gemeinde durchgeführt?

☐ insgesamt   ☐ männlich   ☐ weiblich

☐ davon im Sonntagsgottesdienst

☐ davon im gesonderten Gottesdienst

13) Wie viele Erwachsenentaufen wurden in Ihrer Gemeinde durchgeführt?

_____

14) Wie viele aller Getauften sind aus Ihrer Gemeinde (absolut)?

Endversion

Eberhard Hauschildt

Konfirmation

15) Wie viele Konfirmanden haben Sie?
   ☐ insgesamt   ☐ männlich   ☐ weiblich
   ☐ davon aus anderen Kirchengemeinden

16) Wie viele silberne und goldene Konfirmationen haben Sie durchgeführt?
   ☐ silberne Konfirmation   ☐ davon aus der eigenen Gemeinde
   ☐ goldene Konfirmation   ☐ davon aus der eigenen Gemeinde

Trauungen

17) Wie viele Trauungen wurden in Ihrer Gemeinde durchgeführt?
   ☐ insgesamt   ☐ davon aus anderen Kirchengemeinden
   ☐ davon ökumenisch
   ☐ davon Gottesdienst anlässlich einer Eheschließung

Beerdigungen

18) Wie viele Bestattungen wurden in Ihrer Gemeinde durchgeführt?
   ☐ insgesamt   ☐ davon aus anderen Kirchengemeinden
   ☐ davon nicht Mitglieder der evangelischen Kirche

19) Wurde vorher eine Sterbebegleitung (mehr als ein Gespräch) oder später eine Trauerbegleitung (mehr als ein Gespräch) durchgeführt?
   ☐ Sterbebegleitungen   ☐ Trauerbegleitungen

20) Weitere Angebote zur lebenszyklischen Begleitung:
   _____

21) Welche besonderen Gottesdienste führen Sie durch?

	Anzahl	Teilnehmende
Einschulungsgottesdienste	☐	☐
Schulabschlussgottesdienste	☐	☐
besondere Segnungen	☐	☐
Weitere:................................	☐	☐

„Kirche bei den Menschen –
Netzwerk Evangelisches Dekanat Wiesbaden"
- Erhebungsbogen -

Endversion

Angebotsbezeichnung:	
Ansprechpartner/-innen und Tel.-Nr.:	
Verantwortliche/-r und Tel.-Nr.:	

Details zum Angebot:

1) Wann findet das Angebot statt?

	von...		bis...	
Montag	☐	Uhr	☐	Uhr
Dienstag	☐	Uhr	☐	Uhr
Mittwoch	☐	Uhr	☐	Uhr
Donnerstag	☐	Uhr	☐	Uhr
Freitag	☐	Uhr	☐	Uhr
Samstag	☐	Uhr	☐	Uhr
Sonntag	☐	Uhr	☐	Uhr

2) Wo findet das Angebot statt (Angabe Name/Adresse/Stadtteil und qm)?

	qm		qm
Kirche:................	☐	externer Raum:................	☐
Gemeindehaus:................	☐	Ohne festen Raum:................	☐
Kindergarten:................	☐	Weitere Orte:................	☐

3) Wie häufig findet es statt?

a)
- ☐ täglich
- ☐ wöchentlich
- ☐ monatlich
- ☐ jährlich
- ☐ auf insgesamt ...... Veranstaltungen begrenzt (Projekt)
- ☐ einmalig

b)
- ☐ mit Unterbrechungen:
- ☐ Schulferien ☐ ...

4) Seit wann gibt es das Angebot?
- ☐ 0 – 1 Jahre ☐ länger als 1 Jahr bis 5 Jahre ☐ länger als 5 Jahre

5) Wie werben Sie für das Angebot?

☐ Gemeindebrief	☐ Radio	☐ Schaukästen	☐ ....
☐ Handzettel	☐ Aushänge	☐ lokale Presse	☐ ....
☐ Internet (eigene)	☐ Internet (andere)	☐ pers. Ansprache	☐ ....
☐ Plakate	☐ gar nicht	☐ sonstiges:	☐ ....

LISCHKE CONSULTING

6) Wie wird das Angebot finanziert?

☐ Kirchensteuermittel ☐ öffentliche Mittel ☐ Spenden (Kollekten)

☐ Sponsoring ☐ Teilnehmergebühren/Eintritt ☐ Sonstiges:...

7) Welche Formen bestimmen wesentlich dieses Angebot (max. 3 Nennungen)?

☐ Andacht/Verkündigung ☐ Vorträge/Input ☐ Kreatives Arbeiten
☐ Musik hören ☐ Geselligkeit ☐ Theater
☐ Musik machen/singen ☐ Kontakte ☐ ...
☐ Spielen (drinnen) ☐ Diskussionen/Gespräche ☐ ...
☐ Spielen/Sport (draußen) ☐ Ausflüge ☐ ...

Angebote mit den gleichen Inhalten und ähnlichen Formen können sich trotzdem in ihrer Atmosphäre deutlich unterscheiden (zu Fragen 8-10).

8) Auf welche Atmosphäre zielen Sie für Ihr Angebot?

eher anspruchsvoll   oder   eher populär
bloß nicht unterfordern   lieber nicht überfordern

☐ 1 ☐ 2 ☐ 3 ☐ 4 ☐ 5

eher geregelte Strukturen   oder   eher locker und spontan

☐ 1 ☐ 2 ☐ 3 ☐ 4 ☐ 5

9) Welcher Radiosender würde mit seinem Musikangebot am ehesten zu Ihrer Veranstaltung passen (max. ein Kreuz)?

HR 1 das Informationsradio: Nachrichten, Kommentare, Reportagen, Live-Interviews, Berichte, Mainstream Musik ☐

HR 2 Vielfalt an Kultur: Klassik bis Jazz, Lesungen, Hörspiele, Philosophie/Religion/Gesellschaft ☐

HR 3 Voll im Leben: Boulevard, News und Lifestyle, Aktuelle Popmusik ☐

HR 4 Gut zu hören: Schlager, Oldies/Evergreens, Tipps/Ratgeber-Sendungen dt. Musik ☐

HR Klassik Zeit für Musik: Klassik, Festivalmitschnitte, Opern, Kammermusik, CD-Tipps ☐

HR XXL Kommt fett: Jugendsender für 14- bis 26-jährige, Techno, Hip-Hop, Freestyle ☐

HR Skyline Wirtschaftsradio: stündl. Börsennachrichten, Analysen Wirtschaft, Verkehr ☐

10) Welcher Satz aus dem Munde von den Teilnehmenden passt am besten zu dem Angebot? (max. 1 Kreuz)

„Man tut, was sich gehört." ☐

„Da ist eine nette Atmosphäre, wo man auch mitmachen darf." ☐

„Ich achte auf Qualität." ☐

„Wenn ich mitmache, dann will ich da aber auch meine Anliegen verwirklichen können." ☐

„Wenn was los ist, geh' ich hin und nehm' mit, was mir geboten wird." ☐

Teilnehmende:

11) Wer nimmt das Angebot wahr?

Kinder (0-3 Jahre)	_____				
Kinder (4-6 Jahre)	_____				
Kinder (7-9 Jahre)	_____				
Kinder (10-12 Jahre)	_____				
Jugendliche (13-16 Jahre)	_____	davon	m ____ %	w ____ %	
Jugendliche (16-20 Jahre)	_____	davon	m ____ %	w ____ %	
Erwachsene (21–30 Jahre)	_____	davon	m ____ %	w ____ %	
Erwachsene (31–40 Jahre)	_____	davon	m ____ %	w ____ %	
Erwachsene (41–50 Jahre)	_____	davon	m ____ %	w ____ %	
Erwachsene (51–60 Jahre)	_____	davon	m ____ %	w ____ %	
Senioren (60-70 Jahre)	_____	davon	m ____ %	w ____ %	
Senioren (älter als 70 Jahre)	_____	davon	m ____ %	w ____ %	

12) Wie hoch ist die Teilnehmendenzahl?

	normalerweise	höchstens	mindestens
a. Teilnehmerzahl	☐	☐	☐

b. Wie viele könnten maximal kommen? (max. Kapazität aufgrund von Raum, Personal, Konzept etc.) _____

13) Wie viele neue Teilnehmende sind von den o.g. im letzten Jahr hinzugekommen?

ca. _____

Mitarbeitende:

14) Wie viele ehrenamtliche und hauptamtliche Mitarbeitende sind an dem Angebot beteiligt?

	bis 20 J.	21-40 J.	41-60 J.	über 60 J.
Ehrenamtliche	☐	☐	☐	☐
Honorarkräfte	☐	☐	☐	☐
Neben-/Hauptberufliche:				
Pfarrer/innen	☐	☐	☐	☐
Gemeindepädagogen	☐	☐	☐	☐
Küster	☐	☐	☐	☐
Kirchenmusiker	☐	☐	☐	☐
Weitere:................	☐	☐	☐	☐

15) Wer hat die Leitung?

☐ Ehrenamtliche Neben-/Hauptberufliche: ☐ Pfarrer/innen
☐ Honorarkräfte   ☐ Gemeindepädagogen
                  ☐ Küster
                  ☐ Kirchenmusiker
                  ☐ Weitere:................

16) Wie lange sind die Ehrenamtlichen in diesem Angebot bereits tätig?

☐ 0-1 Jahr ☐ länger als 5 Jahre
☐ länger als 1 Jahr bis 5 Jahre

17) Wie viele dieser Ehrenamtlichen arbeiten als Ehrenamtliche in weiteren Angeboten in der Gemeinde?

_____ (absolute Zahl)

18) Wie ist die Lebenssituation der ehrenamtlichen Mitarbeitenden?

Schule/Hochschule ☐   z.Zt. nicht erwerbstätig ☐
                           (z.B. Erziehungsurlaub)
Ausbildung/erwerbstätig ☐ Ruhestand/Pension ☐

Kooperationen:

19) Mit wem bestehen bereits Kooperationen (für dieses Angebot)?

Art der Kooperation

☐ Vereine _____
☐ Stadt _____
☐ katholische Kirche _____
☐ Andere ev. Kirchengemeinde:
  ....(welche) _____
☐ Funktionale Dienste/Profilstellen:
  ....(welche) _____

20) Welche Besonderheiten/Ergänzungen zum Angebot gibt es?

_____
_____
_____
_____
_____

Annegret Reitz-Dinse

Modernisierungschancen für die Parochie

Kirchenreform ist heute die Antwort auf Entwicklungsprozesse, die von außen auf die Kirche einwirken. Das bedeutet: Die Kirche reagiert auf gesellschaftliche Entwicklungen, wie z.B. ein verändertes Teilnahmeverhalten an Gottesdiensten und anderen kirchlichen Angeboten aufgrund geringerer Ortsbindung der Bevölkerung oder aufgrund gestiegener Mobilität, sie reagiert aber auch auf die Entwicklung der Steuereinnahmen durch Mitgliederverluste, die Standortschließungen und Personalabbau nötig macht und sie reagiert auf die durch Pluralisierung der Lebensstile begünstigte Bildung von Personalgemeinden, die gerade in der Stadt mit besonderen Angeboten immer wieder neue Mitglieder auf Zeit binden können. Ist die Parochie – die sich durch klare Zuordnung eines zuständigen Geistlichen in einem bestimmten Gebiet, mit einem besonderen Gebäude für die dort ansässige Bevölkerung auszeichnet – in dieser Situation noch zeitgemäß? So lautet die Frage, die hier auf dem Hintergrund der interdisziplinär angelegten Forschungs- und Beratungstätigkeit für Kirchenkreise und Gemeinden beantwortet werden soll.

Kirchenreformen so zu gestalten, dass sie dem Wesen der Kirche entsprechen und zugleich die personellen und materiellen Ressourcen berücksichtigen, die am jeweiligen Ort in Gemeinde, Kirchenkreis, Landeskirche etc. vorhanden sind, mit dieser Herausforderung beschäftigt sich die Arbeitsstelle Kirche und Stadt des Instituts für Praktische Theologie der Universität Hamburg seit mehreren Jahren. Sie analysiert dabei Ursachen und Folgen von Strukturanpassungsmaßnahmen der Kirchen aufgrund sinkender Kirchensteuereinnahmen. Mit der Studie »Kirche morgen«[1] wurden erstmals Methode und Theorie dieses Ansatzes für den Kirchenkreis Alt-Hamburg öffentlich dargestellt sowie Handlungsperspektiven samt Alternativen für

---

[1] Annegret Reitz-Dinse, Wolfgang Grünberg: Kirche morgen. Ein Arbeitsbuch im Auftrag des Kirchenkreises Alt-Hamburg in Zusammenarbeit mit Dirk Schubert, Beate Connert und Wolfgang Tuch, Leipzig 2003.

die Praxis aufgezeigt. Inzwischen lässt sich deren Wirkung beobachten bis hin zu einer Folgestudie, die gerade für einen weiteren Kirchenkreis im Hamburger Umland fertig gestellt wird. Die Arbeit beruht auf einer engen Kooperation zwischen Stadtplanern der Technischen Universität Hamburg-Harburg und Praktischen Theologen der Universität Hamburg.

Leitend für die Entwicklung dieser Zusammenarbeit war der Gedanke, dass komplexe Problemstellungen theologisch sachgemäßen wie effektiven Handelns der Kirche heutzutage nicht mehr allein mit dem Know-how einer einzigen Disziplin zu bewältigen sind. Lösungsvorschläge, die aus einer solchen interdisziplinären Kooperation hervorgehen, sind schon im doppelten Ansatz der beteiligten Wissenschaften differenzierter und sachgerechter. Sie entsprechen in unserem Fall zudem der Qualität der Kirche als öffentlicher Institution, die nach reformatorischem Verständnis durch unterschiedliche Begabungen ihrer Mitglieder und Freunde gebildet wird und die deshalb verschiedene Perspektiven des Glaubens einschließt. In diesen Perspektiven bildet sich die Vielfalt der Lebenswelten ihrer Mitglieder, also die differenzierte Wirklichkeit des Lebens selbst ab.

Räumliche Präsenz und personale Zuständigkeit

Bei Anwendung dieser Methode rückt die Parochie mit ihrem Bezug zur Fläche und zum Raum verstärkt ins Blickfeld. Dabei ist das Besondere an der Kooperation von Praktischer Theologie und Stadtplanung darin zu sehen, dass so die volkskirchliche Arbeitsorganisation der Evangelisch-Lutherischen Kirche insbesondere mit ihrer räumlichen Präsenz in einem bestimmten Gebiet ernst genommen und zugleich modernisiert werden kann. Die Einbeziehung verschiedener Standortbedingungen und -potentiale aus Sicht der Stadtplanung ermöglicht eine Optimierung von Kirchenstandorten hinsichtlich der Faktoren Personal, Strukturen, Gebäude und Standorte, die nicht allein aus historischer, kirchentheoretischer oder pastoraltheologischer Perspektive stammt. Somit wird der Parochie neues Leben eingehaucht, ohne sie als traditionelle Form kirchlichen Lebens unkritisch und grundsätzlich entweder heilig zu sprechen oder zu ihrer Überwindung aufzufordern.

Auch die gegenwärtige Suche nach dem sprichwörtlichen goldenen Mittelweg: Reduktion kirchlicher Standorte bei gleichzeitiger Verstärkung des Angebotes an den verbleibenden Standorten, kann noch keine befriedigenden Kriterien aufzeigen, nach denen Entscheidungen zu treffen sein könnten, und führt somit nicht zu einer Lösung. Die räumliche Präsenz der Kirche ist nämlich immer noch ein Faktor, der gerade heute auch ihre Stärke ausmacht. Über die Dichte dieser räumlichen Präsenz ist freilich neu nachzudenken.

Die Praktische Theologie stellt deshalb über die Bedeutung der lokalen Präsenz hinausgehend die Frage, welche Anforderungen heute an das kirchliche Handeln gestellt werden, wenn es sich nicht mehr einfach an dogmatisch vorgegebenen, grundsätzlichen Normbegriffen orientieren kann. Sie sucht nach Wegen, die die gewachsenen Besonderheiten vor Ort würdigen, zugleich aber auch Veränderungen zulassen können. Deshalb plädiert sie zunächst für eine Kultur der gegenseitigen Wahrnehmung und Anerkennung, die die Gestaltung von überzeugenden Strukturen, die diesen Ansprüchen genügen, einschließt.

Gegenseitige Wahrnehmung und Anerkennung praktisch zu gestalten, das bedeutet, von der Vorstellung Abschied zu nehmen, die kirchliche Basisstruktur Gemeinde stelle sich immer und überall gleich dar und könne deshalb auch nach grundsätzlichen Prinzipien weiterentwickelt werden. Vielmehr ist nach maßgeschneiderten Antworten auf die Fragen zu suchen, die sich in den verschiedenen, manchmal einander auch durchaus ähnelnden Situationen vor Ort stellen. Das bedeutet, mehr Kreativität, mehr Augenmaß, mehr Gestaltungskraft und -mut vor Ort und in den zugeordneten Entscheidungsgremien zu fördern und zugleich von den handelnden Akteuren Sachlichkeit, Selbstdistanz und Demut, anders gesagt: Professionalität, zu fordern.

Wichtig ist es insbesondere, dass strukturelle Änderungen so eingerichtet werden, dass sie keine Widersprüche zu den Inhalten bilden, die diejenigen Personen, die in ihnen arbeiten, vertreten. Solche Widersprüche werden z.B. dann erzeugt, wenn Pastorinnen und Pastoren mit einer Teilzeit-Gemeindepfarrstelle grundsätzlich für die Hälfte jeder Woche zwar in der

Nachbarschaft der Kirche und im Stadtteil zu sehen, aber eigentlich nicht ansprechbar sind, weil sie genau genommen frei haben. Eine so erzeugte Spannung bringt die Betroffenen unter Druck, sich ständig abgrenzen zu müssen und damit Signale auszusenden, die dem – auch kirchenrechtlich festgeschriebenen (PfG VELKD §§ 45, 46) – Bild der Zuständigkeit und Ansprechbarkeit eines Geistlichen vor Ort widersprechen. Das ist für alle Beteiligten belastend und kann sich als Ursache eines Dauerkonfliktes auswirken, auf dessen eigentliche Ursachen die Betroffenen so gut wie gar nicht einwirken können.

Es widerspricht deshalb auch der kybernetischen Verantwortung, diese Lasten der Reduktion von Pfarrstellen einseitig den betroffenen Amtsinhabern und ihren Gemeinden aufzubürden. Hier sind andere Maßnahmen erforderlich. Deswegen sollten grundsätzlich keine Gemeindepfarrstellen als Teilzeitstellen eingerichtet werden. Sinnvoll kann es dagegen sein, Teilzeitstellen beim Kirchenkreis, bzw. einer anderen entsprechend übergeordneten Ebene, anzusiedeln, die als Projektpfarrstellen auf Zeit, z.B. auch mit der Option erfolgsabhängiger Verlängerung, den Gemeinden zusätzlich zur Verstärkung ihrer Arbeit zugewiesen werden können. Auf diese Weise ließen sich Potentiale für pastorale Kreativität vor Ort sicher überzeugender fördern und pflegen.

Kirchentheoretische Grundlagen

Welches sind nun aus praktisch-theologischer Sicht die kirchentheoretischen Grundlagen, die bei Strukturveränderungen der Kirche zugunsten individueller Lösungen zu bedenken sind? Evangelische Christen zitieren, wenn es um die Gestalt ihrer Kirche geht, gern die lutherischen Bekenntnisschriften, besonders CA VII. Damit liegt man auch immer richtig. Dennoch soll hier der Bogen weiter gespannt und im Sinne der einen Kirche Jesu Christi argumentiert werden: Der neutestamentliche Auftrag zur Gründung der Kirche, insbesondere auch im strukturellen Sinne einer langen Tradition von aufeinander folgenden Generationen, betont ja gerade, dass Gott selbst *seine* Kirche bauen und gestalten wird: »supra hanc petram aedificabo ecclesiam *meam*« heißt es in der lateinischen Fassung des Matthäusevangeliums (Mt. 16, 18). Und derjenige, der beauftragt wird, dafür zu arbeiten und sich mit allen seinen Freunden und Nachfolgern in den Dienst dieses göttlichen Planes zu stellen, ist der Apostel Petrus, der mit dem unausweichlichen Zuspruch und Anspruch: »Du bist Petrus, der Fels« konfrontiert, diesen Anspruch für sich gelten lässt und erfüllt.

Nimmt man diese Jesus-Worte aus dem Matthäusevangelium zum Ausgangspunkt des Nachdenkens, dann erscheinen die lutherischen Bekenntnisschriften in einem besonderen Licht: Die Predigt des Evangeliums und die richtige Verwaltung der Sakramente (CA VII) als die konstitutiven Elemente, an denen die richtige Kirche zu erkennen ist, sind die Lebensäußerungen und Lebensformen der Kirche *Gottes* und nicht partikularer Gruppierungen von Menschen an bestimmten Orten. Dieser hohe Anspruch sollte m.E. gerade heute wieder dazu anregen, die Weisungen der lutherischen Bekenntnisschriften pfingstlich, also als vom Geist *Gottes* abhängig zu denken und auf jeden Fall nicht allein als Anweisungen im technischen Sinn zu verstehen.

Es reicht also nicht aus, so ist zu folgern, dass wir uns bemühen, unsere Gottesdienste und kirchlichen Aktivitäten nur zu organisieren oder pastoraltheologisch-technisch zu optimieren. Denn selbst wenn wir dabei alles richtig (recte administrantur) verwalteten und machten, so würde doch das Wesentliche davon gar nicht berührt: Jenes unverfügbare Mehr an Überzeugungskraft, Glaubwürdigkeit, Energie und Lebensfreude, das der Geist Gottes durch den Glauben – nicht allein den der kirchlichen Amtspersonen – wirkt. Und dafür braucht man auch überzeugende Strukturen. Diesem Glauben seine pfingstlich-geistlich belebte und belebende Strahlkraft und Begeisterung zu erhalten oder (wieder) zu erwecken, kann deshalb als die eigentliche Herausforderung aller Kirchenreformbemühungen der Gegenwart bezeichnet werden.

Was vornehmlich im Artikel VII der Confessio Augustana steht, galt normalerweise immer als vorgegebene und nach göttlicher Ordnung festgelegte Handlungsanweisung für die Organisation der kirchlichen Aufgaben, schreibt der Berliner Theologe Wilhelm Gräb und fügt hinzu: »Mit dem neuzeitlichen Begriff vom Menschen, als zwar nicht schon faktisch, aber potentiell autonomen, selbstbestimmungsfähigen Handlungssubjekt, musste auch ein neuer Begriff von der Kirche, ja überhaupt erst eine Theorie kirchlichen Handelns gewonnen werden.«[2]

Diese notwendig gewordenen Neubestimmungen, so kann man weiterhin schließen, wirken sich bis auf die Ebene der konkreten Gestaltung kirchlicher Praxis aus: »Die Kirche hat nicht in einem objektiv-substantialen Sinn Heil zu vermitteln, an einem ontologisch gedachten Heilsgeschehen durch Wort und Sakrament Anteil zu geben«, so fährt Gräb fort. »Ihre Aufgabe ist es (im Umbruch zur Moderne geworden), derjenige gesellschaftliche Faktor zu sein, welcher der ethisch-religiösen Selbstbildung und Selbstdeutung der Menschen einen institutionell-organisatorischen Außenhalt, eine Abstützung in symbolischen (im Lebenssinn vergewissernden) Zeichen und ritueller (im Identitäts- und Wertbewusstsein stabilisierender) Kommunikation gibt. Sie hat mit ihrer Predigt, mit ihrem Unterricht, mit ihrer Seelsorge eine Kommunikationskultur aufzubauen, die von der Art ist, dass sich innerhalb ihrer die selbständige ethisch-religiöse Urteils- und Handlungsfähigkeit der Individuen, ihre Fähigkeit, sich in ihren Freiheitsrechten wechselseitig anzuerkennen, entwickeln kann. Einer Ethik der Freiheit entspricht eine Praktische Theologie, die auf die Gestaltung einer solchen Kirche sinnt, welche die einzelnen nicht durch klerikale Bevormundung vom individuellen Vollzug ihrer ethisch-religiösen Selbstbildung entlastet, sondern sie darin kräftigt. Sie arbeitet einer Kirche und ihren Gemeinden zu, die eine Atmosphäre der Verständigung schaffen, in der diese Selbstbildung durch evangelische Predigt, seelsorgerliche Unterredung und verständigungsorientierten Unterricht hilfreiche Stützung und anregende Förderung erfahren kann.«[3]

Indem Gräb aber diese Forderung erhebt, bleibt die Frage nach der realen Gestaltung der Kirche und der Praxis, mit der diese »die einzelnen ...

---

[2] Vgl. Wilhelm Gräb, Wahrnehmung gelebter Religion – oder wie theologische Ethik und Praktische Theologie zusammenspielen, in: W. Gräb u.a., Christentum und Spätmoderne. Ein internationaler Diskurs über Praktische Theologie und Ethik. Stuttgart 2000, S. 114-126, hier: S. 116.
[3] Gräb, a.a.O., S. 125f.

im individuellen Vollzug ihrer ethisch-religiösen Selbstbildung kräftigt«, trotzdem immer noch offen. Diese Frage muss also im konkreten Einzelfall analysiert und zu einer maßgeschneiderten Lösung geführt werden, denn auf die Differenziertheit, die Gräb beschreibt, kann überzeugend schwerlich mit allgemeinen Prinzipien geantwortet werden. Eine rein funktional anmutende Bestimmung der Kirche im Dienst einer Individualisierung des Einzelnen ist deshalb nach den Erkenntnissen der Arbeitsstelle Kirche und Stadt in Hamburg für die Repräsentanz des Christentums in der Gesellschaft nicht stark genug, zumal sie, wie z.B. Hans-Martin Gutmann[4] bemerkt, die eigene Würde einer langen kulturell-religiösen Tradition nicht einschließt, sondern sie sogar als reformatorisch überwunden bezeichnet.

Die Rede von dieser Individualisierung des Einzelnen ist zudem an gesellschaftliche Errungenschaften, Voraussetzungen und Standards geknüpft, die leider zumeist gar nicht wahrgenommen oder diskutiert werden.[5] Denn schließlich brauchen auch die »vielfältigen, individuell eingefärbten Freiheitsvollzüge den Gegenhalt der historisch überlieferten Bekenntnisformen gerade in dem Maße,« in dem sie diesen Halt zur selbsteigenen Übersetzung freigeben.[6] Deshalb möchte ich zur funktionalen Bestimmung der Kirche nach CA VII hinzufügen, dass die Kirche in allen ihren konkreten Lebensvollzügen, Organisationsformen und Strukturen im Grunde Gegenstand des Glaubens bleibt. Diese Einsicht aus evangelischer Perspektive ernst zu nehmen bedeutet, bei allen Reformen den Glauben als Maßstab mehr gelten zu lassen als abstrakte Prinzipien.

---

[4] Hans-Martin Gutmann spricht hier beispielsweise von einer »Leerstelle«, die dadurch entstehe, dass in den Arbeiten Gräbs insbesondere die Theologen, Pastorinnen und Religionspädagogen aufgefordert werden, »die Inhaltlichkeit der Theologie und den symbolischen Reichtum ihrer Religion zugunsten eines ‚modernen' Konzeptes menschlicher Subjektivität preis(zu)geben.« Dies sei mit der Gefahr verbunden, »dass die spätmoderne Kultur einiger ihrer wesentlichen Energiereservoirs und Gestaltvorlagen beraubt wird, aus denen sie gegen allen Augenschein immer noch schöpft.« (S. 26); H.-M. Gutmann, Praktische Theologie und/oder Subjektivitätstheorie, in: Verkündigung und Forschung 47. Jg. 2002, S. 2-26.

[5] Vgl. z.B. Michael Moxters Hinweis darauf, dass die Hochschätzung der Individualitätskultur die Beziehung zwischen Rechtfertigungsglauben und Gerechtigkeitsbegriff nicht ersetzen kann, auch wenn sie sie verdeutlichen und verstärken mag. M. Moxter, Protestantische Wahrnehmung kultureller Praxis. Response von Michael Moxter auf Wilhelm Gräb. In: W. Gräb, B. Weyel, Praktische Theologie und protestantische Kultur, Gütersloh 2002, S. 52-66.

[6] M. Moxter, a.a.O., S. 66.

In der praktischen Umsetzung kann dies m.E. nicht anders als durch individuelle Lösungen am jeweiligen Ort geschehen. Solche individuellen Lösungen werden allerdings gerade dann besonders überzeugen, wenn sie ihre Einbettung in den historischen und ökumenischen Kontext, sozusagen urbi et orbi, also im Nahbereich und darüber hinaus ebenfalls zu erkennen geben und ganz bewusst Kirche vor Ort repräsentieren.

Volkskirche und Parochie

Es empfiehlt sich deshalb die Orientierung an folgendem Verständnis der Volkskirche, das die Spannung zwischen Individualität und dem Willen zur Gemeinsamkeit, zwischen Glaube und Funktionalität am besten zusammenhalten kann: Zur Kirche gehört ihre öffentliche Stellung und damit die Klärung ihres Verhältnisses zur Gesellschaft, in der sie lebt. Sodann gehört zu ihr der Bezug zum Glauben, sowohl als persönlichem Glauben, als auch im Sinne der Gemeinschaft des Glaubens und der Gläubigen. Drittens und davon abgeleitet, gehört zu ihr die Einsicht, dass der Glaube vielfältige Lebens- und Gestaltungsformen ausprägt, die sich alle als in diesem gemeinsamen Glauben geeint verstehen und repräsentieren. Nicht zuletzt ist der Begriff Volkskirche auch ein Schutzbegriff, ursprünglich zugunsten der Gemeinde einerseits gegenüber staats- und nationalkirchlicher und andererseits gegenüber lehramtlicher Dominanz.

Heute müsste man diese Schutzfunktion neu formulieren, etwa zugunsten einer produktiven Fremdheit gegenüber den gesellschaftlichen Bedürfnissen und Trends.[7] Denn Volkskirche ermöglicht das lebendige Gespräch insbesondere auch im Sinne einer Zuständigkeit für die gesellschaftlichen Differenzierungen, so dass man heute den Begriff auch gegen populistische Tendenzen und Bewegungen ins Spiel bringen könnte. Zudem wahrt der Begriff die gewachsenen Einsichten in die Ausdifferenzierungen des Neu-

---

[7] Vgl. Wolfgang Grünberg, Kirchentheoretische Anmerkungen, in: Kirchliches Handeln in Hamburg-Ottensen, Werkstattheft 2 der Arbeitsstelle Kirche und Stadt, Hamburg 1992, S. 65ff; ders./ A. Reitz-Dinse, Kirche morgen, a.a.O., S. 161ff; ders.: Die Sprache der Stadt, Leipzig 2004, insbesondere S. 279ff.

en Testamentes selbst. Dieses Differenzbewusstsein wäre dann auch etwas anderes als bloße Reaktion auf die Pluralisierung der Lebensmöglichkeiten und Lebensentwürfe. Differenzbewusstsein (gerade im Sinn des Neuen Testamentes) setzt Beziehungen voraus und fordert sogar deren Stabilität, damit Differenzen im konstruktiven Sinn überhaupt aushaltbar und gestaltbar werden. Insofern ist es auch hermeneutisch konstruktiver – zugleich auch anspruchsvoller – als die neutralisierenden Pluralisierungs- und Individualisierungstheorien der zurückliegenden Jahrzehnte.[8]

Dieses Verständnis entspricht der protestantischen Kirchenidee, die unvermeidlich strukturelle Spannungen zwischen einem »objektiven Stiftungsschatz« und der gleichzeitigen Konzentration der Religion auf subjektive Faktoren wie Glaube, Innerlichkeit und Gewissen aufweist: »Das religiöse ›Ich‹ bleibt ohne Kommunikation mit dem ›Wir‹ leer – wie umgekehrt das bloße ›Wir‹ ohne ›Ich‹ hohl wird. Solche Kommunikation schließt notwendig Dissonantes ein; andernfalls wird sie eintönig. Solche Dissonanzen sind in die protestantische Modifikation des Kirchenprinzips als religiöser Vergesellschaftungsform eingebaut. Amt und Gemeinde, göttliche Heilswahrheit und menschlicher Glaube sind hier zu nennen, sichtbare und unsichtbare Kirche sowie die hierin institutionalisierte Dauerspannung von Kirchenorganisation und Kirchenidee.«[9]

Spezifisches Festhalten an dem Modell Volkskirche, mit dem weitesten Netz für Partizipationschancen und als Plädoyer für kirchenleitendes Handeln, verstanden als interaktiver Prozess, knüpft deshalb bewusst an den Faktor ›Kommunikation‹ an:

— Volkskirche nimmt die protestantische Einsicht vom Priestertum aller Gläubigen ernst.

---

[8] Vgl. z.B. Ulrich Beck, Risikogesellschaft. Auf dem Weg in eine andere Moderne, Frankfurt a.M. 1986; auch ders., Gegengifte. Die organisierte Unverantwortlichkeit, Frankfurt a.M. 1988.
[9] So Jörg Dierken in Auseinandersetzung mit den Überlegungen Ernst Troeltschs zum protestantischen Kirchenbegriff, in: J. Dierken, Konfessionsbündische Unübersichtlichkeit oder unevangelische Zentralisierung? Überlegungen zum Begriff der Kirche und des Kirchenrechts anlässlich der Organisationsdebatte im deutschen Protestantismus (S. 149), in: ZEE 47. Jg. 2003, S. 136-152.

- Volkskirche setzt auf die Beteiligung des »Volkes« an der öffentlichen Religionsausübung und ihrer Gestaltung, also auf die Beteiligung unterschiedlicher Menschen – wobei der schillernde und historisch belastete Volksbegriff neu gefasst werden muss: zunächst als wanderndes Gottesvolk,[10] sodann im Sinne der offenen Zivilgesellschaft, d.h. auch sensibel für Minderheiten, denn Kirche muss auch wahrnehmen, dass sie selbst eine Minderheit ist.
- Volkskirche umschließt mehrere wichtige Prinzipien: Territorium, Gesellschaft, Souveränität und zeigt somit die Unabhängigkeit der Kirche des Glaubens von Subjektivität und Geschmack temporärer Gestaltungsformen sowie von religiösen Bedürfnissen und Trends, wie nicht zuletzt auch von dogmatischen Festlegungen. Volkskirche mit ihrer parochialen Präsenz bezieht sich auf Gegebenes, symbolisiert in der Fläche. Sie stellt einen positiven Begriff dar: die sichere Adresse in den Wechselfällen des Lebens. Dieser Begriff setzt aber gleichwohl den Gesichtspunkt der subjektiven Zustimmung sowie der Mitgestaltung und Mitverantwortung in der Kirche vor Ort voraus. Insofern hat der Begriff auch eine politische Dimension. Eine sich so verstehende Kirche bringt das integrative Potential der biblischen Tradition ins Spiel und versteht damit Volkskirche als Beteiligungskirche.

Diese theologischen Postulate führen zu Konsequenzen, die sich bei der Gestaltung konkreter Strukturen der Kirche als gesellschaftlicher Institution bis zur Organisation ihrer Einzelstandorte hin auswirken dürften.

Im Folgenden werden die wichtigsten theologischen Aspekte, die hierbei aus der Sicht der Forschungsarbeit in der Arbeitsstelle Kirche und Stadt zu bedenken sind, dargestellt. Dabei soll erkennbar werden, in welchem Maße die konkreten Strukturen, in denen kirchliche Präsenz vor Ort organisiert ist, grundsätzlichen theologischen Prinzipien und Überzeugungen Raum geben können oder sie unterlaufen und ihnen entgegenwirken. Der Begriff Struktur wird in diesem Zusammenhang als Organisationsprinzip eines differenzierten sozialen Ganzen verstanden, das sich in bestimmten Akti-

---

[10] Hebr. Ha am, griech. laos.

onen und an bestimmten Orten manifestiert. Zudem ist Alfred Jägers These[11] zuzustimmen, dass »in schlechten Strukturen selbst fähigste Personen kaputtgehen« können und dass eine »Humanität der Strukturen« wie auch eine »Theologie und Ethik der Strukturen« für das Gelingen von Kirchenreformprozessen auch heute noch notwendig ist. Die inzwischen vielerorts in die Diskussion geratene Parochie, die nach evangelischer Auffassung das prägendste Strukturprinzip der Kirche – gerade auch als Volkskirche – darstellt, hat grundsätzlich verschiedene Gesichter. Allein die Unterscheidung zwischen Personal- und Ortsgemeinde drückt zwei Kriterien der Gemeindebildung aus. Folgende praktisch-theologischen Bewertungsfaktoren für Kirchenstandorte sollen deshalb benannt werden:

Personal und Strukturen: Zu diesem Punkt sei auf die ausführliche, auf der soziologischen Theorie des symbolischen Kapitals (Pierre Bourdieu) aufbauende Darstellung in der ersten Veröffentlichung der Arbeitsstelle Kirche und Stadt zu diesem Themenkomplex: »Kirche morgen« (s.o.) verwiesen. Der Schwerpunkt dieses praktisch-theologischen Theorieansatzes liegt bei dem Bemühen, die Haupt- und Ehrenamtlichen in ihrem jeweils spezifischen Dienst wahrzunehmen und ihnen Anerkennung zu signalisieren. Formal und vereinfacht ließe sich dies auch als Motivationsförderung durch positive Verstärkung, also durch gezielte und sachgerechte Komplimente missverstehen. Tatsächlich geht es aber um mehr: Entscheidend ist es, eine Kultur der gegenseitigen Wahrnehmung einzuüben, die sich ebenso wohlwollend-loyal wie auch kritisch-förderlich artikulieren kann und die von gegenseitigem Respekt und Gemeinschaftssinn derer getragen ist, die wissen, dass sie gemeinsam – »ohn all Verdienst und Würdigkeit« (Martin Luther, Kl. Katechismus, Zweites Hauptstück zum ersten Artikel des Credos) – dennoch gewürdigt wurden, Glieder am Leib Jesu Christi zu sein. Das Wesen einer solchen Kultur beruht aber nicht, und darin unterscheidet sie sich vom taktischen Umgang mit Personal, auf Sympathiewerten und einem kalkulierten Umgang miteinander, sondern eine solche Kultur hat ei-

---

[11] Alfred Jäger: Konzepte der Kirchenleitung für die Zukunft. Wirtschaftsethische Analysen und theologische Perspektiven, Gütersloh 1993, S. 207 und 209.

nen geistlichen Kern: Sie ist Gemeinschaft in der Nachfolge Jesu, die Unterschiede einschließt und milieutheoretisch nicht eindeutig zu etikettieren ist.

Gebäude: Zu diesem Punkt kann ebenfalls auf die Studie »Kirche morgen«[12] verwiesen werden. Neben technischen Aspekten der konkreten Stadt(teil)planung und der Immobilienentwicklung liegt der Akzent aus theologischer Perspektive bei der Identifikation der historisch-sakralen Wertigkeit eines Standortes. Diese Wertigkeit bildet sich durch die Geschichte des jeweiligen Standortes. Faktoren, die diese Wertigkeit prägen, sind alle Zeugnisse der Geschichte: beispielsweise ein Friedhof, historische Gräber, Teile oder das Ganze des Kirchengebäudes soweit (noch) vorhanden, Inventarbestandteile, liturgische Bücher und Geräte, Zeugnisse über einen Kirchenstandort, wie Stadtpläne, topographische Stadtansichten, Gemälde, Literatur, Musik (z.B. Kompositionen anlässlich einer früheren Weihe der Kirche).

Umfeld: Prägend für die praktisch-theologische Argumentation ist das (soziale) Umfeld eines Kirchenstandortes weniger im Hinblick auf die Frage: Für wen ist diese Kirche da?, sondern es sollte gefragt werden: Was will die Kirche mit diesem Standort und gerade an *diesem* Standort kommunizieren? Folgt sie dem Trend der allgemeinen gesellschaftlichen Entwicklung, besonders der Entwicklung der Bevölkerung, die vorsieht: neue Kirchen in neue Wohngebiete zu bauen oder sie bei rückläufiger Bevölkerungs- und Kirchenmitgliederzahl in diesen Gebieten auch wieder zu schließen? Oder geht sie mit einem Standort bewusst in ein diakonisch bedürftiges Milieu und gibt damit eine gesellschaftspolitische und zugleich praktisch-ethische Stellungnahme ab? Oder folgt sie dem Trend der Zentralisierung in den Städten und der damit verbundenen sog. Festivalisierung der Innenstädte und priorisiert ihre großen Stadtkirchen als öffentliche Treffpunkte und Veranstaltungsräume? Oder setzt sie auf das Wachsen der christlichen Kultur sozusagen »von unten« und bemüht sich um religionspädagogisch profilierte Standorte, gründet Schulen, Kindergärten, Jugendangebote, Akademien und Fortbildungsstandorte?

---

[12] S.o. a.a.O., S. 127-133; 170-174.

Solche konzeptionellen Fragen zu beantworten, bevor man dementsprechende Profilstrategien für einen Standort entwirft und umsetzt, ist notwendig. Die Kirche braucht eigene Argumente dafür, was sie anbietet, wie sie auftritt, in welcher Weise sie das Evangelium kommuniziert, kurz: wie sie die Menschen erreicht und sich selbst zugleich dabei als Repräsentantin des Christentums im Rahmen ihrer Ressourcen gerecht wird.

Für eine praktisch-theologisch begründete Entscheidung sollten die hiermit kurz skizzierten Faktoren Personal und Strukturen, Standort und Gebäude sowie die räumliche Umgebung ausreichend bedacht und in alle Veränderungsplanungen einbezogen werden. Sie dienen der Lebendigkeit der Kirche im *konkreten* Leben, indem sie garantieren, dass die Kirche Jesu Christi nicht nur eine idealisierte, unsichtbare Idee (ecclesia invisibilis) darstellt, sondern auch eine Realität des täglichen Lebens (ecclesia visibilis), die natürlich in den Formen, Fähigkeiten und Ressourcen ihrer jeweiligen historischen, lokalen, ideellen und personellen Realität existiert.

Dieser realen Kirche und keiner anderen gilt aber die Verheißung, dass sie der Kirche Gottes entspricht, dies aber nicht monolitisch-statisch und ein-für-allemal gegeben. Sondern die reale Kirche existiert als semper reformanda, als stets weiter zu entwickelndes corpus permixtum, also als Gemeinschaft der Verschiedenheit und der Unterschiede, als Einheit in der Vielfalt[13].

Dieser realen Kirche mit allen internen Spannungen, Konflikten und Verwerfungen ist aber zugleich das Potential einer die Menschen und dadurch die Welt sozusagen subversiv verändernden Lebenskraft zugesprochen. Sie wirkt sich in der kleinen Form als Senfkorn und Sauerteig (Mt. 13, 31-33; Mk. 4, 30-32; Lk. 13, 18-20) aus und strahlt zugleich eine die Welt umspannende Hoffnungsenergie als una sancta catholica et apostolica aus, als die eine, heilige, allgemeine und seit der Zeit der Apostel bestehende Gemeinde auf Erden. Damit sieht sie das Leben, nicht allein das eigene, als Geschenk an und gestaltet die Freude darüber in der Zeit und an verschie-

---

[13] Vgl. CA VII und VIII und Apologie.

denen Orten als Feier ihrer Gottesdienste und Sakramente, als Lehre ihrer Überzeugungen und im Weitersagen und Bekennen ihres Glaubens an die Verheißungen des Evangeliums: als Trost und Beistand für die Menschen, die sie bekennen.

Modernisierungschancen für die Parochie

Die inzwischen im Rahmen kirchlicher Reformbemühungen oft als überholt und nicht mehr zeitgemäß kritisierte Parochie ist vermutlich deutlich besser und für die zukünftige kirchliche Entwicklung tragfähiger als ihr gegenwärtiger Ruf. Die Argumentation gegen sie postuliert einen bestimmten Zeitgeschmack als allgemein verbindlich und ein marktförmiges Verständnis von Erfolg und Misserfolg scheint dieser Argumentation weitgehend Recht zu geben. Aber ist es wirklich so, dass diese Organisationsform kirchlicher Präsenz, die insbesondere die Verteilung von Ressourcen relativ einfach regelt und die Zuständigkeit bei administrativen Vorgängen, wie beispielsweise der Führung der Kirchenbücher, festlegt, dass diese Organisationsform also die inhaltliche Wahlfreiheit der Gläubigen einschränkt? Schließlich gilt doch: ›Auch wenn ich den Patenschein im Gemeindebüro in der Nähe meines Wohnortes bekomme, was sehr praktisch ist, und ich auch weiß, dass meine Steuern dorthin fließen, so fühle ich mich doch davon nicht automatisch an meinem Engagement für einen anderen Standort oder meiner Vorliebe für ein bestimmtes Angebot, eine bestimmte Kirche, einen bestimmten Prediger gehindert‹.

Die in dieser Art geführten Diskussionsbeiträge werfen vielmehr die Frage auf, wo das eigentliche Problem zu suchen ist[14]. Vieles spricht dafür, dass das Problem mehr auf der Seite der kirchlichen Institution als bei den Gläubigen selbst liegt. Denn es geht dabei im Wesentlichen um die beiden Fragen, ob die Verteilung der Ressourcen (Geld) entsprechend dem Bedarf vor Ort geregelt werden kann und auf welche Weise Spareffekte durch Stand-

---

[14] Vgl. Maren Lehmann (Hg.): Parochie. Chancen und Risiken der Ortsgemeinde, Leipzig 2002; Uta Pohl-Patalong (Hg.): Kirchliche Strukturen im Plural. Analysen, Visionen und Modelle aus der Praxis, Schenefeld 2004.

ortschließungen begründet werden können. Im Kern sind solche Debatten also Haushaltsdebatten. Die Kirche sieht ihre einzelnen parochialen Standorte unterschiedlich ausgelastet und möchte dieser Beobachtung dadurch entsprechen, dass sie z.B. erfolgreiche Standorte besser ausstattet, was die Gleichverteilung der Ressourcen entsprechend der Mitgliederzahl in der Wohnbevölkerung nicht recht zulässt. Aber ist das in jedem Fall zu beklagen? Muss man deswegen vor allem gleich das Parochialprinzip kirchlicher Organisation mit einer (wohn-)räumlich definierten Zuständigkeit zugunsten eines sogenannten Leuchtturm- oder Inselmodells, das auf personelle und angebotsorientierte Attraktivität setzt, in Frage stellen? Wie trifft man vor allem die notwendige Auswahl zu schließender Standorte?

Mit CA VII lassen sich Standortschließungen jedenfalls nicht begründen. Man findet deshalb keine objektiven theologischen Kriterien für solche, ggf. notwendigen Entscheidungen, die frei von kurzfristigen Trends und dem jeweiligen Zeitgeschmack sind. Will man also wirklich der unabweisbaren ökonomischen Realität die Entscheidung überlassen und darauf setzen, dass Markt- und Konkurrenzmechanismen schon zu einem Ergebnis führen werden? Oder lässt sich auch jenseits solcher Mechanismen Gestaltungskraft für die Strukturveränderungen in der Kirche beanspruchen und konstruktiv umsetzen?

Die Forschungsergebnisse der Arbeitsstelle Kirche und Stadt in Hamburg bejahen diese Frage, indem sie einen neuen methodischen Zugang präsentieren: Um auf die beschriebenen Herausforderungen antworten zu können, ist die Kooperation zwischen Theologie und Stadtplanung eine mehr und mehr gefragte Alternative. Diese Methode kann grundsätzliche und objektiv-partikulare Gesichtspunkte zusammenhalten und entwickelt Optionen, die die Ressourcen ebenso wie deren Bedeutung vor Ort im historisch-hermeneutischen Horizont würdigen können.

Damit wird der Weg frei, z.B. über alternative Finanzierungsformen wie Gebühren und Eintritte individuell nachzudenken, durchaus aber auch über besonnene und konsequente Standortschließungen oder die Umnutzung eines Standortes verbunden mit inhaltlichen Innovationen. Denn weder die privatisierende Ausgestaltung kirchlicher Standorte bezüglich Angebot und Zielgruppen entsprechend gesellschaftlicher Segregationstendenzen schützt die Kirche vor Provinzialität und Bedeutungsabnahme, noch die medial gestützte Kommunikation ihrer inhaltlichen Überzeugungen allein. Überzeugen wird vielmehr die konsequente Ausrichtung an einer Kirche, die die institutionelle Form einer Weltreligion darstellen will, die Partei ergreift und die nahe bei den Menschen ist. Die parochiale Ortsgemeinde als Erinnerungsstätte und Keimzelle des Glaubens ist besser als ihr Ruf. Sie kann mit etwas Mut und Kreativität ohne allzu großen Aufwand modernisiert werden, so dass neue geistliche Strahlkraft vor Ort entsteht. Dabei hat die Theologie die Aufgabe, dafür zu sorgen, dass Ziel und Methode kybernetischen Handelns beieinander bleiben.

Friedhelm Schneider

Das Modellprojekt »Kirchliches Immobilienmanagement – Analyse des Gebäudebestandes«

Dieser Artikel ist aufgrund der Thematik etwas abweichend vom vorhandenen, den Beiträgen dieses Buchs von den Herausgebern zugrunde gelegten Raster, aufgebaut. Wir skizzieren zunächst die Ausgangslage des Projekts (1), stellen dann die Projektergebnisse dar (2). Daraufhin wird in einem Theorieteil die Hintergrundproblematik und Aufgabe des kirchlichen Immobilienmanagements (3) entfaltet.

1. Ausgangspunkt: Kooperationsprojekt dreier Kirchengemeinden

Den Hintergrund oder äußeren Rahmen des im Folgenden beschriebenen Projekts bilden Kooperationsgespräche zwischen drei Darmstädter Kirchengemeinden. Das Ziel besteht darin, die benachbarten Gemeinden einander näher zu führen und Kooperationen auf unterschiedlichen Gebieten der Arbeit voranzubringen. Zu diesem Zweck wurde eine Steuerungsgruppe ins Leben gerufen, in die aus jedem Kirchenvorstand ein Pfarrer und ein Mitglied des Kirchenvorstandes entsandt sind. Um das Projekt den Gemeinden ins Bewusstsein zu bringen, veranstaltet man eine Gemeindebegegnung Anfang 2004. Bei diesem Begegnungs-, Kennenlern- und Arbeitstreffen kommen etwa 50 Personen – meist Kirchenvorsteher – zusammen. Folgende Themen stehen auf der Agenda: Ehrenamt, Besuchsdienst, Gottesdienst, Öffentlichkeitsarbeit, Kirchenmusik.

Die Gebäude – Stiefkinder der Gemeinde?
Das Thema »Gebäude der Kirchengemeinde«, von wenigen Interessierten durchaus gewünscht, wird durch die Präsenz einer Mitarbeiterin des »Kirchlichen Immobilienmanagements« (K.IM.) ebenfalls zu einem Gruppenthema. Das eher geringe Interesse dürfte in diesem Fall zwei hauptsächliche Ursachen haben. Erstens: die eigentlichen Ziele (der Auftrag) der

Gemeinden liegen im geistlichen Bereich. Zweitens: den Gemeinden geht es noch vergleichsweise gut.

Letzteres ist ja üblicherweise nicht mehr der Fall. Und auch in diesem Falle rührt das Interesse von der Finanzseite und Personen, die mit diesen Fragen betraut sind. Von dieser Seite will man sich der Thematik widmen und ist einer neu zu strukturierenden Gebäudenutzung gegenüber offen. Allerdings nicht vorbehaltlos, wie in dem Gespräch deutlich wird. Neben verschiedenen, meist praktischen Fragestellungen, die man bearbeitet wissen möchte, ist man der Auffassung, dass eine gemeinsame Gebäudenutzung(splanung) aller drei Gemeinden in Zukunft nicht anstünde (!). Auch wolle man »kein Tafelsilber verscherbeln«.

Problembewusstsein der Entscheidungsträger und die Realität
Solcherart sind die Erwartungen der Kirchengemeinden klar formuliert und deutliche Grenzen gezogen. Naturgemäß werden bei einer solchen Eigendefinition der Fragestellungen bei weitem nicht alle für die Gemeinden wirklich relevanten Fragen erfasst und thematisiert.

Bekanntlich sind Laien die verantwortlichen Akteure in den Gremien von Kirchengemeinden. Da ist viel gesunder Menschenverstand versammelt und so wäre diese Tatsache nicht weiter schlimm, wenn diese Menschen seitens der Verwaltungen auch mit den entsprechenden, relevanten Steuerungsinformationen ausgestattet würden. Leider ist das nicht in wünschenswerter Form der Fall. Als Beispiel sei nur das Haushaltswesen erwähnt. Von Nutzerfreundlichkeit keine Spur – was bekanntlich nur einen Mangel dieses Steuerungsinstruments darstellt. Schwerer wiegt: Informationen, die bereitgestellt werden, werden nicht ganzheitlich, nicht umfassend bereitgestellt, sondern bestenfalls partiell. Es sind rudimentäre Mosaiksteine, aus denen sich die Nutzer dann ihr eigenes Bild zusammenbasteln können.

Im Gebäudebereich stellt das ein enormes Problem dar. Denn hier geht es um komplexe, mehrere Fachbereiche und Disziplinen berührende Fragestellungen – um Architektur und Bautechnik, um das Finanzmanagement und um den eigentlichen Kernbereich kirchlicher Arbeit, mit dem der Bereich der Gebäude über Rückkoppelungsmechanismen eng verbunden ist. Stets tangiert der Gebäudebereich aufgrund des finanziellen Gewichts innerhalb der Haushalte die gesamte kirchliche Steuerung: die Mittel, die als Betriebs- oder Instandhaltungskosten in Gebäude fließen, fehlen den kirchlichen Arbeitsfeldern. Aus dieser Sicht werden dann aber Gebäude – oft zu schnell – nur noch als Last gesehen, derer man sich entledigen muss. Und oftmals entledigt man sich dieser dann wie Hans im Glück. Denn die vorhandenen, teilweise beachtlichen Sachwerte der Objekte können meist nur ansatzweise realisiert werden. Bei einer Bilanzierung entstehen dann Verluste, die im kirchlichen Rechnungswesen dann allerdings nicht erfasst, dargestellt und also auch nicht wahrgenommen werden. Ein Lob an die Projektgemeinden, die, in guten Immobilienlagen gelegen, die Gefahr erkannt haben und das Tafelsilber bewahren wollen. So handelt man nachhaltig. In der Praxis kann es aber auch zu Grenzfällen kommen, die einen Spagat zwischen Haushaltsentlastung und Vermögenssicherung erfordern. In anderen Fällen kann die Trennung von einem ungünstigen Objekt einen Gewinn darstellen.

Weil und insofern sich bei einem einzigen Projekt nie alle Fragen in idealtypischer Form stellen, sind die Beispiele im zweiten Teil so umformuliert, dass möglichst viele Gemeinden mit vergleichbaren Ausgangssituationen ihre Fragen und Probleme wiederfinden. Entsprechend ist die Fragestellung der Gemeinde modifiziert wiedergegeben und das Anschauungsmaterial der veränderten Fragestellung angepasst.

2. Das Modellprojekt »Kirchliches Immobilienmanagement – Strategische Gebäudeanalyse«

Hier können nur Einblicke in die Arbeitsweise und der Grundansatz vermittelt werden. Jede Untersuchung ist dabei individuell auf die jeweilige Gemeinde zugeschnitten. Wenn Sie hier also nicht alle immobilienwirtschaftlich relevanten Fragen wiederfinden, dann hängt das damit zusammen, dass gemäß der Arbeitsweise von K.IM. nur die Fragestellungen erarbeitet werden, die für die Gemeinde wirklich relevant sind. Eine einfache Kopie einer solchen Analyse wäre bei Kirchengemeinden mit sehr individuellen Ausgangssituationen also ein Kardinalfehler.

Die Fragen, die vordergründig für die Gemeinde relevant erschienen, wurden eingangs bereits benannt. Andere kamen im Verlauf des Projekts hinzu. Andere wurden als typische Fragen von anderen Orten ergänzt. Die wesentlichen Ergebnisse finden Sie am Ende des Kapitels zusammengefasst.

In welcher Höhe können wir gebäudebezogene Ausgaben insgesamt durch einfache Reorganisationsmaßnahmen einsparen?
Bei der Gesamtuntersuchung dieser Fragestellung bei den beteiligten Gemeinden ergab sich folgendes Einsparpotenzial an gebäudebezogenen Betriebsausgaben in Prozent des aktuellen Wertes:

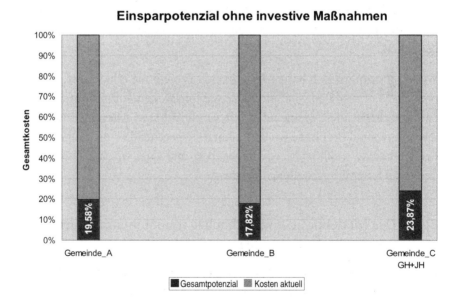

Kirchliches Immobilienmanagement

Wie kann man Energiekosten senken?
Die Beantwortung dieser Frage hat unterschiedliche Dimensionen. Zum Beispiel sind die Objektdaten relevant. Diese werden hier mittels eines entsprechenden Programms (Software LEGEP) nach ENEV (Energieeinsparungsverordnung) ermittelt.

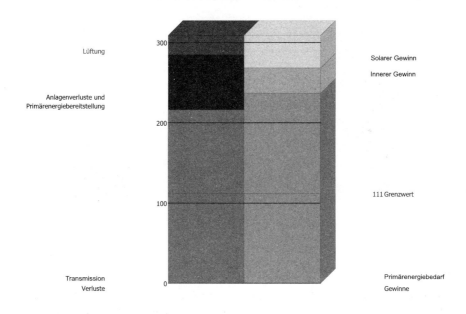

Erläuterung: der Grenzwert für dies Gebäude (rechts markiert) ist um ca. 100% überschritten

Die Berechnung erfolgt ab 2002 nach ENEV. Die Ermittlung und Darstellung kann auf unterschiedliche Weise erfolgen. Das Problem des Energieverbrauchs und der Energiekosten ist freilich nicht allein eine Frage der baulichen Voraussetzung. Die Lösungen können im einzelnen deshalb auch sehr unterschiedlich ausfallen.

Friedhelm Schneider

Wie hoch sind die Eigenkosten für die Bereitstellung von Räumen? Was müss(t)en wir also für Vermietungen zur Deckung der Eigenkosten verlangen?

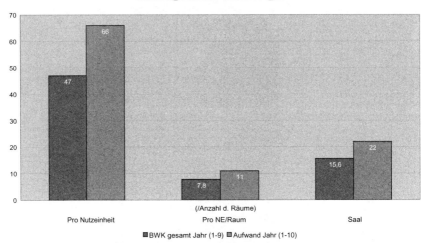

Hier wird in der Bearbeitung differenziert nach dem gesamten Gebäude und unterschiedlichen Räumen für entsprechende Nutzungseinheiten (= -zeiten) und – at last but not least – nach variablen Kosten (dunkler Balken links) sowie den Gesamtkosten inklusive der Fixkosten (heller Balken rechts).

Kirchliches Immobilienmanagement

Wie kommen unsere Gebäude bei den Nutzern, den Gruppen und Kreisen, denn überhaupt an?
Hier in Form einer sehr einfach gehaltenen Fragestellung an die Nutzer und einheitlichem Ergebnis:

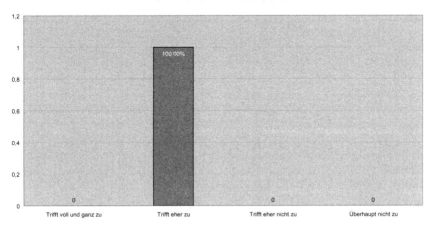

Wie ist der Bauzustand unserer Gebäude zu bewerten?
Die Bewertung des Bauzustandsgrades der Objekte einer Gemeinde brachte nach Expertenbeurteilung unter Berücksichtigung funktionaler Mängel folgendes Ergebnis:

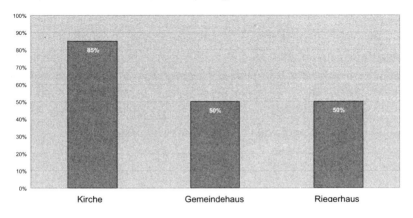

Friedhelm Schneider

Mit welchen Ausgaben für die Instandhaltung haben wir zu welchen Zeitpunkten in den nächsten 15 bis 20 Jahren zu rechnen?
Die Berechnung von auf die Gemeinde durch reine Gebäudeinstandhaltung zukommenden Ausgaben kann auf unterschiedliche Weise erfolgen. Eine – recht junge und objektive – erfolgt durch die Auswertung von Gebäudedaten im Softwareprogramm LEGEP:

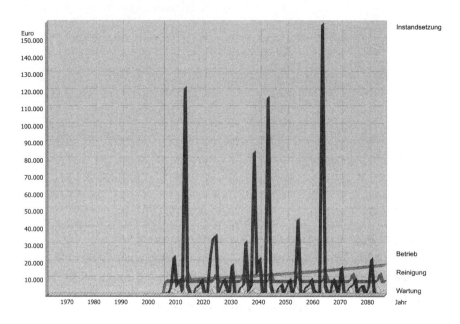

In diesem von K.IM. in diesem Falle verwendeten Programm erfolgt die Auswertung nicht allein der Instandhaltungsausgaben, sondern ganzheitlich (!) gleichzeitig die der Betriebs-, der Reinigungs- und Wartungsausgaben. Und zwar erfolgt die Darstellung auch in einer summierten Gesamtdarstellung mit abgeleitetem Barwert. Das ist ganz entscheidend. Damit sind freilich funktionale Mängel und deren Kosten nicht erfassbar.

Wir besitzen zwei Gebäude und müssen/ wollen uns von einem Gebäude trennen. Welches Gebäude hat aus wirtschaftlicher Sicht – in Hinblick auf die Flächenwirtschaftlichkeit – die besseren Ergebnisse?
Diese Frage ist für die Projektgemeinde bisher eine eher theoretische Frage. Sie kann aber mit den von K.IM. bereitgestellten Informationen beantwortet werden. In Auswertungen aus Softwareprodukten vorausgehender Analysen könnte K.IM. die Werte zweier Häuser dann in einer einfachen Excel-Grafik wie folgt darstellen:

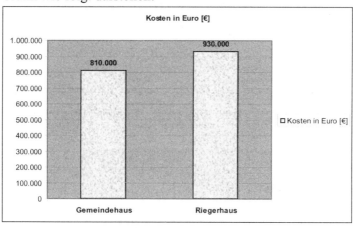

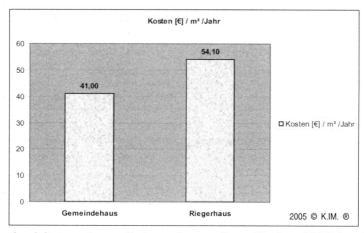

Werte abgeleitet aus Instandhaltungskosten (kumuliert) auf 80 Jahre (s.o.)

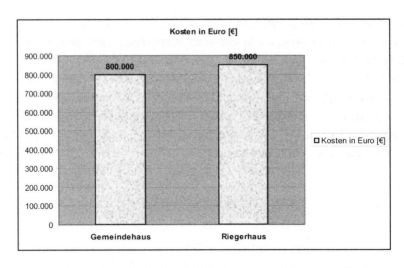

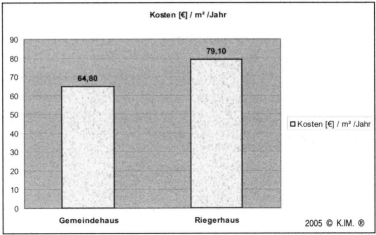

Abgeleitet aus Lebenszykluskosten gesamt (für 50 Jahre) (s.o.)

Wir haben ein wirtschaftlich problematisches Gebäude aus den 50er Jahren. Lohnt da überhaupt fortgesetztes Reparaturverhalten oder ist ein Neubau für uns letztlich günstiger?

Darstellung: Folgekosten bei Weiterführung eines Altbaus im Vergleich zur Errichtung eines Neubaus. Die Fragestellung stellt sich im Fall der Projektgemeinde etwas anders dar: Der Altbau bedarf aus baulich- technischer Sicht keiner Generalsanierung, sondern hat derzeit einen Instandsetzungsstau von »nur« 120 000,- € (Vgl. dazu auch die grafische Darstellung oben. Es handelt sich um das gleiche Gebäude). Wie das Beispiel zeigt, kann der Zeitpunkt, ab dem bei einem derart »geringen« Instandsetzungsstau ein Neubau incl. Baukosten (!) günstiger ist als die Fortführung eines baulich relativ intakten Altbaus, erst innerhalb einiger Jahrzehnte erfolgen. Hingegen können bei einem von der Bausubstanz oder Funktionalität schwachen Gebäude oder bei der Möglichkeit gleichzeitiger Flächenreduktion die Werte für den Neubau auch kurzfristig günstiger ausfallen als die Fortführung eines Altbaus.

Der Vergleich der folgenden beiden Grafiken belegt: Die bei Fortführung des Altbaus verursachten Folgekosten sind bei diesem Gebäude (Instandsetzungsstau 120 000,- €) innerhalb von ca. 50 Jahren (bei einer Barwertbetrachtung) gleich hoch wie die Kosten eines Neubaus und dessen Folgekosten. Danach gewinnt der Neubau.

Friedhelm Schneider

Lebenszyklus Kosten summiert (Mit sonstigen Kosten)

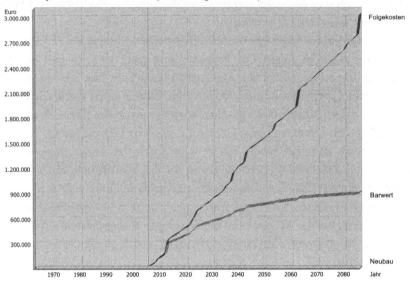

Lebenszyklus Kosten summiert (Mit sonstigen Kosten)

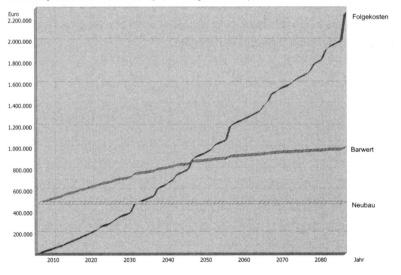

Die Ergebnisse der Analysephase
Die Reaktionen? Die Gemeinden sind zunächst von der Fülle der neuen Information und deren Gesamtschau überrascht und gefordert. »Das muss sich jetzt erst mal setzen« – teilt man den Autor nach einer stark applaudierten Präsentation mit. So ist es. Und so soll es sein. Was ist zu erwarten?

Eingangs wurde schon erwähnt, dass in einem Kostencontrollingverfahren ca. 20% der gebäudebezogenen Betriebsausgaben eingespart werden können. Im Verbund der drei Gemeinden kann dann auch eine sozial verträgliche Gestaltung gefunden werden! Wichtiger als die plakative Einsparung aber ist folgende Tatsache:
- Bisher unbeachtete Potenziale und noch nicht wahrnehmbare Probleme werden sichtbar,
- die Investitionsentscheidungen werden überdacht, teilweise revidiert, Prioritäten verändert,
- Handlungsalternativen kommen in den Blick, Transformation kann – wo erforderlich! – wieder gedacht werden

3. Das Steuerungsdilemma in der Kirche und die Auswirkungen auf das Immobilienmanagement

»Haushaltsdebatte im Kirchenvorstand der Friedenskirchengemeinde. Nach mehrstündiger Diskussion und teilweise heftigen Auseinandersetzungen verabschiedete der KV der Friedenskirchengemeinde gestern den Haushalt für das laufende Jahr. Darin ist vorgesehen, Mittel aus dem Bereich der Gebäudebewirtschaftung zu kürzen und einer verstärkten Jugendarbeit zu widmen. Ziel ist, in den nächsten fünf Jahren die Kontaktquote der Gemeinde zu Kindern und Jugendlichen von 42 auf 60% zu steigern...« (Ev. Kirchenzeitung, XY). So oder so ähnlich würde man erwarten, dass Haushaltsdebatten in den Kirchenvorständen abliefen. Wer die Realität kennt, weiß: Dem ist nicht so. Nichts geht in Gemeinden so schnell und diskussionslos vonstatten wie die Verabschiedung von Haushaltsplänen. Denn die Haushaltspläne werden nicht als Steuerungsinstrument genutzt (s.o.) und jedes

Jahr neu diskutiert, um den Einsatz der Mittel wird nicht gerungen, sondern letztlich wird fortgeschrieben, was schon immer gemacht wurde. Änderungen traut man sich nicht, denn das Haushalts- und Rechnungswesen ist für Laien mit gesundem Menschenverstand ein Buch mit sieben Siegeln, eine Arkandisziplin, bisweilen auch ein probates Mittel für Machtbewusste zur Beherrschung ganzer Gremien. Alles das, aber kein transparentes, die Fragen offen legendes Steuerungsinstrument. So entpuppt sich das HKR als eine Innovationsbremse in der Kirche.

Dabei mag es für die Ausführungsebene, also die Verwaltungsstellen, durchaus geeignet sein, für die für Innovationen zuständige Steuerungsebene oder Führungsebene aber eben durchaus nicht. Denn heute geht es um Kurswechsel, die brauchen Zielsetzung und Steuerung und ein entsprechendes Instrumentarium.

Ein Problemfall eigener Natur in der Kirche ist die Frage: Welche Wirkungen erzielen wir denn mit den Handlungen bei den Menschen? Was kommt denn an? Das sind oftmals Fragen, die in der Kirche noch tabu sind. Man unterstellt gerne und all zu schnell bei der Marketingdebatte eine Anbiederung an Kundenwünsche. Das wäre aber gerade ein Missverständnis! Die Frage nach den Wirkungen ersetzt nicht die nach den Zielen (bzw. dem Auftrag), sondern ergänzt diese folgerichtig. Denn: Alles, was in der Kirche geschieht, hat Wirkungen. Ob man das intern wahrnimmt oder nicht bzw. will oder nicht. So beispielsweise die Gebäude. Sie wirken. Und wer deren Wirkung nicht mitbedenkt, kann manche Überraschung in der Öffentlichkeit oder den Gemeinden erleben. Von Rückkoppelungsschleifen war die Rede. Darum geht es hier.

Doch beginnen wir allgemein: Sollte man den aktuellen Zustand des kirchlichen Gesamtsystems (stark verkürzt!) grafisch darstellen, würden sich also drei letztlich voneinander losgelöste Bereiche zeigen – das theologische Zielsystem, das in der Kirchenordnung festgelegte, den Mitteleinsatz bestimmende Steuerungssystem, und das – bestenfalls ansatzweise erforschte – Wirkungssystem:

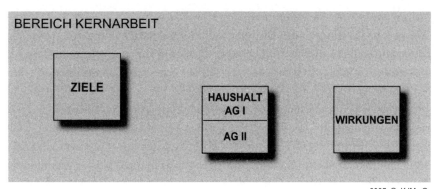

2005 © K.IM. ®

Und da partizipiert das gemeindliche und kirchliche Immobilienmanagement an den Schwächen des kirchlichen Steuerungssystems insgesamt. Allerdings besitzt es im Bewusstsein der Gemeinden immer ein Eigenleben: Die Gebäude sind »ohnehin da«. Die Zuweisungen erfolgen in Sachen Gebäudeerstellung und Instandhaltung in separaten Haushalten neben den ordentlichen Haushalten und werden aus eigenen Zuweisungstöpfen gespeist. So wird dieses Bewusstsein durch die kirchlichen Strukturen unterstützt.

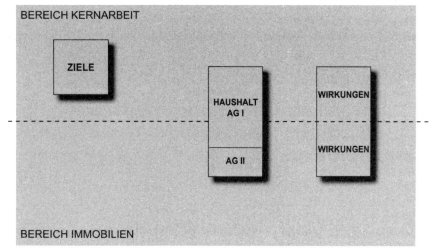

2005 © K.IM. ®

Intransparenz des Steuerungsinstrumentariums
War bereits im Bereich des Mitteleinsatzes ein deutliches Informationsdefizit identifiziert, so gilt dies umso mehr für den Bereich der Immobilien. An diesem Informationsdefizit ist vieles selbst verursacht. Das zeigt sich – um nur ein einfachstes Beispiel zu nennen – allein daran, wie weit entfernt man von einer Ausgabenberechnung und -darstellung gemäß DIN ist. Das zeigt sich daran, dass in den Haushalten unter Gebäudebewirtschaftung (den Funktionsziffern 5110-5126) nur ein Bruchteil der tatsächlichen Mittelbedarfs sichtbar wird. In der folgenden Beispielgemeinde sind es gerade mal ca. 33% (linker Balken). Ein weiteres gutes Drittel erscheint im Haushalt unter Personalausgaben (mittlerer Balken). Das letzte Drittel entspräche einer angemessenen, jährlichen Instandhaltungsrücklage für die »Große Bauunterhaltung« (rechter Balken), die sich dann bei Durchführung einer Maßnahme in einem eigenen, außerordentlichen Haushalt befände.

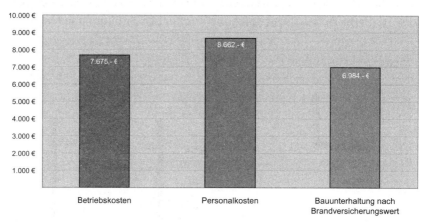

Von diesem Stand der Haushaltsunklarheit über die Schaffung von Ausgabentransparenz und Kostenrechnung zu weiterführenden, strategischen immobilienwirtschaftlichen Kostenrechnungen wie der Lebenszykluskostenrechnung (s.o.) ist es ein weiter Weg.

Was mittlerweile in einigen Landeskirchen eingesetzt ist oder diskutiert wird, ist ein Facilitymanagement-Ansatz, der sich unter der Bezeichnung »Gebäudemanagement« verbreitet. Das ist mehr als vorher. Sicher. Die entscheidende Frage lautet aber: Was kostet und was nützt welche Art von Reform? Welches sind der Preis, das Preis-Leistungsverhältnis und die Kosten-Nutzen-Relation eines solchen, ggf. softwaregestützten Gebäudemanagements? Das wäre im Einzelnen zu untersuchen und darzustellen – und zwar vor (!) teuren Investitionsentscheidungen!

Der Wahrheitskern: Die Informationsbasis im Immobilienbereich ist derzeit bestenfalls rudimentär und wäre oftmals für eine Karikatur gut. Dieses Informationsdefizit ist – neben den Haushalts- und Verwaltungsstrukturen – mit ursächlich dafür verantwortlich, dass ein »dichotomisches«, zweigeteiltes Bewusstsein von Kernarbeit und Immobilienbereich überhaupt zustande kommt. Der Immobiliensektor ist strukturell nicht integriert und er ist daher auch im Bewusstsein der Gemeinden und Entscheidungsgremien nicht in das kirchliche Gesamtsystem integriert. Solange dies so ist, kann strategisches Immobilienmanagement in der Kirche als höchste Stufe und Form des Immobilienmanagements, also kirchliches Immobilienmanagement, nicht stattfinden. Die Aufgabe besteht also zunächst darin, den Immobilienbereich in einer entsprechenden Theorie in das kirchliche Gesamtsystem zu integrieren. Das kann an dieser Stelle nur ansatzweise erfolgen. Ich darf in diesem Zusammenhang auf das Buch »Kirchliches Immobilienmanagement – zukunftsweisender Umgang mit kirchlichen Gebäuden« (Verlag »Das Beispiel«, Darmstadt 2004, ISBN 3-935243-45-6) verweisen.

Die Integration des Immobilienmanagements in den kirchlichen Kernbereich oder worauf es ankommt:
– Der entscheidende Unterschied zu vorfindlichem Bewusstsein und vorfindlicher Struktur: Immobilien wirken permanent auf die Gemeinde und Gesellschaft und die entsprechenden Rückkoppelungsmechanismen der Immobilien auf das Gesamtsystem und also den Kernbereich ein. Die Beachtung solcher Rückkoppelungsschleifen ist von eminenter Bedeutung für die Effektivität der Arbeit insgesamt.

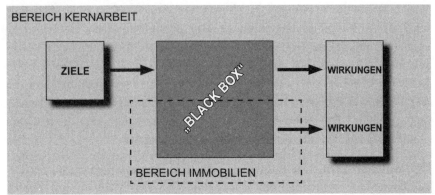

- Der Bereich der Immobilien ist mit einem aktuellen Steuerungsinstrumentarium, Controllingsystem und einer Lebenszykluskostenrechnung ausgestattet, was »wirtschaftliches Handeln« jederzeit gewährleistet und entsprechende Transparenz hinsichtlich Ausgaben und Kosten bereitstellt und so Entscheidungen der Gremien unterstützt und fördert. Kurzum: was die horizontale Korrelation gewährleistet.

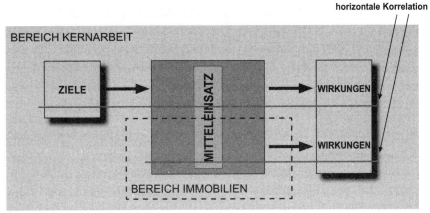

- Der Bereich der Immobilien hat dienende Funktion gegenüber der theologischen Funktion. Und das heißt auch: Selbstverständlich müssen die wesentlichen Mittel verfügbar sein für den Bereich der Kernarbeit. Die Aufteilung der laufenden Zuweisungen zu je einem Drittel auf Gebäude(Betrieb), Verwaltung und eigentliche Gemeindearbeit, die aktuell in den betuchten Landeskirchen nachweisbar ist (s.o.), muss jedenfalls als Problemkern betrachtet werden, an dem die Kirche wird arbeiten müssen. Wir sind uns dabei selbstverständlich der Tatsache bewusst, dass diese Zuweisungen an die Gemeinden keine reine Kostenstellenrechnung ist und also nicht die ganze Realität der Gemeinde oder Landeskirche darstellten.
- Die Integration des Immobilienbereichs (vertikale Integration) in den Kernbereich der Kirche erfolgt auf zwei Strecken: über den Mitteleinsatz und über den Wirkungsbereich:

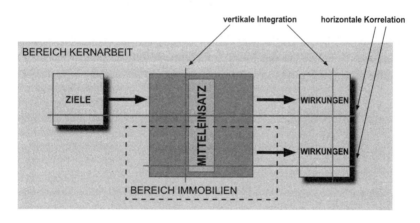

2005 © K.IM. ®

- Denn der letzte Grundsatz – Vorrang des Mitteleinsatzes für die Kernarbeit – muss freilich immer rückgekoppelt werden an die von den Gebäuden ausgehenden Wirkungen und auch vorhandene materielle Vermögenswerte. Damit wird eingeräumt, dass die vorhandenen Immobilien durchaus auch einer gewissen Eigengesetzlichkeit folgen, dass also Ziele der Kernarbeit nicht immer unmittelbar in den Immobilienbereich hinein umgesetzt werden können. Denn ein wesentlicher Faktor bei der Steuerung der Immobilien heißt: Zeit. Für die Kirche als Immobilienbesitzer bedeutet die Respektierung des Wirkungsfaktors, dass sie beispielsweise prozentual höhere Ausgaben zu veranschlagen haben wird. Andererseits stehen für gewisse Gebäudetypen auch andere, zusätzliche Einnahmequellen in Form von Spenden etc. zur Verfügung. Bei Lichte betrachtet dürfte die Gesamtrechnung dann wieder neutral ausfallen.

Fazit: die kirchlichen Immobilien stellen ein Erfolgspotenzial dar. Die Kirche muss sie nur adäquat managen, nutzen und einsetzen um dies Potenzial zur Entfaltung zu bringen. Die Kirche besitzt auch besondere Gebäude, Sakralräume, von denen eine besondere Ausstrahlung ausgeht und die also gemäß ihrer jeweiligen Wirkung (!) einer besonderen Behandlung unterliegen. Generell aber gilt: Die Gebäude sind Teil eines Transformationsprozesses, aber keine heiligen Kühe. Zu einem solchen Bewusstsein kommen die kirchlichen Entscheidungsgremien durch aussagekräftige Steuerungsinformationen, die sie in die Lage versetzen, situationsangemessen zu entscheiden. Darin unterstützen wir sie.

Alfred Weigle

Eine Tankstelle für die Seele

Die Autobahnkirche Medenbach – Gedanken des Stifters über Entstehung und Erfahrungen

Ich sitze hier in meiner Autobahnkirche. Allein in der Stille. Was will oder suche ich? Oft bin ich hier und es tut mir gut. Denke immer wieder – schön, dass es diesen Ort der Besinnung gibt. Hier legt sich meine angeborene Hektik – ich finde Ruhe. Ich schaue mich um und blicke auf Steinplatten, die erst mit dem zweiten Blick ein Kreuz erkennen lassen und auf den mächtigen Altar. Zufriedenheit kommt auf, wenn links und rechts in den Wandnischen die gespendeten Kerzen brennen. Sie bezeugen: Du bist nicht allein – andere kommen auch hierher.

Dann bete ich, denke an meine durch Krebs verstorbene Frau und an meine einzige Tochter, die vor zwei Jahren im Urlaub ertrunken ist. Ich denke weiter und danke Gott, dass er mir wieder eine liebe Lebensgefährtin zur Seite gegeben hat und auch dafür, dass es mir trotz aller Schicksalsschläge recht gut geht. Froh darüber bin ich, dass mir die Idee »Autobahnkirche« in den Sinn kam, als meine Welt noch in Ordnung war. Niemals hätte ich geglaubt, hier selbst einmal und immer wieder in mich zu kehren. Blättere ich im Anliegenbuch, dann kommen auch nach 13 Jahren Erinnerungen auf, die mich damals im Einverständnis mit meiner Familie zur Stiftung dieser Kirche anregten. Dieses Haus begreife ich als die sinnvollste Investition in meinem Leben. Wie kam das?

Sicherlich gibt es unzählige Menschen, die wie ich gottlos aufgewachsen sind und sich erst im Alter Gedanken über Gott und Glauben machen. Liegen auch viele Jahre dazwischen, so ist es doch nie zu spät. Geboren und evangelisch getauft wurde ich 1933 in Reutlingen als zweiter von drei Brüdern. Die Eltern zogen 1934 nach Thüringen, wo sich unser Vater in Saalfeld selbständig machte. Es waren wirtschaftlich schwerste Zeiten, es herrschte große Arbeitslosigkeit wie heute. Auf diesem Nährboden machte

Alfred Weigle

sich der Nationalsozialismus breit. Mein zweiter Bruder wurde 1936 geboren, nun plagte sich Mutter mit drei Jungen, während der Vater schuftete und um seine Existenz kämpfte. Wir wuchsen auf ohne Oma und Opa, ohne Onkel und Tanten, ohne jegliche christliche oder kulturelle Erziehung. Die Bibel war bei uns tabu. Vater hatte keine Zeit, Mutter war stets überlastet. Es kam der Krieg mit all seinem Wahnsinn und Elend.

Die ersten Erfahrungen mit christlichem Verhalten machte ich zu Hause. Bei den Eltern hieß es ›Grüß Gott‹, wir Jungen sagten ›Guten Tag‹. Kam Post von Verwandten aus Stuttgart, dann war vom ›Vertrauen zu Gott‹ die Rede und mit ›Gott befohlen‹ endeten die Briefe. Darüber wurde hinweg gelesen und nie ein Wort verloren.

Noch unverständlicher für mich war es, wenn unsere Patentante zu Besuch kam. Dann wurde vor jedem Essen gebetet und ebenfalls vorm Schlafengehen. Tante sprach auch schon mal von den zehn Geboten, was sie aber nicht hinderte, ständig über Dritte falsch Zeugnis zu reden. Mit ihrer Abreise endete auch das Beten. Religionsunterricht in der Schule gab es nicht. Doch ich kannte Mitschüler, die konnte weder Lehrerschelte noch Fliegeralarm erschüttern. Ich beneidete und bewunderte sie – sie hatten ihren festen Glauben.

Nach Kriegsende dann wie überall der schwere Neuanfang. Vater kam krank aus der Gefangenschaft, unsere Firma lag in Trümmern. Wenige Stunden Konfirmandenunterricht, erste persönliche Erfahrungen mit einem Pfarrer bei Vaters Tod, weitere dann bei meiner Trauung. Dies sollten für Jahre meine kirchlichen Begegnungen bleiben. Meine Frau hatte die gleiche Erziehung genossen. Wie hätten wir in den Aufbaujahren der totalitären DDR unter diesen Umständen zum Glauben finden können?

Die geringe Aussicht auf eine persönliche, wirtschaftliche Zukunft in Freiheit bewog uns, dem Sozialismus den Rücken zu kehren. So floh die ganze Familie 1959 über Berlin in die so hoch gelobte Bundesrepublik. Wir drei Brüder übernahmen gemeinsam eine Firma in Wuppertal. Nach harten, doch erfolgreichen Aufbaujahren trennten wir uns. 1967 landete ich mit

Frau und Kind in Wiesbaden. Einige Jahre Führungskraft, dann Teilhaber und später alleiniger Chef eines Reproduktionsbetriebes. Fleißig war ich und erfolgreich. Wie unser Vater schuftete ich von früh bis Nacht – auch an den Wochenenden. Ich verdiente gutes Geld und zahlte sogar Kirchensteuer, obwohl ich diese Mittel auch dringend in meinem Betrieb hätte gebrauchen können.

Die rasante elektronische Entwicklung, verbunden mit riesigen Investitionen und Schulden, ließen Gedanken eines Kirchenaustrittes aber doch aufkommen, zumal eine innere Einstellung zur Institution Kirche nicht vorhanden war. Auch störte mich, dass die Kirche in allen politischen und wirtschaftlichen Bereichen mitmischte, ohne dass für mich erkennbar war, was sie dazu legitimierte. Also erklärte ich meinen Austritt. Warum? Danach hat mich bis heute niemand gefragt und deshalb hat es mir auch nicht Leid getan. Mein aber doch damit einhergehendes Unbehagen beruhigte ich im Laufe der Jahre durch diverse Spenden. Die Amtskirche mit ihren Repräsentanten beobachtete ich weiter mit kritischen Augen.

Ich verstehe bis heute vieles nicht und reihe mich damit unter die Fragenden ein. Wenn es einen ›lieben Gott‹ geben soll, warum herrscht so viel Elend auf der Welt? Kriege, Naturkatastrophen, Hunger und Armut, Arbeitslose und Superreiche, Korruption, Mord und Totschlag – alles lässt Gott zu. Waffen werden gesegnet und im Kampf wird um Gottes Hilfe gebetet. Warum sind die Ortskirchen leer – aber an den Feiertagen und zu besonderen Anlässen überfüllt? Die Mitglieder werden immer weniger. Aber Taufe, Konfirmation, Trauung, seelsorgerischer Beistand bis zum Tod sind nach wie vor gefragt. Redeweisen wie ›Gott sei Dank‹, ›Ach Herr Je‹, ›Oh mein Gott‹ werden im Alltag von jedermann benutzt und auch größte Sünder suchen in den letzten Stunden Trost beim Pfarrer. Ungezählte Menschen beten z.B. täglich auf Beerdigungen das ›Vaterunser‹ oder schwören vor Gerichten ›So wahr mir Gott helfe‹. Also muss es ›IHN‹ doch geben!

Diese Gedanken gingen mir nie aus dem Kopf. Auch nicht, als ich vor 13 Jahren im Stress pausenlos den Aufträgen und Terminen nachjagte. Auf einer meiner zahlreichen Fahrten nach München hielt ich aus Neugier für

Alfred Weigle

einen kurzen Stopp an der ausgeschilderten Autobahnkirche Adelsried. Ich konnte mir wenig darunter vorstellen. Die Atmosphäre dieses Hauses nahm mich sofort gefangen. Ich beschloss, auf einer der nächsten Fahrten mit mehr Ruhe diese mir unbekannte Art einer Kirche zu studieren. Doch wann hatte ich Zeit? Nach Monaten hielt ich wieder an zum Besuch dieser Kirche. Ein Licht zündete ich an und stellte es zu den zahlreichen bereits brennenden Kerzen. In stiller Ecke lag ein Anliegenbuch und ich blätterte darin. Solch ein Buch hatte ich noch nie gesehen, geschweige denn darin gelesen.

Hier schrieben viele Menschen in einfacher Form ihre Sorgen und Bitten nieder und suchten oder fanden damit Trost. Da überfiel mich schlagartig der Gedanke ›Du rennst nur pausenlos den Geschäften hinterher, es gibt doch ganz andere Sorgen‹. Ich hatte viel zu denken. Kurze Zeit nach dieser Erfahrung ereilte auch mich persönliches Schicksal. Nun war ich stiller Besucher einer Autobahnkirche und kam beim Grübeln zu dem festen Entschluss ›Du stiftest eine solche Kirche, dann hat deine überzogene Wühlerei wenigstens einen Sinn gehabt‹.

Der Gedanke fand auch in meiner Familie spontane Zustimmung, nun suchte ich nach moralischer Unterstützung. Ich sprach, das war 1991, mit dem damaligen Marktkirchenpfarrer Junge, der auch meine Frau am Sterbebett betreute, und mit meinem Rechtsanwalt und Freund Wilhelm Dammeier, dem damaligen Präses der Wiesbadener Synode. Beide bestärkten mich in meinem Entschluss. Andere wiederum redeten auf mich ein: Kirchen gibt es genug, mache Reisen und verlebe das Geld, usw. Aber mein Entschluss stand fest. Wegen meiner eigenen Erlebnisse in Adelsried, aber auch aus Dankbarkeit gegenüber unserem Schöpfer. Mir ging es zeitlebens gut, ich war nie ernsthaft krank, mir ist die Flucht aus der damaligen DDR gelungen, ich konnte in meinem Beruf arbeiten und hatte in meiner Selbständigkeit Erfüllung und wirtschaftlichen Erfolg. Da ich außer Spenden nie etwas für die Allgemeinheit getan hatte, sollte meine Stiftung ein dankbarer Beitrag sein. Dabei kam es mir auch darauf an, ein Objekt zu fördern, an dem sich niemand persönlich bereichern kann. Es war mir aber auch wichtig, dass seine Unterhaltung in Anbetracht der Klagen unserer Amtskirchen über schwindende Einkünfte für den Träger zu keiner zusätzlichen dauerhaften Belastung werden sollte. Die Kirche sollte sich deshalb allein aus den Spenden ihrer Besucher für den Kauf der Kerzen tragen. Diese Hoffnung hat sich erfüllt.

An eine sofortige Realisierung der ›Idee Autobahnkirche‹ habe ich damals natürlich noch nicht gedacht – eher an später im reifen Rentenalter. Doch nun kam unser Schöpfer ins Spiel, an den ich inzwischen auch fest überzeugt glaube. Ich war nicht der einzige stressgeplagte Mensch. Der damalige Ortsvorsteher von Medenbach, Paul Schaaf, war nervlich am Ende. Zerschlissen im Streit mit Bürgern, Parteien und Behörden wegen der zu bauenden ICE-Trasse von Köln nach Frankfurt-Flughafen. Er meinte, dass bei solch einem Mammutobjekt auch Platz und Geld für einen Ort der Ruhe und Meditation vorhanden sein müsse. Er warb für sein Anliegen und schrieb an Kirchen, Behörden und andere. Alle begrüßten seine Idee, erklärten aber, dafür leider kein Geld zu haben. Der Zufall, oder besser ›Hilfe von Oben‹, wurde sein Partner.

An einem Ausflug ins Silvretta-Gebirge nahmen Paul Schaaf und Pfarrer Junge teil. In ca. 2000 m Höhe kamen die beiden ins Gespräch. Paul Schaaf klagte sein Leid und berichtete von seinen vergeblichen Bemühungen zur Finanzierung einer Kapelle. Hier klickte es bei Pfarrer Junge und er erinnerte sich an meinen Gedanken ›Stiftung einer Autobahnkirche‹. Er machte uns miteinander bekannt. Herr Schaaf und ich wurden ein Herz und eine Seele in dieser Sache. Das war vor ca. sieben Jahren, die Geburtsstunde für den Standort Wiesbaden-Medenbach.

Wie ging es nun weiter? Nach Kontakt mit der Verwaltung der Evangelischen Kirche in Hessen und Nassau in Darmstadt wurde Kirchenoberbaurat Blechschmidt unser Fachmann, auch war ab sofort der hiesige Pfarrer Klaus Wallrabenstein eingebunden. Meinem Wunsch entsprechend sollte die Evangelische Kirchengemeinde Medenbach Trägerin der Kirche sein und die Kirche auch den Ortsnamen tragen. Dabei habe ich nicht bedacht, dass es eigene ganz nahe gelegene Evangelische und Katholische Gemeindekirchen in Medenbach gibt und meine Kirche deshalb im Unterschied zu vielen anderen Autobahnkirchen nicht auch als eine Gemeindekirche dienen soll. Wohl deshalb habe ich mich nicht im Sinne der Ökumene für eine Trägerschaft beider Kirchen engagiert. Sollte doch die Kirche zum stillen Gebet für alle Menschen geschaffen werden. Die Evangelischen Kirchengemeinde Medenbach nahm die Stiftung an. Ich freue mich noch heute am großen Interesse der Gemeinde.

Jetzt konnte man sich ernsthaft um das Grundstück bemühen. Wir waren mehr als überrascht und Gott dankbar, als uns das jetzige Areal angeboten wurde, nachdem eigene Vorstellungen zum Glück nicht umgesetzt werden konnten. Alle Behörden, in Stadt, Land und Bund, haben es bis heute mit unserer Autobahnkirche gut gemeint. Ich hätte eine Autobahnkirche finanziert, egal wo in Deutschland. Nun bekam ich sie vor der Haustür. Ich war glücklich.

Jetzt ging es auf Architektensuche. Die Kirche als Auftraggeber wollte sich nicht festlegen, was ich als freier Unternehmer nicht verstehen konnte. Nach langen Diskussionen – auch wegen der zusätzlichen Kosten – wurde ein offener, räumlich begrenzter Architektenwettbewerb beschlossen. Zugelassen wurden nur die in der Hessischen Architektenkammer eingetragenen Architekten im Rhein-Main-Bereich. Wie viele werden sich beteiligen? Was wird uns offeriert? Die Resonanz war für mich unvorstellbar. Über 60 Architekten reichten ihre Pläne und Modelle ein. Bei der Preisgerichtssitzung standen in langen Reihen die nummerierten Modelle zur Auswahl.

Nachdem wir bis in die Nacht hinein beraten hatten, war man sich einig. Alle favorisierten ein Modell, dem ich alleine – warum auch immer – keine Sympathie abgewinnen konnte. Allein gegen alle? Laie gegen Fachleute? Ich ließ mich, wenn auch widerwillig, von den Preisrichtern überzeugen. Nun gab es ein einstimmiges Ergebnis für den Sieger und mein Wunschmodell wurde vor weiteren interessanten Arbeiten auf Platz 2 gesetzt. Nach Aufhebung der Anonymität durch Öffnen der nummerierten Umschläge gab es lange Gesichter. Der Gewinner kam nicht aus unserer Region und war deshalb für den Wettbewerb nicht zugelassen.

Nach juristischer Prüfung durch Kirche und Architektenkammer wurde das Sieger-Modell vom Wettbewerb ausgeschlossen und mein Favorit – entworfen von Professor Hans Waechter – rückte rechtsverbindlich auf den ersten Platz. Schadenfreude ist mir fremd, aber ich will gerne gestehen glücklich zu sein, dass »mein Modell« nun doch verwirklicht wurde. Wenn dies kein Wink des Himmels ist!

Erwähnenswert ist, dass die evangelische Kirche in Hessen und Nassau gemeinsam mit dem Bistum Limburg die Kosten für den Altar, die Innenraumgestaltung und das Außenkreuz übernommen hat. Die Zeit der Planung und Bauausführung, die zahlreichen Gespräche mit allen Beteiligten, Spatenstich, Richtfest und die feierliche Einweihung haben meinen Lebensinhalt erheblich bereichert. Seit über drei Jahren ist die Kirche nun fertig und steht Tag für Nacht für jedermann offen. Alle sind zufrieden, die Ortskirche und die Gemeinde, die bisher weit über 100 000 Besucher und am glücklichsten ist der Stifter.

Eine solche große Resonanz hätte ich nie erwartet und ich dachte schon insgeheim: »Hast du gar eine Konkurrenz für die Ortskirche geschaffen?« Nein! Jetzt weiß ich, es ist ein Zusatzangebot für alle.

Und es ist sicher, die Besucher kommen nicht nur, weil die Kirche gerade am Wege liegt. Sie suchen einen Ort der Stille, wo sie allein Kontakt zu unserem Schöpfer suchen. Ohne Glockengeläut oder Orgel, ohne Predigt oder Gesang, ja ohne Nachbarn bleibt Ruhe und Zeit zum ungestörten Nachdenken und Gebet. Das Anliegenbuch nimmt alle Sorgen und Bitten auf, auch das im Alltag immer seltenere Wort »Danke« findet sich häufig. Viele zünden eine Kerze an, bekunden so ihre Verbundenheit und setzen ruhiger ihre Reise fort.

Wieder bin ich in meiner Kirche und meditiere: Warum ist dieser Ort für viele Menschen so anziehend? Ist es die Anonymität, mit Gott allein zu sein? Ist es Sehnsucht nach Stille oder Flucht vor der Hektik des Alltags? Dies kann man in den Ortskirchen doch auch finden. Sollten sie deshalb, wenn schon nicht immer, so doch wenigstens länger geöffnet sein? Wie

Alfred Weigle

gewinnt die Amtskirche die hier rastenden Kirchenfernen? Wie überhaupt begegnet sie dem Zeitgeist, damit sich nicht immer mehr Menschen von ihr abwenden? Wie ermutigt sie dafür ihre oft auf vielen Bühnen geschäftigen Pfarrer? Dabei will mir nicht aus dem Sinn, dass diese Kirche, die wie alle anderen Autobahnkirchen einlädt zur Rast auf Reisen, auch ihnen einen Weg zeigt zu den Hilfesuchenden, die ihre Nöte und Sorgen dem Anliegenbuch anvertrauen. Die Kirche jedenfalls ist Tag und Nacht geöffnet.

Ich bin dankbar, dass es mir vergönnt war, diese Kirche mit Gottes Hilfe zu realisieren. Sie ist wirklich gelungen. Eine Tankstelle für die Seele. Möge Gott über sie und ihre Besucher seine segnende Hand halten!

Wiesbaden, den 18.04.2005   Alfred Weigle

V. Die landeskirchliche Ebene

Peter Burkowski, Matthias Dargel

»Kirche mit Zukunft« – der landeskirchenweite Reformprozess der Evangelischen Kirche von Westfalen

I. Ausgangslage

a. Wer?

Die Evangelische Kirche von Westfalen mit ihren verschiedenen Untergliederungen.

Die Landessynode 2001 der Evangelischen Kirche von Westfalen (EKvW) hat mit ihrer Entschließung »Kirche mit Zukunft« den Grundstein für einen landeskirchenweiten Reformprozess gelegt, dessen »erste Halbzeit« im Jahr 2005 abgeschlossen ist. Vorausgegangen war die intensive Beratung einer Reformvorlage (Kirche mit Zukunft, Zielorientierungen für die Evangelische Kirche von Westfalen, Bielefeld 2000), die in einem zweijährigen Verfahren von mehreren Projektgruppen erarbeitet wurde. Die Diskussion erfolgte in einem Stellungnahmeverfahren aller Gemeinden und Kirchenkreise der EKvW. Allein die alle bisherigen Stellungnahmeverfahren weit übertreffende Zahl der Rückmeldungen und die hohe Qualität der Diskussionsbeiträge in diesem Stellungnahmeverfahren zeigte die große Bereitschaft der Entscheidungsträger zur Auseinandersetzung mit den in der Reformvorlage aufgerufenen Themen und Thesen.[1]

Wesentliches Ergebnis der Entschließung ist neben der Beauftragung umfangreicher Arbeits- und Prüfaufträge auch die Bildung von »elf Gestaltungsräumen« als verbindliche Nachbarschaften für die damals 33 und

---

[1] Vgl. hierzu: Peter Burkowski, »Kirche mit Zukunft« –, Ein Reformpapier und seine Folgen; in: Lernort Gemeinde 4/2001, S. 71-74. Entnommen aus: »Kirche mit Zukunft« Entschließung der Landessynode der Evangelischen Kirche von Westfalen, 2001.

inzwischen 31 Kirchenkreise. Während die Prüfaufträge in vier Projektgruppen bearbeitet wurden, erfolgt die Entwicklung der Gestaltungsräume durch die Kirchenkreise selbst. Dazu wurde in jedem Kirchenkreis ein Kooperationsgremium gebildet, das sich aus Vertreterinnen und Vertretern aller beteiligten Kreissynodalvorstände zusammensetzt. Ein Besuch des Präses in jedem Kirchenkreis zu Beginn dieser Phase hat darüber hinaus die besondere Bedeutung dieser Nachbarschaften für die Kirchenkreise deutlich gemacht.

Die durch die vier Projektgruppen erarbeiteten Projektergebnisse zu den erteilten Prüf- und Arbeitsaufträgen wurden durch den Prozesslenkungsausschuss aufgenommen und der Kirchenleitung zur weiteren Umsetzung vorgelegt. Darüber hinaus wurden für die Gestaltungsräume jährliche Überprüfungen der aktuellen Entwicklungen und Veränderungen veranlasst, die ebenfalls Gegenstand der Beratung im Prozesslenkungsausschuss waren.

Verschiedene Teilergebnisse wurden im Verlauf des Prozesses bereits von der Landessynode beschlossen und die landeskirchenweite Umsetzung veranlasst. So wurde ein »Kirchenbild« in zwei Teilen erarbeitet und beschlossen: Unser Leben – Unser Glaube – Unser Handeln; Unsere Geschichte – Unser Selbstverständnis. Weiterhin wurden »Leitlinien zu Führung, Leitung und Zusammenarbeit« beschlossen, eine Handreichung »Mitgliederorientierung« veröffentlicht und »Regelmäßige Mitarbeitendengespräche« eingeführt. Der Abschluss dieser Prozessphase mit der Feststellung der erarbeiteten Projektergebnisse und der Beschlussfassung zur Fortführung des Reformprozesses wird auf der nächsten Landessynode im November 2005 erfolgen.

b. Wie und mit wem?

In einem vierjährigen Prozess durch eine besondere Projektstruktur mit Prozesslenkungsausschuss, Projektbüro und vier Projektgruppen mit insgesamt ca. 100 unmittelbar beteiligten Personen.
Für die Durchführung des Projektes wurde eine besondere Projektstruktur eingerichtet. Diese umfasst neben einem Prozesslenkungsausschuss (PLA) ein Projektbüro und vier Projektgruppen. Dies zeigt die nachstehende Grafik.

Kirche mit Zukunft

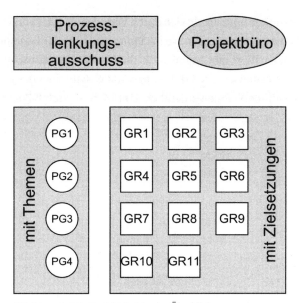

Abbildung 1: Die Projektstruktur im Überblick.

Die operative Projektarbeit wurde durch die Projektgruppen mit der organisatorischen Unterstützung durch das Projektbüro durchgeführt. Dabei wurden der PLA und einzelne Projektgruppen nach Bedarf extern durch Lischke Consulting unterstützt.

Als bewusste Intervention in das kirchliche Handeln sind die Aufgaben der Projektstruktur dabei in Abgrenzung zu den Aufgaben der verschiedenen dienstleistenden und verantwortlichen Gremien und Einheiten der »Regelorganisation« zu beschreiben.

Dem Landeskirchenamt (LKA) obliegen die rechtlich und organisatorisch vorgesehenen Aufgaben. Die Beteiligung von Mitgliedern des Kollegiums (LKA) in den Projektgruppen stellt die frühzeitige Kommunikation und Abstimmung zwischen der Projektstruktur und der Regelorganisation sicher. Bei Abweichung in der Willensbildung nimmt das LKA eine Rückkoppelung mit dem Prozess-Lenkungsausschuss vor, im Bemühen, einen Konsens herbeizuführen.

Die Gestaltungsräume entwickeln sich durch Veranlassung der verantwortlichen Gremien (KSV und Kreissynoden) selbständig auf Basis der Beschlusslage der Landessynode. Der PLA gibt Impulse für die Gestaltungsräume und sorgt für den Informationsaustausch der Gestaltungsräume untereinander und mit dem PLA. Diese Zusammenhänge verdeutlicht das nachfolgende Schaubild:

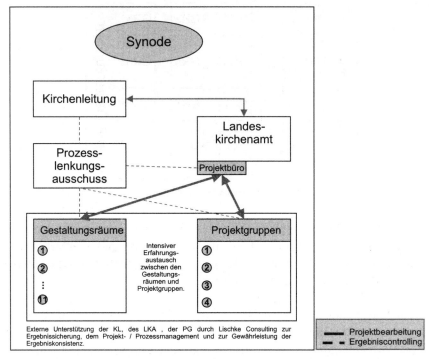

Abbildung 2: Die Projektorganisation in Abgrenzung zur Regelorganisation.

Im Detail hatten die einzelnen beteiligten Gremien und Organisationen die folgenden Aufgaben:

Die Aufgaben der Kirchenleitung:
Die Kirchenleitung
- beruft den Prozesslenkungsausschuss, die Projektgruppen und ein Projektbüro ein,

- entscheidet über die Empfehlungen des Prozesslenkungsausschusses und veranlasst das weitere Verfahren (Gesetzgebung, Veröffentlichung etc.),
- legt die Prozess-Ergebnisse der Landessynode vor.

Die Aufgaben des Landeskirchenamtes:
- Das LKA übernimmt die in der Regelorganisation vorgesehenen Aufgaben.
- Bei Abweichung in der Willensbildung erfolgt Rückkoppelung und Konsensbildung mit dem Prozesslenkungsausschuss.

Die Aufgaben des Prozesslenkungsausschusses (PLA):
Der PLA
- steuert den Reformprozess,
- definiert die Ziele der einzelnen Teilprojekte,
- reflektiert kritisch die Teilergebnisse,
- führt die Einzelergebnisse zusammen und sorgt für den Abgleich zwischen den Projektgruppen,
- entwickelt strategische Empfehlungen,
- leitet weiterführende Fragestellungen aus den (Teil-)Ergebnissen ab,
- nimmt die Entwicklungen in den Gestaltungsräumen wahr und stellt diese in einen Zusammenhang mit den Projektgruppenergebnissen,
- übernimmt die Ergebnisverantwortung gegenüber der Kirchenleitung und die damit verbundene politische Kommunikation,
- sichert durch ein straffes Prozesscontrolling die Zielorientierung und Ergebnisqualität,
- stellt die Kommunikation der Projektgruppen untereinander sicher,
- beauftragt Projekte, z.B. in Form von Gutachten oder Fachtagungen,
- stellt die notwendigen Ressourcen bereit.

Die Aufgaben der Projektgruppen:
- Inhaltliche Bearbeitung der Themen und Aufträge.
- Kritische Reflexion der Gesamtwirkungen aus ihrem Thema.
- Die Arbeit basiert auf den bisher schon erarbeiteten und formulierten Fragestellungen (Aufsetzen auf den vorliegenden Ergebnissen und Synodenbeschlüssen und kein Neustart) unter Einbeziehung der Ergebnisse anderer Landeskirchen.

- Erarbeitung von Empfehlungen und gegebenenfalls Alternativen.
- Ergebnisaufbereitung in Form von entscheidungsfähigen und –reifen Ergebnissen.

Die Aufgaben des Projektbüros:
Das Projektbüro
- übernimmt die Aufgabe der Geschäftsführung,
- sorgt für die notwendige Kommunikation,
- beobachtet die Beziehungen von Projektgruppen, Gestaltungsräumen etc.
- bündelt die einzelnen Ergebnisse,
- koordiniert die einzelnen Aktivitäten.

Die Aufgaben von Lischke Consulting (externer Berater):
Der externe Berater
- unterstützt den PLA bei der Ausübung seiner Aufgaben (siehe oben),
- erzeugt den notwendigen Spannungsbogen im Projekt und ist ein kritischer Reflektor des Prozesses,
- unterstützt die Projektgruppen in der Startphase (Tagungs- und Protokollstandards, Teilzieldefinition etc.),
- unterstützt die PG auf Anforderung bei ihrer inhaltlichen Arbeit in der Form von Expertisen, Ergebnisreflexion und Ausarbeitung von entscheidungsreifen Vorlagen.

Die Besetzung der Projektgruppen:
Die Mitglieder der Projektgruppen wurden grundsätzlich nach dem Fachlichkeitsprinzip ausgewählt. Jede Projektgruppe wurde durch einen Superintendenten/ eine Superintendentin geleitet und durch einen Geschäftsführer/ eine Geschäftsführerin koordiniert. Für die Auswahl der Mitglieder waren unter anderem die folgenden Merkmale von besonderer Bedeutung:
- Größe der Projektgruppen: ca. 10 bis 15 Mitglieder plus Geschäftsführung
- Ausgewogenes Verhältnis von Frauen und Männern
- Beteiligung der Regionen, Fachdezernate und der Institute
- Beteiligung von Ehrenamtlichen, hauptamtlichen Nicht-Theologinnen und Nicht-Theologen und Pfarrerinnen und Pfarrern
- Fachkompetenz

Kirche mit Zukunft

- Landeskirchliche Ausschüsse
- Beteiligung der Hochschulen

c. Was?

Die Erarbeitung von inhaltlichen Positionierungen und strukturellen Veränderungsvorschlägen für Kirchengemeinden, Kirchenkreise und die Landeskirche, um den künftigen Herausforderungen einer schrumpfenden Kirche mit einer verbesserten Mitgliederorientierung begegnen zu können. Für den Reformprozess »Kirche mit Zukunft« wurden zu Beginn die wesentlichen Meilensteine festgelegt. Die konkreten Schritte, die jeweils bis zu den Meilensteinen zu erarbeiten sind, wurden in Form von Arbeitspaketen gebündelt. Die Inhalte der einzelnen Arbeitspakete werden nachfolgend im Detail dargestellt. Das folgende Schaubild zeigt die Arbeitspakete im Überblick.

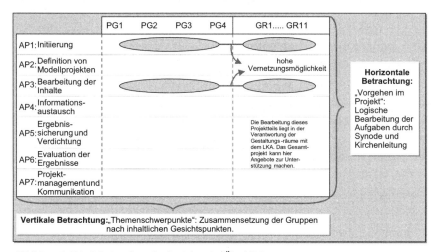

Abbildung 3: Die Arbeitspakete des Projektes im Überblick.

Den einzelnen Arbeitspaketen wurden die folgenden Schritte zugeordnet:

AP 1: Initiierung der Projektgruppen
Hier werden die Voraussetzungen für eine erfolgreiche Projektarbeit geschaffen. Im Einzelnen handelt es sich dabei um die folgenden Aufgaben:

- Definition von Zielen für die jeweiligen Projektgruppen, aufbauend auf den Arbeitsaufträgen.
- Erarbeitung eines Vorschlages für die Mitglieder und die Leitung der Projektgruppe.
- Konkretisierung des Auftrages unter Aufnahme der Stellungnahmen; inhaltliche Feinplanung der Arbeit.
- Definition von »Landeplätzen« (Zwischenabstimmung aller Projektgruppen zu bestimmten Themen wie z.B. »Kirchenbild« oder »Pfarrbild«).
- Vereinbarung der Dokumentation und Kommunikation der erarbeiteten Unterlagen.
- Klärung der benötigten Ressourcen und Unterstützung (inhaltlich, organisatorisch etc.).
- Definition der Erfolgskriterien für die Arbeit in der jeweiligen Projektgruppe.

AP 2: Definition von Modellprojekten
In Zusammenarbeit mit einzelnen Gemeinden, Kirchenkreisen oder Gestaltungsräumen sollen in den Projektgruppen erarbeitete Konzepte, Instrumente und Verfahren exemplarisch ausprobiert werden. Dafür sind geeignete Modellprojekte auszuwählen. Anreize können in der Möglichkeit der fachlichen und personellen Unterstützung bei Innovationen bestehen. Im Einzelnen handelt es sich um folgende Aufgaben:
- Beschreibung der Anforderungskriterien für die Auswahl von Modellprojekten (was wird von den Modellprojekten gefordert?).
- Benennung der möglichen Anreize (Art und Umfang der Unterstützung durch das Projekt).
- Auswahl von einem oder mehreren Modellprojekten pro Projektgruppe unter Aufnahme u.a. von Reformprozessen in den Kirchengemeinden, in den Kirchenkreisen und in den Gestaltungsräumen.

Die Kriterien wurden entwickelt, es wurden jedoch aus finanziellen Gründen keine separaten Modellprojekte eingerichtet. Gleichwohl haben viele Kirchenkreise und -gemeinden parallel und auch in Abstimmung mit dem landeskirchlichen Prozess Reformen durchgeführt (z.B. Regionalisierung, Fusionen, neue Angebote, etc.).

AP 3: Bearbeitung der Inhalte
In diesem Arbeitsschritt erfolgt die konkrete Ausarbeitung der von der Synode/ Kirchenleitung formulierten Arbeitsaufträge. Dies kann in den Pilotbereichen konkret oder abstrakt in der Projektgruppe erfolgen. Dabei kann es sich um folgende Aufgaben handeln:
- Genaue inhaltliche Definition des Auftrages, dazu gehört auch die kritische Reflexion der Fragestellung.
- »Bearbeitung« der Themen, auch z.B. in Form von Zuleistungen Dritter.
- Ergebnisdarstellung und Zwischenpräsentation im PLA/ LKA.
- Dokumentation und Ergebnissicherung innerhalb der Projektgruppen.

AP 4: Informationsaustausch
Dieses Arbeitspaket umfasst den fachlichen / sachlichen Informationsaustausch zwischen den Projektgruppen, zu Institutionen z.B. auch im Sinne eines »Hearings« oder dem Austausch mit anderen Landeskirchen. Ein intensiver Informationsaustausch sollte zwischen den Projektgruppen und den Kirchengemeinden bzw. Kirchenkreisen erfolgen.

In den Gestaltungsräumen kann zum Beispiel im Rahmen eines Informationsaustausches eine Konferenz über die einzelnen Aktivitäten der Gestaltungsräume durchgeführt werden. Hier besteht die Möglichkeit, sich eine Meinung über die Aktivitäten anderer zu machen.

Zum Informationsaustausch gehören die Versendung von Protokollen der Projektgruppen und wesentlichen Ergebnissen, die Einrichtung einer Internetplattform (www.reformprozess.de), eines Newsletters und die Durchführung verschiedener Veranstaltungen einschließlich der »Landeplätze«. Dies sind Veranstaltungen zu einem bestimmten Themenbereich einer Projektgruppe, in denen wesentliche Ergebnisse in einer Großgruppe vorgestellt, reflektiert und so im Rahmen des Gesamtprozesses abgestimmt werden.

AP 5: Verdichtung und Ergebnissicherung
Schwerpunkt dieses Arbeitspaketes ist die Verdichtung der Ergebnisse im Sinne eines Gesamtberichtes. Er soll zur kritischen Reflexion der Ergebnisse durch Betroffene, Interessierte und andere geeignet sein. Er bildet unter anderem auch die Basis für die Zusammenführung der zum Teil sehr unterschiedlichen inhaltlichen Ebenen der Projektgruppen und Gestaltungsräume.

AP 6: Evaluation der Ergebnisse
Hier liegt der Schwerpunkt in der Evaluation der bisherigen Ergebnisse. Dazu ist es notwendig, früh (siehe AP 1) die Erfolgskriterien zu definieren und eventuell während des Prozesses anzupassen. Die Evaluation im Kern soll mit dem Ziel der Selbsteinschätzung erfolgen.
- Bilanzierung der einzelnen Projektgruppen und Gestaltungsräume.
- Eigene Bewertung der Bilanz und Definition von Maßnahmen.
- Kritische Außenreflexion (auch durch »Kunden«).
- Dokumentation der Ergebnisse.

AP 7: Projektmanagement und Kommunikation
Die sehr inhomogenen Fragestellungen und unterschiedlich beteiligten Interessengruppen machen ein kompaktes und zielgerichtetes Projektmanagement notwendig. Es hat u.a. die folgenden Aufgaben:
- Zusammenführung der Einzelergebnisse.
- Kommunikation und Präsentation.
- Unterstützung der Konsensbildung.
- Aufzeigen von Widersprüchen und Hinweise auf Grenzthemen (Ergebniskonsistenz).
- Unterstützung des PLA bei der Ergebnissicherung.
- Gewährleistung eines Austausches zwischen Arbeitsfeldern.
- Vorbereitung, Durchführung und Nachbereitung des PLA.

Zur Durchführung des Projektes wurde der folgende grobe Zeitplan erarbeitet:

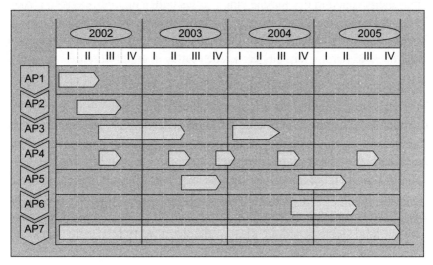

Abbildung 4: Der Gesamtzeitplan.

Dabei ist anhand der Unterteilung der Pfeildarstellung zu erkennen, dass die AP 3, 4 und 5 in ihrer Bearbeitung jeweils Zwischenergebnisse ausweisen sollen, damit nicht erst am Ende festgestellt werden kann, ob eventuell korrigierend eingegriffen werden muss. Eine Form solcher Zwischenergebnisse waren die jährlich im Mai durchgeführten »Landeplätze«: Hier wurden wichtige Ergebnisse vor ihrer endgültigen Ausarbeitung als Vorlagen für den PLA bzw. die Kirchenleitung mit allen Projektgruppen diskutiert und reflektiert.

d.   Warum?

Die Landessynode der Evangelischen Kirche von Westfalen hat am 15.11.2001 beschlossen, den begonnenen Reformprozess auf der Grundlage der Reformvorlage »Kirche mit Zukunft« und der Stellungnahmen zu dieser Vorlage fortzusetzen.

Die Reformvorlage benennt zu den Anlässen des Reformprozesses: »In den letzten Jahren ist ein neues Interesse an Kirche spürbar geworden. Menschen suchen in der Kirche einen entlastenden und befreienden Ort der Ruhe und des Feierns, des Respekts vor der Würde des Menschen und der Vision eines Friedens in Gerechtigkeit, der Sinnstiftung und der Begegnung mit Gott. Die Kirche lebt aus der Liebe Gottes in Jesus Christus.

Die Kirche Jesu Christi zeigt sich in ökumenischer Vielfalt und Lebendigkeit der unterschiedlichen Kirchengemeinschaften und Ortskirchen. Die Evangelische Kirche von Westfalen weiß sich mit der weltweiten Christenheit verbunden. Als unierte Landeskirche vereint sie Gemeinden der unterschiedlichen reformatorischen Bekenntnisse. Die Vielfalt von Tradition und Frömmigkeit bereichert unsere Kirche. Diese Pluralität prägt unser Kirchenbild. Kirche bedarf nach evangelischem Selbstverständnis ständig der Reform, um zugleich bei ihrem biblischen Auftrag, bei ihrem Bekenntnis und bei den Menschen ihrer Zeit zu bleiben. Sie richtet ihr Zeugnis und ihren Dienst so aus, dass sie dem Bekenntnis zu dem Dreieinigen Gott treu bleibt und den Menschen gerecht wird.«[2]

e. Für wen?

Primärzielgruppe der erarbeiteten Ergebnisse sind ehren- und hauptamtliche Mitarbeitende vor allem in ihrer Rolle als Leitende und Verantwortliche für die kirchliche Entwicklung. Formale Ergebnisse sind also Gesetze, Ordnungen, Satzungen und Verfahrensvorschläge bis hin zu Handreichungen, Schulungen und Informationsmaterial. Diese können von den Leitenden genutzt werden und dienen der Verbesserung kirchlicher Steuerungsprozesse auf allen Ebenen. Mitglieder und an kirchlichem Handeln Interessierte werden durch die Prozessergebnisse nicht unmittelbar, sondern mittelbar erreicht, indem sich für sie kirchliches Handeln wahrnehmbar verbessert. Verschiedene Broschüren und die eingerichtete Internetplattform zum Reformprozess (www.reformprozess.de) sind jedoch auch einer kirchlich interessierten Öffentlichkeit zugänglich und wurden von dieser auch genutzt.

---

[2] Entnommen aus: »Kirche mit Zukunft«. Entschließung der Landessynode der Evangelischen Kirche von Westfalen, 2001.

II. Ziele

Der Reformprozess »Kirche mit Zukunft« soll die Evangelische Kirche von Westfalen auf allen Ebenen und in allen Bereichen darin unterstützen,
- Menschen zu gewinnen,
- Mitglieder zu stärken,
- Glauben zu vermitteln,
- Verantwortung zu übernehmen.

Dies soll so geschehen, dass prozesshaft entwickelte innovative Impulse dargestellt und so in die Regelorganisation überführt werden, dass sie dort die bereits bestehenden Bemühungen verstärken und zum Bestandteil des ordentlichen kirchlichen Handelns werden. Der Reformprozess strebt somit die Veränderung kirchlicher Steuerungsprozesse durch die Kirche selbst an.

Für den Reformprozess wurden von der Landessynode eine detaillierte Reihe von zu bearbeitenden Themen und Prüfaufträgen sowie Kriterien für deren Bearbeitung festgelegt:

Im Überblick wurden folgende Themen definiert:
- Klärung und Formulierung des Selbstverständnisses der Evangelischen Kirche von Westfalen.
- Weiterentwicklung der Kirchenkreise in den elf Gestaltungsräumen.
- Überprüfung und Umsetzung bisheriger Beschlüsse und Vorgehensweisen zur ehrenamtlichen Arbeit.
- Verbesserung der Leitungskultur und des Leitungshandelns.
- Reform des Pfarrberufs und Klärung des Pfarrbildes.
- Überprüfung und Verbesserung der Personalplanung und -entwicklung für hauptamtliche Mitarbeitende.
- Überprüfung der Größe und Amtszeiten für die verschiedenen Gremien.
- Erhöhung der Verbindlichkeit im gemeinsamen Handeln der verschiedenen Ebenen durch Aufsicht, Visitation, Planungsgespräche, etc.

Auch für den Verlauf des Prozesses und die Erarbeitung der Ergebnisse wurden Ziele und Kriterien definiert. Der Prozess selbst soll
- theologisch reflektiert sein,
- Möglichkeiten zur Beteiligung sichern,
- transparent und zielorientiert sein.

Im Detail soll sich die Erarbeitung der Projektergebnisse an folgenden Kriterien orientieren:
- Orientierung am Wesen und Auftrag der Kirche.
- Klärung und Präzisierung von Zielen.
- Prüfung der Voraussetzungen und Folgen unseres Handelns.
- Realistische und verbindliche Bestimmung von Handlungsschritten.
- Beschreibung der dazu notwendigerweise zu erfüllenden Aufgaben.
- Beachtung eines vertretbaren Verhältnisses von Aufwand und Ergebnis zueinander.

Diese Zieldefinition und die Zuordnung der Teilziele zu den einzelnen Projektgruppen wurde im nachfolgenden Schaubild zusammenfassend dargestellt:

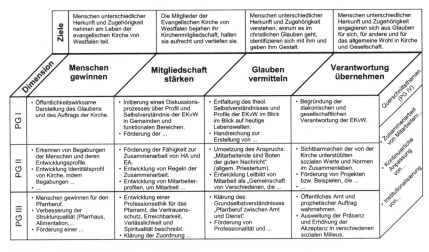

Abbildung 4: Die Ziele im Gesamtüberblick.

Neben dem, was aufzuzählen und nachzulesen ist, hat es in dem Zeitraum des bisherigen Prozesses schon jetzt spürbare Ergebnisse gegeben:
- Reflektion und Kommunikation über Ziele und Aufgaben, über Belastungen und Entlastungen in einer finanziell schwierigen Zeit.
- Verbesserung von Kooperation, Zusammenarbeit und struktureller Konzentration auf den Ebenen der Kirchengemeinden und Kirchenkreise bzw. Gestaltungsräume.
- Entwicklung von Leitbildern und Profilen für die Arbeit.
- Verbesserung von Fortbildungsangeboten, Beratung für Mitarbeitende.
- Zahlreiche Gemeindekooperationen und -fusionen (»Nachbarschaften«) sowie Kirchenkreiskooperationen und -fusionen (»Gestaltungsräume«).
- Erfolgreiche »Leuchtturmprojekte«: Nacht der offenen Kirchen, zwei landeskirchliche Tage für Presbyterinnen und Presbyter, Preis für kreatives Ehrenamt usw.

III. Reformepisode

Was ist ein Gestaltungsraum?
Am Anfang stand die einfache Idee der Identität von lebensweltlicher und kirchlicher Raumordnung: Warum muss ein Kirchenkreis altpreußischen Landgliederungen folgen und sich damit der Wahrnehmung von öffentlichen Vertretern wie Landräten, Oberbürgermeistern oder Verbänden systematisch entziehen? Ist es sinnvoll, dass zu Gesprächen über Kindertageseinrichtungen, Arbeitslosenprojekte u.a. immer Vertreter mehrerer Kirchenkreise gleichzeitig auftreten – und das z.T. mit divergierenden Positionen?

Darüber hinaus ist angesichts demografischer Veränderungen und rückläufiger Kirchensteuermittel schon jetzt absehbar, dass die Kirchengemeinden und Kirchenkreise sich verändern müssen. Das derzeitige Niveau an Verwaltungsstellen und synodalen Diensten ist künftig nicht mehr aufrechtzuerhalten. Zukunftsfähige Einheiten müssen also »schrumpfungsfähig« sein, damit dort auch in 10-15 Jahren noch sinnvolle und umfassende Dienste angeboten werden können. Der dabei unterstellte Mitgliederrückgang beträgt in einigen Regionen mehr als 25% von 1998 bis 2015.

Diese Analyse führte im Rahmen des Konzeptes »Kirche mit Zukunft« zu der Idee der »Gestaltungsräume«: Hinreichend große Einheiten, die in Übereinstimmung mit kommunalen Grenzen auch künftig Ort von kirchlicher Verwaltung, gemeinsamen übergemeindlichen Diensten und diakonischen Angeboten sein können. Dazu wurden die vorhandenen 33 Kirchenkreise in elf Gestaltungsräume eingeteilt. Aus diesen Nachbarschaften mit zum damaligen Zeitpunkt jeweils ca. 200 000 bis 300 000 Mitgliedern sollten und sollen über Kooperationen und Fusionen zukunftsfähige Mittelebenen zur Unterstützung des kirchlichen Lebens in der Region werden.

Die Diskussion in der Landessynode hat dann gezeigt, dass die Idee der Nachbarschaft und der zukunftsfähigen Größen zwar einleuchtend, die Angleichung an kommunale Grenzen aber politisch völlig undurchsetzbar war – zu groß waren die vorhandenen Unterschiede und Interessen der einzelnen Gemeinden. In der EKvW hat jeder Kirchenkreis eine eigene Kreis- und Finanzsatzung. Dadurch werden Mitbestimmungsrechte und Finanzausstattung der Gemeinden im Verhältnis zum Kirchenkreis geregelt. Die Spanne reicht dabei von einem fast vollständig gemeinsamen Haushalt aller Gemeinden in einem Kirchenkreis bis hin zur völligen Autonomie der Gemeinden mit einem Rumpfbudget für kreiskirchliche Aufgaben. Der Wechsel aus einem Satzungskonstrukt in das des Nachbarkirchenkreises stellt in der Folge für die betroffenen Gemeinden ein nahezu unüberwindbares Hindernis dar, da über diese Instrumente Gremien, Ämter und Arbeitsfelder gesteuert werden.

Die Gestaltungsräume in ihrer beschlossenen Ausprägung sind also Nachbarschaften von zwei bis vier Kirchenkreisen, die über ihre Vertretungen in einem Kooperationsgremium Art und Umfang der Kooperation aushandeln und gestalten.

Wir haben schon vorher gestaltet!
Die Gestaltungsräume haben die Kooperation von Kirchenkreisen nicht neu erfunden, aber sie haben dieser einen neuen verbindlicheren Rahmen gegeben. In der Region Hagen / Ennepe-Ruhr sind drei Kirchenkreise miteinander im Gestaltungsraum verbunden. Während in diesem Gestaltungsraum

das Prinzip der kommunalen Deckungsgleichheit durch die vollständige Identität mit dem Ennepe-Ruhr-Kreis und die fast vollständige Identität mit der Stadt Hagen nahezu ideal umgesetzt ist, könnten die internen Ausgangsstrukturen der drei Kirchenkreise unterschiedlicher nicht sein:

Im Kirchenkreis Hagen gab es einen Gesamtverband, der das Gebiet des Kirchenkreises zu großen Teilen, aber nicht vollständig abdeckte. Dieser Gesamtverband übernahm mit seiner Verwaltung zugleich die Verwaltungsaufgaben des Kirchenkreises im Auftrag. Ihm waren auch zahlreiche übergemeindliche Aufgaben zugeordnet. Der Kirchenkreis verfügte neben der Superintendentur noch über ein Diakonisches Werk e.V. und über synodale Pfarrstellen.

Der Kirchenkreis Schwelm als kleinster der drei Kirchenkreise ist in Zeiten wachsender Gemeinden aus dem Kirchenkreis Hagen entstanden. Der Kirchenkreis wird gebildet aus zwei Großgemeinden mit je sechs Pfarrstellen und sechs kleineren Gemeinden, die z.T. ebenfalls eng miteinander kooperieren. In der Folge ist die synodale Ebene des Kirchenkreises sehr schwach ausgeprägt. Das geringe Finanzvolumen drängte darüber hinaus zu Synergieeffekten durch Fusionen und Kooperationen. Aus diesem Grund wurde das kleine diakonische Werk mit dem des Nachbarkirchenkreises Hagen fusioniert.

Der Kirchenkreis Hattingen-Witten gehört kommunal wie der Kirchenkreis Schwelm zum Ennepe-Ruhr-Kreis. Als zweitgrößter Kirchenkreis im Gestaltungsraum verfügt er über eine leistungsfähige Verwaltung, da darin auch das relativ große diakonische Werk unmittelbar integriert war. Darüber hinaus waren die Jugendarbeit in den Gemeinden und auch weitere Aufgaben beim Kirchenkreis finanziell verortet. Die Finanzverfassung sah für die Gemeinden vor allem die Organisation des Predigtdienstes und der Gruppen und Kreise vor.

Wo zwei oder drei?
In der Ausgestaltung der Arbeit im Kooperationsgremium des Gestaltungsraumes zeigten sich schnell die bereits skizzierten strukturellen Hemmnisse. Unterstützend waren dabei folgende Faktoren:

- Der KK Schwelm und der KK Hagen hatten in zuvor vollzogenen Leitbildprozessen intensiv an der eigenen Identitätsbildung gearbeitet. Dies erleichterte ihnen die Zusammenarbeit in bestimmten Arbeitsfeldern, wie Verwaltung oder Diakonie ohne Angst vor Identitätsverlust.
- Persönliche Netzwerke von Mitarbeitenden, Ehrenamtlichen und Verantwortlichen sind ausschlaggebend für eine positive Grundhaltung bei der Aufnahme von Kooperationsgesprächen (Vertrauensbasis schaffen).
- Finanzieller Handlungsdruck und anstehende personelle Wechsel in Leitungspositionen ermöglichen Veränderungen ohne Gesichtsverlust.

In der Folge wurden dann folgende Kooperationen realisiert:
- Zusammenführung der Diakonischen Werke im Gestaltungsraum in einer GmbH.
- Ausgliederung der Verwaltung aus dem Gesamtverband Hagen auf die Ebene des Kirchenkreises und Übernahme der Verwaltung für den Kirchenkreis Schwelm durch ein gemeinsames Kreiskirchenamt Hagen-Schwelm.
- Kooperation der synodalen Dienste durch gemeinsame Arbeitstreffen und Abstimmung von Standards und Programminhalten (z.B. in der Jugendarbeit, Kirchenmusik, Erwachsenenbildung, etc.) bei Wahrung der unterschiedlichen Strukturen und Finanzierungsmodelle.
- Schaffung einer gemeinsamen Stelle für Öffentlichkeitsarbeit für die Kirchenkreise Schwelm und Hattingen-Witten. Diese Kooperation wurde aufgrund sehr unterschiedlicher inhaltlicher Steuerung durch die beiden Kirchenkreise allerdings unterdessen wieder aufgegeben.

Damit sind nach Einschätzung der Superintendenten alle möglichen Kooperationsfelder nahezu ausgeschöpft. Lediglich die Zusammenführung der Verwaltungen für den gesamten Gestaltungsraum steht noch aus.

Gibt es einen idealen Weg?
Zusammenfassend lässt sich folgende Vorgehensweise erkennen: Über zunächst bilaterale Kooperationen erfolgt die langsame und systematische Angleichung von Satzungen, Standards und Gremien für zwei Kirchenkreise. Durch die klar definierten Gestaltungsraumgrenzen kann der dritte

Partner bei seinen Einspar- und Optimierungsbemühungen keine externen Kooperationen eingehen. Dadurch ist er faktisch gezwungen, in die bereits funktionierende bilaterale Kooperation einzusteigen.

Die Kooperation beginnt mit »Beteiligungsgesellschaften« wie dem Diakonischen Werk e.V., führt über die Verwaltung dann zu den synodalen Diensten. Letzter – sachlogischer – Schritt ist dann die vollständige Fusion der Kirchenkreise. Diese ist in der EKvW bislang zweimal realisiert worden. Hier stehen als wesentliche Hemmnisse Leitungsspannen der Superintendenten und Gremiengrößen entgegen.

Die Landessynode 2005 wird sich in ihren abschließenden Beratungen zum Reformprozess genau mit diesen Fragen beschäftigen. Dabei geht es um die Verkleinerung von Kreissynoden durch Reduzierung der Zahl der Gemeindevertreter und Berufenen, um die Delegation von Führungsaufgaben der Superintendenten auf ihre Vertretungen (z.B. regelmäßige Mitarbeitendengespräche) und um die intensivere Wahrnehmung von Visitation und Aufsicht in den Gestaltungsräumen, damit auch Gemeinden diesen sinnvollen Schritt zum gemeinsamen Handeln gehen können.

...

VI. Reformabschluss

Der landeskirchliche Reformprozess »Kirche mit Zukunft« schließt im November 2005 eine wichtige Phase ab, in der mit einer umfangreichen Prozessorganisation – nach einem intensiven Stellungnahmeverfahren der Gemeinden und Kirchenkreise – zahlreiche Detailaufträge der Landessynode 2001 geprüft und Ergebnisse erarbeitet wurden. Die Umsetzung bzw. Implementierung der Ergebnisse und die Aneignung und Vergewisserung auf allen Ebenen wird in den kommenden Jahren eine wichtige Aufgabe in den Gemeinden und Kirchenkreisen der EKvW sein.

a. Wer?

Die Landessynode 2005 wird die verbleibenden Projektergebnisse abschließend beraten und die erforderliche Umsetzung und Fortführung veranlassen. Gleichzeitig wird sie über die Weiterarbeit an den Themen des Reformprozesses »Kirche mit Zukunft« beraten und entscheiden. Diese Weiterarbeit wird jedoch innerhalb der Regelorganisation erfolgen, damit die zunächst nur exemplarisch entwickelten Vorschläge und Ergebnisse auch flächendeckend Anwendung finden können.

b. Wie?

Die Beschlussfassung der Landessynode 2005 beendet formal die Erarbeitungsphase. Die Projektstruktur (Projektgruppen und Prozesslenkungsausschuss, zusammen ca. 100 Personen) wird mit der Landessynode aufgelöst und die Arbeit mit einer Abschlussfeier aller Beteiligten durch den Präses beendet. Es ist wichtig, diesen Punkt des Übergangs gut zu gestalten und öffentlich sichtbar werden zu lassen. Die Botschaft lautet: Die Modelle und Grundanliegen sind beschlossen, jetzt beginnt die vertiefende Umsetzung auf allen Ebenen.

c. Mit wem?

Die Weiterarbeit muss operativ durch die dienstleistenden Organisationen der Landeskirche und der Kirchenkreise erfolgen. Verantwortlich dafür sind die kirchenleitenden Gremien und Personen. Es geht nicht nur um einen kognitiven Vorgang, sondern um Veränderung von Haltungen und um Verbindlichkeit: Gremien beschließen Richtlinien, Leitlinien, Kirchenbilder, aber einzelne Personen stehen dafür positiv und verbindlich ein!

d. Was?

Neben der Beschlussfassung der Ergebnisse wird es auch eine Beschlussfassung zur Unterstützung der Fortführung geben. Elemente zur Gestaltung dieser weiteren Phase sind eine Kampagne mit Informations- und Unterstützungsangeboten für Gemeinden und Kirchenkreise, ein geeignetes Berichts- und Informationswesen sowie eine Kommunikationsstruktur, die die Verbindlichkeit der weiteren Reformbewegung sicherstellt.

e. Warum?

Die erzielten Ergebnisse dürfen nicht in der Unverbindlichkeit kirchlicher Ebenen verloren gehen. Insbesondere die Kirchengemeinden warten auf die Beratung und Unterstützung in der Bewältigung finanzieller, demografischer und inhaltlicher Krisen.

f. Für wen?

Die bisherigen Projektbeteiligten brauchen die Sicherheit, dass ihre Arbeit abgeschlossen ist und weiterverfolgt wird. Die verantwortlichen ehren- und hauptamtlich Mitarbeitenden in den Kirchengemeinden und -kreisen benötigen die klare Zuordnung von weiterführenden Aufgaben und Verantwortungen im Rahmen der Fortführung des Reformprozesses.

Die landeskirchlichen Institutionen und das Landeskirchenamt benötigen ein klares Signal (Auftrag) zur Umsetzung der erarbeiteten Ergebnisse und zur Entwicklung von geeigneten Schulungs- und Beratungsangeboten.

Weitere Informationsmöglichkeiten:

www.reformprozess.de   /   www.ekvw.de   /   www.lischke.com

Axel Noack

Mitten im Aufbruch

Das Projekt einer Föderation
evangelischer Kirchen in Mitteldeutschland

Im Folgenden berichte ich – entlang der vorgegebenen Gliederungspunkte – über das sehr große, aber noch unfertige Reformprojekt der verbindlich strukturierten Zusammenarbeit zwischen zwei benachbarten evangelischen Landeskirchen in Deutschland. Der Bericht ist ein persönlicher und beruht also auf ganz subjektiven Einschätzungen. Die bisherigen Synodenbeschlüsse und die vorgenommene neue Rechtssetzung zum Thema sind auf einer speziellen Homepage zu finden: www.kircheinmitteldeutschland.de

1. Beschreibung der Ausgangssituation, die zum Reformanlass wurde

Mitte der 90er Jahre, als sich abzuzeichnen begann, dass die Veränderungen der Steuergesetzgebung auch heftige Auswirkungen auf die Kirchensteuer haben würden, musste auch die Kirchenleitung der Kirchenprovinz Sachsen zu einschneidenden Stellenkürzungen und Einsparmaßnahmen greifen. In unserem sogenannten »Haushalt 2000«, den wir im Jahr 1997 bearbeitet haben, war das alles geplant und vorgesehen worden.

Im Zusammenhang dieser Überlegungen wurde uns allen deutlich, dass wir vor einer entscheidenden Frage stehen – nämlich der Frage, ob es uns gelingen würde, die »Qualität« einer Landeskirche weiterhin zu bewahren und zur Darstellung zu bringen. Um die ganze Härte der vor uns liegenden Frage zu verstehen, muss man einiges über unsere Landeskirche wissen:

Wir sind von der Fläche her gesehen eine große und von der Mitgliederzahl eine nur mittelgroße Landeskirche. Wir sind reicher als alle anderen Landeskirchen in Deutschland an Gebäuden und vor allen Dingen an historisch wertvollen Gebäuden. Die Vielzahl unserer Kirchen hat es schon immer mit sich gebracht, dass wir auch eine Vielzahl von kleinen und kleinsten Kirchgemeinden haben. Schon seit über 100 Jahren war in Deutschland bekannt, dass die Kirchenprovinz Sachsen zu den kleinteiligsten Kirchen in Deutschland gehören würde.

Neben uns gibt es in Deutschland sehr große Landeskirchen und natürlich auch noch andere wesentlich kleinere. Wir als eine der mittelgroßen Landeskirchen sahen uns vor die Frage gestellt, ob wir in der Perspektive eigentlich den Status einer der kleinen Landeskirchen würden erreichen müssen. Der Qualitätsunterschied liegt dabei nicht nur in der Frage der Zahl der Kirchenmitglieder, sondern vor allen Dingen auch darin, ob eine Kirche über die eigentliche Gemeindearbeit hinaus denken und übergemeindliche Arbeit leisten kann. Ja, ob sie selber in der Lage ist, Ausbildungsstätten zu unterhalten und in den gesellschaftlichen Bereich hineinzuwirken, indem sie Evangelische Akademien und Umwelt- und Friedensarbeit unterhält und nicht zuletzt in der Frage, wie sie sich im Blick auf die Verantwortung gegenüber der Welt und der Entwicklungshilfe verhalten soll. Die großen Landeskirchen in Deutschland sahen sich, jedenfalls zu diesem Zeitpunkt, noch nicht vor solche Fragen gestellt. Und die ganz kleinen Landeskirchen hatten mit dieser Frage auch wenig zu tun, da sie ja ohnehin kaum übergemeindliche Arbeit leisten, ihre Mitarbeiterinnen und Mitarbeiter in andere Landeskirchen zur Ausbildung schicken und im Grunde davon leben, dass die großen Landeskirchen neben ihnen existieren.

Aber wir als eine der mittelgroßen Landeskirchen standen also gewissermaßen »auf der Kippe« und damit eben vor einer entscheidenden Frage. Schnell reifte in uns die Überzeugung, dass es das Beste wäre, wenn wir uns nach einem Partner oder einer Partnerin umsehen würden, mit der wir zusammen die Qualität einer Landeskirche weiterhin sichern könnten. Unsere Kirchenleitung beauftragte damals eine kleine Gruppe mit Sondierungsgesprächen mit den verschiedensten Landeskirchen im Umfeld. Ohne das hier im Einzelnen nachzeichnen zu wollen, war das ein ziemlich mühseliger Prozess.

Schließlich sind wir bei unseren Sondierungen am ehesten mit der Evangelisch-Lutherischen Landeskirche in Thüringen übereingekommen. Positiv war, und das hat sich bis zum heutigen Tag auch so positiv ausgewirkt, dass die Thüringer Landeskirche von ähnlicher Größe wie unsere eigene Landeskirche ist und also vor ganz ähnlichen Fragen stand wie wir selbst. Das hat alle Verhandlungen wesentlich entspannt. Hier haben nicht eine große und eine kleine Landeskirche miteinander verhandelt und verschiedene Ängste ausgelöst, wir konnten immer – und können es bis heute – in Augenhöhe miteinander sprechen. Auch die Thüringer Landeskirche hatte durch verschiedene Kürzungsmaßnahmen, besonders im übergemeindlichen Bereich, schon weitgehende Einschnitte vornehmen müssen. Hinzu kam und kommt, dass es nicht nur aus diesen mehr wirtschaftlichen Gründen nötig ist, aufeinander zuzugehen, sondern durch die eigenartige Gestaltung der Kirchengrenzen verzahnen sich unsere Kirchengebiete in besonderer Weise und ergeben ein völlig unübersichtliches Bild auf der Landkarte. Einen besonderen Schwerpunkt bildet dabei das schöne Thema »Erfurt«. Die Landeshauptstadt Thüringens gehört zur Kirchenprovinz Sachsen und nicht in die Thüringische Landeskirche. Das alles bringt für die Menschen heutzutage mehr Verwirrung als dass es ihnen hilft, sich mit ihrer Kirche zu identifizieren. Wenn wir die Menschen um uns her erreichen wollen, müssen wir uns auch bemühen, das in verständlichen und einleuchtenden Strukturen und Gliederungen zum Ausdruck zu bringen. Deshalb war es besonders günstig, sich mit der Thüringer Kirche auf ein weiteres gemeinsames Vorgehen einzulassen.

2. Beschreibung der Kernziele

Aus dem bisher Gesagten ergeben sich zwei wesentliche Ziele:
1. der Versuch, die Qualität einer Landeskirche in der beschriebenen Weise zu erhalten, d. h. für uns auch, zur Darstellung zu bringen, dass kirchliche Arbeit und die Verkündigung des Evangeliums sich nicht auf die Arbeit der Ortsgemeinde beschränken lässt und
2. für die Menschen im Lande mit unserer räumlichen Gliederung klarer erkennbar zu sein.

Beide Ziele waren nicht sofort zu erreichen und sind auch noch nicht endgültig erreicht worden. Wir haben uns in einem langen Konsultationsprozess zunächst auf eine Kooperation und schließlich auf eine Föderation festgelegt, die nun schon an Leben gewonnen hat und – nachdem schließlich ein »Zweiphasenmodell« entwickelt wurde – zur Zeit in ihrer ersten Phase ausgeführt wird. Allerdings wollten wir auch schon vorangehend die Kooperation als »verbindlich« und »mit dem Ziel der Föderation« gestalten. Das Eingehen einer solchen näheren Verbindung ergab, dass wir uns in vielen einzelnen Fragen, z. B. der Angleichung der rechtlichen Bestimmungen, der Beschreibung einzelner Ämter und Funktionen, der Beteiligung synodaler Gremien, der Gliederung unserer Kirche (mehr zentralistisch bzw. mehr dezentralistisch), nur mühsam aufeinander zu bewegt haben und weiter bewegen werden. Beiden Kirchen war klar, dass die Ev.-Luth. Kirche in Thüringen in dieser Hinsicht aus einer anderen Tradition kommt als die unierte Kirchenprovinz Sachsen. Hätten wir allein diese Kriterien zum Maßstab genommen, wäre es für uns natürlich viel einfacher gewesen, uns mit der Berlin-Brandenburgischen Kirche, die aus der gleichen Tradition wie wir selbst kommen, zu verbinden.

Ein Prüfkriterium war natürlich auch die Frage nach dem Bekenntnis. Viele meinten, das würde doch gar nicht gehen, dass eine unierte Kirche sich mit einer lutherischen in Verbindung bringen ließe. Ganz ernst wollten wir auf diejenigen hören, die Bedenken haben und befürchten, dass unsere Kirchen unter dem Zwang der Finanzen und kleiner werdenden Gemeinden allzu schnell bereit sind, theologische Prägung und Bekenntnisbindung über Bord zu werfen, dass also die ganze Föderation nur den aktuellen Zwängen geschuldet sei. In Zeiten äußerer Not sei man eben schnell bereit, alte Grundsätze und also auch die Bekenntnisse zu vergessen. Ich hoffe, es ist gelungen, solche Bedenken auszuräumen oder doch wenigstens auf eine sachliche Ebene zurückzuführen. Die Fragen des Bekenntnisstandes sind noch nicht vollkommen abgeschlossen. Sie werden ihren eigentlichen Abschluss in der Formulierung des Bekenntnisvorspruches einer in Aussicht stehenden gemeinsamen Verfassung finden. Dennoch liegt ein ausführliches, von beiden Synoden beschlossenes Papier zum Thema »Identität und Identitäten« vor.

Ursprünglich handelte es sich dabei um die »Erklärung des Kooperationsrates zu den Grundlagen einer Föderation aus Evangelischer Kirche der Kirchenprovinz Sachsen und Evangelisch-lutherischer Kirche in Thüringen«. Wichtig dabei war, dass unser Reformvorhaben an ein »uraltes« anderes Projekt anknüpfen konnte. Schon in der DDR war ja eine »Gemeinsame Erklärung zu den theologischen Grundlagen der Kirche und ihrem Auftrag in Zeugnis und Dienst (1985) entstanden und es gab sogar eine »Gemeinsame Entschließung zur schrittweisen Verwirklichung einer verbindlichen föderativen Gemeinschaft« aus dem Jahre 1983, der die KPS und Thüringen mit der notwendigen Mehrheit zugestimmt haben, obwohl die Sache damals an anderen Landeskirchen im Osten gescheitert ist. Jedenfalls bewegten wir uns nicht auf völligem Neuland.

Im praktischen Alltag komplizierter gestaltete sich das nötige Miteinander der verschiedenen Einrichtungen und Werke unserer Landeskirchen. Wir hatten schon ziemlich früh verabredet, dass diese Werke aufeinander zugehen sollten, möglichst miteinander Verbindung aufnehmen, in eine Kooperation treten oder zur Fusion gelangen sollten. Damit sollten Synergieeffekte und natürlich auch innere Stabilität erreicht werden.

In vorangegangenen Einsparrunden hatten wir unsere übergemeindliche Arbeit, und das betrifft dann auch die Einrichtungen und Werke, wie Pastoralkolleg, Frauenarbeit, Männerarbeit, Jugendarbeit, Evangelische Akademie usw., schon so stark in ihren Mitteln und Möglichkeiten beschnitten, dass eine weitere Kürzung vermutlich kaum noch zu verantworten gewesen wäre. Wir hätten dann entscheiden müssen, bestimmte Arbeitszweige ganz aufzugeben. Die Hoffnung bestand, dass im Zusammenführen dieser Arbeitsbereiche aus zwei Landeskirchen in jedem einzelnen Arbeitsbereich wiederum eine Stabilität erreicht werden könne, die für einen längeren Zeitraum dann auch eine qualitätsvolle Arbeit ermöglichen würde. Freilich sind wir in dieser ersten Phase der Kooperation schon auch an Grenzen gestoßen. Die mehr oder weniger nachdrückliche Nötigung für unsere Werke und Einrichtungen, nun mit der Partnereinrichtung in näheren Kontakt zu treten, waren durchaus von Zählebigkeit und Schwierigkeiten gekennzeichnet. Schnell stellte sich heraus, wenn es wirklich gelingen soll, dass diese Einrichtungen und Werke zusammenkommen, bedarf es auch einer gemeinsamen verantwortlichen Leitung, die Entscheidungen treffen und über »Klemmstellen« hinweg helfen kann. Nur auf den Kooperationswillen der einzelnen Werke und Einrichtungen zu setzen, war zu kurz angesetzt. Nicht zuletzt hat uns diese Erfahrung dazu geführt, von der Kooperation den Schritt zur verbindlichen Föderation zu gehen, d. h. die Bildung gemeinsamer Leitungsorgane.

Durch die Erarbeitung eines Föderationsvertrages erhielt das ganze Projekt neuen Schwung. Damals wurde noch gehofft, dass auch die Anhaltische Kirche sich beteiligen würde. Das hat sich nicht bewahrheitet. Vermutlich waren die Größenunterschiede zu gravierend und die Ängste in Anhalt zu groß, so dass wir jetzt ganz gelassen abwarten müssen, was die nächste Zeit bringt. Wir werden jedenfalls niemanden in unserer Nachbarschaft bedrängen, obwohl wir in unserem Föderationsvertrag festgehalten haben, dass die Föderation grundsätzlich für den Beitritt Anderer offen sein soll.

3. Erzählung von Reformepisoden

Der Prozess, der ohnehin nur schwer den Gemeinden, unseren Mitarbeiterinnen und Mitarbeitern in den Kirchenkreisen zu vermitteln war, ist nicht reich an Episoden. Gerade in der Phase des nur zögerlichen und nur sehr schwerfälligen Aufeinanderzugehens unserer einzelnen Einrichtungen und Werke kam unter uns immer wieder einmal der Satz auf, dass es nicht angehe, die Frösche zu befragen, wenn man den Teich trocken legen will. Die »Frösche« hätten solchem Vorhaben ja niemals zustimmen können. Unter uns war aber dann auch doch schnell deutlich, dass wir in diesem Falle auch nicht die »Störche« befragen dürften, sondern wir haben uns darauf eingelassen, den mühseligen Weg von vielen kleinen und kleinsten Verhandlungsrunden zu gehen und das hat manche unserer Mitarbeiterinnen und Mitarbeiter auch an die Grenzen ihrer Leistungsfähigkeit geführt.

Eine Episode sei dennoch erzählt: Unsere Verhandlungen haben wir oft in Erfurt in der Bibliothek des berühmten Augustinerklosters gehalten. Manchmal waren auch Fotografen dabei und haben uns dabei abgelichtet. Eines der Fotos tauchte später in einem Erfurter städtischen Jahresprogramm auf und wurde mit der Unterschrift versehen: »Religionen miteinander im Gespräch«. So heftig hatten wir unser Aufeinanderzugehen gar nicht gemeint, denn uns war natürlich schon klar, dass wir beide, wenn auch unterschiedlicher Prägung, doch Christen sind und nur äußere Dinge unseres kirchlichen Lebens würden miteinander zu bereden haben.

4. Beschreibung der erreichten Veränderung

Wir sind noch mitten im Aufbruch, das ist uns allen deutlich, aber wir sind auch ein gutes Stück Weges vorangekommen. Aus meiner Sicht bestand der wohl entscheidendste Schritt im Vorankommen darin, dass es uns gelungen ist, in einer mutigen Entscheidung den Entschluss zu fassen, die beiden größten Einrichtungen unserer Landeskirchen sofort miteinander zu fusionieren – nämlich die beiden Kirchenverwaltungen, das Evangelische Konsistorium in Magdeburg und das Lutherische Landeskirchenamt in Eisenach. Der Entschluss zu dieser Entscheidung wurde zu einem Zeitpunkt gefasst, als man nur erahnen konnte, welche Schwierigkeiten im Detail damit verbunden sein würden. Seit dem 01. Oktober 2004 gibt es nur noch ein Kirchenamt, das sich zwar noch an zwei Standorten befindet, aber die Dezernentenstruktur ist eindeutig. Wir haben nur noch sechs Fachdezernenten, die jeweils für das ganze Kirchengebiet von Thüringen und Kirchenprovinz zuständig sind. Alle Untergliederungen sind nach dem gleichen Prinzip durchgehalten. Auch wenn wir noch nicht in allen Themengebieten kirchlicher Arbeit völlig zusammenarbeiten, – so sind z. B. die Personal- und Finanzverwaltung bisher noch getrennt –, gibt es nur noch eine Amtsstelle, die sozusagen für drei »Dienstherren« tätig sein muss. Das neue gemeinsame Kirchenamt arbeitet für die Kirchenleitung der Teilkirche Kirchenprovinz Sachsen genauso wie für die Teilkirchenleitung der Thüringischen Kirche und als dritten Arbeitgeber hat dieses Kirchenamt die Kirchenleitung unserer Föderation. Entsprechend wurden auch Synoden gebildet, wobei natürlich auf Personalunionen geachtet worden ist. Wir konnten manche Organe verkleinern und auch in ersten Schritten die herkömmlichen Strukturen aneinander angleichen. Das führte dann zu einem so genannten Mittelweg, indem das Mitspracherecht der kirchlichen Verwaltung in der Kirchenprovinz Sachsen wesentlich gestärkt worden ist, während in der Thüringischen Landeskirche das Mitwirken von Synodalen in kirchenleitenden Entscheidungen eine kräftige Stärkung erfahren hat.

Dieser ganze Prozess ist noch lange nicht abgeschlossen. Seit einem halben Jahr wächst das Kollegium des Kirchenamtes zusammen und alle spüren, dass es eine wesentliche Umstellung ist, nun für ein wesentlich größeres Territorium zu denken und zu entscheiden. Aber es zeichnet sich schon jetzt ab, dass dieses gemeinsame Kirchenamt zum Motor für alle anderen Werke und Einrichtungen werden wird und geworden ist. Das Diakonische Werk ist schon fusioniert (in diesem Falle sogar unter der Beteiligung der Anhaltischen Landeskirche), andere Einrichtungen und Werke sind dem Schritt gefolgt oder werden ihm folgen. Schon jetzt ist zu spüren, dass der Föderationssynode und der Föderationskirchenleitung immer größere Bedeutung zuwachsen wird, wohingegen die Teilkirchenleitungen und Teilsynoden an Einfluss und Bedeutung verlieren dürften. Wir haben uns einen langen Zeitraum für das Zusammenwachsen gegönnt und wir befinden uns in der 1. Phase, die bis 31.12.2008 währen soll. Innerhalb dieser Phase soll dann auch die neue Verfassung für die Föderation erarbeitet werden. Allen ist deutlich, dass bei der Ausformulierung der Verfassung die entscheidenden Weichen gestellt werden. Wir wollen das gründlich und möglichst ohne Zeitdruck tun. Die Verfassung soll möglichst am 01. Januar 2009 in Kraft sein. Damit beginnt dann die zweite Phase der Föderation.

Unsere Juristen haben ein Zauberwort erfunden, das heißt »Kompetenzvermutung«. Die Kompetenz sollen wir während der 1. Phase der Föderation noch bei den Teilkirchen vermuten, wenn etwaige Fragen auftreten. Ab dem 01. Januar 2009 soll sich das Ganze umkehren und alle Kompetenz soll bei der Föderation und ihren Organen vermutet werden. Ob dann, wenn schließlich alle wichtigen Kompetenzen bei der Föderation liegen werden, diese selbst nicht doch schon in eine »Fusion« überzugehen beginnt, lassen wir bewusst offen.

Rückblickend können wir feststellen, dass wir natürlich auch mit unseren Prognosen von Mitte der 90er Jahre nicht vollkommen richtig gelegen haben. Die finanziellen Prognosen haben sich – Gott sei Dank – nicht bewahrheitet und die Verringerung der finanziellen Mittel ist nicht in solcher Härte eingetreten wie damals vermutet worden ist. Das ist erfreulich! Andererseits haben wir Mitte der 90er Jahre erst angefangen zu ahnen, welche harten Auswirkungen es für Kirche und ihre Gemeinden haben wird, wenn die demographische Entwicklung unseres Landes so weiter geht, wie sie seit der Wende sich abzeichnet. Besonders das Fehlen von Kindern macht uns schwer zu schaffen. Allerdings – und das kann dann leicht zu Täuschungen führen – wenn keine Kinder geboren werden, merkt es die Kirche finanziell erst nach 18 Jahren. Dieser Zeitpunkt ist nahezu erreicht. Dass die Geburten sich im Osten Deutschlands seit der Wende halbiert haben und dass eine Besserung nicht abzusehen ist, ist uns allen deutlich. Über die Hälfte der Schulen in unseren Bundesländern sind mittlerweile geschlossen, denn dort ist der Kindermangel längst angekommen. In der Kinderarbeit unserer Kirche, in Kindergruppen und Kinderchören ist diese harte Auswirkung so noch nicht zu spüren, wenngleich genaues Hinsehen auch da Vieles erkennen lässt. Aber wir haben in unseren Kindergruppen doch auch viele ungetauften Kinder und solche, die nicht zur Kirche gehören. Die finanziellen Auswirkungen dieser Entwicklung werden wir erst merken, wenn die Kinder alle erwachsen sind und zu den Lasten der Kirche beitragen sollen.

Das heißt, es ist vernünftig gewesen, unsere Föderation einzugehen. Manche Herausforderungen und auch sicherlich manche Sparrunden werden uns noch bevorstehen. Wir hoffen, dass wir dafür jetzt besser gerüstet sind und wir sind uns sicher, dass wir aus dem großen, nun gemeinsamen Pool der Mitarbeiterinnen oder Mitarbeiter Einsparungen sozialverträglicher durchführen können, als wir es je für uns alleine gekonnt hätten. Wir sind Gott dankbar, dass es uns geschenkt worden ist, dass wir als Kirche vermutlich der einzige große Arbeitgeber im Osten Deutschlands sind, der betriebsbedingte Kündigungen eigentlich nicht hat vornehmen müssen und der seinen Mitarbeiterinnen und Mitarbeitern immer noch pünktlich und tarifmäßig geordnet Gehälter bezahlen kann und konnte.

Schließlich und endlich ist auch darauf zu verweisen, dass wir mit unseren Föderationsbemühungen in Deutschland nicht allein sind. Unsere Bemühungen geschehen nicht im luftleeren Raum. Vieles ist in Bewegung geraten, was vor wenigen Jahren nicht denkbar schien. Freilich gibt es auch Rückschläge und dass die Kirche von Anhalt so beschlossen hat, wie sie beschlossen hat, ist immer noch zu bedauern. Gespannt blicken wir auf die möglichen Veränderungen in Mecklenburg-Vorpommern und wünschen den Geschwistern dort gutes Geleit für ihre Pläne. Mit genauso großem Interesse verfolgen wir das, was sich auf der gesamtdeutschen Ebene mit den »zwischenkirchlichen Zusammenschlüssen« ereignet. Als Gliedkirche der EKU sind wir ja auch davon direkt betroffen, wie die Thüringer betroffen sind, wenn die VELKD sich verändert. Vermutlich ist jetzt eine der seltenen günstigen Stunden, wo Veränderungen an der Kirchenlandschaft möglich sind und eine Chance haben. Wir sollten sie nutzen. Landeskirchlichen Strukturen wird ja erhebliches Beharrungsvermögen nachgesagt, nicht zu Unrecht, wie wir wissen. Hier geht alles sehr langsam, und es ist nötig, in größeren Zeiträumen zu denken. Dennoch soll niemand sagen, dass sich hier gar nichts bewege. Allerdings – und das werden wir auch für die Föderation Evangelischer Kirchen in Mitteldeutschland einräumen müssen – gehört meist eine gehörige Portion äußerer Zwang und Nötigung dazu, bis etwas in Bewegung gerät. Das zeigt uns unsere Geschichte mehr als deutlich.

Noch sind wir nicht am Ende und schon zeichnen sich die nächsten Projekte der Reform deutlich ab. Uns ist deutlich geworden, dass wir vor allen Dingen ein Eintrittsproblem haben und wir müssen uns dieser Frage in aller Dringlichkeit stellen. Unser nächstes Projekt wird sich daher vor allen Dingen mit dem Thema Taufe zu beschäftigen haben und wir sind gespannt, was Gott mit uns in den nächsten Jahren noch vorhat.

Karl Heinrich Schäfer

Ehrenamtsgesetz und Ehrenamtsakademie

Neue Wege des Ehrenamts in der Evangelischen Kirche in Hessen und Nassau

1. Ausgangslage

Am 17. April 2004 wurde die Ehrenamtsakademie der Evangelischen Kirche in Hessen und Nassau (EKHN) als erste ihrer Art in Deutschland in einer Auftaktveranstaltung in Frankfurt am Main durch Kirchenpräsident und Präses eröffnet.[1] Damit ist die EKHN am Ziel einer ersten wichtigen Wegstrecke angelangt. Auf der Grundlage einer gesetzlichen Regelung ist die hauptamtliche Unterstützung ehrenamtlicher Arbeit festgeschrieben und garantiert, die unterschiedlichen und uneinheitlichen Regelungen zur Entschädigung hauptamtlicher Mandats- und Funktionsträgerinnen und -träger wurden bereinigt und zusammengefasst und die Basis für eine professionelle und verbindliche Qualifizierung für Ehrenamtliche in Entscheidungsverantwortung wurde geschaffen.

Konkret: Die Kirchensynode der Evangelischen Kirche in Hessen und Nassau (EKHN) hat am 26. November 2003 das »Kirchengesetz über die ehrenamtliche Arbeit in der Evangelischen Kirche in Hessen und Nassau (Ehrenamtsgesetz – EAG)« verabschiedet.[2] Ziel dieses Kirchengesetzes ist es, ehrenamtliche Arbeit in der Evangelischen Kirche in Hessen und Nassau und die Zusammenarbeit von ehren-, haupt- und nebenamtlichen kirchlichen Mitarbeiterinnen und Mitarbeitern zu regeln. Auf der Grundlage dieses Gesetzes wurden mit Zustimmung des Kirchensynodalvorstands von der Kirchenleitung zwei Rechtsverordnungen erlassen. In Ausführung von § 10 Abs. 5 EAG wurde am 14. Oktober 2004 die »Rechtsverordnung über die Entschädigung von ehrenamtlich Tätigen in der Evangelischen Kirche in Hessen und Nassau (EAVO)« beschlossen.[3]

---

[1] Vgl. Pressemitteilung der EKHN Nr. 20/2004.
[2] Amtsblatt der Evangelischen Kirche in Hessen und Nassau (ABl.) 2004, S. 94.
[3] Vgl. ABl. 2004, S. 402.

Nach § 9 Abs. 1 EAG richtet die Gesamtkirche eine »Ehrenamtsakademie« zur Förderung von Ehrenamtlichen in institutionellen Leitungsämtern ein. Näheres über die Zusammensetzung eines Kuratoriums, die Arbeit der Ehrenamtsakademie, die Tätigkeit einer Geschäftsstelle und die Mittelvergabe wird in einer »Rechtsverordnung über die Errichtung einer Ehrenamtsakademie (EAAkadVO)« vom 1. April 2004 festgelegt.[4]

2. Ehrenamt in der EKHN[5]

Die EKHN mit ihren rund 1,8 Millionen Mitgliedern (in 1 170 Gemeinden, 50 Dekanaten und 6 Propsteibereichen) hat rund 11 000 hauptamtliche Mitarbeiterinnen und Mitarbeiter (die rund 12 500 Mitarbeiterinnen und Mitarbeiter in den diakonischen Einrichtungen sind hierbei nicht berücksichtigt). Mehr als 55 000 Menschen arbeiten jedoch ehrenamtlich für ihre Kirche. Hinzu kommen rund 12 000 Kirchenvorsteherinnen und Kirchenvorsteher, die Mitglieder der Dekanatssynoden und die 161 Mitglieder der Kirchensynode.[6] Wenn wir uns mit dem Ehrenamt in der Kirche befassen, sprechen wir also über einen Bereich, der nicht nur inhaltlich oder strukturell, sondern bereits von der zahlenmäßigen Dimension her eine bedeutende Rolle spielt.

Ehrenamtliches Engagement ist nicht nur im kirchlichen Bereich ein immer wieder aktuelles Thema. Auf allen nationalen und vielen internationalen politischen und gesellschaftlichen Ebenen wird die Bedeutung des freiwilligen Engagements neu entdeckt und wahrgenommen. Die Evangelische Kirche in Hessen und Nassau verleiht seit einiger Zeit die Martin Niemöller-Medaille als Auszeichnung an Personen, die sich ehrenamtlich in besonderer Weise um die Erfüllung des kirchlichen Auftrags verdient gemacht haben. Ehrenamtliche Mitarbeit wird außerdem offiziell gewürdigt durch die Verleihung einer Ehrenurkunde für langjährige Tätigkeiten im Wesentli-

---

[4] Vgl. ABl. 2004, S. 198.
[5] Vgl. hierzu ausführlich Schäfer, Karl Heinrich, Anerkennung und Verantwortung, in: Hessisches Pfarrblatt 2001, S. 78-80.
[6] Der 10. Kirchensynode, die sich am 6. Mai 2004 konstituiert hat, gehören jetzt 161 Mitglieder an, davon 145 von den Dekanatssynoden gewählte und 14 von der Kirchenleitung im Einvernehmen mit dem Kirchensynodalvorstand berufene. Ein Drittel der Synodalen sind Pfarrerinnen und Pfarrer. Zwei Vertreter der Reformierten Stadtsynode Frankfurt am Main gehören der Synode auf der Grundlage eines Vergleichs vor dem Kirchlichen Verfassungs- und Verwaltungsgericht an.

chen im gemeindlichen Bereich und durch die Verleihung einer Ehrennadel für langjährige Aktivität auf Dekanatsebene oder in anderen Arbeitsfeldern. Die Präambel der EKHN- »Richtlinien für die Anerkennung ehrenamtlicher Tätigkeit in der Kirche« vom 29. September 1998 definiert ehrenamtliche Arbeit in der Kirche zutreffend und ermutigend wie folgt:

»In der Evangelischen Kirche ist ehrenamtliche Arbeit in dem Auftrag an alle Getauften begründet, als mündige Christinnen und Christen am Bau des Reiches Gottes verantwortlich mitzuwirken. Dabei sind alle Gemeindeglieder gleichwertig. In vielfältiger Weise haben Ehrenamtliche Anteil an der Verkündigung, der Seelsorge, der Diakonie und der Gemeindeleitung. In ehrenamtlicher Tätigkeit stellen Menschen ihre freie Zeit, ihre Kraft und ihre Fähigkeit für kirchliche Aufgaben zur Verfügung.«[7]

In den Empfehlungen der EKHN- Perspektivkommission zur Zukunft der Volkskirche[8] ist u.a. zutreffend ausgeführt, dass die Bereitschaft zu einer ehrenamtlichen, aber oft zeitlich stark beanspruchenden Mitarbeit in der Kirche nicht nur eine größere Anerkennung verdiene, als dies bisher geschehe. Es seien vor allem die immer deutlicher werdenden Klagen über die mit solchen Ämtern verbundene wachsende bürokratische Belastung ernst zu nehmen. Die Mitarbeit von Laien im Ehrenamt setze in Zukunft eine größere Flexibilität des kirchlichen Apparates voraus. Hier ist die Amtskirche in der Tat gefordert. Die Fülle der Unterlagen und Materialien zur Vorbereitung von Synodaltagungen sind – zumindest für in Verwaltungsdingen Ungeübte – eher geeignet, Ehrenamtliche zuzuschütten als angemessen vorzubereiten. In den Dekanatssynoden und Kirchenvorständen dürften vergleichbare Abläufe zu verzeichnen sein. Es ist daher nur konsequent, wenn z.B. das am 1. April 2001 in Kraft getretene Dekanatsstrukturgesetz in § 27 a Dekanatssynodalordnung die hauptamtliche Unterstützung des ehrenamtlich tätigen Dekanatssynodalvorstands festschreibt.[9]

---

[7] Vgl. Richtlinien für die Verleihung der Martin Niemöller- Medaille, in: Amtsblatt der Evangelischen Kirche in Hessen und Nassau (ABl.) 1999, S. 64, 65.
[8] Evangelische Kirche in Hessen und Nassau (Hrsg.), Person und Institution – Volkskirche auf dem Weg in die Zukunft –, 2. Auflage, Frankfurt 1992, S. 172.
[9] ABl. 2001, S. 128.

Die (ehrenamtliche) kirchensynodale Arbeit für 161 (bis vor kurzem noch: 195) Synodale mit jährlich bis zu neun offiziellen Plenumstagen, mit zusätzlichen »synodalen Studientagen«, mit 11 (bis vor kurzem: 17) ständig tagenden Ausschüssen, mit jährlich drei Sitzungen des Ältestenrats und 12 bis 15 Sitzungen des Kirchensynodalvorstands wird bereits seit Jahren von einem hauptamtlich besetzten Synodalbüro mit einem Leiter des höheren Verwaltungsdienstes, einer Verwaltungsfachkraft und zwei (Halbtags-) Sekretärinnen organisiert. Zur Unterstützung des Kirchensynodalvorstands und zur Koordination der inhaltlichen Arbeit der Kirchensynode mit ihren einzelnen Gremien und im Zusammenspiel »auf Arbeitsebene« mit den hauptamtlichen kirchlichen Gremien und Stellen ist – nach zunächst heftigen Widerständen und Bedenken der Kirchenleitung – seit 1999 eine Pfarrerin als »Theologische Referentin der Synode« tätig.

3. Ehrenamtliche in Leitungsfunktionen

Ehrenamtliche Arbeit ist bis in die höchsten Leitungsorgane ein konstitutives Merkmal insbesondere der Evangelischen Kirche. Die Kirchenordnung der EKHN geht von der ehrenamtlich zu übernehmenden Verantwortung aus. Nach Art. 33 Abs. 1 KO ist die Kirchensynode das maßgebende Organ der geistlichen Leitung und der kirchlichen Ordnung der Gesamtkirche und vertritt grundsätzlich auch die Kirche nach außen. Sie setzt sich aus ehrenamtlich Tätigen zusammen. Dies gilt auch für die rund 1/3 ordinierten Mitglieder, die von den Dekanatssynoden gewählt werden. Der Präses ist nicht bei einer kirchlichen Einrichtung tätig und kein Theologe.[10] Selbst in der vor einigen Jahren verkleinerten und jetzt aus acht Personen zusammengesetzten Kirchenleitung ist die Hälfte nicht hauptamtlich bei der Kirche beschäftigt und von ihr besoldet. Die Dekanatssynode als »regionales Kirchenparlament«[11] ist im Rahmen der gesamtkirchlichen Ordnung für die Ausrichtung des kirch-

---

[10] Zu Struktur und Zusammensetzung der Kirchensynode vgl. Schäfer, Karl Heinrich, Kirchliche Lobbyisten? Zur Frage der Mitgliedschaft von hauptberuflich bei der Kirche oder kirchlichen Einrichtungen Beschäftigten in der Kirchensynode der Evangelischen Kirche in Hessen und Nassau, in: Deuser, Hermann/ Linde, Gesche/ Rink, Sigurd (Hrsg.), Theologie und Kirchenleitung, Festschrift für Peter Steinacker zum 60. Geburtstag, Marburg 2003, S. 223-230.

[11] Vgl. Kirchenverwaltung der Evangelischen Kirche in Hessen und Nassau (Hrsg.), Handbuch Kirchenvorstand, Darmstadt 2003, Abschnitt 3.2.

lichen Dienstes in ihrem Bereich verantwortlich (Art. 22 Abs. 1 Satz 1 KO). Das Dekanatsstrukturgesetz vom Dezember 2000[12] hat die Kompetenzen des mehrheitlich ehrenamtlich zusammengesetzten und ausschließlich ehrenamtlich geleiteten Dekanatssynodalvorstands deutlich erweitert. Er trägt nun u.a. Verantwortung für das Stellenbudget des gemeindlichen Pfarrdienstes, für den gemeindepädagogischen und den kirchenmusikalischen Dienst[13]. Der Dekanatssynodalvorstand hat Entscheidungskompetenzen, die für die Wahrnehmung seiner Leitungskompetenzen notwendig sind.

Auf der Gemeindeebene schließlich ist die ehrenamtliche Verantwortung schon rein zahlenmäßig deutlich ausgeprägt. Der Kirchenvorstand leitet nach der Schrift und gemäß dem Bekenntnis die Gemeinde und ist für das Gemeindeleben verantwortlich (Art. 6 Abs. 1 Satz 1 KO). Er berät und entscheidet im Rahmen der gesamtkirchlichen Ordnung über die Angelegenheiten der Kirchengemeinde (Art. 7 KO). Im Bereich des Vorsitzes im Kirchenvorstand gibt es allerdings noch erheblichen »Nachholbedarf«. So »wählt« nach § 32 Abs. 1 Satz 2 Kirchengemeindeordnung (KGO) der Kirchenvorstand binnen zwei Monaten nach Beginn seiner Amtszeit »einen Kirchenvorsteher« für den Vorsitz.[14] Dennoch werden seit Beginn der letzten Amtsperiode im September 2003 lediglich 523 der 1170 Kirchenvorstände (= 44,7 %) nicht von einer Pfarrerin oder einem Pfarrer geleitet.[15]

Die o.g. Studie der Gemeindeberatung spricht im Zusammenhang mit der Leitung kirchlicher Gremien in etwas missverständlicher Diktion von »Macht«.[16] Nun, die »Machtfrage« ist hier gar nicht zu stellen. Es geht viel-

---

[12] Vgl. ABl. 2001, S. 128; siehe oben Abschnitt 2; vgl. auch Grunwald, Klaus-Dieter, Das neue Dekanatsstrukturgesetz der EKHN, in: Deutsches Pfarrerblatt 2001, S. 348 ff.

[13] Vgl. RVO zur Errichtung, Finanzierung und Verteilung der Stellen im Gemeindepädagogischen Dienst vom 24.4.2001 – ABl.2001, S. 217; RVO zur Errichtung, Finanzierung und Verteilung der hauptamtlichen A- und B- Kirchenmusikstellen sowie zur Ausführung des Kirchenmusikgesetzes vom 24.4.2001 – ABl. 2001, S. 220.

[14] Es war nur folgerichtig, dass bereits 1997 die KGO insoweit verändert wurde, dass die Übernahme des Vorsitzes im Kirchenvorstand durch ein gewähltes (ehrenamtliches) Kirchenvorstandsmitglied Priorität hat, vgl. ABl. 1997, S. 208.

[15] Vgl. Pressemitteilung der EKHN Nr. 19/2004 vom 14.4.2004.

[16] Vgl. Gäde, Ernst-Georg, Schlussfolgerungen - Das hofierte Ehrenamt als Symptom einer Krise - Ehrenamt braucht Macht ... in: Förderverein für Organisationsentwicklung und Gemeindeberatung in der EKHN (Hrsg.) Männer im Ehrenamt - ein ambivalentes Verhältnis, Frankfurt a. M., S. 25.

mehr darum, dass die überwiegend ehrenamtlich besetzten Leitungsgremien in Erfüllung ihrer von der kirchlichen Verfassung, von den Kirchengesetzen und von den mit Zustimmung des Kirchensynodalvorstands verabschiedeten Rechtsverordnungen zugewiesenen Funktionen ihre Aufgaben der Leitung in Gesamtkirche, Dekanat und Gemeinde kompetent wahrzunehmen haben.[17]

4. Qualifizierung für Ehrenamtliche durch Fortbildung[18]
Wenn es zum Proprium der EKHN gehört, dass Leitung auf allen Ebenen ehrenamtlich wahrgenommen wird und das Umfeld zu inhaltlich ausgerichteter und theologisch reflektierter Leitungskompetenz nötigt, dann ist es eine Aufgabe, Ehrenamtliche im Blick auf theologische Reflektion und Vermittlung institutioneller Kenntnisse sowie im Blick auf Gestaltung des eigenen Aufgabenbereichs zu begleiten. Das heißt, dass die Qualifizierung Ehrenamtlicher eine der Fortbildung Hauptamtlicher vergleichbare unabhängige Förderungsstruktur braucht. Dies gilt besonders für die Fortbildung ehrenamtlich tätiger Leitungspersonen bzw. für mögliche Anwärterinnen und Anwärter eines ehrenamtlichen Leitungsamtes (Nachwuchsförderung). Ein zunehmender Bedarf an Qualifizierungsmöglichkeiten und Unterstützung ergibt sich aus folgenden Überlegungen:

> Die Anforderungen steigen und ändern sich. Dies hat zum einen mit den derzeitigen Veränderungen im Rahmen der innerkirchlichen Strukturreform zu tun. Die Dekanatssynodalvorstände etwa werden sich in Zukunft mit einer Vielzahl neuer Aufgaben auseinandersetzen müssen, die sowohl Kenntnisse im Bereich der Personalführung als auch Fähigkeiten in inhaltlichen und konzeptionellen Aufgabenstellungen erfordern. Aber auch Kirchenvorstände oder Vorstände der Diakoniestationen werden mit wachsenden Anforderungen konfrontiert.

---

[17] Vgl. Schäfer, Anerkennung und Verantwortung, a.a.O., S. 80.
[18] Vgl. hierzu im Einzelnen Klein, Martina, Ehrenamt auf neuen Wegen, in Hessisches Pfarrblatt 2003, S. 43 ff.; vgl. auch Schäfer, Karl Heinrich, Qualifizierung zur Verantwortung, – Aktuelle Überlegungen zum Ehrenamt in der Kirche, in: Trauner, Karl- Reinhart/ Gemeinhardt, Alexander (Hrsg.), Ehrenamt – Wirklichkeit und Möglichkeit, Wien 2004, S. 57-64.

Auch im Bereich der Kirchensynode wachsen die Anforderungen. Die zu behandelnden Themen nehmen eine große Bandbreite ein. Für viele ist Expertenwissen gefragt, z.B. im Bereich Diakonie oder Finanzen, andere erfordern ein hohes Maß analytischen Denkens, um zu einer Urteilsbildung zu gelangen.

Weiter wirkt sich der gesellschaftliche Wandel auf Erwartungen an ehrenamtliches Engagement aus. Unsere Gesellschaft hat sich in den letzten Jahrzehnten zu einer Dienstleistungs- und Expertengesellschaft entwickelt. Dies hat zur Folge, dass auch im Bereich der ehrenamtlichen Arbeit nach Qualitätsansprüchen und Standards gefragt wird.

Es ist wichtig, Kompetenzen der Mitarbeiter und Mitarbeiterinnen zu fördern bzw. zu sichern. Es sollten daher verschiedene Angebote bereitgestellt werden, die fachliches Wissen vermitteln und in Bereichen wie Schlüsselqualifikationen, Selbstreflexion u.a. unterstützende Maßnahmen anbieten.

Die Kirche hat bewusst die Entscheidung getroffen, dass sie sich nicht professionalisieren will. Laut Kirchenordnung setzt sie auf ehrenamtliches Engagement. Dieses muss daher auch materiell gestützt werden.

Motivation und Gratifikation: Die Motivation ehrenamtlichen Engagements muss unterstützt werden. Es ist festzustellen, dass sich die Bindung an das Ehrenamt verändert hat. Während früher bei der Wahl eines solchen Amtes stärker traditionale Gründe ausschlaggebend waren, ist mittlerweile der Sozialisationsprozess heterogener geworden. Außerdem engagieren sich Ehrenamtliche eher zeitlich begrenzt und suchen immer wieder ein neues Betätigungsfeld. Kirche braucht Kontinuität, aber auch den Wechsel.

Daher müssen sowohl Ziele als auch die Rolle und das Selbstverständnis des eigenen Engagements immer wieder neu geklärt und reflektiert werden. Dies bedarf der Begleitung Ehrenamtlicher in Form von Einführungsseminaren, aber auch durch Angebote, die methodisches Wissen sowie Querschnitts- und Schlüsselqualifikationen fördern.

Die oben genannten Veränderungen lassen erkennen, dass in Zukunft für Ehrenämter aktiv und gezielt geworben werden muss. Es sollten daher Rahmenbedingungen geschaffen werden, die ein solches Amt auch in Zukunft attraktiv machen.

Mit dem Ehrenamtsgesetz und der Errichtung einer Ehrenamtsakademie reagiert die EKHN auf diesen Bedarf.

5. Planung und Vorbereitung des Ehrenamtsgesetzes

Auf Initiative der Neunten Kirchensynode hat die EKHN das Ehrenamtsgesetz auf den Weg gebracht, das schließlich am 26. November 2003 von der Synode beschlossen wurde. Einer der zentralen Punkte dieser Gesetzesinitiative war die Errichtung einer Ehrenamtsakademie. Dieses Projekt wurde unter Federführung der Theologischen Fachreferentin der Synode, Pfarrerin Martina Klein, konzeptionell entwickelt.[19] In der EKHN regelten verschiedene Rechtsverordnungen und Richtlinien die Belange der Ehrenamtlichen. Angesichts heutiger Herausforderungen im Bereich des freiwilligen Engagements wurde deutlich, dass die Regelungen sowohl umfassender als auch verbindlicher formuliert werden sollten. Daher entschied die Synode, den Rechten und Pflichten der ehrenamtlichen Mitarbeiterinnen und Mitarbeiter Gesetzesrang einzuräumen.

Ein Schwerpunkt des Gesetzes ist der Anspruch Ehrenamtlicher auf Qualifizierung. Freiwilliges Engagement stellt in der heutigen Zeit hohe Anforderungen an die Ehrenamtlichen. Um dem zu entsprechen, muss von kirchenleitender Seite dafür gesorgt werden, dass Ehrenamtliche ausreichende Fortbildungsmöglichkeiten vorfinden. Die Ehrenamtsakademie bietet Ehrenamtlichen, die in den verschiedenen kirchlichen Gremien mitarbeiten, ein Qualifizierungsangebot, das heutigen Ansprüchen und Anforderungen entspricht.

Neben einer stärkeren Motivierung braucht das Ehrenamt auch eine höhere Gratifikation. In einer Debatte über die ehrenamtliche Arbeit in der Kirche

---

[19] So danke ich an dieser Stelle Pfarrerin Martina Klein auch besonders für Vorbereitung und Mitarbeit für den vorliegenden Beitrag; siehe im übrigen Klein, Martina, a.a.O., S. 43 ff.

auf der 11. Tagung der 8. Synode[20] wurde von vielen Synodalen ausdrücklich bemängelt, dass das Engagement der Ehrenamtlichen in der EKHN zu wenig gewürdigt werde. Im Interesse einer guten Zusammenarbeit ist es jedoch von Bedeutung, dass die Arbeit der Ehrenamtlichen nach außen deutlich sichtbar gemacht wird und dass sie strukturell und konzeptionell in die Planung einer Organisation eingebunden ist. D.h. ehrenamtliche Mitarbeiter und Mitarbeiterinnen müssen die Möglichkeiten haben, sachgerecht und sinnvoll informiert zu werden. Sie müssen die Gelegenheit haben, neben ihren beruflichen und privaten Verpflichtungen an Sitzungen teilzunehmen und sie sollten eine deutliche Anerkennung für ihre geleistete Arbeit erhalten. So enthält das Ehrenamtsgesetz auch die gesetzliche Grundlage für eine zusammenfassende Regelung von Aufwandsentschädigung und Verdienstausfall- und Reisekostenerstattung für Ehrenamtliche in kirchlichen Gremien.[21]

Eine gesetzliche Grundlage für eine Verdienstausfall- und Aufwandsentschädigungsregelung für Synodale gab es bereits bzw. erst seit 1993.[22] Der Regelungsbedarf ergab sich daraus, dass bis zu diesem Zeitpunkt weiblichen Synodalen Kinder- und Familienbetreuungskosten nicht erstattet wurden, da dies kein »Verdienstausfall« sei und sie im Regelfall einen »gutverdienenden Ehemann« hätten.[23] Nach der Regelung, die in der Herbstsynode 1993 beschlossen wurde, war sichergestellt, dass in der Synode vertretene nicht erwerbstätige Frauen sich nicht mehr der zweifellos diskriminierenden Peinlichkeit unterziehen mussten, den Wert der »Hausfrauenarbeit« und der Betreuung von Familienangehörigen nachweisen und »Bedürftig-

---

[20] Verhandlungen der Kirchensynode der Evangelischen Kirche in Hessen und Nassau, 11. Tagung Achte Synode, April 1996, S. 53ff.
[21] Siehe oben Abschnitt 1 mit Hinweisen auf ABl. 2004, S. 94 und ABl. 2004, S. 402.
[22] Kirchengesetz über die Entschädigung der Mitglieder der Kirchensynode vom 3. Dezember 1993 – ABl. 1993, S. 232; daraus folgend die Rechtsverordnung über die Entschädigung der Mitglieder der Kirchensynode vom 18. Januar 1994 – ABl. 1994, S. 93.
[23] Dieser Sachstand war von der Siebenten Kirchensynode dem Kirchensynodalvorstand als zu klärendes Problem weitergereicht worden, nachdem sich acht weibliche Synodale der Siebenten Kirchensynode förmlich beschwert hatten. Für die ehrenamtlichen Mandatsträgerinnen im kommunalen Bereich war diese Frage seit Anfang der siebziger Jahre klar geregelt. Die Hessische Gemeindeordnung sah ein pauschales sog. »Hausfrauengeld« vor, das ohne nähere Überprüfung bei Geltendmachung gewährt wurde.

keit« dokumentieren zu müssen. Die neue zusammenfassende gesetzliche Regelung führt diese Garantie fort.

Treibende Kraft für den Entwurf des Ehrenamtsgesetzes war die Leiterin der Kirchenverwaltung, Oberkirchenrätin Sigrid Bernhardt-Müller. In verschiedenen Projektgruppen wurde unter Mitarbeit von Synodalen aus verschiedenen Ausschüssen von Referentinnen und Referenten der Kirchenverwaltung die Gesetzesvorlage ausgearbeitet. Die Konzeption der Ehrenamtsakademie wurde vor allem im Verwaltungsausschuss, aber auch im Reformausschuss und im Ausschuss für Bildung und Erziehung der Neunten Kirchensynode diskutiert und auf den Weg gebracht.

6. Die Konzeption der Ehrenamtsakademie

Um ehrenamtlichen Mitarbeiterinnen und Mitarbeitern in kirchlichen Leitungsämtern gezielt Qualifizierungsmöglichkeiten anbieten zu können, richtete die EKHN eine Ehrenamtsakademie ein. Damit kommt sie ihrem Interesse nach, die eigene Struktur zu sichern und ermöglicht, dass ihre eigenen Mitglieder, sowie weitere Ehrenamtliche in leitender Funktion in der Wahrnehmung ihres Amtes unterstützt werden.

Die Ehrenamtsakademie braucht kein eigenes Haus. Es ist vielmehr daran gedacht, dass sie folgende Leistungen erbringt:

- Sie erarbeitet ein Konzept für die Qualifizierung Ehrenamtlicher in Leitungsämtern:

Dazu gehören eine Bedarfserhebung, sowie die Entwicklung von Qualifizierungsangeboten und Rahmenprogrammen. Dabei wird sowohl spezifisches (fach- und sachbezogenes Wissen) als auch extrafunktionales Wissen (Wie bringe ich mich ein? Wie sollen Abstimmungen unter Ehrenamtlichen getroffen werden? Wie würdige ich Argumente? etc.) vermittelt. Weiter sorgt die Ehrenamtsakademie dafür, dass die Angebote den Zielgruppen zugänglich sind. Sie eruiert, in welcher Form die Fortbildungen stattfinden sollen und passt die Angebote an den Bedarf an.

- Sie koordiniert Ressourcen interner und externer Anbieter:

Hierfür wird festgestellt, welche Fortbildungsmöglichkeiten bereits vorhanden sind, es werden Kompetenzen und Kapazitäten der verschieden Ämter und Werke angefordert. Die Angebote werden zusammengefasst, ggf. werden eigene Angebote initiiert. Die Ehrenamtsakademie arbeitet eng mit der Kirchenverwaltung, den Arbeitszentren, der Evangelischen Akademie Arnoldshain und der Evangelischen Fachhochschule Darmstadt zusammen.

- Sie beschäftigt sich mit Fragen der Weiterentwicklung des Ehrenamts in der Evangelischen Kirche in Hessen und Nassau:

Sie betreut die Referentinnen und Referenten. Diese sollen neben theoretischem Wissen und Fachkenntnissen möglichst auch didaktische Fähigkeiten und praktische Erfahrungen in Gremienarbeit mitbringen. Um die einzelnen Veranstaltungen der Ehrenamtsakademie vor Ort planen und durchführen zu können, werden regionale Koordinatorinnen und Koordinatoren verpflichtet. Sie melden bei der Ehrenamtsakademie den Bedarf ihrer Region an und übernehmen die terminliche und organisatorische Planung vor Ort. Für die Durchführung der Veranstaltungen steht z.Zt. ein Jahresetat von 44 000 Euro zur Verfügung. Die Verantwortung für die Ehrenamtsakademie wird von den kirchenleitenden Gremien (Kirchensynode und Kirchenleitung) in einem Kuratorium gemeinsam wahrgenommen. Dem Kuratorium gehören derzeit fünf Mitglieder an. Es ist geplant, für die Geschäftsführung eine Stelle einzurichten sowie eine Sekretariatsunterstützung zu organisieren.

7. Ziele im Einzelnen

Nach protestantischem Verständnis ist jede und jeder berufenes und damit aktives Mitglied der Gemeinschaft der Gläubigen. Die EKHN will die Menschen dazu anregen, ihren Glauben im Alltag auszudrücken und darzustellen. Mit dem Ehrenamtsgesetz sollen Partizipation und Gestaltung des Christseins unter den Mitgliedern unterstützt werden. Ziel ist also, dass sich in der EKHN ein breites und vielfältiges Engagement entwickeln kann, in dem sich die Vielgestaltigkeit des christlichen Glaubens ausdrückt.[24]

---

[24] Vgl. hierzu ausführlich und zutreffend Weber, Friedrich, Grenzgänger: Die Bedeutung der Laien für den Gottesdienst, in Weber, Friedrich, Kirche – zwischen Himmel und Erde, Wuppertal 2004, S. 306 ff.

Das Ehrenamtsgesetz kann die gesellschaftliche Situation nicht verändern. Um bei den Menschen Interesse an der kirchlichen Arbeit zu wecken, ist es wichtig, dass vor Ort (in den Kirchengemeinden und in der übergemeindlichen Arbeit der Region) Konzepte entwickelt werden, die eine Beteiligung und Mitarbeit in unterschiedlichen Formen ermöglichen. Das Stichwort könnte lauten: »Ermöglichungsstruktur«. Es geht einmal darum, verstärkt Projekte anzustoßen und planerisch zu begleiten. Und zum anderen ist für konkretes Engagement zu werben, und die Engagierten sind in ihrer Arbeit zu unterstützen. Für diese Arbeit stellt das Ehrenamtsgesetz einen verbindlichen Rahmen her. Im Wesentlichen geht es um folgende Punkte:

STÄRKUNG VON PARTIZIPATIONSMÖGLICHKEITEN: Die Ehrenamtlichen sollen stärker in die Informations- und Kommunikationsstrukturen der Organisation einbezogen werden und die Möglichkeit haben, an allen für ihre Arbeit relevanten Entscheidungsprozessen beteiligt zu werden.

VERBESSERUNG DER ZUSAMMENARBEIT VON HAUPT- UND EHRENAMTLICHEN: Die Ehrenamtlichen sind nicht die Helferinnen und Helfer der Pfarrerinnen und Pfarrer. Vielmehr geht es darum, dass die Hauptamtlichen die ehrenamtliche Arbeit koordinieren und die jeweils Engagierten begleiten.

FORTBILDUNG FÜR EHRENAMTLICHE: Das Ehrenamtsgesetz verpflichtet die zuständigen Leitungsorgane, finanzielle Ressourcen für Fortbildungen zur Verfügung zu stellen und Ehrenamtliche anzuregen, sich in ihrem Arbeitsbereich zu qualifizieren.

Des Weiteren regelt das Ehrenamtsgesetz Auslagenersatz, Versicherungs- und Rechtsschutz und regt die Entwicklung angemessener Instrumente der individuellen Ehrung, Würdigung und Wertschätzung an. Ziel der Ehrenamtsakademie ist es, freiwillig Engagierte in kirchlichen Leitungsämtern zu fördern. Dies geschieht, indem bereits vorhandene Kompetenzen wahrgenommen und reflektiert werden, indem neue Kenntnisse erworben, Kontakte geknüpft werden, Know-how gewonnen wird. Ein auf diese Weise angelegtes Bildungsangebot ist als dialogischer Prozess zu begreifen, da die Erfahrungen der Ehrenamtlichen nützlich in die Gestaltung der Arbeit kirchenleitender Gremien zurückgespielt werden können.

Der Bedarf an Qualifizierung in ehrenamtlichen Leitungsämtern wird in der EKHN bislang nicht abgedeckt, selbst wenn verschiedene Institutionen einzelne Angebote dahingehend machen. Die Praxis zeigt jedoch, dass die Angebote nicht flächendeckend greifen und größtenteils ihren möglichen Kunden nicht bekannt sind. Daher erschien es sinnvoll, dass für die benannten Qualifizierungsmaßnahmen ein institutioneller Rahmen geschaffen wird.

8. Erfahrungen und Ausblick

Um die neu gewählten Mitglieder der Zehnten Kirchensynode auf ihre Aufgabe und ihr Amt vorzubereiten, wurden von der Ehrenamtsakademie verschiedene Einführungsseminare für Synodale angeboten:

Wie arbeitet die Kirchensynode?
(ca. 70 Teilnehmerinnen und Teilnehmer)

Haushaltsrecht (ca. 55)

Die Geschäftsordnung der Kirchensynode (ca. 55)

Mentoring für neue Synodale

Fachtagung: Mittlere Ebene –
mehr als eine Verwaltungsreform (ca. 40)

Die Rückmeldungen (Seminarbewertung per Fragebogen) zeigen, dass die Teilnehmenden mit den Angeboten sehr zufrieden waren. Während der Synodentagung war deutlich festzustellen, dass die neuen Synodalen sich im Verfahren und in den Abläufen sicher fühlten. Die Reformprojekte »Ehrenamtsgesetz und Ehrenamtsakademie« sind von der gesetzgeberischen Seite her abgeschlossen. Um die einzelnen Aspekte des Ehrenamtsgesetzes in der Praxis der Kirchengemeinden, Dekanate und anderen kirchlichen Einrichtungen wirksam werden zu lassen, braucht es allerdings noch einige Zeit. Denn die Umsetzung des inhaltlichen Anliegens ist mit dem Inkrafttreten des Gesetzes natürlich noch nicht erledigt. Zahlreiche Anfragen bei der Kirchenverwaltung zeigen jedoch, dass das Thema derzeit in vielen Kontexten diskutiert wird. Vermutlich treibt auch die aktuelle Spardiskussion in der EKHN das Thema auf die Tagesordnung vieler Gremien, da in der Gewinnung neuer Ehrenamtlicher auch eine Chance gesehen wird, personelle Kürzungen im Bereich der Hauptamtlichen zu kompensieren.

Vor allem im Bereich der Ehrenamtsakademie steht eine Implementierung noch aus. Das Kuratorium ist gewählt und hat seine Arbeit im Juli 2004 aufgenommen. Die Stelle für die Geschäftsführung wurde jedoch noch nicht errichtet, so dass sich bisherige Erfahrungen im Bereich der Qualifizierung Ehrenamtlicher in Leitungsämtern lediglich auf die Angebote für Synodale beziehen.

Die ersten Erfahrungen im Bereich der Kirchensynode zeigen, dass mit der Errichtung der Ehrenamtsakademie in der EKHN ein wichtiger Weg beschritten wurde. Damit Ehrenamtliche ihr Mandat kompetent und selbstsicher wahrnehmen können, ist diese spezielle Art der Personalförderung, wie sie die Ehrenamtsakademie anbietet, notwendig.

Martin Schindehütte

Theologische Überlegungen zum Thema Personalentwicklung[1]

Erinnerung an den Stand des Prozesses

Die Tagung ist ja Station auf einem Weg, den unsere Landeskirche schon seit geraumer Zeit eingeschlagen hat. Das Pilotprojekt zu Personalentwicklungsgesprächen, die jetzt Jahresgespräche heißen, ist abgeschlossen. Die Ergebnisse sind weitgehend ausgewertet. Der Abschlussbericht liegt vor und wurde von unserer Synode diskutiert. Die endgültige Entscheidung, ob Jahresgespräche mit den Mitarbeitenden – natürlich nicht nur mit Pastorinnen und Pastoren – flächendeckend eingeführt werden sollen, steht voraussichtlich in der Novembersynode an. Allerdings sind nicht nur durch den Pfarrerausschuss, sondern auch anderwärts und nicht zuletzt in der Synode zu Recht theologische Fragen zu dem implizierten Kirchenbegriff und zum Amt der Verkündigung gestellt worden. Sie sind noch nicht in der notwendigen Tiefe und Klarheit beantwortet oder zumindest nicht hinreichend kommuniziert.

Ob mein Beitrag heute Abend ein wenig weiterführt, muss ich Ihrem Urteil überlassen. Ich bin jedenfalls dankbar dafür, als jemand, der von Amts wegen an diesen Entscheidungen beteiligt ist, durch diesen Tagungsbeitrag zur vertieften theologischen Reflektion genötigt zu sein.

Veränderte Rahmenbedingungen und Aufgabenprofile

Zur theologischen Reflektion gehört es, sich auch den Kontext gesellschaftlicher Rahmenbedingungen und die daraus folgenden strukturellen Entwicklungen kirchlicher Arbeit zu vergegenwärtigen. Dies kann ich hier nur skizzieren. Die Individualisierung und die damit verbundene Ausdif-

---

[1] Beitrag zur Tagung »Personalentwicklung und Leitungsaufgaben in den Landeskirchen« in der Evangelischen Akademie Loccum, 3. bis 5. September 2003.

ferenzierung unserer Gesellschaft haben unmittelbare Konsequenzen für die Kirche selbst. Sie ist ja Teil dieser Gesellschaft. Die Prozesse bilden sich in ihr kaum anders ab als in anderen gesellschaftlichen Institutionen. Wir reagieren zu Recht mit einer Diversifizierung und inneren Differenzierung unserer Arbeit. Um die Menschen in ihrer vielfältig gegliederten Lebenswelt zu erreichen, ist die Arbeit auf der Ebene der Parochie unter der notwendigen Zielgruppenorientierung stark ausgeweitet und spezialisiert worden. Zugleich ist die Arbeit auf der Ebene der Ortsgemeinde längst an ihre Grenzen gestoßen. Der heimatliche Nahraum der Menschen ist in immer stärkerem Maße nicht nur die Wohngemeinde, sondern die ganze Region. Es ist erstaunlich, in welchem Aktionsradius nicht nur Jugendliche mittlerweile alltäglich leben. So muss die lokalbezogene kirchliche Arbeit ebenfalls regional denken. Die Bildung von Regionen, also die verbindliche Zusammenarbeit einiger Kirchengemeinden, ist nach meinem Urteil nicht nur ein Produkt der knapper werdenden Ressourcen, sprich des langfristigen Sparprozesses, sie macht auch inhaltlich Sinn. Wir müssten diesen Prozess auch einleiten, wenn wir Geld satt hätten. Eine spannende, aber hier wegführende Frage wäre, ob wir dies dann auch getan hätten. Jedenfalls ändert diese innere Differenzierung in der Ortgemeinde und ihre regionale Verknüpfung das Aufgabenprofil aller, die in unserer Kirche mitarbeiten. Ich meine wirklich aller, der hauptamtlich und der freiwillig Mitarbeitenden. In diesem Kontext ist dann natürlich auch die nachhaltige Veränderung des besonderen Amtes der Pastorin und des Pastors zu bedenken.

Damit nicht genug. Es gilt ja auch noch, diese lokal orientierte Arbeit mit den notwendig übergemeindlich zu organisierenden Arbeitsfeldern unserer Kirche zu verknüpfen. Wenn denn Menschen, die ihren ersten Kontakt zur Kirche in der Arbeitswelt geknüpft haben oder auf einem Campingplatz oder hier in der Akademie Loccum, zum Beispiel bei einer Tagung der Kinderakademie, wenn denn diese Menschen auch in anderen Bereichen unsere Kirche im gemeinsamen Auftrag der Verkündigung des Evangeliums wiedererkennen sollen, dann muss von allen Feldern kirchlicher Arbeit her an der gegenseitigen Verknüpfung und Befruchtung gearbeitet werden. Das erhöht auf allen Seiten die Komplexität der Arbeit. Es wird unabweisbar notwendig, intensiv miteinander zu kooperieren. Das geht wiederum nicht ohne verbindliche Kommunikation und daraus entwickelte und aufeinander bezogene Zielvereinbarungen.

Die Folgen für das Aufgabenprofil der Mitarbeitenden sind unübersehbar. Ich will mich im Folgenden, weil hier auch die weitestgehenden theologischen Anfragen gestellt werden, auf das Berufsbild der Pastorinnen und Pastoren konzentrieren.

Die komplexen und dynamischen Rahmenbedingungen haben pastorale Tätigkeit längst über das ja selbst außerordentlich ausdifferenzierte Feld der zentralen Aufgaben der öffentlichen Verkündigung, der Sakramentsverwaltung, der Unterweisung und Seelsorge und der Gemeindeleitung hinausgeführt. In erheblichem Maße sind Aufgaben des Managements hinzugetreten: Öffentlichkeitsarbeit und Fundraising, Steuerung von Planungsprozessen, Leitung diakonischer, kultureller und gemeinwesenorientierter Projekte. Damit sind Aufgaben der Personalführung und der ökonomischen Absicherung verbunden. Die Liste ließe sich noch lange fortsetzen.

Die skizzierten Veränderungen implizieren eine doppelte Herausforderung. Es gilt zum einen, theologisch nach der Verhältnisbestimmung zwischen jenen erwähnten zentralen Aufgaben der Kommunikation des Evangeliums und der Gestaltung ihrer strukturellen Bedingungen zu fragen. Dabei sollten wir nicht dem Trugschluss aufsitzen, das erste sei das Eigentliche und das zweite das Uneigentliche. Kommunikation des Evangeliums ist nie anders als unter konkreten, besser oder schlechter gestalteten Bedingungen möglich.

Die zweite Frage ist, welche Konsequenzen daraus im Blick auf Personalentwicklung zu ziehen sind. Und dabei geht es um weit mehr als Jahresgespräche. Das erfordert ein Gesamtkonzept von Ausbildung, Fortbildung und von Verfahren der Priorisierung und Zielfindung auf allen Ebenen kirchlicher Arbeit.

Theologische Grundüberlegungen

Verkündigung ist Aufgabe der ganzen Kirche
Ich wende mich nun in einem zweiten Teil zunächst den zentralen theologischen Überlegungen zu und beginne, wie es nicht anders sein kann, mit einigen Betrachtungen zu den biblischen Grundlagen.

Biblische Einsichten
Für das Verhältnis des Einzelnen in seiner Freiheit und Verantwortung für die Verkündigung des Evangeliums zum Ganzen des Auftrages der Kirche ist für mich ein Abschnitt des 1. Korintherbriefes von großer Bedeutung. Dort heißt es im 3. Kapitel in den Versen 5-11:

Wer ist nun Apollos? Wer ist Paulus? Diener sind sie, durch die ihr gläubig geworden seid, und das, wie es der Herr einem jeden gegeben hat: Ich habe gepflanzt, Apollos hat begossen; aber Gott hat das Gedeihen gegeben. So ist nun weder der pflanzt noch der begießt etwas, sondern Gott, der das Gedeihen gibt. Der aber pflanzt und der begießt, sind einer wie der andere. Jeder aber wird seinen Lohn empfangen nach seiner Arbeit. Denn wir sind Gottes Mitarbeiter; ihr seid Gottes Ackerfeld und Gottes Bau. Ich nach Gottes Gnade, die mir gegeben ist, habe den Grund gelegt als ein weiser Baumeister; ein anderer baut darauf. Ein jeder aber sehe zu, wie er darauf baut. Einen andern Grund kann niemand legen als den, der gelegt ist, welcher ist Jesus Christus.

Dieser Text würdigt den Beitrag der Einzelnen zum Aufbau der Gemeinde und stellt sie gleich gewichtig nebeneinander. Ob auf dem Ackerfeld Gottes einer pflanzt oder begießt, ob einer den Bau plant, gründet oder darauf weiterbaut, es entsteht daraus keine Rangfolge der Bedeutung, der Verantwortung oder gar des Verdienstes. Es ist der je eigene besondere persönliche Beitrag. Das wird im Text nicht eingeebnet. Was wir tun, behält einen persönlichen Namen: Im Text sind es die Namen Apollos und Paulus. Unter uns sind es die Namen der vielen, die in der Kirche Jesu Christi arbeiten, es sind unser aller Namen, die unseren persönlichen Beitrag und unsere persönliche Verantwortung für die Aufgabe der einen Kirche markieren.

Immer aber bleibt, was wir tun, bezogen auf den, der uns unseren Auftrag gibt und dessen Diener wir sind. Wichtig in diesem Text ist ja die Rückung der Bilder vom Ackerfeld und Bau. Zuerst sind wir Pflanzende und Gießende, bearbeiten Gottes Garten wie Gärtner, die das Projekt und Objekt ihrer Arbeit ansehen. Wir werden zunächst – und das ist die erste Verfremdung – daran erinnert, dass das Ergebnis nicht in unserer Hand liegt, sondern Gott das Gedeihen gibt. Dann aber werden wir selbst ins Bild gerückt. Wir sind Gottes Ackerfeld. Wir sind sein Bau. Diese Spannung zwischen unserem eigenen aktiven konstruktiven Beitrag mit unseren Gaben und Fähigkeiten einerseits und jener Verheißung andererseits, dass Gott selbst pflanzt, gießt und baut, ist es, die uns entlastet und befreit, beflügelt, hoch aktiviert und zugleich in das Ganze des Werkes Gottes einfügt. Unsere Aufgabe der Verkündigung ist zugleich eine ganz persönlich im Gewissen des Einzelnen vor Gott verantwortete und eine der ganzen Kirche übertragene Aufgabe – und in beidem ist sie eine von Gott selbst in seinem Heiligen Geist bewirkte. Dies hat tiefgehende strukturelle Folgen: Es gilt die Freiheit der Verkündigung des Einzelnen, insbesondere auch der Pastorinnen und Pastoren, zu achten und doch zugleich in den verbindlichen Kontext des Auftrages der ganzen Kirche zu stellen. Dies ist der Hintergrund all der strukturellen und verfahrensmäßigen Debatten, die wir jetzt auch hier in Loccum führen. Diese Spannung der Freiheit des Einzelnen und des Auftrages der ganzen Kirche wird uns aber nur dann gelingen und wird nur dann produktiv sein, wenn wir uns zugleich in gemeinsamer Spiritualität mit all unserem Tun in Gottes Wirken in unserer Kirche als seinem Ackerfeld und Bau bergen. Noch einmal auf den Punkt gebracht: Unser ganzes Planen und Strukturieren bis in detaillierte Programme der Personalentwicklung wird nicht gelingen, wenn wir uns nicht zugleich in Gottesdienst und Gebet, in einer evangelischen Spiritualität Gottes Zuspruch in Verheißung und Tat gesagt sein lassen und ihn geistlich erfahren und vergewissern.

Ein zweiter Text ist mir wichtig. Sie kennen ihn alle. Es ist das gesamte 12. Kapitel des ersten Briefes des Paulus an die Korinther. Die beiden Abschnitte des Kapitels sind überschrieben mit: »Viele Gaben – ein Geist« und »Viele Glieder – ein Leib« Die hier zentralen Verse 4-6 lauten:

Es sind verschiedene Gaben; aber es ist ein Geist.
Und es sind verschiedene Ämter; aber es ist ein Herr.
Und es sind verschiedene Kräfte; aber es ist ein Gott,
der da wirkt alles in allen.

Im Zusammenhang dieses Vortrages kommt es mir darauf an, Ihnen die befreiende Kraft dieser sogenannten »Gabenlehre« zu vergegenwärtigen. Es geht in der Kirche Jesu Christi eben nicht uniform zu. Individualität und Personalität der Mitarbeitenden sind nicht etwa ein chaotisierendes Problem, dem man mit Planung und Zielvereinbarungen endlich entgegenwirken muss, damit Kirche stromlinienförmig wird und man wie bei McDonalds überall das Gleiche antrifft. Die verschiedenen Gaben, Ämter und Kräfte sind vielmehr der große Reichtum, der Schatz unserer Kirche. Wenn wir im umfassenden Sinne von Personalentwicklung reden, dann muss es zuerst darum gehen, bei jedem und jeder Einzelnen eben jene Gaben und Kräfte zu entdecken, die den jeweiligen Aufgaben förderlich sind und für zukünftige Aufgabe qualifizieren. Das beginnt mit der Gewinnung von Studierenden der Theologie, dem Konzept ihrer Ausbildung und personalen Begleitung, das gilt dann natürlich ebenso intensiv für all die Formen, in denen Pastorinnen und Pastoren durch ihren Beruf begleitet werden. Niemand soll in seinem Amt durch Aufgaben und Zieldefinitionen völlig entgegen seinen Gaben, seinen theologischen Bindungen und Intentionen, also den geistlichen Kräften, die ihn oder sie bewegen, zu Aufgaben und Zielen genötigt werden, die er oder sie nicht kann oder will. In diesen Kontext gehört auch die schöpfungstheologische Argumentation, die in den theologischen Anmerkungen des Berichtes des Landeskirchenamtes zu Recht benannt wird.

Aber auch dieses Kapitel des Korintherbriefes stellt das christliche Leben des Einzelnen und seinen Beitrag zur Verkündigung der liebenden Zuwendung Gottes zu den Menschen unter den Gedanken der Einheit im trinitarischen Gott: verschiedene Gaben – ein Geist; verschiedene Ämter – ein Herr; verschiedene Kräfte – ein Gott. Der Leib, dessen verschiedene Glieder wir sind, sind nicht wir selbst. Auch hier wieder jene Rückung: Es ist der Leib Christi selbst, in den wir eingegliedert werden. So klar es hier um die Kirche in ihrer geistlichen Dimension geht, die über die sichtbare Gestalt hinausgeht, so klar haben diese Bilder Konsequenzen für die Einheit und Struktur der Kirche in ihrer jeweiligen historischen Gestalt. Paulus schreibt dieses Kapitel ja nicht im luftleeren Raum. Er schreibt seinen Brief an eine Gemeinde, in der nicht unerhebliche zentrifugale Kräfte am Werk sind.

Confessio Augustana: Das Amt und der Auftrag der Kirche
Nach diesem kurzen Blick in die Bibel möchte ich mit Ihnen als einen weiteren theologischen Durchgang die Freude darüber teilen, wie befreiend und offen unsere zentrale Bekenntnisgrundlage mit den Fragen der Freiheit der Verkündigung des Evangeliums und der Verpflichtung auf die ganze Kirche umgeht.

In CA V heißt es:
»Um diesen Glauben zu erlangen, hat Gott das Predigtamt eingesetzt, das Evangelium und die Sakramente gegeben, durch die er als Mittel den Heiligen Geist gibt, der den Glauben, wo und wann er will, in denen, die das Evangelium hören. wirkt, ...«

Man kann nicht genug daran erinnern, dass dieser Artikel nach den Artikeln von Sohn Gottes und der Rechtfertigung die erste ekklesiologische Konsequenz aus der reformatorischen Grunderkenntnis ist, die im Bekenntnis formuliert ist. Auf Kirche, Kirchenregiment und die Bischöfe wird kein Bezug genommen. Dieser Auftrag der Verkündigung ist also allen kirchlichen Strukturen vorausgesetzt. Spätere nähere Bestimmungen haben diesem Auftrag zur Verkündigung, »um den Glauben zu erlangen«, zu folgen.

Und so ist der Artikel »Von der Kirche« in CA VII dem konsequent nachgebildet:
»Es wird auch gelehrt, dass allezeit eine heilige, christliche Kirche sein und bleiben muss, die die Versammlung der Gläubigen ist, bei denen das Evangelium rein gepredigt und die heiligen Sakramente laut dem Evangelium gereicht werden. Denn das genügt zur wahren Einheit der christlichen Kirche...«

Dieses »satis est« schafft eine große Freiheit in der Gestaltung von Kirche, um es modern zu sagen, in der Gestaltung der Kommunikationsbedingungen des Evangeliums. Es schafft Freiheit, sie auf die jeweiligen historischen Erfordernisse zu beziehen. Das »satis est« verwehrt es uns, kirchenreformerische Prozesse allzu kurzschlüssig mit der Bekenntnisfrage zu verbinden.

Erst in CA XIV wird unter dem bezeichnenden Titel »Vom Kirchenregiment« das kirchliche Amt der öffentlichen Wortverkündigung und der Darreichung der Sakramente an eine ordnungsgemäße Berufung gebunden. Dieses kirchliche Amt, ich erwähne das sicherheitshalber, ist mit dem Predigtamt von CA V nicht deckungsgleich. Hier jedoch wird nun die Freiheit und Verantwortung des Einzelnen für die Verkündigung mit dem Auftrag und der Verantwortung der ganzen Kirche durch das »rite vocatus« verknüpft. Es ist Aufgabe der berufenden Kirche durch ihre Gemeinden und Bischöfe Lehre zu beurteilen.

Dies aber eben dem Wesen nach nicht als abschließendes, rechtlich durchzusetzendes Verdikt, sondern allein mit dem Wort. Sie kennen alle die Formulierung aus CA 28 »Von der Gewalt (Vollmacht) der Bischöfe«, wie dies zu geschehen hat: »sine vi humana, sed verbo« – »nicht mit menschlicher Macht, sondern mit dem Wort«. Gleichwohl ist in demselben Artikel vom Gehorsam gegenüber den Bischöfen die Rede, solange dies »ohne Sünde« möglich ist. In unserer Sprache ausgedrückt gehört zum Amt der öffentlichen Verkündigung sowohl die Freiheit des Einzelnen als auch die Verbindlichkeit im Kontext der ganzen Kirche. Das Bemühen um die Wahrnehmung des gemeinsamen Auftrages der Kirche als Grund und Ziel kirchenleitenden Handelns auf den verschiedenen Ebenen kann demnach seinem Grunde nach nur dialogisch sein. Das zeigt der biblische Befund. Das ist die Grundintention der CA. Der Dialog bleibt aber der Berufung in den Auftrag der ganzen Kirche verpflichtet. Das bedeutet, dass er nicht ergebnislos bleiben kann. Dieser Dialog ist notwendig auf Verständigung und Verbindlichkeit angelegt. Dieser Dialog hat von jeher auch formale Verfahren gehabt, zum Beispiel in der von Anfang an praktizierten Visitation. Es ist darum legitim und notwendig, auch heute nach den angemessenen Formen dieses verbindlichen Dialoges zu fragen, wie zu allen Zeiten im Rahmen der gemeinsamen Bindung an Bibel und Bekenntnis. Ergebnisse in diesem Dialog können niemals einseitige Diktate sein. Es sind eher Vereinbarungen, in denen mögliche unterschiedliche Perspektiven für eine bestimmte Zeit und in einem bestimmten Arbeitsfeld so weit es geht abgeglichen werden. Im Bericht des Landeskirchenamtes ist im Blick auf die Jahresgespräche von einem Kontraktmodell gesprochen worden. Ich sehe darin eine hilfreiche und zutreffende Bezeichnung dessen, worum es geht. Und darum gilt es dies hier auch festzustellen: Es geht nicht um den Dialog an sich. Am Ende kann nicht stehen: »Gut, dass wir darüber gesprochen haben.« Um des Auftragswillen der Kirche und der Verpflichtung jedes und jeder Einzelnen auf diesen Auftrag, kann es nicht keine Ergebnisse geben. Kann auf Dauer in solchen Dialogen keine Verständigung für nächste gemeinsame Schritte erreicht werden, stößt das dialogische Grundprinzip an seine Grenze. Wir treten ein in den Bereich, der auch Durchsetzungsmöglichkeiten des Rechtes beinhaltet.

Dimensionen von Leiten und Führen
Aus diesen Grundüberlegungen möchte ich im dritten Teil Dimensionen für Leitung und Führung in der Kirche ableiten.

SPIRITUELLE GEMEINSCHAFT
Grundlage aller Prozesse von Leiten und Führen in der Kirche ist das gemeinsame Bergen in der spirituelle Gemeinschaft von Gebet und Gottesdienst, des Hörens auf Gottes Wort und der Feier des Abendmahls. In dieser Gemeinschaft kommt uns Gott als der entgegen, der selbst das Ackerfeld seiner Kirche bearbeitet, der selbst seine Kirche baut. Dieses vorauseilende und nachgehende Wirken des Geistes Gottes ermutigt und befreit uns zu dem, was unser Auftrag ist. Das können wir uns immer wieder nur gemeinsam gesagt sein lassen. Dafür müssen wir gemeinsam still werden können unter den Worten der Schrift und dem Zeugnis derer, die vor uns und mit uns auf dem Wege sind. Es ist mir sehr wichtig, dass wir uns eine evangelische Spiritualität bewahren und weiter entwickeln. Es ist notwendig, dass wir dieser Dimension bis in unsere oft streitigen Debatten um Ziele, Strukturen, Personen und Geld Raum geben.

FÜRSORGE FÜREINANDER
Leitungshandeln in der Kirche geschieht als Ausdruck dieser geistlichen Gemeinschaft im Geist der Fürsorge untereinander. Dies ist in einem wechselseitigen Sinne gemeint. Eine Orientierung an der gegenseitigen Verantwortung und Stärkung gilt nicht nur für Vorgesetzte gegenüber ihren Mitarbeitenden, sondern in gleichem Maße umgekehrt. So kann notwendige Hierarchie von Zuschreibungen des »mehr oder weniger wichtig« oder gar des »mehr oder weniger wertvoll« frei bleiben. Sie behält den Bruder und die Schwester im Blick, die an der gleichen Aufgabe und an der allen geschenkten Gemeinschaft in der Kirche Jesu Christi teilhaben. Manche Unternehmen in der Wirtschaft machen zum Teil groteske Verrenkungen, um eine corporate identity gegenseitigen Eintretens füreinander zu induzieren. In unserer Kirche können wir diese Gemeinschaft als Geschenk Gottes voraussetzen und immer neu annehmen.

DIFFERENZIERUNG VON LEITEN UND FÜHREN
In einem ersten Entwurf zur Novellierung des Pfarrergesetzes führt der Rechtsausschuss der VELKD eine Differenzierung von »Leiten« und »Führen« ein. Ich finde diese Unterscheidung hilfreich. Allerdings ist diese Unterscheidung nicht hinreichend ausgeführt. Ich interpretiere den Begriff »Leiten« im Sinne der Leitung durch die Kommunikation des Evangeliums selbst an den Gliedern der Kirche, den Begriff »Führen« verstehe ich im Sinne der daraus folgenden Strukturen, Verfahren und Entscheidungen zur Gestaltung der Bedingungen dieser Kommunikation des Evangeliums. In ihrer Unterschiedenheit sind beide Ebenen jedoch untrennbar ineinander verschränkt. Sie befruchten einander in einem ständigen Dialog beider Perspektiven.

ORIENTIERUNG AN DER LEBENSWELT
Unter der Frage der Bedingungen für die Kommunikation des Evangeliums ist die Orientierung an der Lebenswelt der Menschen in ihrer Zeit und den daraus folgenden Erfordernissen für die Arbeit der Kirche notwendig. Dies geschieht in einer sorgfältigen Analyse des gesellschaftlichen und kulturellen Kontextes, der freilich nicht eins zu eins die Formen kirchlichen Lebens

bestimmt, sondern theologisch reflektiert diesem Kontext auch gegenüber steht. Die eingangs angedeutete gesellschaftliche Analyse mit ihren Auswirkungen auf die kirchliche Arbeit und das Qualifikationsprofil ihrer Mitarbeitenden ist darum ein notwendiger Bestandteil, ohne den sowohl Aufgaben der geistlichen Leitung wie der handlungsorientierten Führung kontextlos und damit irrelevant werden.

»HAUSHALTERSCHAFT«
Zu den Bedingungen der Kommunikation des Evangeliums gehören die Ressourcen, die uns dafür zur Verfügung stehen. Dabei geht es nicht zuerst um Geld, das wir dafür haben oder nicht haben. Es geht zuerst um Menschen, die mit ihren Gaben und Möglichkeiten, ihrer Zeit und ihren Kräften in unserer Kirche mitarbeiten wollen. Diese Menschen in ihrer Arbeit zu begleiten, ihr Engagement zu stärken, ihnen Perspektiven für einen ihren Gaben und Möglichkeiten entsprechenden Einsatz zu eröffnen, das ist eine zentrale Aufgabe von Führen und Leiten in der Kirche. Das gilt für alle, die in der Kirche mitarbeiten, das gilt dann auch für die Pastorinnen und Pastoren. Im ersten Petrusbrief heißt es im 4. Kapitel: *»Dient einander, ein jeder mit der Gabe, die er empfangen hat, als die guten Haushalter der mancherlei Gnade Gottes.«* Ein Haushalter ist ein nüchterner und besonnener Mann, der genau überlegt, wie er die Mittel einsetzt, sein Haus optimal zu bestellen und die Aufgabe so effektiv wie möglich zu erfüllen. All unsere Planungsprozesse, all das, was wir für Mitarbeitende in Personalentwicklung tun, hat doch elementar damit zu tun, dass sie am richtigen Ort, zur richtigen Zeit das Richtige tun. Zuerst bedeutet dies, dass Menschen selbst in der Lage sind, mit sich selbst Haus zu halten, damit sie nicht zu wenig, vor allem aber nicht zuviel tun. Wir alle sind in der Gefahr, dieses haushalterische Maß zu verlieren und uns in der Fülle der Aufgaben zu verzetteln, zu rennen und zu wühlen, um dann durch uns selber oder andere gesagt zu bekommen, dass das, wofür wir geschuftet haben, gerade das nicht war, was man von uns erwartet hat. Dann ist der Burn-out nicht mehr weit. Regelmäßige und verbindliche Kommunikation, etwa in den Jahresgesprächen, kann hier helfen, durch Vereinbarungen nicht nur das festzulegen, was man tun soll, sondern vor allem auch das, was nicht im Vordergrund oder auch

gar nicht getan werden muss. Und dann spielt natürlich auch noch das Geld und die Tatsache, dass es auf absehbare Zeit nicht mehr, sondern weniger wird, eine Rolle. Und das ist dann ein zweiter Grund, der die immer schon bestehende Aufgabe einer guten Haushalterschaft noch dringlicher macht.

Freude am Gelingen
Ziel kirchenleitenden Handelns auf all seinen Ebenen ist auch die Freude am Gelingen. Darum ist es so notwendig, daran zu arbeiten, dass Menschen auch gelingen kann, was sie sich vornehmen oder vornehmen sollen. Darum ist für alle Personalplanungsprozesse ein an den Gaben und Möglichkeiten der Mitarbeitenden orientierter Ansatz entscheidend. Aber auch das muss miteinander kommuniziert werden. Woher sonst soll man wissen, was einer kann, wo sein Herz schlägt, was ihn theologisch bewegt, wo er sich qualifizieren möchte. Und gleichermaßen muss und darf auch das Gelingen und der Erfolg kommuniziert werden. Das geschieht in der gemeinsamen Freude und dem Lob vor Gott. Das ist aber auch gegenseitig notwendig und sehr legitim. Es kann nicht sein, das ausbleibende Kritik das einzige Lob ist. Wertschätzung und Würdigung sind vielleicht sogar wichtiger als Kritik bei einem nicht erreichten Ziel oder einer danebengegangenen Aktion. Wie anders als durch vorlaufende Anerkennung kann Kritik überhaupt ertragen werden. Es ist gut, wenn über beides auch anlasslos und regelmäßig gesprochen werden kann. Das ist der besondere Ort und Wert der Jahresgespräche. Freude am Gelingen hat immer ein Element des Sabbat in sich. *»Und Gott sah an alles was er gemacht hatte, und siehe es war sehr gut. ...«* Gott vollendete seine Werke nicht am sechsten Tag. Sie werden erst vollendet mit dem siebten Tag, dem Tag der Ruhe, dem Tag des Sabbat. Erst dann sind Himmel und Erde vollendet. So mündet alles, was wir tun und planen, wiederum in den Gottesdienst ein, aus dem es gekommen ist.

Rechtfertigung: Befähigung zur Kritik
Eigentlich dürfte, wenn man von Sabbat gesprochen hat, nun keine Dimension von Leiten und Führen in der Kirche kommen. Ich stelle aber bewusst eine ebenso entscheidende Dimension an den Schluss. Wir leben in all unserem Tun und Planen, in allen Konflikten und aller Einigkeit, im Scheitern

und Gelingen von der Rechtfertigung allein aus Gottes gnädiger und liebender Zuwendung zu uns. Nur zwei Gedanken sind mir dazu jetzt wichtig. Der erste Gedanke lautet: Diese Dimension der Rechtfertigung macht uns frei zu offener und geschwisterlicher Kritik aneinander. Das ist ja eines der großen Probleme unter uns, dass Kritik an nicht so gut Gelungenem oder auch richtig Falschem als Frontalangriff auf unser Selbstwertgefühl empfunden wird. Es scheint dann gleich alles auf dem Spiel oder in Frage zu stehen. Dabei kann solche Kommunikation über Fehler oder Fehlendes in der Arbeit ja auch eine ganz andere Wirkung haben. Kritik kann ja auch als Information gewertet werden, die dazu hilft, sich selbst besser zu verstehen. Die dazu hilft, Schritte zu unternehmen, um es besser oder anders zu machen. Dazu jedoch darf das grundlegende Angenommensein nicht in Frage stehen. Gottes Zusage, dass wir auch als Sünder Gerechte und im Ruf zur Umkehr zugleich seine geliebten Geschöpfe sind, ist die gemeinsame Grundlage, auf der der Kritisierende und der Kritisierte ein weiterführendes und hilfreiches Gespräch führen können.

RECHTFERTIGUNG: ANNAHME VON GRENZEN
Der zweite Gedanke lautet: Unsere Rechtfertigung aus Glauben lässt uns mit unseren Grenzen leben. Zuerst mit unseren ganz persönlichen Grenzen, die wir auch in unserem Beruf jeder auf seine Weise erleben. Aber auch in den Zeiten schmerzhafter Einschnitte und scheinbar unbegrenzt wachsender Anforderungen scheint mir diese Zusage der Rechtfertigung von großer Bedeutung. Wir reiben uns an dem, was wir gegenüber uns anvertrauten Menschen und in unseren theologisch-missionarischen Intentionen gern alles noch tun möchten. Wir sind bedrückt von dem, was an Erwartungen weit über unsere Kraft auf uns einstürmt. Schmerzhaft nehmen wir wahr, dass uns die Mittel dafür fehlen, ja bisher vorhandene Mittel sogar genommen werden. Wir beschreiben und fordern, was alles noch nötig wäre, damit wir unsere Aufgabe endlich hinreichend ausgestattet wahrnehmen können. Das Beklagen des Fehlenden kostet nicht selten viel Kraft. Natürlich müssen wir danach fragen, wo zusätzliche Ressourcen für unsere Arbeit herkommen. Genauso wichtig aber ist es, danach zu fragen, wie mit den jetzt gegeben begrenzten Mitteln das uns Mögliche getan werden kann. Unsere kirchen-

leitende Kommunikation muss auch danach zu fragen in der Lage sein. Wir müssen auch das miteinander vereinbaren können, was wir nicht mehr können. Wir können, was wir tun und lassen, getrost in die Hände dessen legen, der selbst das Ackerfeld seiner Kirche bestellt und seine Kirche baut.

SCHLUSS: UNVERÄNDERTE KRITERIEN
Ich komme zum Schluss meines Vortrags. Sie werden vielleicht fragen, was ich denn nun sehr speziell zu den in Rede stehenden neuen Modellen kirchlicher Leitung, besonders den möglicherweise einzuführenden Jahresgesprächen sage. Das meiste, was ich dazu zu sagen habe ist implizit in diesen grundsätzlichen Überlegungen schon geschehen. Es gibt ja Stimmen, die sagen, mit diesen neuen Instrumenten kirchlicher Leitung und Führung stehe Grundlegendes etwa im Blick auf das geistliche Amt auf dem Spiel. Nun solle der Berufsstand der Pastorin und des Pastors an die Kandare gelegt werden. Nun wolle man Durchgriffsrechte von oben nach unten installieren und die Kirche wie ein Unternehmen führen. Freiheit und Vielfalt seien in Gefahr. Theologisch seien all diese Instrumente kaum zu begründen.

Ich hoffe der Vortrag hat Kriterien benannt, eigentlich hoffentlich nur erinnert, die durchgängig unsere Geschichte als Kirche der Reformation in ihren Strukturen geprägt haben. Sie gelten in gleicher Weise auch heute. Ich sehe in dem, was wir diskutieren, keine grundstürzenden Veränderungen in der Struktur kirchenleitenden Handelns. Die Visitation, die glücklicherweise in unserer Landeskirche sehr ernst genommen wird, gehörte von den ersten Jahren der Reformation an zu den Instrumenten kirchenleitenden Handelns. Sie war und ist ja auch zunächst nichts weiter als ein Verfahren verbindlicher Kommunikation, aus der nicht selten weitreichende Konsequenzen für einen Pastor oder eine Gemeinde gezogen worden sind. Vielfältige andere Formen von Beratung und Kommunikation sind aus den jeweiligen Erfordernissen der Zeit hinzugetreten. Die Pfarrkonferenzen bzw. Pfarrkonvente sind hier zu nennen, in denen intensiv über gemeinsame Fragen und Aufgaben beraten und miteinander theologisch gearbeitet werden soll. Begleitung durch Seelsorge und pastoralpsychologische Angebote, Gemeindeberatung und pastoralsoziologische Analyse, Fortbildung im Pastoralkolleg, Qualifizierungen für das Leitungsamt und vieles andere mehr sind zu nennen. Nun steht aus den Erfordernissen der Zeit heraus eine Neujustierung von Strukturen, Verfahren und Instrumenten kirchenleitenden Handelns auf dem Programm. Dazu gehören differenzierte Instrumente einer vorausschauenden und planenden Personalentwicklung, und darin auch das zur Einführung anstehende Jahresgespräch. Dazu gehört nach der Strukturreform der Kirchenkreise die Frage nach dem Profil des Amtes des Superintendenten, dem erhebliche Leitungsaufgaben zugewachsen sind. Dazu gehört die Frage nach der Bedeutung der Visitation, die stärker als früher zu einem Beitrag für einen Zielfindungsprozess in der ganzen Gemeinde werden kann und sollte. Über diese Fragen wird hier in guter evangelischer Tradition offen und intensiv debattiert.

Kurzum, ich hoffe Ihnen dargestellt zu haben, dass nicht eine grundstürzende Veränderung unserer Kirche ansteht, in der die grundlegenden, dem Bekenntnis verpflichteten Strukturen unserer Kirche berührt sind. Wenn doch, dann müssen wir darüber reden und streiten. Für mich geht es um die nüchterne Debatte darüber, wie wir unter den Bedingungen unserer Zeit und mit den zur Verfügung stehenden Mitteln in der Freiheit, die uns Bibel und lutherisches Bekenntnis geben, unsere kirchliche Arbeit organisieren, damit das Evangelium gehört werden kann und Menschen unserer Zeit zum Glauben finden können.

Jörg Seiter, Herbert Lindner

Nach vorne schauen

Die Visitationsordnung der Evangelischen Landeskirche in Baden

Visitation als Instrument für die Gemeindeentwicklung
Zu Recht findet die Visitation hohe Aufmerksamkeit, wenn es um die Suche nach zukunftsfähigen und vor allem kircheneigenen Leitungsformen geht. Ihre Praxis allerdings weist viele Probleme auf, weswegen in vielen Landeskirchen Bemühungen in Gang gekommen sind, das Visitationsgeschehen zu verbessern. Mitte der 90er Jahre begannen in der Evangelischen Landeskirche in Baden die konkreten Arbeiten für eine Novellierung der Visitationsordnung, die mit der Verabschiedung des Gesetzes im April 2000 durch die Landessynode ihren Abschluss fanden.

Dort heißt es bei der Beschreibung des Grundverständnisses u.a.: »*Das Leben der Menschen in der Gesellschaft hat sich – gerade auch in religiöser Hinsicht – mehr und mehr verändert. Die Bindekräfte von Institutionen und Traditionen sind schwächer geworden. Für eine Kirche, die sich als offene Volkskirche versteht, stellt dies neue Herausforderungen dar, denen in der vorliegenden Form der Kirchenvisitation Rechnung getragen werden soll.*« (Kirchliches Gesetz über die Ordnung der Visitation I. § 1, (6))

Wenig später heißt es bei der Beschreibung der Aufgaben und Ziele der Visitation:

»*Die Visitationskommission hat gleichermaßen die Aufgabe, die Besuchten durch Anerkennung der bisherigen Arbeit zu ermutigen, die hauptamtlichen und ehrenamtlichen Mitarbeiterinnen und Mitarbeiter zu stärken, als mit der Gemeinde Ziele der zukünftigen Arbeit zu vereinbaren und die Erfüllung der notwendigen Aufgaben zu überprüfen.*

Visitation orientiert sich an dem Auftrag der Kirche, »die Botschaft von der freien Gnade Gottes auszurichten an alles Volk« (Barmer Theologische Erklärung von 1934, These VI). Deshalb soll sie dazu beitragen, dass auch die Erwartungen der Menschen, die kaum Zugang zu den Aktivitäten der Gemeinde haben oder der Kirche distanziert-kritisch gegenüber stehen, in den Blick genommen und berücksichtigt werden.« (Kirchliches Gesetz über die Ordnung der Visitation I. § 2, (1) und (2))

Der sich darin ausdrückende Perspektivwechsel ist Ausdruck einer Reform kirchlicher Praxis durch die Reform eines gängigen Instrumentes. Er zielt darauf ab, Sichtweisen und Haltungen von Leitungsverantwortlichen zu verändern. Dies geschieht vor allem dadurch, dass das Visitationsgeschehen auf die zukünftige Arbeit hin ausgerichtet ist und die Zielbildung andere Instrumente als die bisherigen Primärerfahrungen nutzt. Zielbildungen finden nun in der Auseinandersetzung mit konkreten Daten aus der Gemeinde und ihrem Umfeld statt.

Das Visitationsgeschehen ist kein Besuch einer aufsichtsbehördlichen Kommission, vor der man sich darstellen muss, sondern vollzieht sich im geschwisterlichen Miteinander von Gemeinde, Mitarbeiterschaft, Gemeindeleitung und Visitationskommission, die aus Mitgliedern des Bezirkskirchenrates gebildet wird.

Das zeigt sich unter anderem daran, dass ...
- im Planungsgespräch zwischen Vorsitzender bzw. Vorsitzendem und Ältestenkreis/ Kirchengemeinderat über die Art der Umfrage, die zeitliche Terminierung und die Zusammensetzung der Visitationskommission gesprochen wird,
- der Ältestenkreis/ Kirchengemeinderat auf Grund der Erkenntnisse durch die Erhebung und Auswertung der Fragebögen und der Besprechung der gewonnenen Erkenntnisse durch die Gemeindegremien *gemeinsam mit der Visitationskommission* Ziele für die Gemeindearbeit in den kommenden Jahren entwickelt und diese in den Zielvereinbarungen festhält,
- die persönlichen Bescheide der bisherigen Form durch Stellungnahmen an die jeweils Betroffenen durch die Visitationskommission auf Grund der Gespräche und Protokolle während der Visitation ersetzt wurden

und
- die Visitation mit Ablauf des unmittelbaren Visitationsgeschehens abgeschlossen ist. Der Evangelische Oberkirchenrat erhält sämtliche Texte, die anlässlich der Visitation entstehen, bestätigt den Empfang und gibt gegebenenfalls eine Stellungnahme dazu ab.

So haben sich die Schwerpunkte der Visitation gegenüber der bisherigen Praxis deutlich verschoben:

Vom Rückblick ⟩hin zum Schwerpunkt⟩ **Zukunft der Gemeinde**

Wir fragen: Was haben wir vor?
Lag bei früheren Visitationen ein Schwerpunkt darauf »Rückblick zu halten« und sich die Ereignisse, Erfahrungen und Entwicklungen der letzten sechs Jahre zu vergegenwärtigen, so liegt nun ein Schwerpunkt darauf, nach vorne zu blicken und die Ziele der nächsten sieben Jahre festzulegen. Damit wird das Bestehende nicht über Bord geworfen, sondern auf seine Zukunftstauglichkeit überprüft. Die Visitationsordnung enthält neben bilanzierenden und kommunikativen nun verstärkt auch perspektivische Komponenten.

Von der beschreibenden ⟩hin zum Schwerpunkt⟩ **strukturierte**
Bestandsaufnahme **Bedarfserhebung**

Vorlaufende Berichterstattung als Anleitung zur Selbstwahrnehmung
Die bisherigen Visitationsberichte waren äußerst unterschiedlich – das konnte von der Abschrift des alten, vorigen Visitationsberichts über prächtige Bildermappen bis hin zu kirchengeschichtlichen Heimatbüchern reichen. Bildete bisher die eher beschreibende Bestandsaufnahme (pfarramtlicher Bericht) einen Schwerpunkt der Visitation, so steht nun die strukturierte vorlaufende Berichterstattung im Mittelpunkt der Vorbereitung; sie umfasst neben den Zielvereinbarungen der letzten Visitation und dem Protokoll eines sechs bis vier Jahre zurückliegenden Zwischenbesuchs eine Zusammen-

stellung der Gemeindedaten sowie die Auswertung von Fragebögen, die als Hilfsmittel zur Bestandsaufnahme und vor allem zur Ermittlung von Erwartungen eingesetzt werden. Gegebenfalls ist auch ein zusätzlicher Bericht möglich, der dadurch nicht erfasste Problemfelder oder besondere Situationen beschreibt. Die aus der vorlaufenden Berichterstattung gewonnenen Erkenntnisse bilden die Grundlage, um während der Visitation die Ziele für die kommenden Jahre schriftlich zu formulieren.

Von der Kerngemeinde hin zum Schwerpunkt ⟩ **Einbeziehung möglichst vieler Gemeindeglieder**

Den Blick weiten
Die Visitation will nicht nur die Kerngemeinde an der Visitation beteiligen, sondern vermehrt die Anliegen von Menschen aufnehmen, die bislang eher weniger Zugang zu den Aktivitäten der Gemeinde hatten oder deren Kontakte zur Gemeinde aus der Binnenperspektive nicht ausreichend wahrgenommen wurden. Dazu dienen Erhebungen mittels der Fragebögen. Durch sie werden sowohl die bestehenden Angebote der Gemeinde wie auch die Bedürfnisse und Erwartungen der Mitarbeitenden und vor allem die Wahrnehmung und Interessen der Gemeindeglieder erhoben und im Prozess der Visitation interpretiert.

Von der Aufgabenorientierung hin zum Schwerpunkt ⟩ **Zielorientierung**

Was sind unsere Ziele in den nächsten Jahren?
Hat sich Visitation bisher hauptsächlich an den Aufgaben orientiert, so wird nun das gemeinsame Erarbeiten und Festlegen von Zielen und das darauf abgestimmte Handeln wichtig.

Die Vorteile dieser Form von Visitation:

- Der Blick für die Gemeindesituation wird geschärft.
- Die Ergebnisse der Erhebungen bilden eine Argumentations- und Entscheidungsgrundlage für die Gemeindeleitung.
- Die Transparenz von Entscheidungen wird erhöht.
- Nicht Vermutungen, sondern gemeinsam interpretierte Daten bilden die Grundlage für Entscheidungen.
- Eine verbesserte Wahrnehmung von Menschen, die nicht zum Kern der Gemeinde gehören, ist möglich.

Die Verfahrenswege der Visitation sind auf Wiederholbarkeit angelegt. Sie kann sich der Ältestenkreis/ Kirchengemeinderat für seine missionarischen und gemeindeaufbauenden Aufgaben zunutze machen. So werden die ohnehin fälligen bzw. geplanten Einzelbemühungen gebündelt. Hat eine Gemeinde unabhängig von der Visitation Zielvorstellungen erarbeitet, können diese in das Visitationsgeschehen eingebracht werden; sie müssen nicht nochmals zusammengestellt bzw. erarbeitet werden. Für den Kirchenbezirk eröffnen die Zielvereinbarungen aller Gemeinden die Chance einer besseren Planung.

Der Ablauf einer Visitation

Eine Gemeinde sollte vom Visitationsgeschehen nicht überrascht werden, um es langfristig in die Gemeindearbeit einplanen zu können.

Vorbereitung:
Über das Planungsgespräch, das laut Visitationsordnung rechtzeitig vor der Visitation geschehen soll, weiß die Gemeinde durch den im Bezirkskirchenrat festgelegten Visitationsplan, in welchem Jahr sie visitiert wird. Mit diesem Wissen lassen sich die Fragebogenaktionen auch mit anderen Gegebenheiten des Gemeindelebens kombinieren, z.B. könnte die Umfrage unter den Gemeindemitgliedern ja auch am Gemeindefest, das ein Jahr vor dem Visitationsgeschehen stattfindet, durchgeführt werden.

Die vorlaufende Berichterstattung umfasst:

- die Zielvereinbarungen der letzten Visitation
- das Protokoll des Zwischenbesuchs
- die »Daten der Gemeinde«
- die Erfassung der Fragebogen
- die Auswertung der Ergebnisse durch den Ältestenkreis/ Kirchengemeinderat
- zwei Entwürfe unterschiedlicher Gottesdienste mit Predigten und
- einen kurzen Bericht zu den Zielen, den Schwerpunkten und Problemen der Arbeit – bezogen auf die Auswertung der Fragebögen.

Die Visitationskommission erstellt auf Grund der ihr vorliegenden vorlaufenden Berichterstattung ein Diskussionspapier für die Gespräche mit den verschiedenen Gremien der Visitation. Ebenso bereitet sich auch die Kirchengemeinde/ Pfarrgemeinde auf diese Gespräche durch die Beratung der Ergebnisse vor. Es ist darüber hinaus sinnvoll, die Auswertung der Fragebögen in der Gemeinde zu veröffentlichen und zu kommunizieren.

Durchführung:

Das Diskussionspapier der Visitationskommission wird mit allen haupt- und ehrenamtlich Mitarbeitenden der Gemeinde im Gemeindebeirat besprochen und die Gesprächsergebnisse festgehalten (Protokoll). Hier sollten auch die in den Fragebögen genannten Themen zur Sprache kommen. Im Lauf der »Visitationswoche« (siehe Übersichtsgraphik) finden Gespräche mit den hauptamtlich Mitarbeitenden sowie ein Gespräch mit dem Ältestenkreis/ Kirchengemeinderat in Abwesenheit der hauptamtlich Mitarbeitenden statt. Die Visitationsordnung eröffnet daneben viele weitere Möglichkeiten. So sind hier – je nach Gemeindesituation – eine Betriebsbesichtigung, der Besuch einer diakonischen Einrichtung vor Ort oder auch ein Empfang für Vertreter des öffentlichen und kirchlichen Lebens denkbar. Auch Besuche der Schuldekanin/ des Schuldekans bei den Rektorinnen/ Rektoren der entsprechenden Schulen, Konferenz der Visitationskommission mit allen Religionslehrkräften oder ein Treffen mit den Kollegien der entsprechenden Schulen sind möglich.

Nach vorne schauen

Auf Grund der vorlaufenden Berichterstattung und der Gespräche, die bis zu diesem Zeitpunkt geführt wurden, werden in einem abschließenden Gespräch zwischen dem Ältestenkreis/ Kirchengemeinderat und der Visitationskommission Zielvereinbarungen für die kommenden sieben Jahre formuliert. In einer Gemeindeversammlung werden diese Zielvereinbarungen bekannt gegeben.

Zwischenbesuch:
Im Abschlussgespräch mit dem Ältestenkreis/ Kirchengemeinderat wird der Termin des Zwischenbesuchs vereinbart. Er soll nach einem Jahr, spätestens im dritten Jahr stattfinden. Der Zwischenbesuch will helfen, dass der Impuls, der durch eine Visitation ausgelöst wird, nicht im Alltag des Gemeindelebens versickert und die gesteckten Ziele nicht in Vergessenheit geraten. Er bietet natürlich auch die Chance, die Zielvereinbarungen vor dem Ablauf von sieben Jahren zu überprüfen.

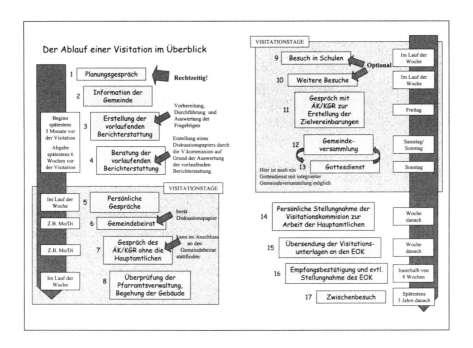

Jörg Seiter, Herbert Lindner

Durch die Visitation die Gemeinde besser wahrnehmen

Nur wenn man neugierig ist, andere Sichtweisen kennen zu lernen, kann man von den Einstellungen und Erfahrungen anderer Menschen etwas lernen, sein eigenes Wissen erweitern und sich so neue Handlungsmöglichkeiten eröffnen.

Gemeinde und gemeindliches Leben können je nach Blickwinkel und Standpunkt völlig unterschiedlich wahrgenommen werden. Ein hauptamtlich Mitarbeitender, der sich durch die Gemeinde vereinnahmt und überlastet fühlt, wird zu einer anderen Einschätzung kommen als die Leiterin des Frauenkreises, der durch Wegzug und Todesfälle in den letzten Jahren erheblich geschrumpft ist; ein regelmäßiger Besucher des Hauptgottesdienstes am Sonntagmorgen wird das gottesdienstliche Leben der Gemeinde anders wahrnehmen und einordnen als die Familie aus dem Neubaugebiet, die sich nur bei den dreimal im Jahr stattfindenden Familiengottesdiensten in der Kirche angenommen und wohl fühlt. Jemand, der in die Gemeinde neu zugezogen ist, wird Aktivitäten und Angebote anders beurteilen als ein Gemeindeglied, das nie eine andere Gemeinde erlebt hat.

Um die Gemeinde und ihre Aktivitäten in all ihrer Vielfalt wahrzunehmen, ist es deshalb hilfreich, verschiedene Standpunkte und Blickwinkel einzunehmen und ganz unterschiedliche Menschen zu Wort kommen zu lassen. In der Visitation ist deshalb der Einsatz von Fragebogen vorgesehen. Mit ihrer Hilfe soll der Blick geweitet werden und die Basis für gute Entscheidungen in der Gemeinde verbreitert werden. Diese Fragebogen werden den Gemeinden durch den Evangelischen Oberkirchenrat zur Verfügung gestellt. Die einheitlichen Fragebogen erleichtern die Auswertung. Diese muss nicht von jeder Kirchengemeinde neu erfunden werden. Für die Interpretation der Ergebnisse sind Querverbindungen zwischen den einzelnen Fragen wichtig und nur möglich, wenn die Fragebogen vollständig bleiben.

Die einheitlichen Fragebogen bewahren vor einer möglichen Begrenzung der Sichtweise bei der Erstellung eines eigenen Fragebogens. Durch die flächendeckende Verwendung einheitlicher Fragebogen bieten sich Vergleichsmöglichkeiten – mit anderen Gemeinden, für die Planungen auf landeskirchlicher Ebene, aber auch z.B. mit den EKD-Studien. Ergebnisse und Erfahrungen anderer können so für die eigene Arbeit nutzbar gemacht und Gemeindesituationen besser analysiert werden. Schwerpunkte kirchlicher Arbeit in einer Region können in Kenntnis von Meinungen und Einstellungen von Gemeindegliedern erarbeitet werden. Mit der Zeit entsteht so eine aufschlussreiche Beschreibung der kirchlichen Landschaft der Landeskirche in lokalen Detailansichten, ein wichtiges Ergebnis der systematischen Erkundung.

Wenn Gemeinde in einen Dialog mit den Menschen eintritt, die sich nicht zur Kerngemeinde zählen, und nach den Interessen, Erfahrungen und Erwartungen auch dieser Gemeindemitglieder fragt, heißt das nicht, dass dadurch die Wahrnehmung der Fähigkeiten und Begabungen und des zeitlichen Engagements aller Mitarbeitenden vernachlässigt wird.

Je mehr Standpunkte in den Betrachtungsprozess einfließen, desto genauer wird die Beschreibung der Gemeinde. Und nur durch das Wahr- und Ernstnehmen sowohl der Interessen, Wünsche und Erwartungen der Gemeindemitglieder wie auch der Erwartungen und Fähigkeiten und Absichten der ehrenamtlich und hauptamtlich Mitarbeitenden wird es gelingen, zu realistischen Zielvereinbarungen für die Gemeindearbeit zu kommen.

Für die *Umfrage unter den Gemeindegliedern* stehen zwei Fragebogen alternativ zur Verfügung, die sich in Länge und Aufbau unterscheiden.

Jörg Seiter, Herbert Lindner

Gemeindefragebogen »K«

EvangelischeLandeskirche in Baden

Uns interessiert,
was Sie von unserer Arbeit halten und erwarten

Eine Umfrage Ihrer Kirchengemeinde

Die Gemeinden der evangelischen Landeskirche in Baden wollen in ihrer Arbeit dem Leben und dem Glauben dienen. Grundlage ist für sie die Botschaft der Bibel von der freundlichen Zuwendung Gottes zu allen Menschen. Diese gute Nachricht wollen sie zeitgemäß und verständlich weitergeben.

Bitte helfen Sie uns dabei, indem Sie uns Ihre Meinung wissen lassen.

Manche Fragen lassen sich ganz rasch beantworten. Manche werden Sie etwas genauer ansehen müssen. Wir haben uns bemüht, Ihnen die Antwort so leicht wie möglich zu machen. Bei vielen Fragen können Sie einfach ein Kreuzchen machen. Das wird nicht immer alle Feinheiten Ihrer Meinung erfassen können – aber wenn Sie sich in der Richtung der Aussage wiederfinden, ist das für uns eine ganz wichtige Information. An vielen Stellen können Sie zusätzliche Bemerkungen machen, um Ihre Meinung noch besser auszudrücken.

Berührungspunkte

A. Ich bin seit [1] Mitglied dieser Kirchengemeinde / Pfarrgemeinde.

Bitte Jahreszahl einfügen.

B. Die Verbundenheit zu einer Gemeinde kann verschieden stark sein.

Bitte kreuzen Sie an, was für Sie zutrifft!

Ich fühle mich dieser Gemeinde ...

1 ☐ sehr verbunden
2 ☐ ziemlich verbunden
3 ☐ etwas verbunden
4 ☐ eher weniger verbunden
5 ☐ überhaupt nicht verbunden

C. Ich würde mich über einen Besuch des Pfarrer, einer Pfarrerin bei folgenden Anlässen freuen:

1 ☐ an einem runden Geburtstag ab 70 Jahre
2 ☐ bei jedem Geburtstag
3 ☐ wenn ich neu in eine Gemeinde zuziehe
4 ☐ bei einem anderen Anlass

D. Der Kontakt bei diesen Anlässen mit einem Gemeindemitglied, das diese Aufgabe ehrenamtlich wahrnimmt wäre mir genauso recht

1 ☐ Ja   2 ☐ Nein

Gemeindefragebogen „K"

Gemeindefragebogen »L«

Uns interessiert, was Sie von unserer Arbeit halten und erwarten

Eine Umfrage Ihrer Kirchengemeinde

Die Gemeinden der evangelischen Landeskirche in Baden wollen in ihrer Arbeit dem Leben und dem Glauben dienen. Grundlage ist für sie die Botschaft der Bibel von der freundlichen Zuwendung Gottes zu allen Menschen. Diese gute Nachricht wollen sie zeitgemäß und verständlich weitergeben.

Bitte helfen Sie uns dabei, indem Sie uns Ihre Meinung wissen lassen.

Manche Fragen lassen sich ganz rasch beantworten. Manche werden Sie etwas genauer ansehen müssen. Wir haben uns bemüht, Ihnen die Antwort so leicht wie möglich zu machen. Bei vielen Fragen können Sie einfach ein Kreuzchen machen. Das wird nicht immer alle Feinheiten Ihrer Meinung erfassen können – aber wenn Sie sich in der Richtung der Aussage wiederfinden, ist das für uns eine ganz wichtige Information. An vielen Stellen können Sie zusätzliche Bemerkungen machen, um Ihre Meinung noch besser auszudrücken.

Evangelische
Landeskirche
in Baden

Gemeindefragebogen „L"

Im Fragebogen »Kurz« wurde auf einige Fragen aus der Version »Lang« verzichtet. Die etwas längere Fassung ist großzügiger und lesefreundlicher gestaltet und beinhaltet einige weitere Fragen zur Lebenswirklichkeit und Lebensgestaltung. In beiden Fragebogen kommen die Gemeindeglieder zu Wort. Menschen, die sich schon immer treu zu ihrer Kirchengemeinde halten, wie Menschen, die der Gemeinde distanziert oder auch kritisch gegenüber stehen, junge Menschen genauso wie alte. Indem die Gemeinde durch die Umfrage mit den unterschiedlichsten Menschen in einen Dialog tritt, erfährt sie viel mehr über sich und ihre Außenwirkung, als sie das jemals könnte, wenn sie sich nur auf die Erfahrungen der Kerngemeinde verlässt. Und nur wenn sie die Grundlage dafür hat, verstehen zu können, was die Menschen in der Gemeinde denken und tun und welche Erwartungen sie haben, kann sie die Aktivitäten und Angebote der Gemeinde entsprechend gestalten. Es geht dabei aber nicht darum, durch die gewonnenen Informationen kurzschlüssig Bedürfnisse zu befriedigen, sondern darum, der Lebenswirklichkeit der Menschen nachzuspüren, um dann den Auftrag der Gemeinde zeitnäher und verständlicher erfüllen zu können.

Die Fragebogen bieten darüber hinaus die Chance, die Gemeinde ins Bewusstsein der einzelnen Menschen zu bringen und so einen Prozess des Wahrnehmens, vielleicht des Mitlebens und eventuell auch des Mitarbeitens auszulösen. Die Erfahrungen zeigen, dass die Fragebogen für die Mehrheit der Gemeindesituationen passen, auch wenn sie natürlich unterschiedlich wahrgenommen werden. Besondere Situationen (etwa ein hoher Anteil an Spätaussiedlern) sollten durch unterstützende Maßnahmen begleitet werden, z.B. durch Vorstellung und Erläuterung des Fragebogens in einer speziellen Veranstaltung oder ein Rundgespräch mit Interessierten über die einzelnen Fragestellungen.

Es ist in der Regel nicht möglich, alle Gemeindeglieder zu befragen. Dies ist aber auch nicht nötig. Drei Wege unterschiedlicher Aussagekraft sind denkbar:

1. Repräsentative Querschnitte
Ein »repräsentativer Querschnitt« erlaubt es, nur einen Teil zu befragen und dennoch aussagekräftige Informationen über alle zu gewinnen. Für die Genauigkeit wäre es das beste Verfahren, eine möglichst zufällige Stichprobenauswahl aus der Gemeindekartei zu treffen, also etwa jede 5. bis 8. Person (je nach Gemeindegliederzahl) auszuwählen.

2. Geschlossene Gruppen
Leichter ist es, mit geschlossenen Gruppen in Kontakt zu kommen und sie um die Beantwortung der Fragen zu bitten. Solche Gruppen besonderen Interesses könnten sein: Schulklassen, Gemeindegruppen, die Besucherinnen und Besucher eines Gottesdienstes, Kindergarteneltern, Konfirmandeneltern. Hierbei ist es wichtig, Vollständigkeit der jeweils Teilnehmenden und der Antworten zu erreichen. Dies kann durch ein »gestütztes« Bearbeiten der Fragen erreicht werden. D.h., dass im Idealfall die Fragen gemeinsam durchgegangen werden – aber ohne einzelne Fragen besonders hervorzuheben oder einen Meinungsdruck entstehen zu lassen, der das Ergebnis beeinflussen könnte. Auf jeden Fall sind diese Bogen je nach Gruppe zu kennzeichnen und zunächst getrennt auszuwerten, um die verschiedenen Erfahrungswelten nachvollziehen zu können.

3. Suche nach der Breitenwirkung
Umfragen haben auch eine aktivierende Wirkung. Der Fragebogen ist deshalb so gestaltet, dass er auch »Lust« auf Gemeinde machen kann, und Menschen auf Gedanken bringt, die sie bislang noch nicht im Zusammenhang mit der Gemeinde gedacht haben. Er kann deshalb beispielsweise am Gemeindefest sowie bei anderen Aktionen verteilt werden. Auch hier sollte die Chance genutzt werden, über die Inhalte ins Gespräch zu kommen.

EHRENAMTLICH MITARBEITENDE sind der große Reichtum der Gemeinde. Dieses Potenzial gilt es zu pflegen. Natürlich mag es in einer kleineren, überschaubaren Gemeinde der Fall sein, dass die im Pfarrdienst Tätigen ihre Mitarbeitenden kennen, aber gilt das auch für den Ältestenkreis bzw. Kirchengemeinderat oder für eine größere Gemeinde? Zumal eine eigene Einschätzung immer authentischer ist als die Interpretation durch einen anderen.

Ehrenamtliche Mitarbeit

1. Meine ehrenamtlichen kirchlichen Tätigkeiten

Bitte nennen Sie jede abgrenzbare und regelmäßige Tätigkeit in dieser Gemeinde. Vergessen Sie nicht die Mitgliedschaft in Chören und Instrumentalgruppen zu erwähnen. Unterscheiden Sie bitte, ob sie dies leitend (L) oder durchführend (D) tun. Notieren Sie bitte auch auf, wenn Sie darüber hinaus auf anderen Ebenen der Landeskirche ehrenamtlich tätig sind (G = Gemeinde, K = Kirchenbezirk, L = Landeskirche).

Bitte drücken Sie den Zeitaufwand in Wochenstunden aus, auch wenn die Tätigkeit nicht wöchentlich ausgeübt wird.

Nr.	Ebene der Mitarbeit	Bezeichnung	Art der Tätigkeit (L/D)	Beginn (Datum)	Zeitaufwand (durchschn. Stunden in der Woche)
A	1	2	3	4	5
B	6	7	8	9	10
C	11	12	13	14	15

2. Die Unterstützung meiner ehrenamtlichen Tätigkeit - Erwartungen und Wirklichkeit

Bitte gehen Sie die Liste Punkt für Punkt durch und tragen Sie für jede Tätigkeit sowohl Ihre Erwartungen (E) wie die Wirklichkeit (W) ein – eine „1" steht für „wenig, fast nichts", eine „2" für „etwas" und eine „3" für „viel".

Art der Unterstützung für meine Tätigkeit(en)	Tätigkeit A		Tätigkeit B		Tätigkeit C	
	E	W	E	W	E	W
Wahrnehmung und Würdigung meiner Tätigkeit(en)	16	17	18	19	20	21
Vorbereitung auf die Tätigkeit und Einführung/ Einarbeitung	22	23	24	25	26	27
Mitwirkung bei wichtigen Entscheidungen der Gemeinde	28	29	30	31	32	33
Fachliche Unterstützung und Begleitung	34	35	36	37	38	39
Beratung und Fortbildung	40	41	42	43	44	45
Persönlicher Austausch und Verbindung mit anderen Mitarbeitenden	46	47	48	49	50	51
Geistliche Begleitung durch Einkehrtage, Wochenenden o.ä.	52	53	54	55	56	57
Auslagenersatz	58	59	60	61	62	63
Finanzielle Unterstützung	64	65	66	67	68	69
Ausstattung mit Arbeitsmaterialien	70	71	72	73	74	75
Information über wichtige Ereignisse in der Gemeinde	76	77	78	79	80	81
Informationen über die Arbeit der Landeskirche und des Bezirks	82	83	84	85	86	87

Die wichtigen Einzeleindrücke brauchen einen Rahmen, in dem sie eingeordnet und verstanden werden können. Deshalb kommen im Fragebogen »*Ehrenamtliche Mitarbeit*« die Mitarbeitenden der Gemeinde zu Wort.

Umfragen über die eigene Tätigkeit sind für alle Beteiligten anregend, weil sie ihre alltägliche Arbeit einmal gründlich beleuchten. Natürlich bedeutet das auch zusätzliche Arbeit. Je höher die Beteiligung an der Umfrage ist, desto tragfähiger sind die Ergebnisse. Es lohnt sich deshalb bei dieser und bei den anderen Umfragen anlässlich der Visitation sorgfältig vorzugehen und durch eine gute Vorbereitung und Durchführung einen möglichst hohen Rücklauf ausgefüllter Bogen zu erreichen. Der Fragebogen für Ehrenamtliche sollte auf jeden Fall Vollständigkeit des Rücklaufs anstreben.

IN DEN ANGEBOTEN DER GEMEINDE verdichtet sich ihr Auftrag. Was angeboten wird, wie viel Aufmerksamkeit und Zeit einzelnen Tätigkeiten gewidmet wird, das zeigt, wie eine Gemeinde ihren Auftrag an diesem Ort versteht. Natürlich kennen die Verantwortlichen die Angebote und Gemeindeglieder können sie dem Gemeindebrief entnehmen. Aber nur die systematische Bestandsaufnahme bietet für die Analyse der Einzeleindrücke einen Verständnisrahmen. Diese Bestandsaufnahme liegt in einigen Gemeinden bereits vor und kann entsprechend ergänzt oder wird durch persönliche Gespräche und Telefonate durch das Pfarramt erstellt werden. Sie ermöglicht einen ersten Hinweis auf die Bedürfnisse und Reaktionen der Gemeindeglieder. Im Bestehenden spiegeln sich Stärken und Schwächen des Bisherigen. Wer dieses Bild versteht, hat eine gute Basis, an Neues zu denken.

Die Themenbereiche der Erhebung »Uns interessiert, was Sie von unserer Arbeit halten und erwarten« und ihre Aussagen

Berührungspunkte
Die Fragen unter dem Schwerpunkt »Berührungspunkte« geben Aufschluss über die Reichweite der Angebote und fragen gleichzeitig nach der Resonanz. Dies bildet die Basis für jede weitere Planung. Über die Bedürfnisse und Wünsche der Gemeinde geben die Zahlen des gegenwärtigen Zustands wichtige erste Hinweise.

Jörg Seiter, Herbert Lindner

Interessen, Erwartungen, Einstellungen
Das bestehende Angebot ist eine Wechselwirkung zwischen den Möglichkeiten und Einsichten der Verantwortlichen und den Gemeindegliedern – sofern sie von dem Angebot wissen konnten!

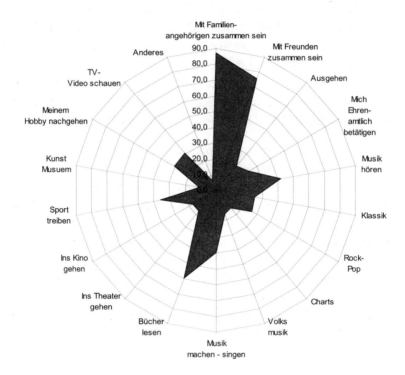

Für zukünftige Angebote sind noch weitere Informationen wichtig. Dazu dienen die Fragen nach den Interessen. Sie geben erste wichtige Hinweise auf Wünsche und Einstellungen der Gemeindeglieder. Zu beachten ist, dass hinter den Antworten nicht immer die gleichen Vorstellungen vom Gewünschten stehen. Es bedarf immer zusätzlicher interpretatorischer Überlegungen, um von den beschriebenen Wünschen zu erfolgreichen Angeboten zu kommen.

Reichweite und Annahme von Veranstaltungen
Nicht erst in den Wünschen und Erwartungen der Mitglieder, auch im Erleben des gegenwärtigen Angebots einer Gemeinde sind wertvolle Informationen für die künftige Entwicklung enthalten. Deshalb enthält der Erhebungsbogen eine Bilanzierung des bisherigen Angebots nach Besuchshäufigkeit und Eindruck. Zunächst ist die Information wichtig, welche Angebote überhaupt genutzt werden und welche auf geringere Resonanz stoßen.

Dann ist die Besuchshäufigkeit von Bedeutung. Ein hoher Anteil von regelmäßig Besuchenden weist auf eine große Intensität, aber auf eine geringere Reichweite hin. Ein hoher Anteil von unregelmäßigen Besuchern zeigt eine größere Reichweite, aber eine geringere Intensität. Eine gute Mischung ermöglicht die breiteste Wirkung, stellt aber in der Gestaltung nicht geringe Ansprüche, denn die regelmäßigen und die sporadisch Besuchenden unterscheiden sich in ihren Erwartungen nicht selten deutlich. Vor allem für das Profil der Gottesdienstbesucher ist dies aufschlussreich.

Mit welchen Eindrücken die Besuchenden die Angebote wieder verlassen, zeigt deren Resonanz. Auch hier enthält der absolute Wert wieder eine wichtige Information, wie die Angebote ankommen. Die Werte können hier mit einigem Recht genau betrachtet werden. Denn der Besuch ist ja schon eine erste positive Grundentscheidung. Die Vergleiche zwischen den Angeboten lassen zum einen natürlich Rückschlüsse auf die Angebote, zum anderen aber auch Rückschlüsse auf die Erwartungslagen der Gemeindeglieder zu.

Um diese beiden Fragestellungen zu verknüpfen wird eine zusammenfassende Auswertung angeboten. Sie zeigt eine Verbindung der beiden Fragestellungen und erlaubt differenzierte Urteile: Wie urteilen die regelmäßigen, wie die unregelmäßigen Besucher? Dies erlaubt die Einteilung der Angebote, aber auch die Einschätzung der Besuchenden.

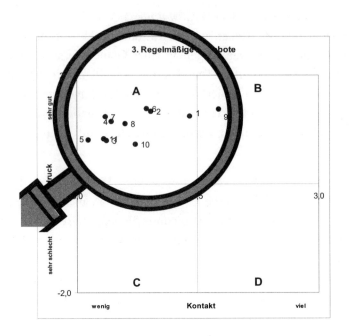

Zu meiner Person

Die eher »äußerlichen« Merkmale aus dem Fragebereich »Zu meiner Person« lassen Zielgruppen deutlicher hervortreten. Die Auswertung kann hiermit das Profil hinsichtlich der Bindung zur Kirchengemeinde und im Blick auf das Geschlecht und die Altersgruppen herausarbeiten. Durch den Vergleich mit den Daten der Gesamtheit der Mitglieder lässt sich abschätzen, welche Verzerrungen durch den Rücklauf entstanden sind und wo dementsprechend die Interpretation vorsichtig vorzugehen hat, um unzulässige Verallgemeinerungen zu vermeiden.

Milieugruppen

Milieus beschreiben Lebensstile. Sie werden aus den klassischen Merkmalen von Alter und Bildung gebildet, sie unterscheiden sich aber auch nach »alltagsästhetischen« Zeichen wie Musikgeschmack oder bevorzugter Freizeitbeschäftigung und nach grundlegenden Werten wie der Einstellung zu Tradition, Arbeit und Lebensgenuss.

Die Auswertung verwendet die Einteilung von G. Schulze aus seinem Buch »Die Erlebnisgesellschaft« (Frankfurt 1992), mit der die Diskussion über die Milieus auf breiter Basis eröffnet wurde. Diese Einteilung ist inzwischen vielfach verfeinert worden, zur Einführung in das Denken ist sie aber am leichtesten zugänglich und wird auch der in einem Fragebogen erfassbaren Datenlage am ehesten gerecht.

Ein Beispiel für die Zusammensetzung einer Gemeinde im ländlichen Raum:

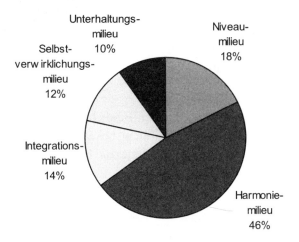

Glaubens-Typ
Glaube in der Volkskirche prägt sich unterschiedlich aus. Es geht nicht einfach um ein »mehr« oder »weniger«. Die Gliederung der Antwortenden in die Gruppen: »Glaubende mit Gemeindebindung / Glaubende ohne Gemeindebindung / Kritischer Glaube im Gemeindekontext / Suchender Glaube / Offener Glaube« hat einen wichtigen Erkenntnisbeitrag über die in der Gemeinde vorhandene »Glaubenslandkarte«.

Teilnahme-Typ
Die Gottesdienstgemeinde zeigt eine große Bandbreite von Verhaltensweisen, die ähnlich wie bei den Glaubenstypen in sich recht stabile Teilnahmeformen sind, die nicht einfach als »mehr« oder »weniger« zu verstehen sind, sondern ein Verstehen und Begleiten im Einzelfall nötig machen.

Mobilität

Gemeindeglieder können in verschiedenen kirchlichen Bezügen leben. Deshalb ist es wichtig, ihre Mobilität in »Sachen Kirche« zu kennen. Das Ergebnis kann in zwei Richtungen gedeutet werden: Wie flexibel werden Gemeindeglieder auf Strukturänderungen reagieren? Wie liegt die Gemeinde im Vergleich zu anderen Gemeinden (zieht sie eher an, gibt sie eher ab)?

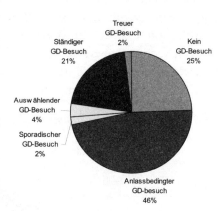

Frömmigkeit und Lebensgestaltung
Die Umfrage erhebt einen persönlichen Bereich, der in der Regel den Verantwortlichen in Kirchengemeinden nicht bekannt ist und die Frage aufwirft, was für die verschiedenen Zugänge zur Frömmigkeit getan werden kann.

Interessenrichtung
Aus den Interessen sind Gruppen gebildet worden. Sie können dazu dienen, die Kommunikation der Gemeinde zu überprüfen, ob etwa im Gemeindebrief oder in der Predigt solche Themen aufgegriffen und gestaltet werden. Nicht zwangsläufig sind solche Themen auch Kristallisationspunkte für ausdrückliche Angebote. Es muss noch mehr zusammenkommen als ein interessantes Thema, wenn ein Angebot gelingen soll!

Nach vorne schauen

Ein Beispiel:

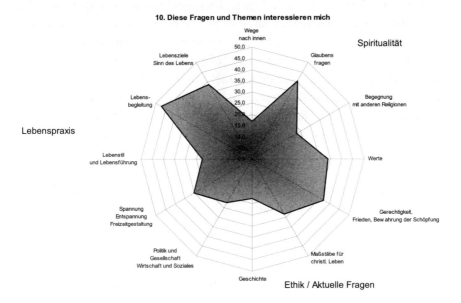

Das Ziel der Visitation: Ziele vereinbaren

»Wenn Du weiterhin nur das tust, was Du schon immer getan hast, wirst Du auch nur das erreichen, was Du immer schon erreicht hast.«

(Abraham Lincoln, amerik. Präsident)

Zielvereinbarungen, die während einer Visitation gemeinsam zwischen Gemeinde und Visitationskommission erarbeitet und schriftlich festgehalten werden, ermöglichen es, die Energien in der Gemeinde im Sinne des Gemeindeaufbaus zukunftsorientiert zu bündeln. Sie helfen Missverständnisse und Unklarheiten zu vermeiden und/oder tragen zur konstruktiven Bearbeitung von Ziel- oder Richtungskonflikten bei.

- Ziele zu benennen, hilft die Effizienz der Arbeit zu erhöhen, d.h. das, was man tut, richtig zu tun.
- Ziele zu benennen, hilft aber vor allem auch die Effektivität zu steigern, d.h. die richtigen Dinge zu tun.

Diese Zielvereinbarungen sind Teil oder Schritte auf dem Weg zur Verwirklichung einer Vision des zukünftigen Gemeindelebens. Sie zeigen, was die Gemeinde in den kommenden Jahren gerne sein, tun und erreichen möchte. Die Gemeindeleitung und alle haupt- wie ehrenamtlich Mitarbeitenden wissen ebenso wie jedes Gemeindeglied, wofür diese Gemeinde steht wie sie ihren Auftrag sieht. Ziele, die im Rahmen von Zielvereinbarungen während einer Visitation festgehalten werden, beziehen sich nicht auf die alltäglichen oder so genannten Routinetätigkeiten. Sie sollen vielmehr die Schwerpunktsetzung der Gemeindearbeit in den nächsten Jahren voranbringen.

Dazu dienen folgende Kennzeichen:

- Die Konzentration auf die etwa drei bis fünf wichtigsten Ziele. (Weitere Vorhaben sollten auf »Wiedervorlage« zu einem späteren Termin gelegt werden.)
- Die Ziele sollen präzise formuliert, die Kriterien der Erreichung des entsprechenden Zieles klar festgelegt sein.
- Ziele sollen in einem überschaubaren Zeitraum erreicht werden. Dieser Zeitpunkt ist Teil der Zielvereinbarungen.
- Ziele sollen realistisch sein, d.h. zum gegebenen Zeitpunkt erreichbar. Sie sollen weder eine Über- noch eine Unterforderung darstellen. Ziele sollen dabei aber durchaus herausfordernd sein. Sie werden nicht einfach so erreicht, sondern Konzentration und bewusste Anstrengung ist dafür notwendig. Die vereinbarten Ziele müssen sowohl von den haupt- wie auch von den ehrenamtlich Mitarbeitenden der Gemeinde getragen und akzeptiert werden.
- Werden Ziele zu hoch oder unrealistisch formuliert und abgesteckt, besteht die Gefahr, dass die Mitarbeitenden resignieren, weil sie keine Chance eines Erfolgserlebnisses sehen. Mitarbeiterinnen und Mitarbeiter, die sich überfordert fühlen, verausgaben sich, brennen aus und/oder ziehen sich zurück.
- Wenn Ziele in Pläne für konkretes Handeln umgesetzt werden, bleiben sie keine utopischen Wunschvorstellungen, sondern wecken Energie und motivieren zur Mitarbeit.

Es gibt unterschiedliche Arten von Zielen. Sich bewusst zu sein, welche Art von Ziel man mit Aktivitäten erreichen will, hilft das Ziel realistisch zu formulieren, Missverständnisse auszuschließen und Kräfte richtig zu fokussieren. Manchmal ist es notwendig, in einer Zielvereinbarung unterschiedliche Zielarten miteinander zu verbinden. Je klarer dann die einzelnen Punkte benannt sind, desto leichter lässt sich die Umsetzung in Angriff nehmen.

Je konkreter ein Ziel benannt wird, desto genauer kann man feststellen, an welchem Punkt des Weges hin zu diesem Ziel man steht und ob man gegebenenfalls Maßnahmen ergreifen muss. Deshalb müssen Ziele so formuliert sein, dass ihr Erreichen auch überprüft werden kann. Dabei ist es klar, dass qualitative Ziele schwerer messbar sind als quantitative und dafür jeweils eigene Kriterien erarbeitet werden müssen.

Einige Zielarten mit Beispielen aus dem Gemeindeleben:

1. Finanzielle Ziele
   Das könnte in einer Gemeinde z.B. bedeuten, dass man sich vornimmt, in verschiedenen Arbeitsbereichen im nächsten Jahr Ausgaben um eine bestimmte Summe oder einen Prozentsatz zu senken, um damit Gelder frei zu bekommen, um z.B. eine neue Aufgabe zu beginnen bzw. zu finanzieren. Es könnte aber auch heißen, dass man sich vornimmt, in einem Zeitraum das Spendenaufkommen beispielsweise zu verdoppeln.

2. Angebotsorientierte Ziele
   Auf Grund der durch die Umfrage gewonnenen Erkenntnisse beschließt eine Gemeinde ein neues Angebot für eine bestimmte Zielgruppe.

3. Mitarbeiterorientierte Ziele
   Die in der Umfrage »Ehrenamtliche Mitarbeit« wahrgenommene Stimmungslage führt z.B. zu der Erkenntnis, dass im Bereich der Schulung und Begleitung von Mitarbeitenden verstärkt Angebote gemacht werden müssen. Messbares und überprüfbares Ziel könnte es sein, bei der nächsten Umfrage »Ehrenamtliche Mitarbeit« in diesem Punkt eine höhere Punktzahl zu erhalten.

4. Mitgliederorientierte Ziele
Die Leitung der Gemeinde nimmt z.B. wahr, dass bei der Fragestellung nach der persönlichen Tagesgestaltung das Aufsuchen von Orten, an denen ich zur Ruhe kommen kann, bei vielen der Gemeindemitglieder eine große Rolle spielt, und beschließt daraufhin, die Kirche zu verschiedenen Zeiten zu öffnen und dies entsprechend öffentlich zu machen. Gegebenenfalls müssen dafür Mitarbeiterinnen und Mitarbeiter gewonnen werden.

5. Quantitative Ziele
Der Gemeindebrief, der bisher zwei Mal im Jahr erschien, soll zukünftig vier Mal erscheinen. Die durchschnittliche Besucherzahl der Gottesdienste, die momentan 5% beträgt, soll auf 7% gesteigert werden. Neu Zugezogene sollen nicht mehr irgendwann, sondern bis spätestens zwei Monate nach ihrem Zuzug besucht werden.

6. Qualitätsziele
Der Gemeindebrief, der bislang fotokopiert wurde, soll in Zukunft im Vier-Farb-Offsetdruck in einer Druckerei erstellt werden. Einer dafür interessierten Mitarbeiterin bzw. einem Mitarbeiter soll daher ermöglicht werden, sich im Bereich Layoutgestaltung dafür fortzubilden.

Manchmal wird von verschiedenen Personen unter einem Ziel etwas völlig Unterschiedliches verstanden. Deshalb dürfen Ziele nicht einfach nur benannt werden, sondern sie müssen hinterfragt, erklärt und zu gemeinsam verstandenen Zielen entwickelt werden.

Ausblick

Die Erfahrungen mit der »neuen« Visitationsordnung sind ermutigend, wenngleich der Perspektivwechsel »nach vorne zu schauen« und vor allem die Bedarfserhebung durch die Fragebogen mitunter den Gemeinden schwer fallen.

Von »*Der Aufwand ist zu groß*« – »*Was da heraus kommt, wusste ich doch alles schon. Ich kenne doch meine Gemeinde*« – bis zu »*Das bildet unsere Arbeitsgrundlage für die nächsten sieben Jahre*« – »*Toll, endlich lässt sich Kirche auch einmal auf moderne Methoden ein*« reicht die Palette der Rückmeldungen.

Noch haben auch nicht alle Gemeinden den siebenjährigen Turnus durchlaufen und werden bereits zum zweiten Mal nach dieser Ordnung visitiert und greifen dabei auf ihre Ersterfahrungen zurück, aber positiv und hilfreich erlebte Visitationen ziehen Kreise und motivieren Nachbargemeinden. Schulungs- und Beratungsangebote unterschiedlicher Art helfen darüber hinaus Kirchenältesten bzw. Kirchengemeinderäten bei der Vorbereitung und Durchführung. Manche Gemeinden haben die Fragebogen bereits außerhalb einer Visitation mit Erfolg eingesetzt, um zu einer verlässlichen Datenbasis für ihre Arbeit zu gelangen.

Die weitere Arbeit an der Visitationspraxis und den verschiedenen Arbeitsmaterialien wird durch eine Arbeitsgruppe koordiniert. Ihre wissenschaftliche Begleitung geschieht durch Prof. Dr. Herbert Lindner (Feucht-Neuendettelsau). Die fortlaufende Rückkoppelung an Meinungen und Erfahrungen mit Visitationen vor Ort fördert die Verbesserung der verschiedenen Instrumente und ermöglicht praxisnahe Weiterentwicklungen.

So liegen mittlerweile Fragebogen für spezielle Situationen und Zielgruppen sowie umfangreiche Arbeits-, Verständnis- und Präsentationshilfen für die Fragebogen vor.

Die Autorinnen und Autoren dieses Bandes

HERBERT ASSELMEYER, Jahrgang 1953. Studium der Pädagogik und Wirtschafts- und Sozialpsychologie; Dr. phil. M.A. Hochschullehrer für Organisationspädagogik an der Stiftung »Universität Hildesheim«, (FB I, Institut für Sozial- und Organisationspädagogik); Geschäftsführer des Führungskräfte-Masterstudiengangs Organization Studies; Regierungsberater, Organisationsberater und Gutachter im Bildungs- und Hochschulbereich im In- und Ausland; Organisationsberater für mehrere Landeskirchen (aktueller Schwerpunkt: Kirchliche Regionenentwicklung); im Ehrenamt derzeit Vorsitzender des Kirchenrats Angerstein, Mitglied der Bezirkssynode des evangelisch-reformierten Verbands »Plesse« und Mitglied der Gesamtsynode der evangelisch-reformierten Landeskirche.

Veröffentlichungen: • Die Gemeindekonferenz. Eine Gemeinde geht in Klausur, in »Gemeinde leiten« 5 (2004), S.3f. • mit H. Behrmann, M. Gierow, J. Hermelink u.a.: Lernende Organisation Kirche, Leipzig 2004. • Was man aus dem Projekt und dem Prozess der Kirchenkreisreform im Sprengel Göttingen lernen kann. Oder: Von »lernenden« und »dummen« Organisationen, in: W. Vögele (Hrsg.): Die Krise der Kirchen ist eine große Chance! (»Loccumer Protokolle« 17/99). Loccum 1999, S.164-179 • mit M. Lohmeyer/ B. Oelker/ Mitgliedern der Projektkommission (Hrsg.): Empfehlungen für einen Kirchenkreis neuen Typs und für eine räumliche Neuordnung der Kirchenkreise im Sprengel Göttingen, Göttingen/Hildesheim 1998.

Kontakt: http://www.asselmeyer.de/herbert/kirchenkreisreform.htm.

PETER BURKOWSKI, Jahrgang 1958. Studium der Ev. Theologie und Pädagogik, Pfarrer, Gemeindeberater, Superintendent des Evangelischen Kirchenkreises Recklinghausen (seit 1996); Vorsitzender des Prozesslenkungs-Ausschusses »Kirche mit Zukunft« der Evangelischen Kirche von Westfalen; Mitglied der Kirchenleitung.

Veröffentlichungen: • Mitwirkung an: »Kirche mit Zukunft. Zielorientierungen für die Evangelische Kirche von Westfalen, Reformvorlage 2000« • »Kirche mit Zukunft«. Ein Reformpapier und seine Folgen, in: Lernort Gemeinde 4/2001, S. 71-74. • Kirche mit Zukunft – Strukturüberlegungen der EKvW und ihre Auswirkungen für

die Kirchenkreise, in: Kirchenkreise-Kreissynoden-Superintendenten, Recklinghäuser Forum zur Geschichte von Kirchenkreisen, Band 1, Münster 2004.
Kontakt: Peter.Burkowski@kk-ekvw.de

MATTHIAS DARGEL, Jahrgang 1965. Pfarrer und Dipl. Ökonom; Geschäftsführer Lischke Erste Consulting GmbH; ab Herbst 2005: theol. Vorstand Kaiserswerther Diakonie.

Veröffentlichungen: • Praxisorientiertes Benchmarking – Der Einrichtungsvergleich als wesentlicher Baustein des Qualitätsmanagements; in: Handbuch Sozialmanagement, 2001 • Management kirchlichen Wandels – wie können externe Unternehmensberatungen die strukturelle und inhaltliche Veränderung kirchlicher Organisationen unterstützen; in: Zeitschrift f. Prakt. Theologie 4 (2002) • Ziele und Wege zur Regionalisierung in der Kirche; in: Uta Pohl-Patalong (Hrsg.): Kirchliche Strukturen im Plural, 2004.

Kontakt: dargel@lischke.com (bis Herbst 2005) bzw. c.dargel@worldonline.de.

FRIEDER DEHLINGER, Jahrgang 1963. Studium der evangelischen Theologie in Tübingen und Hamburg, Vikariat im Kirchenbezirk Brackenheim; Ausbildungen in Gemeindeberatung, Bibliodrama (Zertifikat Heidemarie Langer) und Kirchenmusik. 1993-1997 Studienassistent für Pastoraltheologie und Gottesdienstgestaltung am Pfarrseminar Stuttgart-Birkach; 1997-2003 Projektstelle Notwendiger Wandel, Evangelischer Oberkirchenrat Stuttgart; seit November 2003 Gemeindepfarrer an der Christuskirche in Eislingen/Fils.

Veröffentlichungen: • Praxisimpulse Notwendiger Wandel 1 - 8 (Bezug: Notwendiger-wandel@elk-wue.de).

Kontakt: Pfarrer.Dehlinger@christuskirche-eislingen.de

ULRICH FISCHER, Jahrgang 1949. Studium der evangelischen Theologie in Göttingen und Heidelberg; 1976 Promotion zum Dr. theol. 1979-1989 Pfarrer der Blumhardtgemeinde in Heidelberg-Kirchheim; 1989-1995 Landesjugendpfarrer der Evangelischen Landeskirche in Baden; 1993-1996 Vorsitzender der Arbeitsgemeinschaft der Evangelischen Jugend in der Bundesrepublik Deutschland (aej); 1996-1998 Dekan des Kirchenbezirks Mannheim. Seit 1998 Landesbischof der Evangelischen Landeskirche in Baden; seit 2003 Vorsitzender der Union Evangelischer Kirchen in der

EKD (UEK); seit 2004 Vorsitzender des Verwaltungsrats des Gemeinschaftswerks der Evangelischen Publizistik (GEP).

Diverse Veröffentlichungen zum Thema »Gottesdienst« beim Calwer Verlag, Stuttgart.

INGRID GIRSCHNER-WOLDT, Jahrgang 1943. Studium der Germanistik und Geschichte in Berlin und Würzburg; 1. und 2. Staatsprüfung für das Lehramt an Höheren Schulen; Promotion in Germanistik. Informelles Studium der Soziologie und Theologie (ohne Examen). Freiberufliche Tätigkeiten in der universitären Lehre und in soziologischen Forschungs-, Entwicklungs- und Beratungsprojekten: Ab 1974 Lehraufträge für Sprach-, Arbeits-, Organisations- und Religionssoziologie an der Verwaltungshochschule Speyer, der EWH Landau sowie den Universitäten Tübingen und Göttingen. Organisationsentwicklungs- und Strukturplanungsprozesse in Industriebetrieben und öffentlichen Verwaltungen. Seit 1996 Strukturplanungsprozesse in unterschiedlichen Dekanaten der EKHN. Seit Frühjahr 2003 Beratung und Moderation eines Organisationsentwicklungsprozesses zur Implementation eines partizipationsorientierten Leitbildes in einem mittelständischen Betrieb der chemischen Industrie.

Veröffentlichungen (Auswahl): • mit R. Bahnmüller, H. Bargmann, H. Braunwald und W. Girschner: Beteiligung von Arbeitern an betrieblichen Planungs- und Entscheidungsprozessen. Das Tübinger Beteiligungs-Modell. Frankfurt a.M./ New York 1986. • Strukturreform für eine pluralistische Kirche. Erfahrungen aus Strukturplanungsprozessen in der Hannoverschen Landeskirche und der EKHN, in: Deutsches Pfarrerblatt 2/1998. • in Vorbereitung: Monografie über die gesammelten Strukturplanungskonzepte und -erfahrungen.

KLAUS-DIETER GRUNWALD, Jahrgang 1944. Studium der Rechtswissenschaften und der Verwaltungswissenschaften (Master of Public Administration) an der University of Southern California in Los Angeles, Dr. jur., wissenschaftlicher Assistent an der Hochschule für Verwaltungswissenschaften in Speyer 1975/76, Bundesministerium für Bildung und Wissenschaft, Bonn 1976-1988, seit 1988 Oberkirchenrat, Kirchenverwaltung der Evangelischen Kirche in Hessen und Nassau.

Veröffentlichungen zum kirchlichen Verfassungsrecht und Kirchenrecht.

Kontakt: klaus-dieter.grunwald@ekhn-kv.de

EBERHARD HAUSCHILDT, Jahrgang 1958. Studium der Theologie in Bethel, Tübingen, USA und Kiel. Vikariat und Promotion/ Habilitation in München. Prof. für Praktische Theologie an der Universität Bonn mit den Schwerpunkten Seelsorge, Diakonie und Gemeindeaufbau. Geschäftsführender Redakteur der Zeitschrift »Pastoraltheologie«.

Veröffentlichungen: • Alltagsseelsorge, Göttingen 1996 • zusammen mit Ulrich Schwab (Hrsg.): Praktische Theologie für das 21. Jahrhundert, Stuttgart 2002 • Kirche verändern, in: Uta Pohl-Patalong (Hrsg.): Kirchliche Strukturen im Plural, Schenefeld 2004.

Kontakt: ehauschildt@uni-bonn.de.

HERBERT LINDNER, Jahrgang 1941. Pfarrer, Dr. theol., apl. Professor an der Augustana-Hochschule Neuendettelsau (Schwerpunkt Praktische Theologie und Kirchentheorie).

Veröffentlichung u.a.: Kirche am Ort, Ein Enwicklungsprogramm für Ortsgemeinden, Stuttgart 2002

Kontakt: Herbert-Lindner@t-online.de

WOLFGANG NETHÖFEL, Jahrgang 1946. Prof. Dr. theol., Hochschullehrer. Studium der Theologie, Germanistik, Philosophie und Pädagogik; Promotionsstipendiat der Studienstiftung in Paris. Wissenschaftlicher Assistent in Kiel, berufsbegleitende Ausbildung zum Gestalttherapeuten, seit 1993 Sozialethiker in Marburg. Direktor des Instituts für Wirtschafts- und Sozialethik (IWS), Mitveranstalter der Kongresse »Unternehmen Kirche«, Kirchenvorstand der Evangelischen Hoffnungsgemeinde und Moderator der »Werkstatt Bahnhofsviertel« in Frankfurt.

Veröffentlichungen (Auswahl): • Theologische Hermeneutik. Vom Mythos zu den Medien, Neukirchen-Vluyn 1991 • Ethik zwischen Medien und Mächten. Theologische Orientierung im Übergang zur Dienstleistungs- und Informationsgesellschaft, Neukirchen-Vluyn 1999 • Christliche Orientierung in einer vernetzten Welt, Neukirchen-Vluyn 2001.

Kontakt: nethoefel@staff.uni-marburg.de.

KLAUS NEUMEIER, Jahrgang 1962. Studium der evangelischen Theologie in Frankfurt und Heidelberg, Promotion in kirchlicher Zeitgeschichte in Heidelberg. Seit 1991 Pfarrer in der Evangelischen Christuskirchengemeinde Bad Vilbel.

Veröffentlichungen: • Kirche anders – Wege zu einer offenen Gemeinde, München 2003

Kontakt: klaus.neumeier@christuskirchengemeinde.de

AXEL NOACK, Jahrgang 1949. Studium der Theologie am Katechetischen Oberseminar Naumburg; Vikariat in Merseburg; Repetent bei Dr. Wolfgang Ullmann am Katechetischen Oberseminar Naumburg. 1979-1984 Studentenpfarrer in Merseburg; 1985-1997 Pfarrer in Wolfen. Seit 1997 Bischof der Evangelischen Kirche der Kirchenprovinz Sachsen. Seit 1991 Mitglied der EKD-Synode; 1991-2003 Mitglied des Rats der EKD. Vorsitzender des Bewilligungsausschusses und Mitglied des Aufsichtsrates des Evangelischen Entwicklungsdienstes. Vorsitzender der Arbeitsgemeinschaft Missionarische Dienste im Diakonischen Werk der EKD.

ANNEGRET REITZ-DINSE: Studium der Evangelischen Theologie in Hamburg und Rom; Dr. theol. Nach Tätigkeiten als Gemeindepastorin und in der Hamburgischen Bürgerschaft seit 2001 wissenschaftliche Geschäftsführerin der Arbeitsstelle Kirche und Stadt, Universität Hamburg, mit den Schwerpunkten Kirchenreform und politische Liturgien.

Veröffentlichungen zum Thema: • Kirche morgen, Leipzig 2003 • Kirche vor Ort, Hamburg 2005.

VOLKER ROSCHKE, Jahrgang 1949. Studium in Wuppertal und Heidelberg, 1976-1997 Gemeindepfarrer in der Ev. Kirche im Rheinland. Seit 1997 Referent für Missionarischen Gemeindeaufbau bei der Arbeitsgemeinschaft Missionarische Dienste im Diakonischen Werk der EKD in Berlin.

Veröffentlichungen: • Herausgeber von: Gemeinde pflanzen. Modell einer Kirche der Zukunft, Neukirchen-Vluyn 2001 • mit Eberhard Bürger: Lust auf Leitung. Aspekte der geistlichen Gemeindeleitung durch den Kirchenvorstand, Studienbrief Brennpunkt Gemeinde A 64, Stuttgart 2002. • mit Johannes Bilz (Hrsg.): GET-Buch. Arbeitsbuch für Gemeinde-Entwicklungs-Teams, Berlin und Celle 2002.

Kontakt: amd.roschke@diakonie.de.

KARL HEINRICH SCHÄFER, Dr. iur.; geb. 1947; 1973-1975 Richter; 1975-2002 Justizvollzug Hessen (u.a. Leiter der Justizvollzugsanstalten Schwalmstadt und Butzbach; stellvertretender Abteilungsleiter Hessisches Ministerium der Justiz); seit 2002 Direktor beim Hessischen Rechnungshof; seit 1994 Präses der Kirchensynode der Evangelischen Kirche in Hessen und Nassau; etliche *Veröffentlichungen zu*: Öffentlichkeit und Justizvollzug; Anstaltsbeiräte und parlamentarische Kontrolle im Justizvollzug; Verhältnis von Staat und Kirche am Beispiel Gefängnisseelsorge; Ehrenamt und Verantwortung in der Kirche.

PETER SCHERLE, Jahrgang 1956. Pfarrer der Evangelischen Kirche in Hessen-Nassau; Dr. theol/ Heidelberg, M. Phil. (ecum.)/ Dublin. Professor für Kirchentheorie und Kybernetik am Theologischen Seminar Herborn, Direktor des Theologischen Seminars Herborn, Visiting Lecturer für Ökumenische Theologie an der Irish School of Ecumenics, Trinity College/ Dublin.

Veröffentlichungen (aktuelle Auswahl): • Woran uns liegt – Überlegungen zum evangelischen Abendmahlsverständnis im ökumenischen Horizont, Ökumenische Rundschau 51 (2003), S. 369-379 • Christlicher Fundamentalismus und Moderne, in: Notwendige Fundamente – gefährlicher Fundamentalismus, hrsg. von der ESG Giessen, Giessen 2004, S. 52-70 • Umbrüche im Pfarrberuf. Konturen einer erneuerten Theorie des Amtes, in: Thorsten Peters/ Achim Plagentz/ Peter Scherle (Hrsg.): Gottes Profis? Re-Visionen des Pfarramts, Wuppertal 2004, S. 27-53.
Kontakt: scherle@theologisches-seminar-herborn.de.

FRIEDHELM SCHNEIDER, Jahrgang 1956. Studium der Theologie in Neuendettelsau, Heidelberg, Tübingen und Montpellier. Staatlich geprüfter Immobilienfachwirt (IMI); Gemeindepfarrdienst; innovative und modellhafte Projekte im Bereich Kirche und Gebäude, mehrere Preise für Projektentwicklung. 2001 Gründung von K.IM. Kirchliches Immobilienmanagement®. 2003 Berufung in den »Konvent der Baukultur«.
Arbeitsschwerpunkte: Kirchliches Immobilienmanagement mit den Schwerpunkten strategische Bestandsanalyse, Projektentwicklung, Gebäudemanagement.
Veröffentlichungen: • Zur aktuellen Aufgabe des kirchlichen Bauwesens, in: Deutsches Pfarrerblatt 5/2002 • Kirchliches Immobilienmanagement - zukunftsweisender Umgang mit kirchlichen Gebäuden, Darmstadt 2004.
Kontakt: K.IM.Schneider@t-online.de; www.k-im.net.

Autorinnen und Autoren

MARTIN SCHINDEHÜTTE, Jahrgang 1949. Studium der Evangelischen Theologie und der Sozialarbeit. Geistlicher Vizepräsident des Landeskirchenamtes der Evangelisch-lutherischen Landeskirche Hannovers; davor Leitender Pfarrer der Evangelischen Altenhilfe Gesundbrunnen Hofgeismar.

Arbeitsschwerpunkte: Theologische Wissenschaft, Strukturreform in Kirche und Diakonie.

Kontakt: Martin.Schindehuette@evlka.de.

JÖRG SEITER, Jahrgang 1962. Diplomreligionspädagoge; Bereichsleiter Grundsatzplanung und Statistik im Evangelischen Oberkirchenrat in Karlsruhe.

Arbeitsschwerpunkte: Visitation, Leitsatzprozess, Projektmanagement, Statistik.

Kontakt: joerg.seiter@ekiba.de.

FRIEDRICH WEBER, Jahrgang 1949. Studium der evangelischen Theologie, Geschichte und Pädagogik in Wuppertal, Göttingen und Oldenburg; Promotion in Kirchengeschichte in Frankfurt am Main. 1972-84 Vikar und Pastor in Greetsiel; 1984-91 Pfarrer und Dekan in Oppenheim/Rhein, 1991-2002 Propst in Wiesbaden; seit 2002 Landesbischof der Evangelisch-lutherischen Landeskirche in Braunschweig. Seit 2004 Lehrbeauftragter der TU-Braunschweig.

Veröffentlichungen: • Greetsiel. Das Dorf der Fischer und Künstler, Norden 1980 • Ich glaube an Gott, Alzey 1987 • Sendrecht, Policey, Kirchenzucht, Frankfurt a. M. 1998 • Kirche im Wandel, Wuppertal 2004 • Kirche zwischen Himmel und Erde, Wuppertal 2004.

ALFRED WEIGLE, Jahrgang 1933. Studium der reprographischen Technik, Inhaber reprographischer Betriebe, zuletzt in Wiesbaden. Ehrenamtliche Tätigkeit im Verbandswesen der Druckindustrie. Verfasser lyrischer Texte.

Literaturverzeichnis

Arnoldshainer Konferenz: Thesen der Arnoldshainer Konferenz für ein Muster „Kirchengesetz über besondere Gemeindeformen" vom 5. April 2001, Amtsblatt der EKD, S.256ff.

Asselmeyer, Herbert et al. Mitglieder der Projektkommission (Hrsg.): Empfehlungen für einen Kirchenkreis neuen Typs und für eine räumliche Neuordnung der Kirchenkreise im Sprengel Göttingen, Göttingen/ Hildesheim 1998 (zu finden unter http://www.asselmeyer.de/herbert/veroeffentlichungen.htm).

Asselmeyer, Herbert (2004a): Die Gemeindekonferenz. Eine Gemeinde geht in Klausur, in: Gemeinde leiten 5/2004, S.3f.

Asselmeyer, Herbert u.a. (Projektgruppe Lernende Organisation Kirche) (Hrsg.) (2004b): Lernende Organisation Kirche. Erkundungen zu Kirchenkreis-Reformen, Leipzig 2004.

Badde, Paul: Die himmlische Stadt. Der abendländische Traum von der gerechten Gesellschaft, München 1999.

Beck, Ulrich: Risikogesellschaft. Auf dem Weg in eine andere Moderne, Frankfurt a.M. 1986.

– Gegengifte. Die organisierte Unverantwortlichkeit, Frankfurt a.M. 1988.

Blömer, Michael: Die Kirchengemeinde als Unternehmen. Die Marketing- und Managementprinzipien der US-amerikanischen Gemeindebewegung, Münster 1998.

Bourdieu, Pierre: Die feinen Unterschiede. Kritik der gesellschaftlichen Urteilskraft, Frankfurt a.M. 1982.

Burkowski, Peter: „Kirche mit Zukunft" - Ein Reformpapier und seine Folgen, in: Lernort Gemeinde 4/2001, S.71-74.

Cornehl, Peter: Christen feiern Feste. Integrale Festzeitpraxis als volkskirchliche Gottesdienststrategie, Pastoraltheologie 70 (1981), S.218-233.

Daiber, Karl-Fritz/ *Simpfendörfer,* Werner (Hrsg.): Kirche in der Region, Stuttgart 1970.

DeMarco, Tom: Der Termin. Ein Roman über Projektmanagement, München/Wien 1998.

Deutsche Bischofskonferenz (Hrsg.): „Zeit zur Aussaat" – Missionarisch Kirche sein, Bonn 2000.

Dierken, Jörg: Konfessionsbündische Unübersichtlichkeit oder unevangelische Zentralisierung? Überlegungen zum Begriff der Kirche und des Kirchenrechts anlässlich der Organisationsdebatte im deutschen Protestantismus, in: Zeitschrift für Evangelische Ethik 47 (2003), S.136-152.

Dittmann-Saxel, Pia/ *Grote,* Jürgen/ *Hempel,* Joachim: Arbeitspapier zur kirchlichen Arbeit in der Innenstadt Braunschweigs, Manuskript vom 7.9.1995.

Literaturverzeichnis

Dombois, Hans: Das Recht der Gnade. Oekumenisches Kirchenrecht I (Forschungen und Berichte der Evangelischen Studiengemeinschaft 20), Witten 1961.
- Das Recht der Gnade. Ökumenisches Kirchenrecht II, Grundlagen und Grundfragen der Kirchenverfassung in ihrer Geschichte, Bielefeld 1974.
- Das Recht der Gnade. Ökumenisches Kirchenrecht III. Verfassung und Verantwortung, Bielefeld 1983.

Drehsen, Volker: Wie religionsfähig ist die Volkskirche? Sozialisationstheoretische Erkundungen neuzeitlicher Christentumspraxis, Gütersloh 1994.

Drews, Veronika/ *Griesel*, Steffen/ *Nethöfel*, Wolfgang: „Weichgespült" oder „Stonewashed"? Stand und Funktion kirchlicher Mitarbeiterbefragungen in den Landeskirchen, Deutsches Pfarrerblatt 104 (2004), S.473f und 479f.

Duchrow, Ulrich: Konflikt um die Ökumene. Christusbekenntnis - in welcher Gestalt der ökumenischen Bewegung?, München 1980.

Ebertz, Michael N.: Aufbruch in der Kirche. Anstöße für ein zukunftsfähiges Christentum, Freiburg 2003.

Failing, Wolf-Eckart: Die eingeräumte Welt und die Transzendenzen Gottes, in: ders./ Hans-Günter Heimbrock: Gelebte Religion wahrnehmen. Lebenswelt – Alltagskultur – Religionspraxis, Stuttgart u.a. 1998, S.91-122.

Failing, Wolf-Eckart: Das große Versprechen der Stadt. Stadt – Kirche – eine praktisch-theologische Skizze, in: Walter Bechinger/ Uwe Gerber/ Peter Höhmann (Hrsg.): Stadtkultur leben (Darmstädter Theologische Beiträge zu Gegenwartsfragen 1), Frankfurt a.M. 1997.

Fechtner, Kristian: Volkskirche im neuzeitlichen Christentum. Die Bedeutung Ernst Troeltschs für eine künftige praktisch-theologische Theorie der Kirche, Gütersloh 1995.

Fremde Heimat Kirche. Die dritte EKD-Erhebung über Kirchenmitgliedschaft, hrsg. von Klaus Engelhardt/ Hermann von Loevenich und Peter Steinacker, Gütersloh 1997.

Gabriel, Karl: Zivilgesellschaften, in: Hans-Georg Babke/ Andreas Fritzsche (Hrsg.): Gerechtigkeit – ein globaler Wert (Ökumenische Sozialethik 6), München 2003.

Gäde, Ernst- Georg: Schlussfolgerungen – Das hofierte Ehrenamt als Symptom einer Krise – Ehrenamt braucht Macht – Ehrenamt braucht förderliche Strukturen, in: Förderverein für Organisationsentwicklung und Gemeindeberatung in der EKHN (Hrsg.), Männer im Ehrenamt – ein ambivalentes Verhältnis, Frankfurt am Main 2000.

Geertz, Clifford: Dichte Beschreibung. Beiträge zum Verstehen kultureller Systeme, Frankfurt a. M. 1997.

Gemeinschaft gestalten. Kleine Rechtssammlung für Kirchenverordnete, hrsg. von der Evangelisch-lutherischen Landeskirche in Braunschweig, Wolfenbüttel, 2.Aufl. 2004.

Girschner-Woldt, Ingrid: Strukturreform für eine pluralistische Kirche. Erfahrungen aus Strukturplanungsprozessen in der Hannoverschen Landeskirche und der EKHN, in: Deutsches Pfarrerblatt 98 (1998), S.56-61.

Giddens, Anthony: Die Konstitution der Gesellschaft. Grundzüge einer Theorie der Strukturierung, Frankfurt am Main 1992 [1984].

– Der dritte Weg. Die Erneuerung der sozialen Demokratie, Frankfurt a. M. 1999 [1998].

Gräb, Wilhelm: Wahrnehmung gelebter Religion – oder wie theologische Ethik und Praktische Theologie zusammenspielen, in: ders./ Gerhard Rau/ Heinz Schmidt (Hrsg.): Christentum und Spätmoderne. Ein internationaler Diskurs über Praktische Theologie und Ethik, Stuttgart 2000, S.114-126.

Grethlein, Christian: Kommunikation des Evangeliums in der Mediengesellschaft, Leipzig 2003.

Grözinger, Albrecht/ *Pfleiderer,* Georg (Hrsg.): „Gelebte Religion" als Programmbegriff Systematischer und Praktischer Theologie, Zürich 2002.

Grünberg, Wolfgang: Kirchentheoretische Anmerkungen, in: Kirchliches Handeln in Hamburg-Ottensen, Werkstattheft 2 der Arbeitsstelle Kirche und Stadt, Hamburg 1992, S.65ff.

– Die Sprache der Stadt, Leipzig 2004.

Grunwald, Klaus-Dieter: Das neue Dekanatsstrukturgesetz der EKHN, in: Deutsches Pfarrerblatt 101 (2001), S.348ff.

Gundlach, Thies: Blühende Inseln der Spiritualität, in: Zeitzeichen 2004/3, S.26-29.

Gutmann, Hans-Martin: Praktische Theologie und/oder Subjektivitätstheorie, in: Verkündigung und Forschung 47 (2002), S.2-26.

Hamm, Bernd/ *Neumann*, Ingo: Siedlungs-, Umwelt- und Planungssoziologie. Ökologische Soziologie Band 2, Opladen 1996.

Hansen, Kai: Evangelische Kirche in ländlichen Räumen, Schenefeld 2005.

Härle, Wilfried: Dogmatik, Berlin/New York, 2.Aufl. 2000.

Hauschildt, Eberhard: Milieus in der Kirche. Erste Ansätze zu einer neuen Perspektive und ein Plädoyer für vertiefte Studien, in: Pastoraltheologie 87 (1998), S.392-404.

– Ist die Kirche ein Unternehmen? Ökonomische Gütertheorie und die Praxis im Evangelischen Dekanat Wiesbaden, in: Pastoraltheologie 93 (2004), S.514-528.

– Kirche für jeden Geschmack? Zur Aufnahme milieutheoretischer Modelle in der Kirchenentwicklung, Zeitschrift für Gottesdienst und Predigt 1/2005, S.2-4.

Hein, Martin: Thesen zu einer ‚Theologie des Gemeindeabbaus' in der Großstadt, in: Pastoraltheologie 87 (1998), S.192-196.

Hendriks, Jan: Gemeinde als Herberge. Kirche im 21. Jahrhundert – Eine konkrete Utopie, Gütersloh 2001.

Herbst, Michael: Kirche wie eine Behörde verwalten oder wie ein Unternehmen führen? Zur Theologie des spirituellen Gemeindemanagements, in: Hans-Jürgen Abromeit u.a. (Hrsg.): Spirituelles Gemeindemanagement. Chancen-Strategien-Beispiele, Göttingen 2001.

Hermelink, Jan: Praktische Theologie der Kirchenmitgliedschaft. Interdisziplinäre Untersuchungen zur Gestaltung kirchlicher Beteiligung (Arbeiten zur Pastoraltheologie 38), Göttingen 2000.

Literaturverzeichnis

Hochschild, Michael: Verkündigung in und mit Hilfe von Netzwerken. Soziologische Zukunftsinvestitionen, in: Manfred Entrich/ Joachim Wanke (Hrsg.): In fremder Welt zu Hause. Anstöße für eine neue Pastoral, Stuttgart 2001, S.83-95.

Hopkins, Bob/ White, Richard: Praxisbuch Gemeinde pflanzen. Auf dem Weg zu einem missions- und menschenorientierten Gemeindeaufbau, Neukirchen 1999.

Hopkins, Bob: Gemeinde pflanzen. Church planting als missionarisches Konzept, Neukirchen 1996.

Huber, Wolfgang: Kirche, München 1988.

– Kirche in der Zeitenwende. Gesellschaftlicher Wandel und die Erneuerung der Kirche, Gütersloh 1998.

Jäger, Alfred: Konzepte der Kirchenleitung für die Zukunft. Wirtschaftsethische Analysen und theologische Perspektiven, Gütersloh 1993.

Kirche anders. Wege zu einer offenen Gemeinde. Erfahrungen und Anregungen, hrsg. von Ulrike Mey, Klaus Neumeier und Tobias Utter, München 2003.

Kirche. Horizont und Lebensrahmen. Weltsichten. Lebensstile. Kirchenbindung. Vierte EKD-Erhebung über Kirchenmitgliedschaft, hrsg. vom Kirchenamt der EKD, Hannover 2003.

Kirche mit Hoffnung. Leitlinien künftiger kirchlicher Arbeit in Ostdeutschland, Hannover 1998.

Kirche mit Zukunft. Zielorientierungen für die Evangelische Kirche von Westfalen, hrsg. von der Kirchenleitung der Evangelischen Kirche von Westfalen, Bielefeld 2000.

Kirche mit Zukunft. Entschließung der Landessynode der Evangelischen Kirche von Westfalen, 2001.

Kirchenamt der EKD (Hrsg.): Reden von Gott in der Welt – Der missionarische Auftrag der Kirche. Berichtsband zur EKD–Synode 1999, Hannover 2000.

Kirchenverwaltung der Evangelischen Kirche in Hessen und Nassau (Hrsg.): Handbuch Kirchenvorstand, Darmstadt 2003.

Klein, Martina: Ehrenamt auf neuen Wegen, in: Hessisches Pfarrblatt 2003, S.43-47.

Kraft, Armin: „Transparochial". Zur Situation der evangelischen Kirche in der Großstadt Frankfurt zu Beginn des 3. Jahrtausends, in: Freundeskreis der Braunschweiger Kirchen- und Sozialgeschichte (Hrsg.): Gott dem Herrn Dank sagen. Festschrift für Gerhard Heintze, Wuppertal 2002.

Krämer-Badoni, Thomas/ *Kuhm*, Klaus (Hrsg.): Die Gesellschaft und ihr Raum. Raum als Gegenstand der Soziologie, Opladen 2003.

Kretzschmar, Gerald: Distanzierte Kirchlichkeit. Eine Analyse ihrer Wahrnehmung, Neukirchen-Vluyn 2001.

– Milieutheorien als Wege zum Menschen? Problemgeschichtliche und erkenntnistheoretische Überlegungen zu neuen Referenztheorien der Praktischen Theologie, Wege zum Menschen 55 (2003), S.229-244.

Lange, Ernst: Chancen des Alltags. Überlegungen zur Funktion des christlichen Gottesdienstes in der Gegenwart, Stuttgart/Gelnhausen 1965.
- Bibelarbeit am 19. Juli 1969 zu Matthäus 6,24 bis 34. Dokumente des Evangelischen Kirchentags 1969, S.96ff.
- Kirche für die Welt. Aufsätze zur Theorie kirchlichen Handelns, Gelnhausen 1981.

Lehmann, Maren (Hrsg.): Parochie. Chancen und Risiken der Ortsgemeinde, Leipzig 2002.

Lienemann-Perrin, Christine (Hrsg.): Taufe und Kirchenzugehörigkeit. Studien zur Bedeutung der Taufe für Verkündigung, Gestalt und Ordnung der Kirche (Forschungen und Berichte der Evangelischen Studiengemeinschaft 39), München 1983.

Lindner, Herbert (2000): Kirche am Ort. Ein Entwicklungsprogramm für Ortsgemeinden, Stuttgart/ Berlin/ Köln, 2. völlig überarb. Neuausgabe 2000.

Löwe, Frank W.: Parochie ade? Alternative Gemeindestrukturen in der Großstadt, Deutsches Pfarrerblatt 102 (2002), S.172-175.

Ludwig, Holger: Parochie oder Profilstelle – eine falsche Alternative. Kirchentheoretische Einsichten zur Dekanatsstrukturreform in der EKHN. Ein Zwischenruf, Hessisches Pfarrblatt 2003, S.153-161.

Lütcke, Karl-Heinrich: Ekklesia zwischen Ortsgemeinde und Gesamtkirche. Theologische Implikationen in den gegenwärtigen Strukturfragen der Kirche, in: Hans-Richard Reuter/ Heinrich Bedford-Strohm/ Helga Kuhlmann/ Karl-Heinrich Lütcke (Hrsg.): Freiheit verantworten. Festschrift für Wolfgang Huber zum 60. Geburtstag, Gütersloh 2002, S.128-139.

Mahlmann, Theodor: „Ecclesia semper reformanda". Eine historische Aufklärung, in: Theologie und Kirchenleitung. Festschrift für Peter Steinacker), in: Hermann Deuser/ Gesche Linde/ Sigurd Rink (Hrsg.): Theologie und Kirchenleitung, Festschrift für Peter Steinacker zum 60. Geburtstag, Marburg 2003, S.57–77.

Marquardt, Friedrich-Wilhelm: Eia wär'n wir da. Eine theologische Utopie, Gütersloh 1997.

Matthes, Joachim: Volkskirchliche Amtshandlungen, Lebenszyklus und Lebensgeschichte, in: ders. (Hrsg.): Erneuerung der Kirche - Stabilität als Chance? Folgerungen aus einer Umfrage, Gelnhausen/ Berlin 1975, S.83-112.

Merton, Robert K.: Soziologische Theorie und soziale Struktur, Berlin/New York 1995 [1949/1963].
- Auf den Schultern von Riesen. Ein Leitfaden durch das Labyrinth der Gelehrsamkeit; Frankfurt a. M., 2.Aufl. 2004 [1965].

Mission-shaped church - church planting and fresh expressions of church in a changing context, Bericht einer Arbeitsgruppe des Church of England's Mission and Public Affairs Council, London 2004.

Möller, Christian: Lehre vom Gemeindeaufbau, Band 2, Göttingen 1990.

Moxter, Michael: Protestantische Wahrnehmung kultureller Praxis. Response von Michael Moxter auf Wilhelm Gräb, in: Wilhelm Gräb/ Birgit Weyel: Praktische Theologie und protestantische Kultur, Gütersloh 2002, S.52-66.

Literaturverzeichnis

Mutius, Bernhard von: Die andere Intelligenz, oder: Muster die verbinden, Frankfurt 2004.

Nethöfel, Wolfgang: Theologische Hermeneutik. Vom Mythos zu den Medien, Neukirchen-Vluyn 1992.

- Theologische Orientierung in einer vernetzten Welt, Neukirchen-Vluyn 2001.
- Kirchenreform in der Epochenwende. Strategische Notizen, in: Hermann Deuser/ Gesche Linde/ Sigurd Rink (Hrsg.): Theologie und Kirchenleitung. Festschrift für Peter Steinacker zum 60. Geburtstag, Marburg 2003, S.433-445.

Newbigin, Leslie: What is a "local church, truly united"?, in: Ecumenical Review 29 (1977), S.115-128.

Pausch, Eberhard: Überlegungen zum Gegenstand der Kirchentheorie. Ein Vorschlag zur Präzisierung im Anschluss an Reiner Preul und Gudrun Neebe, Kerygma und Dogma 47 (2001), S.275-289.

Person und Institution – Volkskirche auf dem Weg in die Zukunft. Arbeitsergebnisse und Empfehlungen der Perspektivkommission der Evangelischen Kirche in Hessen und Nassau, hrsg. von der Evangelischen Kirche in Hessen und Nassau, Frankfurt a.M., 2. Aufl. 1992.

Pohl-Patalong, Uta (2003a): Ortsgemeinde und übergemeindliche Arbeit im Konflikt. Eine Analyse der Argumentation und ein alternatives Modell, Göttingen 2003.

- (2003b): Regionalisierung – Das Modell der Zukunft? Plädoyer für eine ebenso grundlegende wie kreative Debatte, in: Pastoraltheologie 92 (2003), S.66-80.
- (2004a): Gegenwelt oder Teil der Gesellschaft? Zur Orientierung der Kirche in der Gesellschaft, in: Lernort Gemeinde 2004, S.25ff.
- (Hrsg.) (2004b): Kirchliche Strukturen im Plural. Analysen, Visionen und Modelle aus der Praxis, Schenefeld 2004.
- (2004c): Von der Ortskirche zu den kirchlichen Orten. Ein Zukunftsmodell, Göttingen 2004.

Preul, Reiner: Kirchentheorie. Wesen, Gestalt und Funktionen der Evangelischen Kirche, Berlin/ New York 1997.

Rawls, John: Eine Theorie der Gerechtigkeit, Frankfurt a. M. 2000 [1971].

Reitz-Dinse, Annegret/ *Grünberg*, Wolfgang: Kirche morgen. Ein Arbeitsbuch im Auftrag des Kirchenkreises Alt-Hamburg in Zusammenarbeit mit Dirk Schubert, Beate Connert und Wolfgang Tuch, Leipzig 2003.

Reuter, Hans-Richard (1997a): Der Begriff der Kirche in theologischer Sicht, in: Gerhard Rau/ Hans-Richard Reuter/ Klaus Schlaich (Hrsg.): Das Recht der Kirche Band I. Zur Theorie des Kirchenrechts (Forschungen und Berichte der Evangelischen Studiengemeinschaft 49), Gütersloh 1997, S.23-75.

- (1997b) Der Rechtsbegriff des Kirchenrechts in systematisch-theologischer Sicht, in: Gerhard Rau/ Hans-Richard Reuter/ Klaus Schlaich (Hrsg.): Das Recht der Kirche Band I. Zur Theorie des Kirchenrechts (Forschungen und Berichte der Evangelischen Studiengemeinschaft 49), Gütersloh 1997, S.236-286.

Ritschl, Dietrich: Zur Logik der Theologie. Kurze Darstellung der Zusammenhänge theologischer Grundgedanken, München, 2. Aufl. 1988.

Roosen, Rudolf: Die Kirchengemeinde – Sozialsystem im Wandel. Analysen und Anregungen für die Reform der evangelischen Gemeindearbeit, Berlin/ New York 1997.

Roschke, Volker (Hrsg.): Gemeinde pflanzen. Modell einer Kirche der Zukunft, Neukirchen-Vluyn 2001.

Schäfer, Karl Heinrich: Anerkennung und Verantwortung, in: Hessisches Pfarrblatt 2001, S.78-80.

– Kirchliche Lobbyisten? Zur Frage der Mitgliedschaft von hauptberuflich bei der Kirche oder kirchlichen Einrichtungen Beschäftigten in der Kirchensynode der Evangelischen Kirche in Hessen und Nassau, in: Hermann Deuser/ Gesche Linde/ Sigurd Rink (Hrsg.): Theologie und Kirchenleitung. Festschrift für Peter Steinacker zum 60. Geburtstag, Marburg 2003, S.223-230.

– Qualifizierung zur Verantwortung. Aktuelle Überlegungen zum Ehrenamt in der Kirche, in: Karl-Reinhart Trauner/ Alexander Gemeinhardt (Hrsg.): Ehrenamt – Wirklichkeit und Möglichkeit, Wien 2004, S.57-64.

Scherle, Peter: Fragliche Kirche. Ökumenik und Liturgik - Karl Barths ungehörte Anfrage an eine ökumenische Kirchentheorie, Münster 1998.

– Kirchentheorie in der Praxis, in: Theologisches Seminar Herborn (Hrsg.): Herborner Beiträge. Zur Theologie der Praxis - Modelle, Erfahrungen, Reflexionen 1/2002, Frankfurt a. M. 2002, S.10-30.

– (2004a) Die Kirchen und der Raum. Kirchentheoretische Skizzen zum Umgang mit Kirchenbauten in der heutigen Gesellschaft, vorgetragen im Rahmen einer Veranstaltungsreihe der Berliner Humboldt-Universität am 7.7.2004 (http://amor.rz.hu-berlin.de/~h394134y/kirche/ScherleKircheRaum.htm).

– (2004b) Der Pfarrberuf im Umbruch. Konturen einer erneuerten Theorie des Amtes, in: Thorsten Peters/ Achim Plagentz/ Peter Scherle (Hrsg.): Gottes Profis? Re-Visionen des Pfarramts. Herborner Beiträge Band 2, Wuppertal 2004, S.27-53.

Schmidt, Joachim: Profil. Protestantische Probleme mit einem Lieblingswort, in: Hermann Deuser/ Gesche Linde/ Sigurd Rink (Hrsg.): Theologie und Kirchenleitung. Festschrift für Peter Steinacker zum 60. Geburtstag, Marburg 2003, S.209-222.

Schneider, Friedhelm: Kirchliches Immobilienmanagement – zukunftsweisender Umgang mit kirchlichen Gebäuden, Darmstadt 2004.

Schreiter, Robert J.: Abschied vom Gott der Europäer. Zur Entwicklung regionaler Theologien, Salzburg 1992.

Schulze, Gerhard: Die Erlebnisgesellschaft. Kultursoziologie der Gegenwart, Frankfurt/ New York, 8. Aufl. 2000 [1. Aufl. 1992].

Sedmak, Clemens: Theologie in nachtheologischer Zeit, Mainz 2003.

Sennett, Richard: Fleisch und Stein. Der Körper und die Stadt in der westlichen Zivilisation, Berlin 1995.

Sievernich, Michael: Urbanität und Christentum. Konturen eine Theologie der Stadt, in: Pastoraltheologie 79 (1990), S.95-115.

Sperling, Eberhard: Ist das Parochialprinzip noch zeitgemäß?, Verwaltungsarchiv 85 (1994), S.380ff.

Stein, Albert: Evangelisches Kirchenrecht. Ein Lernbuch, Neuwied, 3. Aufl. 1992.

Stoodt, Hans Christoph: Formen kirchlicher Arbeit an der Schwelle von der Industrie- zur Risikogesellschaft, in: Pastoraltheologie 80 (1991), S.116-132.

– Netzwerk Kirche, unveröffentlichtes Manuskript vom Febr. 2005.

Sundermeier, Theo: Was ist Religion? Religionswissenschaft im theologischen Kontext. Ein Studienbuch, Gütersloh 1999.

Thung, Mady A.: The Precarious Organisation. Sociological Explorations of the Church´s Mission and Structure, ´s-Gravenhage (The Hague) 1976.

Urry, John: Sociology of Time and Space, in: Bryan S. Turner (Hrsg.): The Blackwell Companion to Social Theory, Oxford, 2. Aufl. 2000, S.416-443.

Verhandlungen der Kirchensynode der Evangelischen Kirche in Hessen und Nassau, 11. Tagung Achte Synode, April 1996.

Vögele, Wolfgang/ *Bremer*, Helmut/ *Vester*, Michael (Hrsg.): Soziale Milieus und Kirche, Würzburg 2002.

Wabel, Thomas: Produktive Differenz. Deutungsansätze zur neuen Kirchenmitgliedschaftsuntersuchung und Konsequenzen für kirchliche Arbeit in der pluralistischen Gesellschaft, unveröffentlichtes Manuskript.

Wallrath-Peter, Bärbel: Zusammenarbeit im Kirchenkreis. Abschlussbericht der Erprobung im Kirchenkreis Uslar 1996-2001, Hrsg. Projektstelle des Bezirkes Uslar im Kirchenkreis Leine-Solling, 2003.

Was wird aus der Kirche? Ergebnisse der zweiten EKD-Umfrage über Kirchenmitgliedschaft, hrsg. von Johannes Hanselmann, Helmut Hild und Eduard Lohse, Gütersloh 1984.

Weber, Friedrich (2003a): Gemeindekirche ohne Mauern, in: Reiner Marquard (Hrsg.): Mitten im Leben, Stuttgart 2003, S.148ff.

– (2003b): Kirche und Bürgergesellschaft, in: Deutsches Pfarrerblatt, 103 (2003), S.526-529.

– (2004a): Grenzgänger: Die Bedeutung der Laien für den Gottesdienst, in: ders.: Kirche – zwischen Himmel und Erde, Wuppertal 2004, S.306ff.

– (2004b): Kirche im Wandel. Theologische Grundbestimmung, Leitvorstellung und Aufgaben für die Evangelisch-lutherische Landeskirche in Braunschweig, Wolfenbüttel 2004.

– (2004c): „Suchet der Stadt Bestes", in: ders.: Kirche – zwischen Himmel und Erde, Wuppertal 2004, S.183ff.

Wie stabil ist die Kirche? Bestand und Erneuerung. Ergebnisse einer Meinungsbefragung; hrsg. von Helmut Hild, Gelnhausen/ Berlin 1974.

Zimmermann, Johannes: Auf dem Wege zur Gemeinde der Zukunft, Theologische Beiträge 2005, S.30-43.

Außerdem sind im Verlag folgende Bücher erschienen:

Reihe: *Lernort Gemeinde*

U. Pohl-Patalong, F. Muchlinsky (Hrsg.)
Predigen im Plural
Homiletische Aspekte
Wie heute sinnvoll gepredigt werden kann, kann immer nur im „Plural" beantwortet werden, wenn die gesellschaftliche und kirchliche Pluralität ernst genommen werden soll. Hier sind wichtige Ansätze zur Theorie und Praxis des Predigens versammelt, um Überblick und Orientierung über die Diskussion zu ermöglichen.
280 Seiten, ISBN 3-930826-74-7

Uta Pohl-Patalong (Hrsg.)
Religiöse Bildung im Plural
Konzeptionen und Perspektiven
Grundlegende Entwürfe. Religiöse Dimension als integraler Bestandteil von Bildung.
254 Seiten, ISBN 3-930826-89-5

Uta Pohl-Patalong (Hg.)
Kirchliche Strukturen im Plural
Analysen, Visionen und Modelle aus der Praxis
Wie kann sich die Kirche so organisieren, dass sie ihren Auftrag erfüllt, ausstrahlungskräftige Arbeit leistet mit weniger finanziellen Mitteln als bisher? Aktuelle Konzeptionen, wie die Kirche aussehen könnte und Modelle, die bereits erprobt sind. Positionen und Ideen. Wertvolle Hilfestellung für alle, die sich für die Zukunft der Kirche engagieren.
263 Seiten, ISBN 3-936912-03-3

Reihe: *Bibliodrama-Kontexte*

Ellen Kubitza, Tim Schramm
Bibliodrama als lebendiger Gottesdienst
Ein Weg zum Christsein im Alltag der Welt
151 Seiten, ISBN 3-930826-91-7

Hans-Jörg Rosenstock, Roland Rosenstock
Bibliodrama-Bibliographie
Personen – Themen – Bibeltexte
Kommentiert und nach Bibelstellen und Sachthemen sortiert. Bis einschließlich 2002
167 Seiten, ISBN 3-930826-92-5

Siegfried Essen
Systemische Weltsicht und Bibliodrama
Szenisches Spiel und die Wirkung leiblichen Verstehens
91 Seiten, ISBN 3-930826-93-3 / 2. Auflage

Svea Paul
Zwischen Angst und Vertrauen
Bibliodramatisches Arbeiten in der Grundschule
114 Seiten, ISBN 3-930826-97-6

Helmut Kiewning, Wolfram Mävers
Neue Erfahrungen mit alten Geschichten
Narratives Rollenspiel als bibliodramatische Methode
ca. 120 Seiten, ISBN 3-930826-94-1

Leony Renk (Hrsg.)
Interreligiöses Bibliodrama
Bibliodrama als neuer Weg zur christlich-jüdischen Begegnung
154 Seiten, ISBN 3-936912-08-4

Reihe: *Texte zur Wirtschafts- und Sozialethik (TWS)*

Chr. Demke, H. Reichmann
Zwischen Abbruch und Aufbruch
Ein ost-westdeutscher Dialog hrsg. von Christoph Demke, Bischof der Kirchenprovinz Sachsen / Heinz Reichmann, Arbeitskreis Evangelischer Unternehmer.
112 Seiten, ISBN 3-923002-96-3

Klaus Streeck
Corporate Identity im Christentum
Die produktive Gemeinschaft der Diakonieschwestern
192 Seiten, ISBN 3-930826-01-1

Klaus Lefringhausen
Ethik des Wirtschaftens
Ein Lese- und Arbeitsbuch zum Abenteuer des Alltags
192 Seiten, ISBN 3-930826-02-X

Klaus Bielfeldt
Die Fundamente unseres Wohlstands
Eine Untersuchung der Wurzeln des industriellen Zeitalters
523 Seiten, ISBN 3-930826-33-X

Franz Brendle, Klaus Lefringhausen (Hrsg.)
Ökonomie und Spiritualität
168 Seiten, ISBN 3-930826-35-6

Stefan W. Hillebrecht
Die Praxis des kirchlichen Marketings
Die Vermittlung religiöser Werte in der modernen Gesellschaft
377 Seiten, ISBN 3-930826-58-5

Reihe: *Kirche in der Stadt*

Dannowski, Grünberg, Göpfert, Krusche (Hg.)
Die Armen und die Reichen
Soziale Gerechtigkeit in der Stadt
94 Seiten, ISBN 3-923002-76-9

Dannowski, Grünberg, Göpfert, Krusche, Meister (Hg.)
Götter auf der Durchreise
Knotenpunkte des religiösen Verkehrs
116 Seiten, ISBN 3-923002-75-0

Dannowski, Grünberg, Göpfert, Krusche, Meister (Hg.)
Fremde Nachbarn
Religionen in der Stadt
261 Seiten, ISBN 3-930826-21-6

Grünberg, Werner, Becker (Hg.)
Hamburg als Chance der Kirche
Arbeitsbuch zur Zukunft der Großstadtkirche
Vorwort Bischöfin M. Jepsen. 2. erw. Neuauflage
363 Seiten, ISBN 3-930826-36-4

Dannowski, Groß, Grünberg, Göpfert, Krusche u. Meister
Gott in der Stadt
Analysen - Konkretionen - Träume
Religionen und Stadtentwicklung / Stadtutopien aus biblischer Tradition / die Stadt und die Soziale Frage / Mega-Metropolen in der Dritten Welt / die Stadt, von der ich träume / Stadtfriede, Gottesfriede.
264 Seiten, ISBN 3-930826-42-9

Green, Groß, Meister, Schweda
um der Hoffnung willen
Praktische Theologie mit Leidenschaft.
Festschrift für Wolfgang Grünberg
390 Seiten, ISBN 3-930826-68-2

Brandi-Hinnrichs, Reitz-Dinse, Grünberg (Hg.)
»stadt-plan«
Sichtweisen auf Hamburg, eine wachsende Großstadt. Kann eine Großstadt so wachsen, daß es sich lohnt, in ihr zu leben? Was macht eine Stadt lebenswert? Wuchert oder wächst sie qualifiziert?
ca. 200 Seiten, ISBN 3-936912-24-6

Reihe: *Gemeinde gestalten*

R. Hübner, E. Langbein
Biblische Geschichten in der Konfirmandenarbeit
leibhaft glauben lernen. Modelle mit Ansatz des Bibliodramas und des Bibeltheaters.
238 Seiten, ISBN 3-923002-90-4

J. Bode, R. Dabelstein
Biblische Geschichten in der Erwachsenenarbeit
Gruppen erschließen sich die Bibel mit unterschiedlich methodischen Zugängen.
180 Seiten, ISBN 3-930826-18-6

B. Gruebner, I. Kleen (Hrsg.)
Wurzeln und Flügel
Religion und Glaube für Kinder - Praxismodelle und Ansätze in der gemeindlichen Arbeit mit Kindern. Methoden. Orte der Begegnung: Kindertagesstätten, Kindergottesdienst, Kindergruppen, Projekte generationsübergreifend
206 Seiten, ISBN 3-930826-60-7

Axel Klein
Musicalisch Befreiung erleben
Biblische Geschichten in der Arbeit mit Jugendlichen
Konzepte und Modelle der Musicalentwicklung mit Jugendlichen an den Beispielen: Der verlorene Sohn, Die Heilung des Gelähmten, Die Frau aus Syrophönizien und ... Es begab sich aber ... Auch für Konfirmanden geeignet.
150 Seiten, ISBN 3-930826-76-3

Hans Grewel
Christentum - was ist das?
Ein Elementarbuch
Das Buch bietet unverzichtbare Informationen über zentrale Glaubensinhalte - Denkanstöße für die eigene Orientierung - Sprachhilfen für das Gespräch unter Christen und mit anderen. Es ist vielfach erprobt im schulischen Religionsunterricht sowie in Veranstaltungen der Gemeinde- und Erwachsenenbildung.
263 Seiten, ISBN 3-930826-96-8

Christian Frühwald
Den Frieden feiern
Gemeindeaufbau zwischen biblischem Leitmotiv und Fest
293 Seiten, ISBN 3-930826-87-9

Ernst Vielhaber
Reden und Leben Jesu in der ältesten Überlieferung
Urbestand und Ergänzungen
Ein Arbeitsbuch für Bibelinteressierte, die sich ein eigenes Bild machen wollen. Texte der ersten drei Evangelien nach der Einheitsübersetzung. Die Position aktueller wissenschaftlicher Forschung.
380 Seiten, ISBN 3-930826-86-0

Kai Hansen
Evangelische Kirchen in ländlichen Räumen
Ein Rundblick über Geschichte und Gegenwart
Aus praktisch-theologischer Sicht zeichnet der Autor die strukturellen, sozialen und religiös-kirchlichen Entwicklungen ländlicher Räume in Deutschland nach, untersucht, welche Rollen die evangelischen Kirchen darin gespielt haben bzw. spielen, und prüft schließlich, woran sie sich auf dem Lande heute orientieren können.
487 Seiten, ISBN 3-936912-33-5

Reihe: *Orientierungen*

Detlev Gause, Heike Schlottau (Hg.)
Jugendgewalt ist männlich
Gewaltbereitschaft von Mädchen und Jungen
Beiträge über den Stand der kriminologischen Forschung zur Jugendgewalt. Hat Gewaltbereitschaft von jungen Männern und Frauen etwas zu tun mit den Konzepten von Männlichkeit und Weiblichkeit?
104 Seiten, ISBN 3-930826-67-4

Wolfgang Teichert (Hg.)
Theopoetische Annäherungen
Hamburger Bischöfin, Pröpstinnen und Hauptpastoren interpretieren ihr Lieblingsgedicht
121 Seiten, ISBN 3-930826-78-X

Detlev Gause (Hg.)
JungenLeben - Traum und Trauma des Mannwerdens
Grundlegendes, Projekterfahrungen und Methodenbeispiele aus der Jungenarbeit. Die Arbeit mit Jungen entwickelt sich aus ihren zarten Anfängen zu einem differenzierten Feld pädagogischen Handelns. Hier findet jeder Praktiker ein breites Angebot für eine in Zukunft immer notwendiger werdenden Aufgabe: Jungen auf ihrem Weg des Erwachsenwerdens qualifiziert und verantwortungsvoll begleiten. Das Ziel: Lustvoll Mannsein können, aber nicht auf Kosten anderer!
238 Seiten, ISBN 3-936912-06-8

Reihe: *Christlicher Glaube in der Einen Welt*

Bärbel Fünfsinn, Carola Kienel (Hg.)
Psalmen leben
Frauen aus allen Kontinenten lesen biblische Psalmen neu
Über 60 Frauen aus aller Welt - unter ihnen D. Sölle, J. Morley, R. Herweg und N. Cardoso - lassen uns in neu formulierten Psalmen an ihrer Spiritualität teilhaben. Sie beschreiben die Wirklichkeit, in der sie sich sehen, sie zeigen uns Gott mit neuen Seiten der Zugewandtheit und Mütterlichkeit. In poetischer Sprache erzählen sie von ihrer Angst vor Krieg und Zerstörung, von ihrer Sehnsucht nach Verbundenheit, von ihrer Liebe.
270 Seiten, ISBN 3-930826-79-8

Nelson Kirst, Ari Knebelkamp, Hans Trein
Christlicher Gottesdienst
Geschichte, Theologie und Gestaltung – Impulse aus Lateinamerika. Anleitung für Ehrenamtliche, sich mit anderen in Liturgieteams an der Gestaltung eines lebendigen Gottesdienstes zu beteiligen.
170 Seiten, ISBN 3-930826-85-2

Reihe: *weiterbildung-live*

E. Bieger, J. Mügge
Den Ton treffen
Kompetenz für Gesprächsleitung
200 Seiten, ISBN 3-930826-49-6

E. Bieger, J. Mügge
Dynamisch, Motivierend, Sicher
Kompetenz für Kursleitung
166 Seiten, ISBN 3-923002-95-5

E. Bieger, Cl. Höller, J. Mügge, S. Müller
Übungen und Methoden für die Kursleitung
Anregung und Ideen, um Kurse und Seminare lebendiger und intensiver zu gestalten.
178 Seiten, ISBN 3-923002-97-1

E. Bieger, J. Mügge
Hinter Konflikten stecken Energien
Kompetenz für Leitung und Konfliktbearbeitung
193 Seiten, ISBN 3-923002-98-X

E. Bieger, Cl. Höller, J. Mügge, S. Müller
Zeit, Geld, Werte
Marketing und Öffentlichkeitsarbeit für Bildung, soziale Verbände und kirchliche Einrichtungen.
240 Seiten, ISBN 3-930826-11-9

E. Bieger, J. Mügge
inspirierend leiten
verläßlich und innovativ
Leitung braucht konkrete Verfahren.
Das Buch vertritt ein an Werten orientiertes Unternehmenskonzept und stellt Verfahren und Leitungstechniken vor.
130 Seiten, ISBN 3-930826-47-X

E. Bieger, J. Mügge, C. Egenolf, S. Müller
Qualität überzeugt
Wertorientiertes Qualitätsmanagement
150 Seiten, ISBN 3-936912-07-6

Klaus Eulenberger
Totentanz auf dem Spielbudenplatz
Versuche über Gott und die Welt
Eine reizvolle Auswahl aus der langen Reihe der Glaubenssachen, die der Autor für das Programm des NDR produziert hat.
280 Seiten, Geb., ISBN 3-936912-04-1

Susanne Raubold
Wir glauben
Gespräche mit Prominenten über Gott im Alltag
u.a. G. Peter Wöhler, Isabella Vértes-Schütter, Jörg Pilawa, Bettina Tietjen, Dieter Kürten, Gloria von Thurn und Taxis, Ole von Beust, Renate Schmidt, Gesine Schwan, Ulrich Khuon, Johannes B. Kerner
Mit zahlreichen z. T. farbigen aktuellen Fotos und Kinderfotos
144 Seiten, Geb., ISBN 3-936912-32-7

Sybille Fritsch-Oppermann
Kühler Kopf und weiches Herz - Frauen in den Religionen der Welt
Über das kreative Potential des Randständigen
Über die Rolle der Frauen in den heiligen Schriften der Weltreligionen, aus welchen Gründen Frauen dennoch totgeschwiegen wurden und wie schließlich Widerstand und Mut, die am Rande wuchsen, und die Erinnerung an die Vorschwestern und Vormüttern die frauenbefreienden Traditionen der Religionen wiederfanden und zurückeroberten. Wie die Frauen eine neue Sprache fanden - Anfang einer gerechteren Kirche und Welt.
168 Seiten, ISBN 3-936912-05-X

Ronald Mundhenk
Der geteilte Mantel
Psychisch kranke Menschen seelsorgerlich begleiten
Psychisch kranke Menschen sind »Randständige«, sowohl in der Gesellschaft als auch in unseren Kirchen. Im Umgang mit ihnen gibt es vielfältige Berührungsängste. Dieses Buch will Mut machen zur Seelsorge an psychisch kranken Menschen. Es wendet sich vor allem an Pfarrerinnen und Pfarrer und kirchliche Mitarbeiterinnen und Mitarbeiter, die mit solchen Menschen arbeiten bzw. arbeiten wollen. Praxisnahe Orientierungen und Hilfen sollen den Kontakt erleichtern und den Reichtum dieses Arbeitsfeldes erschließen. Dabei ist die klinische Situation ebenso im Blick wie der »Alltag« der Kirchengemeinde.
150 Seiten, ISBN 3-936912-35-1

EB-Verlag, Dr. Brandt | Moorweg 25 | 22869 Schenefeld

Tel.: 040 / 4905180 | Fax: 040 / 40195233

Mail: post@ebverlag.de | Internet: www.ebverlag.de